최고의 학습을 이끄는
퀀텀 교수법

최고의 학습을 이끄는
퀀텀 교수법

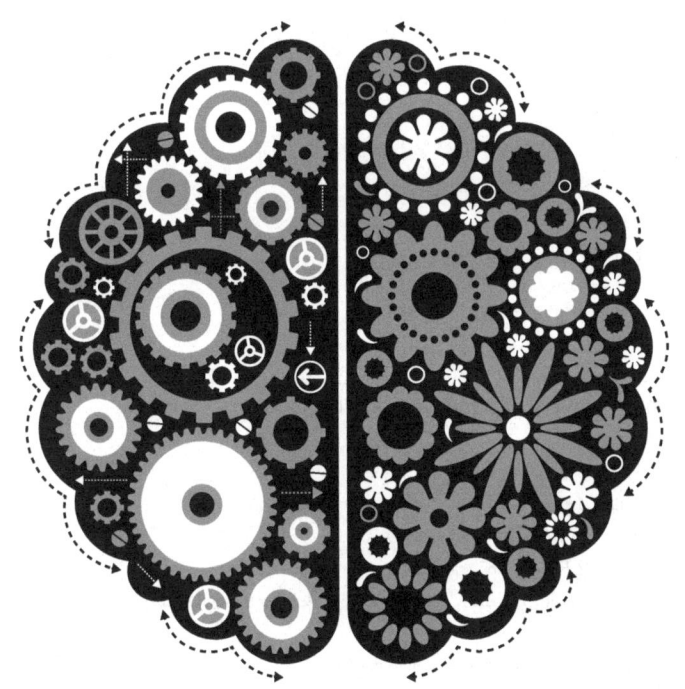

THE QUANTUM LEARNIG SYSTEM

바버라 K. 기븐, 바비 드포터 지음
최문희, 이수정, 서지훈 옮김 | 이하나 감수

최고의 학습을 이끄는
퀀텀 교수법

지은이 바버라 K. 기븐·바비 드포터
옮긴이 최문희 이수정 서지훈 | 감수 이하나

펴낸이 이리라
편집 이여진
본문 디자인 에디토리얼 렌즈
표지 디자인 엄혜리

2019년 1월 15일 1판 1쇄 펴냄
브랜드 와이드룩
펴낸곳 컬처룩

등록 2010. 2. 26 제2011-000149호
주소 03993 서울시 마포구 동교로 27길 12 씨티빌딩 302호
전화 02.322.7019 | 팩스 070.8257.7019 | culturelook@daum.net
www.culturelook.net

Excellence in Teaching & Learning
Copyright © 2015 by Barbara K. Given and Bobbi DePorter
First published by Learning Forum Publications
Translations rights arranged with Barbara K. Given and Bobbi DePorter through Agency-one, Seoul.
All Rights Reserved.
Translation Copyright © 2019 by Culturelook Publishing Co.

ISBN 979-11-85521-66-4 13370

* 이 도서의 국립중앙도서관 출판예정도서목록(CIP)은 서지정보유통지원시스템 홈페이지 (http://seoji.nl.go.kr)와 국가자료공동목록시스템(http://www.nl.go.kr/kolisnet)에서 이용하실 수 있습니다. (CIP제어번호: CIP2018042332)
* 이 책의 한국어판 저작권은 에이전시 원을 통해 저작권자와의 독점 계약으로 컬처룩에 있습니다. 저작권법에 의해 한국 내에서 보호를 받는 저작물이므로 무단 전재와 무단 복제를 금합니다.
* 다양한 시각과 세계를 아우르는 '와이드룩'은 컬처룩의 출판 브랜드입니다.

widelook

차례

감사의 말　　*9*
추천사　　*11*
머리말　　*15*

서론　　*25*

I 뇌의 자연적 학습 시스템과 퀀텀 러닝 시스템　　*37*

뇌의 자연적 학습 시스템 | 퀀텀 러닝 시스템 | 뇌의 자연적 학습 시스템과 퀀텀 러닝 시스템의 통합은 탁월한 교수법과 학습법을 낳는다

II 문화적 요소　　*45*

퀀텀 러닝의 문화적 철학

1부 사회적 학습과 기초 요소

1장 사회적 학습 시스템　　*51*

소프트 기술은 학습에 영향을 미친다 | 모방 | 사회적 학습에 대한 심리적 관점

2장 기초 요소　　*59*

8가지 성공의 습관 — 삶의 원칙 | 인성 교육은 사회적 학습에 중요하다 | 학습 공동체 형성

2부 감정적 학습과 분위기 요소

3장 감정적 학습 시스템   91
다미주신경 이론 | 자신의 감정을 이해하기 | 일반적인 신경 전달 물질

4장 분위기 요소   107
홈 코트 어드밴티지 | 홈 코트 어드밴티지를 만드는 방법

3부 암시적 학습과 환경 요소

5장 암시적 학습 시스템   123
직감 | 학습의 이중 차원 | 실행하기

6장 환경 요소   129
물리적 공간

III 인지의 구성 요소   139
퀀텀 러닝의 인지 철학

4부 인지적 학습과 설계 요소

7장 인지적 학습 시스템   143
함께 활성화된 뉴런은 서로 연결된다(퀀텀 러닝 뇌 원리 1) | 학습에 있어서 집중력은 필수다(퀀텀 러닝 뇌 원리 2) | 학생은 기존의 지식과 도식에 연결하여 의미를 부여한다(퀀텀 러닝 뇌 원리 3) | 심적 이미지는 이해를 돕는다(퀀텀 러닝 뇌 원리 4)

8장 설계 요소   185
교사의 준비가 중요하다 | 퀀텀 러닝 티칭 사이클 | 퀀텀 러닝 티칭 사이클 단계 | 퀀텀 러닝 티칭 사이클 설계 가이드 | 학생의 능력 향상

5부 신체적 학습과 전달 요소

9장 신체적 학습법　　　　　　　　　　*225*
촉각(체험) 학습 ｜ 운동 감각(신체적 움직임) 학습

10장 전달 요소　　　　　　　　　　　*245*
석세스 시퀀스 ｜ 안전지대/학습 지대 ｜ 학업에서의 위험 부담 ｜ 학생의 자신감 고취 ｜ 촉진 ｜ 설명 ｜ 교수 양식 ｜ 음악의 힘

6부 반영적 학습과 심화 요소

11장 반영적 학습 시스템　　　　　　　*303*
메타인지 ｜ 사춘기와 반영적 사고 ｜ 개인적, 그리고 공동체적 반영 ｜ 반영적이고 비판적인 사고 ｜ 교사의 반영 연습

12장 심화 요소　　　　　　　　　　　*327*
자기효능감 ｜ 학생의 책임감 고취시키기 ｜ 학생의 책임감 개발하기

IV 교수법과 학습법에서 탁월한 성취를 이루기 위해　　*369*

참고 문헌　　*373*

일러두기
- 한글 전용을 원칙으로 하되, 필요한 경우 원어나 한자를 병기하였다.
- 한글 맞춤법은 '한글 맞춤법' 및 '표준어 규정'(1988), '표준어 모음'(1990)을 적용하였다.
- 외국의 인명, 지명 등은 국립국어원의 외래어 표기법을 따랐으며, 관례로 굳어진 경우는 예외를 두었다.
- 사용된 기호는 다음과 같다.
  영화, TV 프로그램, 신문 및 잡지 등 정기 간행물: 〈 〉
  책(단행본): 《 》

감사의 말

우리가 이 일을 하기까지 많은 교육자들의 영향을 받았습니다. 그들의 노력과 헌신에 감사드립니다. 그들은 우리의 시각을 바르게 잡아주었고, 적절한 조언을 해 주었으며 그 결과가 책에 반영되었습니다.

이 책은 독립된 두 가지 교육 실천을 통합한 결과이며, 이러한 개념을 개발하는 데 영감을 준 모든 이들에게 고마움을 전합니다. 또한 6가지 뇌과학적 학습 시스템 연구자들과 뇌과학을 계속해서 발전시켜 가는 모든 이들에게 존경을 표합니다.

진정한 친구는 솔직하고 진솔한 피드백을 줍니다. 시간을 들여 원고를 읽어 준 로버트 실베스터에게 감사합니다. 그의 사려 깊은 비평은 큰 도움이 되었습니다. 이 책의 초안 작업 때부터 도움을 준 앨런 배덜리, 존 빅스, 테이트 콜, 리처드 데이비슨, 데이비드 디다우, 대니얼 골먼, 존 해티, 게르문드 헤슬로브에게 감사의 마음을 전합니다.

퀀텀 러닝 시스템은 퀀텀 교수법의 공동 저자이고 현재 QLN의 학습법 책임자인 마크 리어든을 비롯한 많은 이들이 오랜 세월을 거쳐 개발했습니다. 퀀텀 러닝 시스템의 개발과 성장을 위해서 지난 몇 년 동안 많은 논의가 이루어졌고, 그 결실이 이 책에 담겨 있습니다. 퀀텀 프로그램의 퍼실리테이터들에게도 고마움을 전합니다. 제프 밀러, 셰리 머피, 제니 시버슨, 카미 아이스캠프, 크리스티안 라우츠, 테드 머크레이, 엘리 테럴, 밀 셸비, 마거릿 말렉, 패티 브루키, 체이스 밀케, 존 카터, 멜리사 커프, 댄 세인트 로메인, 세드릭 키즈, 제이크 스미스, 마리나 맥도널드, 피터 구스 그리고 계속해서 우리에게 피드백을 해 주었던 지역의 퍼실리테이터들에게도 감사합니다. 특히 세라 싱어 누리엘, 에이미 스미스, 리즐 맥콘치, 존 르 텔리어에게 감사의 마음을 전합니다.

편집자인 디 콘래디에게 많은 빚을 졌습니다. 그는 이 책의 내용을 가장 잘 이해하며 우리의 가치와 가르침이 최대한 명확하게 표현될 수 있도록 세심한 노력을 기울였습니다. 아울러 디자인을 해 준 켈리 토머스를 비롯해 루스 에버렛, 스펜서 버치에게 감사드립니다. 이 책에 많은 참고 문헌들을 검토해 준 수잔 버닝과 레베카 에임스에게도 감사드립니다.

마지막으로 우리 가족들 — 바버라의 아들 브라이스와 딸 베타니, 그리고 바비의 남편이자 사업 파트너인 조 채펀, 아들 그랜트와 딸 다나 — 에게 고마움을 전합니다. 퀀텀 직원들에게도 이 책이 출판되기까지 보내 준 인내와 지지에 진심으로 감사합니다.

추천사

1990년 중반 초등학교 교사 두 명이 나를 찾아온 적 있었다. 이들은 최근에 참석한 워크숍에 대해 문의했는데, 워크숍에 참가했던 모든 교사들처럼 이들도 들뜬 마음으로 그 내용을 학교에 적용하고 싶다며 그 프로그램을 알아봐 달라는 것이었다. 그들이 참석한 워크숍은 바로 퀀텀 러닝 프로그램이었다.

이 워크숍의 내용을 살펴보고 이를 주관한 회사를 찾아보고 나서 나는 감탄할 수밖에 없었다. 그들은 최고의 뇌과학 연구 자료를 모아서 이를 어떻게 학습에 적용할지 개발하고 있었던 것이다. 보통 뇌과학적 학습은 워크숍과 활동으로만 이루어져 있다. 하지만 퀀텀 러닝은 이 학습법을 학교와 학급에서 가장 쉽게 적용할 수 있는 노하우를 담고 있었다.

그 다음해부터 우리 학교에 있는 모든 교사들에게 퀀텀 러닝 교육을 받게 했다. 학생을 고려한 수업 계획을 짜고, 학생에게 확신을 줄 수 있는 교수법과 뇌의 학습을 최대화할 수 있는 방법을 교육했다. 몇 년 후 우리 학교는 자체적으로 퀀텀 교육 강사들을 배치했고, 이 교육은 USD 418학군에 소속된 모든 교사들에게 필수 과정이 되었다.

몇 년이 지난 후 바비 드포터를 만날 기회가 찾아왔다. 첫 만남에서 바비가 두뇌 작용에 대한 지식이 풍부할 뿐 아니라 학생들의 성공을 위해 얼마나 헌신하고 있는지 느낄 수 있었다. 바비와 퀀텀 러닝은 우리 학교와 학군의 진정한 파트너가 되었고 모든 학생들이 성공할 수 있도록 심혈을 기울이고 있다.

2009년 여름, 나는 바비가 만든 '8가지 성공의 습관'이라는 인성 교육 프로그램에 대해 상의하고자 그녀에게 연락을 했다. 우리는 이미 그 내용을 활용해서 학급에서 지도하고 있었지만, 학생들이 졸업한 이후에도 성공적인 삶을 이끌어 가려면 어떻게 해야 하는지를 고민하기 시작했다. 이러한 고민으로 시작해 우리 학군은 결국 정부가 추진한 '학습 부진아 방지 프로그램No Child Left Behind'에서 제외되었고, 이를 계기로 우리는 학생이 성공할 수 있는 9가지 분야를 더 자세하게 연구할 수 있었다. 이 프로그램에서 제외된 덕분에 우리는 학생들이 졸업할 때까지 인성 교육에 집중할 수 있었고, 8가지 성공의 습관에서 나온 것처럼 '선 위에 살기above the line'를 지속하는 방법을 연구할 수 있었다.

우리는 바비의 팀과 함께 인성을 측정하고, 그 인성의 성장을 평가하는 방법을 연구하기 시작했는데, 이를 계기로 바비는 바버라 기븐 박사를 소개해 주었다. 맥퍼슨에 있는 우리 팀은 바버라와 바비와 함께 많은 시간을 들여 인성 측정 모형을 만들어 냈다. 이 모형은 학생의 인성이 어떻게 학습되고 성장하는지에 중점을 두었다. 이 프로젝트의 성공에는 바버라의 전문성, 즉 학생들이 어떻게 학습하고 성장하는지에 대한 통찰력이 가장 큰 역할을 했다.

나는 바버라와 바비가 이 책을 쓰게 된 것을 매우 기쁘게 생각한다. 수년간 아이들과 일한 경험과 그들만의 전문성이 이 책에 담겨 있다. 뿐만 아니라 뇌와 학습에 관한 최신 연구 자료들은 교사들이 학급에서 어떻게 영향력을 발휘할 수 있는지를 보여 주었다.

독자들은 이 책에 완전히 매료될 것이다. 어느 부분들은 읽고 또 읽게 될 것이고, 많은 표와 예시는 학생들의 성장을 위해 우리가 얼마나 노력해야 되는지 알려줄 것이다.

학생들을 진심으로 보살피면서도 이렇게 훌륭한 학습 지도법을 펴낸 바버라와 바비에게 감사의 마음을 전한다.

랜디 왓슨
2015 캔자스주 교육 감독
캔자스주 교육위원

머리말

이 책은 캘리포니아 오션사이드에 있는 퀀텀러닝네트워크의 대표와, 알렉산드리아 버지니아에서 은퇴한 교수가 함께 쓴 것이다. 이 두 사람이 도대체 어떻게 친구가 되고, 또 같이 책까지 쓰게 되었을까. 우리는 한 분야의 전문가로서 이전에는 만난 적이 없었지만 상대방을 만나게 되었을 때 교육과 교수법에 있어서 공통된 관점을 가지고 있음을 알게 되었다.

바버라 기본의 이야기

내가 이 책을 쓰기까지의 과정을 설명하려면 읽는 것을 많이 힘들어했던 내 어릴 적에서 시작해야 할 것이다. 이유는 모르지만, 6학년 때 나는 학교에서 책 읽기 수업 때마다 보호자와 함께 수업에 참여해야 했다. 중학교에 들어가서는 지적 장애가 있는 아이들을 위한 학급에 들어가야 했다. 정말 다행스럽게도 가족이 시골로 이사를 가는 바람에 그런 말도 안 되는 수업이 없는 학교로 전학할 수 있었다. 결국 중학교 3학년이 되어서야 초등학교 2학년 읽기 수준이 되었고, 그해에는 책 한 권을 읽은 것에 엄청난 자부심을 느낄 수 있었다. 그럼에도 불구하고 중학교 3학년도 지금까지 거쳐 왔던 모든 학년처럼 어려울 것이라는 것을 깨달았다. 나는 더 나아질 것이라는 확신을 가지고, 힘든 것을 견뎌 내면서 읽기 기술을 향상시키기 시작했다. 그 결과 불과 몇 년 후에 콜로라도여자대학교에서 인문학 학위를 받았고, 캔자스주립대학교에서 아동교육학으로 학사, 오리건대학교에서 지적장애 연구로 석사, 미국 가톨릭대학교에서 영재 교육으로 박사 학위를 받았다. 부전공으로는 심리학을 공부했다. 놀랍게도 나는 논문으로 상도 받게 되었는데 이는 흔치 않은 일이라고 했다. 박사 과정 동안 내가 만든 《알파벳 큐 카드》(1975)를 아이디얼스쿨서플라이Ideal School Supply사에서 출간했다. 이것은 내가 그림책으로 냈던 "A에서 Z까지의 소리와 모양Sounds and Shapes from A to Z"의 한 버전이었다. 1999년에는 가빈 리드Gavin Reid와 함께 《학습법: 교사와 부모를 위한 가이드 Learning Styles: A guide for Teachers and Parents》라는 책을 출간했고 2000년에 개정판을 냈다. 그간 여러 권의 책을 냈지만 그중 가장 주요한 책은 《뇌의 자연적 학습 시스템에 근거한 교수법Teaching to the Brain's Natural Learning Systems》(2002)을 꼽을 수 있다. 이 밖에도 여러 미디어에 글을 쓰고 교육 관련 보고서도 상당수 써왔다.

1955년에 교사 일을 시작해 그동안 모든 나이대와 다양한 수준의 학생들을 가르쳤다. 인지 장애나 심각한 지적 장애아들부터 영재들까지, 초등학교 2학년 학생들부터 대학원 학생들까지 모두 가르쳐 왔다. 그러다 1974년에는 버지니아주 조지메이슨대학교에서 특수 교육 교사 준비 프로그램을 시작하게 되었다. 아이러니는 우리 가족 중 대학교까지 졸업을 한 사람은 내가 처음이었다는 것이다.

이때까지는 대체로 수월하게 잘 흘러갔다. 교육학 교수 중 교육부에서 연방 보조금을 받은 것도 내가 처음이었다. 이 보조금은 특수 교육 교사 준비 프로그램과 소속 교수들에게도 확대되었다. 내 심리 교육 교수법이 학교에서 평판이 좋았고, 대학교 이사회에서는 조교수에서 부교수로 승진할 수 있도록 예정보다 빨리 내게 논문 제출을 요청했다.

조지메이슨대학교에 있을 때 연구와 교수법으로 상도 받고, 교육 프로그램을 위해 대학교, 주, 연방 정부 등에서 주는 보조금도 받을 수 있었다. 중고등학교장협회와 함께 학습 양식을 통해 교사 준비 프로그램을 연구할 수 있도록 보조금을 지급한다는 정보를 접하고 나는 버지니아 주 페어팩스군의 공립학교와 협력하여 사우스이스트학습법센터Southeast Learning Styles Center를 설립하여 공동 대표가 되었다. 이 단체는 전 세계에 몇 안 되는 학습법 연구 센터다.

나는 던 앤드 던 모형Dunn and Dunn Learning Styles Model을 통해 많은 것을 배웠는데, 학습에 대한 뇌의 기능을 더 깊게 공부하는 계기가 되었다. 페어팩스군의 공립학교에 있는 교사들과 함께 1년에 한 번씩 6년 동안 뇌의 기능을 중심으로 하는 학습법 강의를 주도했다. 학습 방법의 다양성에 대해 더 알아가고 신경생리학적 또는 신경과학적 연구를 더 알게 되면서, 뇌는 신경생물학적 학습 시스템과 의사소통하고 교감하면서 배운다는 점을 깨달았다. 문제는 이 학습 시스템이 아직 학급에 적용할 만큼 온전히 소개되지 못했다는 것이다. 2002년에는 개인 학습 시스템에 대한 기사를 연재했는데, 비영리 교육협의회 ASCD(Association for Supervision and Curriculum Development)에서 그 글들을 모아 《뇌의 자연적 학습 시스템에 근거한 교수법》으로 출판했다.

개인적으로는 집중 학습이 진행되고 있었지만, 나는 교사들을 훈련하는 내 방식에 만족하지 못하고 있었다. 나는 내 지도 교수들과 똑같은 방법으로 교사들을 가르치고 있었다. 즉 말만 계속 반복하는 방법으로 가르쳐 온 것이다. 물론 강의안은 그럴듯해 보였다. 하지만 그것은 내가 깨달은 학습 방법과 맞지 않았다. 그럼에도 불구하고 그 방법을 교사들에게 쓰고 있는 것이 마음에 걸렸다.

더 많은 지식을 얻고 역량을 향상시키고 싶었던 나는 뇌의 기능과 학습의 관계에 대한 수많은 컨퍼런스에 참석했다. 그러다 1989년 시카고에서 열린 '가속 학습과 교수법 컨퍼런스'에서 바비 드포터와 마크 리어든Mark Reardon을 만나게 되었다. 여기서 마크의 강의를 인상 깊게 들은 나는 바비에게 여름에 열리는 슈퍼캠프SuperCamp를 참관할 수 있는지 물어 보았다. 그녀는 열렬히 지지하며 추진해 주었고, 그 덕분에 보스턴에서 하는 프로그램에 참석할 수 있었다. 그곳에서 확인한 것들이 마음에 들었다. 그리하여 퀀텀 러닝을 바탕으로 한 난관 극복 학습Breakthrough Learning이라는 여름 교수법 연습 프로그램을 개발하게 되었다. 이 프로그램은 페어팩스군 공립학교에서 지적 장애아들을 위한 여름 프로그램이 시작될 때까지 계속되었다.

퀀텀 러닝을 바탕으로 발전된 내 교수법 교육 프로그램에 이제야 나는 만족할 수 있게 되었다. 그러고 나서 교사들이 자신을 먼저 알아야 학생을 알 수 있다는 것을 전제로 대학교에서 선택 과목을 하나 개설하기도 했다. 이 수업은 내가 가르쳐 온 그 어떤 수업보다 호평 받았는데, 이를 통해 나 스스로도 올바른 길로 가고 있음을 확신할 수 있었다. 안타깝게도 선택 과목이었기 때문에 다음 학기에 특수교육학과의 필수 과목으로는 채택되지 못했다.

교육대학원에서 은퇴한 뒤 나는 조지메이슨대학교의 크라스노고등교육연구소에 연구 교수로 초청받아 청소년과성인학습연구센터의 공동이사로도 일했다. 2007년에 은퇴한 뒤로 지금은 글도 계속 쓰고 있으며, 아들과 함께 버지니아주 리치몬드에 스톱라이트 젤라토 카페를 짓기 위해서 104년이나 된 건물을 개조하고 있다. 내게는 아들과 결혼한 딸, 아주 멋진 사위, 사랑스러운 애완견 롤라도 있다.

바비 드포터의 이야기

퀀텀 러닝의 기반이 된 원칙들을 나는 1970년 초반에 많이 경험하였다. 그 당시 나는 샌프란시스코에 있는 혁신적인 부동산 투자 회사에 취업했는데, 그 조직의 문화는 정말 중요하게 여겨졌고, 직원들은 모두 그 개념을 배우고 지켜야 했다. 예를 들면 긍정적으로 서로를 지지하고, 신뢰 관계를 형성하고, 결과에 대해 책임질 줄 알며, 협동하여 결론을 정하고, 궁극적으로 회사의 비전과 일치시키는 것이다.

회사는 매출도 좋았고, 우리의 인생과 고객들의 인생도 더 좋은 방향으로 바꿔나갔다. 심지어 지역 주민에게도 영향이 미쳤다. 이러한 회사의 경영 문화가 잡지에 실렸고 사원 모집에 몇백 명이 몰리기까지 했다. 그 후 나는 동료와 함께 회사를 나와 버클린경영대학원Burklyn Business School에서 기업이 성공하는 원리를 가르치기 시작했다. 내가 버클린에서 본 것은 발표할 때 엄청나게 스트레스를 받던 학생들이 참여하고 싶어 하는 학습자들로 바뀐 모습이었다. 그들은 나에게 학교가 이렇게 재미있던 적이 없었다고 말해 주었다. 그때부터 나는 사람들의 학습 방법에 관심을 갖게 되었다. 한 초빙 교수는 다른 경영대학원에서 2년이 걸리는 과정을 버클린 학생들은 6주 만에 배우는 것 같다고 말하기도 했다.

버클린의 성공은 학습 분야에서 전설과 같은 분들과 일할 수 있었던 덕분이었다. 이 시대의 레오나르도 다 빈치로 불리는 리처드 버크민스터 풀러Richard Buckminster Fuller는 1983년에 세상을 뜨기 전까지 우리가 운영한 모든 프로그램에서 강의를 했다. 그에게서 정말 많은 것을 배웠다. 그중에 협동(협력)은 작은 것으로 많은 걸 얻어 내는 것이고, 환경은 의지보다 강하고, 학습에 있어서 가장 중요한 것은 호기심과 몰입이라고 강조한 것이 가장 기억에 남는다. 게오르기 로자노프Georgi Lozanov는 1979년 불가리아에서 날아와 내 집에서 소규모 그룹을 3주 동안 가르쳤다. 그는 우리에게 가속 학습법(그는 이를 암시학Suggestology라고 불렀다)을 가르쳤다. 이 방법들은 긍정적인 분위기의 중요성, 물리적 환경의 미묘한 영향, 교사의 신뢰와 말투의 가치, 그리고 퀀텀 러닝 교수법 사이클Quantum Learning Teaching Cycle의 기반이 된 그의 교수법 사이클의 조직 구조를 알려 주었다. 또 영국의 학습법 그룹Learning Methods Group과 관계를 맺어 기억, 마인드 매핑, 또 읽기 기술 등을 배울 수 있었다.

버클린 학생들은 인생관이 바뀌고 학습에서도 긍정적인 경험을 하게 되면서 그 자녀들에게도 비슷한 프로그램을 바라게 되었다. 그래서 1982년 에릭 젠슨Eric Jenson과 그레그 시몬스Greg Simmons와 함께 청소년의 학습과 인성을 향상시킬 수 있는 여름 프로그램인 슈퍼캠프를 만들게 되었다. 이후 동료들은 다른 길로 가게 되었고 나는 남편 조 채펀Joe Chapon과 함께 이 프로그램을 전국 대학교에서 운영하여 미국 이외에도 14개국에서 진행되고 있는 지금의 슈퍼캠프로 성장시켰다. 지금 슈퍼캠프는 7만 명이 넘는 학생들을 졸업시켰고 이제는 그 2세들도 캠프에 참여하고 있다.

이 프로그램이 미국 전체로 퍼져나가면서 많은 교사와 학교장들이 슈퍼캠프에 참여한 학생들에게서 변화를 보기 시작했고, 우리는 교사들을 교육시켜 달라는 학교의 요청도 받게 되었다. 1991년 퀀텀 러닝 교육Quantum Learning Education을 시작했고, 학교와 학군들이 함께 협력하여 퀀텀 교수법 프로그램을 교육자, 관리자를 비롯해 학생들에게도 이 프로그램을 전달하기 시작했다. 퀀텀 교수법이 이 책의 기반이 되는 프로그램이다. 조와 나는 현재까지 QLN(Quantum Learning Network)을 이끌고 있는데, 지난 30년 동안 10만 명이 넘는 교사들과 1000만 명이 넘는 학생들에게 영향을 주었다.

바버라가 앞서 말한 것처럼, 우리는 가속 학습과 교수법 컨퍼런스에서 만났고(현재 이 협회는 국제학습협회Internation Alliance for Learning[IAL]로 이름을 바꿨다) 로자노프의 연구를 계속 발전시킬 방법을 찾기 위해 협회를 만들었다. 이후 나는 몇 년 동안 협회장으로 일했으며 회원들에게도 정말 많은 것을 배웠다. 바버라가 슈퍼캠프를 방문하였을 때, 그로부터 역사가 쓰여지기 시작했다. 우리는 서로에게 학습과 교수법에 대한 열정이 있음을 알게 된 후 빠르게 가까워졌다.

그동안 나는 저자로서, 때로는 공저자로서 학습법과 교수법에 대한 많은 책을 냈다. 이 책들은 지금 7개 언어로 번역되었는데,《퀀텀 학습법 *Quantum Learning*》(1992),《퀀텀 비즈니스*Quantum Business*》(1997),《퀀텀 교수법*Quantum Teaching*》(1999),《퀀텀 석세스*Quantum Success*》(2006),《슈퍼캠프, 인성을 기르는 마법의 수업*The Seven Biggest Teen Problems and How to Turn Them into Strengths*》(2006),《퀀텀 석세스, 8가지 성공의 습관*The Eight Keys of Excellence*》(2000) 등이 있다.

8가지 성공의 습관은 인성을 기르는 원리이며, 퀀텀의 모든 프로그램의 기초적인 요소다. 슈퍼캠프가 진행된 지 2년 만에 만들어졌고, 직원들과 학생들은 이 원리들을 빠르게 받아들였다. 이들은 이 습관이 자신의 생각, 행동, 관계를 어떻게 바꾸었는지 이야기를 나누었다.

탁월함은 성공과 다르다. 탁월함은 우리 정체성의 핵심이고 우리를 나타내는 핵심이다. 성공은 성과이고 마지막 결과물이다. 확실한 원칙대로 산다면 성공을 거둘 수 있다. 성공 원리는 나폴리언 힐Napoleon Hill이 쓴《싱크 앤드 그로 리치*Think and Grow Rich*》(1937)에 잘 정리되어 있다. 미국의 '철강왕' 앤드루 카네기Andrew Carnegie는 세기의 전환기에 힐을 고용해서 성공한 사람들의 공통된 습관을 연구하게 했다. 나는 여기서 나온 철학들을 어릴 적부터 공부했다. 이 책으로 공부한 아버지는 거기에 나온 원리를 사람들과 나누고 자신의 삶에도 적용했다.

탁월함의 영향The Excellence Effect은 8가지 성공의 습관을 모든 청소년에게 전달하고자 만든 캠페인이다. 이 캠페인은 변혁적리더십협회 Transformational Leadership Council에서 박애상을 받았다. 8가지 성공의 습관은 탁월한 공동체Communities of Excellence의 기반이기도 하며, 이 프로그램은 많은 도시와 학교에서 적용하고 있다. 인성과 8가지 성공의 습관은 이 책에서도 깊이 있게 다루는 내용이다.

내 아들과 딸은 첫 번째 슈퍼캠프에 참여했고, 이제는 손녀도 참여했다. 지금도 학습을 발전시키고자 하는 나의 열정은 계속되고 있다.

책의 구성

이 책은 교사의 능력으로 시작해서, 뇌의 자연적 학습 시스템과 퀀텀 학습 시스템이 교수법에 어떻게 적용이 되는지를 다룬다.

퀀텀 러닝이 집중하고자 하는 것은 특정한 방법들이 왜 효과적인지를 이해시키고 그것을 바탕으로 최고의 교수법을 만드는 것이다. 성공에 대한 입증 자료는 뇌의 자연적인 신경과학 학습 시스템(사회적, 감정적, 암시적, 인지적, 신체적, 반영적)에 대한 연구 결과에서 볼 수 있다.

이 책에는 두 가지 큰 맥락이 있다. 이는 문화적 요소와 인지적 요소다.

문화적 요소

1부 사회적 학습과 학습의 기초

2부 감정적 학습과 높은 성취를 할 수 있게 만드는 분위기 요소

3부 암시적 학습과 환경 요소

인지적 요소

4부 인지적 학습과 (학습) 설계 요소

5부 신체적 학습과 방법 전달 요소

6부 반영적 학습과 반영함으로써 학습을 자신의 것으로 만들 수 있는 방법

    각 부마다 2개의 장으로 구성된다. 첫 번째는 학습 시스템과 뇌 기능을 설명한다. 두 번째는 거기에 알맞은 퀀텀 러닝 요소를 설명한다.

서론

사람들이 교사라는 직업을 선택하는 이유는 학생들의 삶에 긍정적인 영향을 미치고 싶어 하기 때문일 것이다. 그런데 많은 교사들이 유능한 교사가 되기에는 자신의 지식과 실력이 아직 부족하다고 생각한다. 우리가 주최하는 전문 개발 프로그램 워크숍에서 교사들에게 받은 피드백에 따르면 고등 교육 기관에서는 효과적인 교수법을 제대로 다루지 않고 있다. 이 책을 쓰게 된 이유가 바로 여기에 있다. 탁월한 교수법은 다음 내용에 바탕을 둔다.

(1) 모든 학생이 유능한 교사에게 교육을 받으면 뭐든지 배울 수 있고 성공할 수 있다는 믿음
(2) 자신의 교육 능력에 대한 냉철한 판단
(3) 개인적이고 전문적인 발전을 위한 몰입
(4) 새로운 것을 배우고 수용하는 열린 마음
(5) 최고의 교수법 사례들을 수용하며 실천하는 자세
(6) 교사로서 최고가 되려는 의지

교사의 능력이 차이를 만든다

교사에게는 늘 많은 것들이 요구된다. 하지만 그만한 결과를 얻기 위한 지원은 항상 부족하다. 미국에서 열렸던 2013년 전국학교교육감협회 세미나에서 SBA(Smarter Balanced Assessment) 이사 조 윌호프트Joe Willhoft는 이렇게 말했다. "미국 공통 교과 과정의 핵심 기준인 CCSS(Common Core State Standards)의 기대 수준은 학생들이 고등학교를 졸업할 때 대학 진학과 취업 준비가 되어 있는지에 맞춰져 있다." 윌호프트(2013)가 지적한 점은 학생에 대한 기대(기준)와 목표(대학 진학과 취업 준비) 사이에 존재하는 격차가 이 목표를 이루는 데 빠졌다는 것이다. 현재 학생들이 고등학교를 졸업할 때 취업에 필요한 것들이 전혀 갖춰져 있지 않다. 그래서 윌호프트에 따르면 "교사에게는 개선할 정보와 기술"이 필요하다. 이 책에서는 교사에게 필요한 정보와 기술을 제공해 목표에 다다를 방법을 제시할 것이다.

수년간 교실에서 교사들을 관찰한 결과, 효과적인 교수법을 사용하는 교사들과 그렇지 못한 교사들의 차이점은 교육 내용을 설계하고 전달하는 방식에 있었다. 즉 가르칠 내용을 효과적으로 설계하며 그 내용을 얼마나 효율적으로 전달하는지가 관건이다. 또한 수업의 성공 여부는 가르치는 내용과 그 전달 방식, 또 그 방식들을 뒷받침하는 연구 결과를 교사가 얼마나 잘 이해하는지에 달려 있다.

호주의 연구자 존 해티John Hattie(2009)는 개인 학습과 집단 학습에 대한 방대한 데이터베이스를 분석한 결과, 학업 성취도의 80%는 두 가지 요인에 달려 있다는 결론을 얻었다. 즉 학생의 능력과 성향이 50%, 교사가 효과적으로 지도하는지가 30%를 차지한다.

학업 성취도에서 교사로 인한 30%는 다른 모든 변수보다 더 많은 영향을 미친다. 다른 말로 하면, 교사가 학생의 학습 능력에 있어 다음 항목들보다 더 많은 영향을 미친다는 것이다. 교사 외에 학생의 가정 상황, 가정

도표 1. 목표 성취를 어떻게 이룰 것인가

| 기대
학생들의
목표 기준 성취 | → | 방법
지도와 학습 향상을 위한
정보와 도구 제공 | → | 목표
대학 진학
및 취업 |

의 경제적 수입, 또래 집단, 학급 학생 인원 수, 학교 규정, 교장, 교육비에 투여되는 돈, 여러 인종이 섞여 있는 학급 등이 영향을 미칠 수 있다. 해티는 "교사가 무엇을 알고, 무엇을 하고, 얼마나 관심을 갖는지에 따라 학생의 성공 여부가 달려 있다"(2003, p.3)고 보았다. 그는 이렇게 덧붙였다.

> 가장 큰 변수에 해당하는 '교사'에게 더 많이 집중하자고 제안한다. 교사가 학습자에게 미치는 영향이 강력하고 긍정적으로 되도록 최적화되어 있는지 점검하고, 그럴 수 있도록 보장해야 한다(p.4).

해티의 목표는 "최고의 교수법이 뭔지 그 속성을 알아내는 것"이다. "왜냐하면 우리에게는 전문적인 교사 개발에 대한 근거, 교사들을 위한 전문 교육 프로그램이 필요한 근거, 새롭게 부각된 교사들의 성공에 대한 근거까지 있기 때문이다"(Hattie, 2003, p.1).

교사들이 무엇을 알고, 어떻게 행동할지, 무엇에 관심을 가져야 하는지 등에 대한 자료를 더 모으기 위해 해티는 동료들과 함께 미국의 교사 300명을 관찰하기로 했다. 이 그룹에서 65명은 K-12[1] 미국전문교육기준위원회(National Board for Professional Teaching Standards: NBPTS)[2]에 지원한

---

1 유치원에서부터 고등학교를 졸업할 때까지의 교육 기간을 말한다. — 옮긴이
2 NBPTS는 국가 교사 자격증National Board Certification을 주는 비영리 교육 단체다.

교사들이었다. 그는 이 위원회에 대해 "이제까지 만들어진 평가 중 최고의 종합 평가를 하고 있는 곳"(2003, p.10)이라고 말한 바 있다. 이 위원회는 신뢰할 수 있으며, 여기서 나온 결과가 뛰어난 교사와 그렇지 못한 교사를 구별하는 데 도움을 줄 것이라 보았다.

교사 65명을 두 그룹으로 나눴다. 첫 번째는 전문가들(NBPTS를 합격한 그룹)이고, 두 번째는 경험자들(NBPTS에 합격하지 못한 그룹)이다. 연구자들은 누가 전문가이고 누가 경험자인지 모르는 상태에서 많은 시간 교사들을 관찰하고 데이터를 모았다. 결과를 보면 두 그룹의 교사들에게서 확연한 차이가 보였다. 전문 교사들의 특징은 다음과 같다.

(1) 교과목의 내용을 핵심적으로 표현(설명)하는 방식을 찾아낸다.
(2) 학급에서 상호 활동을 통해 학습을 지도한다.
(3) 학생들의 학습 상태를 관찰하여 의미 있는 피드백을 제공한다.
(4) 정서적인 속성에 주의를 기울인다.
(5) 학생의 결과에 영향을 끼친다(Hattie, 2003, p.6).

두 그룹의 교사를 구별하는 이 다섯 가지와 연관된 16가지 속성이 있다. 여기서 몇 가지 눈에 띄는 연구 결과를 소개한다. 아울러 교사들에게는 해티의 책(Hattie, 2009, 2012; Hattie & Yates, 2014)을 권한다. 그의 인터넷 자료와 슬라이드 자료까지 읽으면 더 깊이 이해할 수 있을 것이다. 우선 전문 교사들의 '5가지 차이점'을 읽으며 자신의 교수법을 고민해 보길 바란다.

주에서 받을 수 있는 교사 자격증보다 이 국가 교사 자격증은 받기는 까다롭지만 취득 시 어느 주에서나 우대를 받는다. — 옮긴이

(1) NBPTS에 합격한 전문 교사들은 교과목의 내용을 핵심적으로 표현하는 방식을 찾아낸다. 두 그룹에 속한 교사가 가르치는 과목 자체에는 차이가 없지만 교사가 과목의 내용과 자신의 지식을 정리하고 활용하는 방법에는 큰 차이가 있다. 전문 교사들은 새로운 주제와 학생이 이미 알고 있는 지식을 새롭게 접목시킬 줄 알고, 수업의 흐름에 모든 것을 잘 연결하며, 학생의 필요와 목적에 따라 내용을 변경하거나 결합할 수 있다. 그들은 학생이 어떻게 하면 이해할지를 잘 알고 있고, 학생에게 수업 내용을 의미 있게 만들기 위해 시간을 아낌없이 할애한다. 전문 교사는 학생들의 이해를 촉진시키기 위해 학생의 문제 해결 기술에 어려움을 인식하고, 가설을 수립해서 점검하고 검사한다. 한편 해티는 "전문 교사들은 수업 내용에 많이 얽매여 있다. 따라서 학급과 학생들의 세부 사항 외에 생각하기를 어려워한다. 일반화시키는 것이 꼭 그들의 장점은 아니다"라고 말하기도 했다(Hattie, 2003, p.7).

(2) 전문 교사들은 학생의 상호 활동을 통해 학습을 지도한다. 전문 교사들은 학습자의 학습을 위해서 최적화된 환경을 만드는 데 뛰어난 능력을 가지고 있다. 효과적인 학습을 위해 피드백, 질문을 비롯해 오류를 스스로 수정할 기회 등을 제공한다. 전문 교사는 학급에서 학생의 태도를 잘 파악하고 그들에게 익숙한 용어를 사용해 학습의 효율성을 높인다. 이와 반대로 NBPTS에 합격하지 못한 경험만 많은 교사들은 자신에게 초점을 맞추어 자기가 어떤 행동을 하는지 또는 무엇을 말하는지에 집중한다. 하지만 전문 교사들은 학습 내용과 주변 환경, 특정한 상황들을 사용하여 학습의 기회를 만들어 간다.

(3) 전문 교사는 학습이 제대로 이루어지는지를 관찰하며 의미 있는 피드백을 준다. 그들은 학생의 문제점을 자세하게 관찰하며, 학생의 현재 이해와 진행 상태를 파악하고, 그에 맞는 적절한 피드백을 준다. 그들은 학생들의 방해 요소를 파악하여 바로 차단할 수 있고, 학생의 정보를 선택적으로 수집할 줄 안다. 그들은 평소 학생들의 반응을 잘 읽고 관찰했기 때문에 학생의 관심과 이해가 떨어졌을 때 바로 알아차릴 수 있다. 관계있는 내용과 관계없는 내용을 잘 구분하며, 유심히 관찰해 중요한 세

부적인 피드백을 제공한다. 두 그룹의 교사들은 자신이 잘 교육받은 시스템을 사용한다. 전문 교사는 학급에서 일어나는 모든 요소를 파악하고 어떻게 적용할지 고민해서 교육하지만, 경험만 많은 교사는 그저 내용 전달에만 집중한다.

(4) 전문 교사는 효과적이고 정서적인 속성에 주의를 기울인다. 전문 교사는 학생을 존중하며 학습자를 한 인간으로 대한다. 이 태도는 그들의 표현 방식, 표정, 반응에서 확실히 보이는 부분이다. 그들은 자신과 학생과의 심리적 거리를 두지 않는다. 학생과의 잠정적인 장애물을 파악하고 그것을 어떻게 극복할지 고민할 줄 안다. 전문 교사는 학습과 지도에 열정이 있다. 학습자의 학습에 책임질 줄 알고, 자신의 일에 대해서 경험만 많은 교사들보다 더 감정적으로 개입을 하여 성공과 실패를 보여 준다.

(5) 전문 교사는 학생의 학습 결과에 영향을 미친다. 전문 교사는 학생들을 자기효능감,[3] 자기 개념과 자존감에 대한 이해를 향상시킨다. 그들은 학생들이 감당할 수 있는 도전 과제를 주며 성과보다는 학습 과정에 집중한다. 수업 시간 대부분을 학생들이 과제를 수행하는 데 사용하고, 교사가 설명하는 시간은 최소화한다. 이로 인하여 학생들은 배운 내용을 이해할 뿐 아니라 그에 대한 의미를 알아서 찾으려고 한다.

교사의 중요성은 늘 강조해도 지나치지 않다. 신뢰성 있는 여러 연구에 따르면 교사는 학생의 학업 성취에 있어 가장 큰 영향을 미친다(Brophy, 1979; Coe, Bell & Little, 2008; Darling-Hammond, 2000; Harris & Rutledge, 2010; Hattie, 2009; Hattie & Timperley 2007; Sanders & Rivers, 1996). 이 중 한 연구는 테네시주에서 초등학교 2학년부터 중학교 2학년에 속한 300만 명 학생들의 수학, 언어, 읽기, 사회, 과학 과목의 성적을 1990년부터 1996년까지 관찰한 연구 결과도 있다(Wright, Horn & Sanders, 1997).

---

3   자신이 어떤 일을 성공적으로 수행할 능력이 있다고 믿는 기대와 신념을 뜻하는 심리학 용어로, 캐나다의 심리학자 앨버트 밴듀라에 의해 소개된 개념이다. — 옮긴이

샌더스와 동료들은 수년간 학생과 지도 교사를 조사했다. 그리고 모든 표준화된 시험 성적을 비교해 어느 교사가 더 효과적으로 가르쳤는지 조사했다. 이 방법이 테네시주에서 교사의 능력을 측정하는 데 가장 근접한 조사라고 결론 내렸다. 교사 평가 전문가인 해리스와 러틀리지(Harris & Rutledge, 2010, p.910)도 이에 동의했다. 이 연구의 진행 방법과 여기에 참여한 많은 교사와 학생 수가 매우 유의미한 결과를 만들었다.

해티의 마지막 결론에 앞서 확인된 핵심적인 통찰은 다음과 같다.

- 교사들 간에 효과적인 지도 능력은 큰 차이가 있다. 분명한 점은 다른 요소보다 교사의 능력을 향상시키는 것이 교육 증진에 더 많이 기여할 수 있다는 것이다.
- 교사의 능력은 학생들의 학업 성취에 주된 영향을 끼쳤다.
- 유능한 교사는 여러 수준의 학생들과 효과적으로 의사소통할 수 있었다. 학생의 인종, 사회 경제적 수준, 학급 규모 등과 상관없이 말이다. 따라서 이러한 요인들은 결국 학생의 학업 성취에 그다지 영향을 끼치지 않는 것으로 보인다.
- 능력이 부족한 교사에게 수업을 받은 학생은 현재 학업 성취와 상관없이 낮은 학습 능력을 나타냈다.
- 표준화된 시험 점수에서 추론해 보면 학습에 미치는 교사의 영향은 보상 효과의 증거가 거의 없는 학년에 걸쳐 부가적이고 누적된다.
- 유능하지 못한 교사에게 수업을 받은 학생은 그 후에 유능한 교사에게 수업을 받아 학업 성취를 이뤄낸다고 해도, 낮은 성취를 이룬 이전의 흔적을 상쇄할 만큼 충분하지 못하다(Wright, Horn & Sanders, 1997, pp.63~66).

샌더스와 리버스(Sanders & Rivers, 2006)는 무능한 교사에게 배운 학생이 그다음 해에 효과적인 교수법으로 지도하는 유능한 교사를 만난다 해도 학습 성과 격차를 줄이기가 상당히 어렵다는 결론을 내린다. 나아가 한 학생이 무능한 교사를 3년 연속 만나게 된다면 50점 이상의 점수 차를 따라잡기가 거의 불가능하다고 말한다. 나중에 유능한 교사를 만나도 그 점수를 좁히기 어렵다. 샌더스와 리버스(1996)가 내린 결론은 다음과 같다.

학생이 학업에 성공하느냐 실패하느냐는 교사에게 달려 있다. 교사로 인해 영구적일 수도 있는 학생의 학업 능력이 손상되는 것을 최소화하려면 학교 관리자들이 책임 있게 기회를 만들어야 한다. (무능한 교사의 지도로) 누적된 나쁜 영향을 줄이지 않으면 인생에서 가장 중요한 역할을 하는 학생 시절에 교사를 잘 만나길 바라는 운에 맡겨 버리게 되는 것이다(p.6).

예를 들어 연구자들이 관찰한 결과를 보면 뛰어난 교사와 그렇지 못한 교사 사이에서 배운 학생의 수학 점수가 50점 차이를 보이는 것으로 나타났다. 만약 이것이 IQ로 적용된다면 그 숫자는 75에서 125의 차이다. 이 정도 차이는 특별 교육을 받아야 하는 학생과 영재 교육을 받아야 하는 학생의 차이다. 어마어마한 차이인 것이다!

이 연구에서 얻은 또 다른 세 가지의 결론은 해티의 연구를 뒷받침해 주는 중요한 사실을 알려준다.

(1) 교사의 능력이 향상될수록 학업 성적이 낮은 학생들이 가장 먼저 이익을 본다.

(2) 인종, 문화, 배경, 민족성, 능력 단계는 학생이 학업을 성취하는 데 교사의 능력만큼 영향을 끼치지 못한다.

(3) 가장 높은 수준의 전문성을 지닌 교사만이 모든 학생에게 효과적 영향을 준다. 예를 들면, 다섯 가지 효율성 수준에서 가장 유능하고 전문적인 교사들만이 학업 성적이 낮은 학생에게 좋은 영향을 미칠 수 있다.

뛰어난 능력을 지닌 교사를 만들어 내는 것이 바로 이 책의 목적이다.

개념과 용어

이 책은 바비 드포터의 퀀텀 러닝 시스템과 바버라 기본의 뇌의 자연적 학습 시스템의 공동 작업으로 이뤄졌다. 두 개념의 주요 단어는 시스템system과 러닝learning이고, 퀀텀 러닝만의 특별한 단어는 퀀텀(양자)quantum과 아톰(원자)atom이다.

시스템

뇌의 자연적 학습 시스템과 퀀텀 러닝 시스템은 열려 있고 살아 있는 시스템이다. 포드는 다음과 같이 말한다(Ford, 1987). (1) 시스템은 전체를 형성하는 데 있어 상호 작용 또는 상호 의존적인 구성을 만들기 위해 하위 구성 요소로 만들어져 있고, (2) 모든 부분은 시스템 전체에 영향을 미치고, (3) 열려 있는 시스템은 지속적으로 주변 환경과 상호 작용하며, (4) 살아 있는 시스템은 조직의 완전함을 유지한다.

뇌의 신경생물학적 학습 시스템은 따로 학습할 수도 있지만, 다른 시스템 없이는 스스로 작동할 수 없는 시스템이다. 이것 또한 퀀텀 러닝 시스템에서 말하는 문화와 인지와 같다. 퀀텀 러닝의 시스템은 뇌과학적 자연적 학습 시스템과 어우러질 때 더욱더 강화된다.

러닝

학습의 기본적인 의미는 지식과 기술을 습득하고 태도가 변하는 데 있다. 퀀텀에서는 학습 과정이 반드시 학습과 개인 성장까지 가야 한다고 주장한다. 심화 학습이란, 새로운 연결 고리를 찾으며, 새로운 생각의 전환을 하고, 새로운 생각들을 발전시켜 가는 것이다. 즉 새로운 인식의 변화를 경험하는 것이다. 심화 학습은 높은 지적 기술을 비롯해 논리적 사고와, 깊은 통찰력 있는 질문과, 문제 해석, 의사 결정, 그리고 효과적인 전략 학습이 필요하다.

퀀텀

퀀텀 러닝은 물리학 용어인 퀀텀(양자)을 교육적인 목표로 사용하고 있다. 물리학에서 퀀텀이란 에너지가 가지고 있는 전기, 또는 분리된 양의 에너지를 뜻하며, 방사 주파수에 직접 비례하는 추진력과 전하를 의미한다. 교육적 의미를 지닌 퀀텀 러닝은 교사, 학생들과 내용 사이에서 일어나는 지적 에너지와 뇌 주파수 패턴을 얘기한다. 깊이 사고하고 이해할 수 있는 능력에서 나오는 기쁨은 학습에 대한 자신감으로 나타난다.

아톰

아톰(원자) 아이콘은 학습에 있어 중요한 역할을 하는 퀀텀 러닝의 구성을 상징하는 에너지를 뜻한다. 기초 원리, 분위기, 전달, 설계, 심화(인지)와 환경(문화)이다.

입자 물리학이나 양자 물리학에서 원자의 핵은 양성자와 중성자 두 입자로 구성되어 있다. 두 입자는 퀀텀에서 교사와 학생들을 상징한다. 교사와 학생들이 상호 작용을 통해 에너지를 발산해 새로운 믿음, 태도와 가치를 전환하며 학생들의 학습, 능률과 자신감에 변화를 가져온다.

퀀텀 러닝은 학습자의 참여와 결과물을 반영하기 위해 퀀텀과 아톰이라는 용어를 상징적으로 사용한다. 퀀텀 러닝이 실제 사용되는 과정에서 역동적인 아톰은 교사와 학생, 또는 학생과 학생의 상호 작용을 상징한다. 물리학에 지식이 있는 사람들은 퀀텀 러닝에서 사용하는 퀀텀의 상징성을 교사와 학생의 상호 작용으로 이해해 주길 바란다.

뇌과학, 심리학, 교육학 등은 퀀텀 러닝의 학습법과 교수법에 큰 힘을 더한다. 퀀텀 러닝의 학습법과 교수법은 독립 형태보다는 두 효과가 접목이 되었을 때 교육에 더 큰 힘을 가져온다.

I
뇌의 자연적 학습 시스템과
퀀텀 러닝 시스템

크리스는 기대하는 마음으로 교실로 들어섰다. 하지만 늘 이런 마음으로 수업에 임했던 것은 아니다.

몇 년 전 처음 담임을 맡았을 때, 크리스는 수업을 위해 모든 준비를 했다고 생각했지만 학생들의 반응은 기대 이하였다. 시간이 지날수록 자신감이 떨어졌고 한때 훌륭한 교사가 되리라는 꿈마저 시들고 있었다. 오늘 크리스는 열정적으로 새로운 내용을 준비하면서 반드시 학생들에게서 자신이 원하는 반응을 이끌어 낼 수 있을 것 같았다. 집중하면서 참여하고 싶어 하는 학생들의 모습이 눈에 보였다. 이러한 변화는 크리스가 오랫동안 가지고 있었던 패러다임을 전환하면서부터 시작되었다. 여기까지 오는 데 많은 노력을 해야 했고, 계획하고 연습해야 했다. 하지만 이제 크리스가 사용하는 시스템은 매번 성공하고 있다. 그는 다시 자신감을 되찾았으며 교육에 대한 열정 또한 다시 찾았다. 그 변화의 시작은 바로 퀀텀 러닝 시스템이 낳은 결과다.

퀀텀 러닝 시스템이 도대체 어떤 것이기에 크리스라는 교사가 이 프로그램을 적용했을 때 성공적인 결과를 거둘 수 있었을까? 어떤 (정신, 학습 모형과 전략의) 변화가 교사로서의 능력을 높이고 학생들의 학업 성취를 이룰 수 있었을까? 이 질문들에 대한 답이 바로 이 책 속에 있다. 먼저 뇌의 자연적 학습 시스템과 퀀텀 러닝 시스템의 통합이 만든 탁월한 교수법과 학습법에 대해서 알아보자.

뇌의 자연적 학습 시스템과 퀀텀 러닝 시스템은 오랫동안 발전되어 왔다. 퀀텀 러닝 시스템은 지난 30년간 발전해 왔고, 뇌의 자연적 학습 시스템 역시 헤아릴 수 없는 긴 세월을 거쳐 발전했다. 어떻게 하면 자연스럽고도 효과적으로 교수법과 학습을 향상시킬 수 있을지에 대한 과정으로 이 두 시스템의 통합이 시작되었다.

뇌의 자연적 학습 시스템

연구에 의하면 우리 뇌는 무의식적으로 여섯 가지의 학습 기능 시스템을 동시에 사용하고 있다.

뇌의 자연적 학습 시스템은 일관성과 기능을 그대로 유지하면서 변경될 수 있는 개방적인 유연성을 지니고 있다. 기본은《뇌의 자연적 학습 시스템에 근거한 교수법》에서 감정적, 사회적, 인지적, 신체적, 반영적 시스템을 포함시켰다. 암시적 학습 시스템은 문화적 또는 사회적 시스템에 포함되는 것으로 연구되어 왔으나 지금은 독립된 학습 시스템으로 본다. 이 책에서 뇌의 자연적 학습 시스템은 문화와 인지에 다음과 같이 연관된다.

문화

- 사회적 학습 시스템Social Learning System은 우리가 사회와 문화가 만든 관념에 의해서 또는 사람들과의 모든 교류를 말한다.

- 감정적 학습 시스템Emotional Learning System은 우리의 긍정적 또는 부정적인 감정이 우리가 집중, 성취 그리고 성공하는 데 주는 영향과 다른 사람과 어떻게 공감하는지에 주는 영향을 말한다.
- 암시적 학습 시스템Implicit Learning System은 문화와 주변 환경이 학습에 무의식적으로 주는 영향을 말한다.

인지

- 인지적 학습 시스템Cognitive Learning System은 정보를 어떻게 입력하고, 소화하고, 질문하고 저장하는지에 대해서 말한다.
- 신체적 학습 시스템Physical Learning System은 감각 양식(시각적, 청각적, 촉각적, 운동 감각적)에 몸동작과 직접 해 보는 학습을 말한다.
- 반영적 학습 시스템Reflective Learning System은 지속적인 성장을 위한 결과 분석에 대해 말한다.

지금까지 학교는 인지적 학습 시스템을 독해, 수학 계산, 정보 처리, 암기, 내용 이해 등에만 사용해 왔다. 결과적으로 인지적 학습 시스템은 위에 말한 내용 이외에는 적용되지 않았으며 제한된 관심만 보여 왔다. 학생에게 비판적 사고와 문제 해결 능력, 어떻게 질문하는지에 대한 교육, 그리고 그 이외에 다른 인지적 과정 또한 교육의 중요한 요소인데도 말이다.

지금까지는 개인 학습 형태와 선호하는 방식에 맞추라는 교수법 책들이 많았다. 하지만 이제 우리는 뇌의 모든 학습 시스템을 사용해야 함을 발견했다. 모든 신체 활동, 사회 성장을 위한 공동 기술 개발, 자신과 남을 이해하려면 감정적 토론, 학습과 성장에 있어 사색적 사고가 모두 뇌의 학습법을 자극해 건드려져야 하는 부분들인 것이다. 또한 교실 벽에 붙이는 내용과 장식은 교실의 환경에 영향을 주고 뇌의 암시적 학습에 영향을 미친다는 것도 알려져 있다. 학생들이 배운 내용을 직접 질문하고, 사고하고, 자신이 어떻게 말하고 행동하는지를 돌아보는 교육을 받지 못한다면 표면적인 학습만 이뤄질 것이다.

앞에서도 언급했듯이, 뇌의 자연적 학습 시스템은 교육 목적에 맞게 연구된 신경생물학적 구조의 기능을 제공한다. 과학자들이 아는 뇌지식을 이해한다면 교사와 학생, 학생과 학생 사이에 교감을 더 성공적으로 이끌어 내고 더 효과적인 학업 성취를 이룰 수 있을 것이다. 뇌의 자연적 학습 시스템에 대한 지식은 퀀텀 러닝 시스템이 왜 효과적일 수밖에 없는지 입증해 준다.

퀀텀 러닝 시스템

퀀텀 러닝 시스템은 문화와 인지에 집중함과 동시에 교사와 학생, 학생과 학생, 그리고 학생과 내용의 교감을 통해 목표하는 학업 또는 사회적/감정적 결과에 집중한다.

퀀텀 러닝은 교사의 역량을 키우면서 학생이 내용을 익히는 능력을 향상시키는 시스템이다. 퀀텀 러닝 시스템은 학생과 교사가 어떻게 하면 더 효과적으로 학습하고 가르칠 수 있는지에 집중한다.

교수법과 학습법은 개방적이고, 역동적인 동시에 정교한 시스템이다. 퀀텀 러닝 시스템은 핵심 원칙과 가치를 그대로 유지하면서 뇌과학계가 새로 내놓는 연구 결과에 따라 유연하게 움직일 수 있는 시스템이다. 앞에서 언급했듯이, 뇌의 자연적 학습 시스템과 퀀텀 러닝 시스템은 문화와 인지에 연관되어 있다. 퀀텀 시스템의 구성 요소는 다음과 같다.

문화

- 기초는 학습자가 서로 어떻게 효과적으로 협력하고 의사소통하는지를 말한다.
- 분위기는 학생들이 사회적, 감정적 도전을 할 수 있도록 긍정적인 분위기와 서로 존경하는 분위기가 조성되는 것을 말한다.
- 환경은 실제 공간을 뜻하며 교실 환경이 어떻게 문화와 학습에 영향을 미치는지를 말한다.

인지

- 설계는 학생의 집중력, 이해력, 기억력을 향상하기 위해 교육 내용을 어떻게 계획하고 구성하는지를 말한다.
- 전달은 학생의 참여, 자존감과 자신감을 어떻게 끌어올릴지를 생각한 수업 계획을 뜻한다.
- 심화는 학생의 이해와 기억을 확고히 할 수 있도록 복습, 평가, 피드백하는 것을 말한다.

교사는 학생을 격려하고 지지하는 문화를 만들어야 할 뿐만 아니라 모든 학생이 사회적, 감정적, 육체적인 안정감을 느낄 수 있는 환경을 만들어야 하는 책임이 있다.

퀀텀 러닝은 네 가지 신경생리학적 연구와 자료들을 포괄하는 프로그램이다. 이를 퀀텀 러닝 뇌 원리Quantum Learning Brain Basics라고 부른다.

- 함께 활성화된 뉴런(신경 세포)들은 서로 연결된다(Hebb, 1949/1964).
- 학습에 있어서 집중력은 필수다(Lefrancois, 2000).
- 학생들은 기존의 지식과 도식에 연결하여 의미를 부여한다(Resnick, 1983).
- 심적 이미지는 이해를 돕는다(Sadoski, 1998).

이렇게 뇌의 기본 기능을 파악해 학생들을 가르친다면 그들이 새로운 내용을 습득하는 역량을 향상시킬 수 있을 것이다.

뇌의 자연적 학습 시스템과 퀀텀 러닝 시스템의 통합은 탁월한 교수법과 학습법을 낳는다

앞에서 말했듯이, 뇌의 자연적 학습 시스템과 퀀텀 러닝 시스템은 서로를 뒷받침하는 역할을 한다. 퀀텀 러닝에서는 이 통합된 시스템을 문화적 요소와 인지적 요소로 나눈다. 뇌의 자연적 학습 시스템과 일치하는 문화적 요소에는 3가지가 있는데, 기초(사회적 학습 시스템), 분위기(감정적 학습 시스템), 환경(암시적 학습 시스템)이다. 뇌의 자연적 학습 시스템과 일치하는 인지적 요소에도 3가지가 있는데, 설계(인지적 학습 시스템), 전달(신체적 학습 시스템), 심화(반영적 학습 시스템)다. 도표 2를 보라.

도표 2. 퀀텀 러닝 시스템과 뇌의 자연적 학습 시스템의 조화

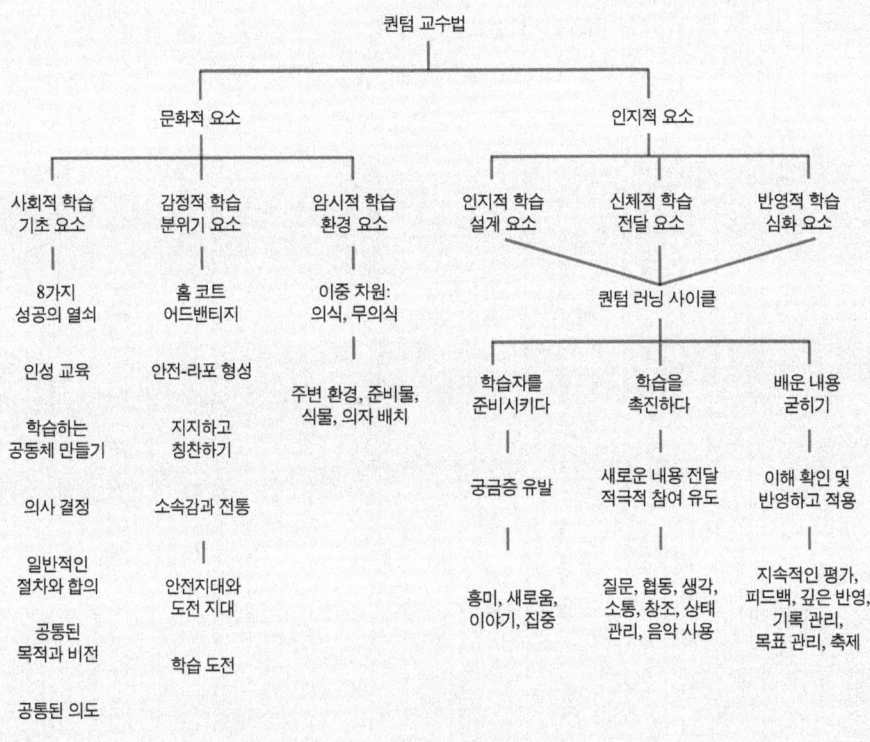

II
문화적 요소

모든 자연적 학습법과 문화적 학습법 — 사회적, 감정적, 암시적 요소들 — 은 자연스럽게 이뤄진다. 그 이유는 이러한 요소가 인간의 삶에 필수적이기 때문이다. 문화란 주어진 환경에서 사람이 자신의 믿음, 종교적 신념과 풍습을 표현하는 방식을 뜻한다. 사회적, 정서적 시스템은 우리 삶의 모든 측면에서 분명한 표현을 할 수 있도록 만들어 준다. 그래서 연구나 토론을 위해서가 아니라면, 실제적으로는 이 두 가지 시스템을 분리할 수 없다.

문화는 인간의 행동과 시민들의 성찰과 세계관으로 간주되는 문명의 지배적인 사고방식, 신념, 가치와 관습 등을 반영한 기술(방식)을 포함하고 있다. 이러한 사회적 행동이 한 집단과 다른 집단의 사람들을 구분 짓는 요소인 것이다. 리처드 도킨스Richard Dawkins는 《이기적 유전자The Selfish Gene》에서 이렇게 말한다. "인간의 특이한 점을 이 한 단어로 정의 내릴 수 있다. 그건 바로 문화다"(Dawkins, 1967/1989, p.189). 이와 비슷하게 미하이 칙센트미하이Mihaly Csikszentmihalyi(1993)는 "우리의 생존과 자존감은 어떤 사람의 주변에 태어나는가에 달려 있다······ 인간으로서 우리가 유전적 가르침이 필요하듯이 문화적 가르침도 필요한 것이다. 우리가 어떻게 말하고, 읽고, 숫자를 세고, 생각하겠는가?"

도킨스는 "문화의 전승은 유전자 전달과 유사하다. …… 이것은 진화의 한 형태를 야기할 수 있다"(p.189)라고 말한다. 문화의 진화는 각 집단의 믿음, 종교, 인성 발달, 허용하는 행위 등이 각각 다르지만, 모든 인간은 서로를 필요로 하며 서로에게 배우면서 살아간다. 이 기본 필요 요소로 인해서 문화가 만들어지는 것이다. 비록 다양한 문화들마다 학습 방법도 가지각색이지만 각각 자신의 믿음, 종교, 성찰, 교육 철학들 속에서는 공통점도 있다.

더 나아가서, 모든 인간은 얼굴 표정을 통해 감정을 나타낸다. 두려움, 분노, 슬픔, 기쁨 등은 어떤 문화이든 얼굴로 드러나는 표현들이 있다. 더 나아가, 인간은 특별한 명령이 주어지지 않아도 지역 사회에서 수행하는 방법들을 암묵적으로 개발한다. 인간에게 특별한 점이 문화인 만큼 우리는 앞으로 학교의 문화를 어떻게 만들어 가야 할지 고민해야 한다.

도킨스는 문화를 바꾸는 것은 유전자가 진화하는 것처럼 느린 과정이라고 본다. 가령 학교가 좋은 의도를 가지고 새롭게 개교한다 해도, 시간이 지나면서 부정적인 문화가 생기고 자리를 잡게 된다. 학생들에게 성취감과 학교 다니는 즐거움을 주려면 다시 변화를 주어야 한다.

문화 일부를 변화시키는 것은 지역 사회 또는 한 나라의 문화를 변화시키는 것보다는 훨씬 더 쉽다. 하지만 부정적인 쪽에서 긍정적인 쪽으로 변화하려다 오히려 더 나쁜 방향으로 갈 수도 있다. 왜 이런 일이 일어날까? 먼저 알아두어야 할 점은 문화의 경우 긍정보다 부정적인 변화가 훨씬 더 쉽게 이루어진다는 것이다. 칙센트미하이는 "문화는 …… 생존과 성장을 위해 개인들을 교통 수단처럼 활용한다"(Csikszentmihalyi, 1993, p.71)고 설명한다. 이는 긍정, 부정과 관계없이 사회 변화에 대한 엄청난 통찰이다.

예를 들어, 교육 팀(관리자, 교사, 관리인, 식당 직원, 학부모, 학생 등)이 변화 과정에 모두 참여하고 노력한다면, 그 학교는 몇 개월 안에 긍정적인 문화를 만들어 낼 수 있다. 퀀텀 러닝 시스템을 적용하고 실천에 애쓴 결과 그 학교의 문화가 긍정적으로 변화한 것을 우리는 목격한 바 있다.

물론 급속한 변화는 많은 학부모나 학생들에게 오히려 두려움을 심어 줄 수 있다. 그렇기 때문에 그들의 정서적 또는 사회적 변화에 대한 두려움을 고려하지 않으면 안 된다. 퀀텀 러닝 시스템을 시도하는 학교 책임자들은 전체적인 목표에 있어 사회적, 감정적, 환경적 안전을 최우선으로 생각하며 목표를 방해하는 요소에 대해 집고 넘어간다. 이것은 학부모와 학생들 사이에서 일어나는 아주 작은 부정적인 행동도 포함된다.

"문화는 생존과 성장을 위해 개인을 교통 수단처럼 활용한다"는 칙센트미하이(1993)의 말을 다시 떠올려 보자. 학교의 문화와 추구하는 바에 대해 세부적인 관심이 필요하다. 학교 문화가 성장하려면 어떻게 개인을 활용해야 할까?

문화란 개개인의 집합이라는 사실을 이미 알고 있다. 그래서 우리가 어느 특정한 문화에 적응하지 못하면, 우리는 거절당하거나 외면당하고, 적응하지 못한 문화를 가진 그 특정 집단보다 가치 없이 여겨진다. 따라서 학교의 문화가 아웃사이더와 인사이더의 두 그룹으로 나눠지는 문화라면, 거기다 따돌림을 시키는 집단에 속해 있다면, 개인은 이 문화에 마지못해 적응하거나 아웃사이더가 될 수밖에 없는 것이다. 만약 부정적인 그룹의 부정적인 행동에 함께하지 않는다면, 그들은 소외당하는 그룹에 속하게 될 것이다. 이른바 왕따, 괴짜, 또는 실패자로 낙인이 찍힐 것이다. 놀라운 것은 가장 부정적인 그룹이 가장 인기 있는 학생들로 구성되어 엘리트마냥 행동하며 다른 학생들에게는 그룹 가입을 제한하기도 한다는 것이다.

반대로, 인기 있는 그룹에 속하지 못하는 학생들은 그들만의 관심과 행동으로 그룹을 또 생성한다. 이러한 결과로 많은 중학교와 고등학교들이 수많은 부정적인 문화와 집단을 형성하고 있다. 만약 한 학생이 부정적인 문화에 참여를 거부하면, 그는 자기가 싫어하는 행동을 지지할 때까지 따돌림당하고 결국 이 부정적인 문화가 생존하게 된다. 한번 부정적인 문화 집단을 지지하고 그 행동을 같이하게 되면, 다시 되돌아가기는 힘들다.

반대로 생각해 보자. 만약 학교 문화가 긍정적이어서 모든 사람이 서로 존경하고 모든 집단이 모두에게 열려 있다면, 부정적인 집단도 점차 긍정적인 집단에 속하고 싶어 할 것이다. 부정적인 문화는 한 개인의 강압적인 권유로 집단에 속하게 되지만, 긍정적인 문화에서는 학생들이 서로를 존경하고, 격려하고, 인정하면서 속하게 된다는 것이다. 퀀텀 러닝 시스템은 이러한 긍정적인 학급과 학교 문화를 설계하는 데 초점을 맞춘다.

퀀텀 러닝 교사들은 퀀텀 러닝 철학Quantum Learning Directives을 지속적으로 적용한다. 이는 두 가지로 나뉘는데, 문화적 철학과 인지 철학이다. 이 핵심적인 철학은 모든 수업, 학급, 교사들, 학생들, 환경, 활동 및 상황에 적용 가능하다. 퀀텀 러닝에서는 이러한 철학이 교사가 영향을 미치는 요소로 생각하며 학생의 학업 성취에 아주 중요한 역할을 한다고 믿는다.

퀀텀 러닝의 문화적 철학

퀀텀 러닝의 문화적 철학은 우리가 교사로서 무엇을 말하고 무엇을 하는지, 그리고 어떤 영향을 미치는 교사인지를 계속해서 생각하게 한다. 이것을 모두 적용한다면 탄탄한 기초와, 분위기, 그리고 환경의 조화를 이루어 최상의 학습 문화를 만들 수 있다.

인성을 가르쳐라
인성은 학업과 개인의 성공을 촉진시킨다.

퀀텀 러닝은 학생들이 고등학교를 졸업할 때 대학 생활과 사회생활을 대비하는 것에 힘썼다. 이 목표를 이루려면 유치원 때부터 초등학교, 중고등학교 과정까지 인성 교육이 계속해서 이어져야 한다. 인생의 성공은 인성과 시민 의식에 달려 있기 때문이다.

의도적인 메시지를 보내라

'모든 것은 이야기한다.' 우리가 하는 모든 말과 행동은 긍정적 또는 부정적인 메시지를 보내고 있다. 중립적인 메시지는 존재하지 않는다.

교사의 행동, 몸동작, 나눠 주는 자료, 포스터, 교실 배치, 입는 옷 등 모든 것은 이야기하고 있다. 학급에서 일어나는 모든 일 또한 메시지를 보내고 있다. 학생들만이 이 메시지가 자신에게 어떤 의미를 가질 것인지 결정할 수 있다. 교사는 '모든 것이 이야기한다'라는 것을 인식해야 한다. 그래야 자신이 어떤 메시지를 학생들에게 보내고 싶은지에 대한 자세를 먼저 볼 수 있게 될 것이다.

그들의 세계로 들어가라

'우리가 그들에게, 다시 그들이 우리에게'를 기억한다면 학생들에게 효과적인 방법으로 신뢰를 형성하며 새로운 학습에 대해 열려 있게 할 수 있을 것이다.

퀀텀 러닝 시스템에서 우리가 믿는 것은 교사가 학생들의 세계 — 그들의 음악적, 기술적, 문화적인 세계 — 로 들어가지 못한다면 그들도 학습과 가르침이 가득한 우리의 세계로 들어오기를 꺼릴 것이다. '그들의 세계로 들어가라'는 "우리가 그들에게, 다시 그들이 우리에게"로 해석할 수 있다. 먼저 우리는 학생의 세계를 이해해야 한다. 만약 우리가 학생들을 이해하고 그들에게 관심을 표현하면 그들은 더 많은 학습에 마음이 문을 열게 된다. 결과적으로 학생들이 우리의 세상, 즉 우리가 학습시키고 싶은 내용이 있는 세상으로 들어오는 것을 뜻하는 것이다. 그래서 만약 효과적으로 학습이 이뤄졌다면, 마지막 단계인 학생들은 배운 것을 가지고 다시 자신의 세계로 돌아가 의미 있게 적용할 수 있게 된다. 우리의 목표는 학생들의 세계를 인지하고 이해하는 것이다. 이 철학의 의미는 우리가 학생들과 친구가 되고 그들과 항상 어울리라는 의미가 아니다. 교사가 그들의 세계로 들어가 가르쳐도 되는지 허가를 얻어야 하는 것이다. 왜냐하면 오직 학습자만이 교사에게 가르칠 권리를 줄 수 있기 때문이다. 학생들의 세상으로 들어가려면 우리는 그들을 진심으로 대해야 하며 새로운 내용이 있는 우리의 세상으로 함께 들어와 세상을 새롭게 보는 시각을 알려 줘야 한다.

모든 노력을 인정하라

학생들의 노력과 학습에 대한 인내는 인정할 만한 가치가 있다.

학생들은 인정받기를 좋아한다. 학생들의 노력을 인정하고 그 노력에 고마움을 공유하는 것은 가르침에 있어 매우 중요하다. 학습에는 많은 노력이 필요하다. 학습은 하나의 선택이고, 의식적으로 결정하면서 의도적으로 행동하여 감정적, 학업적, 사회적인 위험을 감수해야 한다. 인정은 칭찬과 같은 면이 있다. 칭찬은 현재 주어진 임무의 성취 또는 노력과 아무런 상관없이도 할 수 있다. 인정은 노력, 또는 구체적인 행동과 주어진 임무를 완성하는 데 있어 중요한 역할을 한다. 왜냐하면 우리가 진정으로 원하는 것은 학생들이 스스로 노력하기로 선택하여 학습하는 것이기 때문이다. 학생들을 인정하게 된다면 그들은 자신감과 자기효능감을 키울 수 있게 된다. 물론 인정은 학생 성향에 따라 달라질 수 있다. 일대일로 할 수도 있고, 학급의 모든 학생들 앞에서 할 수도 있다.

1부 사회적 학습과 기초 요소

1장 사회적 학습 시스템

사회적 학습 시스템은 문화 또는 지역 사회의 관습, 및 사람들과의 교감을 뜻한다.

사회적 학습 시스템은 생존을 위해 인간이 공동체를 형성하여 집단적 문제 해결, 협업 및 행위에 대한 사회적 규약 등을 통해 자연스럽게 형성되었다. 각각의 집단에서, 행동 수칙이 적절한 문화를 만들어 갔다. 이 원칙들을 지키지 못하는 사람은 그 집단에서 추방당하기도 했다.

오늘날 우리는 문화를 태도, 가치, 신념, 정책, 정치와 종교적 믿음의 종합적인 어느 특정한 집단의 행위로 정의한다. 하지만 다양한 여러 문화 사이에서도 유사성은 존재한다. 연구자들은 이러한 태도, 가치, 신념, 관습과 사회적 행동을 비인지적 기술, 소프트 기술,[4] 사회성 기술,[5] 성격 특

---

[4] 타인과 협력하는 능력, 문제 해결력, 감정을 조절하는 자기 조절, 의사소통 능력, 리더십, 회복 탄력성 등을 말한다. — 옮긴이

[5] 사회적 강화를 상실하지 않고서도 대인 관계에서 긍정적이거나 부정적인 감정들을 적절하게 표현하는 능력이며 언어적, 비언어적 반응을 조절해서 전달하는 능력을 포함한다. — 옮긴이

성, 인성이라고 부른다(Heckman, 2012; Heckman & Kautz, 2012). 이러한 기술들은 종교적이거나, 영적, 또는 도덕적이지만은 않다. 이 기술들은 세계 모든 문화에서 찾아볼 수 있는 시민 의식과 책임감을 기르기 위한 것이다. 비록 각 개인의 문화가 이러한 소프트 기술을 표현하는 데도 차이가 있지만, 그것과 더불어 의사소통을 향상하며, 협동심, 집단의 문제 해결 능력을 배우게 하는 것이 결국 사회에 유익한 영향을 끼칠 수 있다.

퀀텀 러닝은 8가지 성공의 습관(DePorter, 2000)을 기반으로 하여 인성 교육에 중요성을 강조하고 이런 가치관을 가질 수 있는 교육을 기초로 한다. 인성 교육은 문화마다 이름이나 적용하는 방법이 다를 수 있지만, 세계에서 공통적으로 찾을 수 있는 개념이다. "인성 교육은 학습되어야 한다고 대부분의 미국인들은 믿는다"(McWhirter et al., 1998, p.292).

소프트 기술은 학습에 영향을 미친다

소프트 기술은 사회적 학습과 개인의 학업 성공을 위한 필수적인 사항이다. 사회적 학습의 독립적인 영향을 연구하는 것은 거의 불가능하지만, 직관적으로 우리는 그 중요성을 이미 알고 있다. 시카고대학교에서 나온 보고서 "청소년을 학습자로 훈련하는 방법: 비인지적 요소들이 학업 능력에 미치는 역할"(Farrington et al., 2012, p.11)에서 사회성은 청소년에게 나중에 사회인이 되는 데 매우 중요한 역할을 한다고 강조한다. "초등학교에서는 사회성이 학업 성적과 연관되어 있다. 예를 들어, 다른 친구들과 잘 어울리는 능력을 가진 학생과 수업 시 토론에 적극적으로 참여하는 학생의 성적이 그렇지 않은 집단의 성적보다 더 높게 나온다."

다른 말로 하면 사회성 기술은 학습과 성적에 영향을 끼친다는 것이다. 수많은 사회성 기술 중 가장 중요하게 배워야 할 것은 공감이다. 공감은 다른 사람의 감정을 이해하며, 배려하는 기술이다. 여기서 공감을 느끼는 과정은 사회적 및 감정적 기술 분야에 속한다. "공감은 감정적인 자기 인식을 통해 발달되며 인간관계에서 가장 기본이 된다. 공감하는 사람들은 대부분 사회적 욕구와 타인의 욕구를 알아차릴 수 있다"(Goleman, 1995, p.95). 공감하는 것은 다른 사람을 이해하고, 자신을 타인의 입장에 상상할 수 있으며, 타인의 기분과 행동을 이해하거나 맞춰 주는 능력이다.

모방

대니얼 골먼Daniel Goleman은 "사회적 뇌는 신체에 있는 생물학적 시스템 중 유일하게 주변 사람의 내면에 영향을 받는 기관이다"(Goleman, 2006, p.10)라고 주장한다. 이는 짧은꼬리원숭이를 관찰하면서 발견한 놀라운 결과다(Rizzolatti et al., 1996). MRI로 원숭이의 뇌를 스캔해 보니 원숭이가 손, 발, 입을 움직일 때와 다른 원숭이 또는 사람이 손, 발 입을 움직이는 것을 볼 때 뇌의 특정한 부위인 시각 운동성 뉴런들이 똑같이 밝게 빛나고 있는 것으로 나타났다. 원숭이가 직접 동작을 하거나 다른 원숭이가 그 동작을 보거나 크게 상관없이 동일한 뇌의 위치에서 활동성을 보인다는 것이다. 이러한 뇌 세포들을 거울 뉴런(모방 뉴런)mirror neurons이라고 부른다. 원숭이가 단순히 보고 따라한다는 생각은 너무 단순화된 것이다.

이후 거울 뉴런이 사람에서도 발견되어 교육에도 직접적인 응용이 가능한 것으로 나타났다. 예를 들어, 언어 조절 중추에서 거울 뉴런의 활성화는 "언어적 의사소통에 해당하는 기관이 생성하는 소리뿐만 아니라 얼굴과 입의 움직임으로 소리를 만들어 내는 것에도 연결되어 있다"(Changeux, 2002/2004, p.129). 따라서 거울 뉴런들은 언어, 말하기, 글을 읽고 해독하는 기술과 상관관계가 있는 것이다.

> 모방은 기술 습득에 있어 중요한 역할을 하는데, 이는 시행착오로 습득되는 시간이 많이 걸리는 학습을 방지하기 때문이다. 관찰과 모방은 감각을 통해 모은 정보를 해독해 행동으로 옮기는 특별한 사례다(Wohlschlager & Bekkering, 2002, p.101).

이 과정에서 일어나는 거울 뉴런의 역할은 대단히 논란이 많은 주제다. 원숭이가 한 동작을 관찰하고 그 동작을 따라할 때 뇌의 비슷한 영역이 작동하는 것은 맞지만 행동을 모방하는 것이 자동적이지는 않다. 인간을 예로 들자면, 학생은 교사의 행동을 보고 그것을 모방할지 안 할지를 선택할 수 있다. 그 의미는 교사의 목표 또는 의도를 이해할 수 있다는 것이다. 퀀텀 러닝의 철학 중 하나인 "그들의 세계로 들어가라"는 목표와 의도에 대한 모방은 모방자가 먼저 본보기의 행동을 이해해야 한다는 의미다. 따라서 모방의 전제 조건은 행동을 이해하는 것이다. 그것이 교사의 말이나 행동이 학생들이 원하는 명확한 본보기가 되어야 하는 이유다(Wohlschlager & Bekkering, 2002, p.111). 학생들은 본 것을 자동적으로 그저 따라하는 것이 아니라 학생이 행동을 보고, 그 의도를 이해하여 그 행동을 모델로 삼아 모방할지 안 할지를 선택하는 것이다.

예를 들어 부모 또는 교사가 학생에게 좋은 인성과 목표 지향적인 본보기가 되는 것과 관계없이 어린이 또는 학생들은 이러한 태도를 관찰하고 그들만의 행동을 한다. 누구를 모방하고 누구를 무시할지 학생들이 선택하기 때문에 무엇을 관찰했는지에 따라 그들만의 독특한 행동을 창의적으로 만들어 낼 수 있다. 안드레아스 볼슐레거Andreas Wohlschläger와

해롤드 베커링Harold Bekkering은 "목표 지향적 모방 이론은 모방에 창의성이라는 공간을 만든다. 목적이 달성되는 방식은 모방자의 몫이기 때문이다"(Wohlschäger & Bekkering, 2002, p.101)라고 말한다. 이 모든 것은 개인의 모방에서 나오는 강력한 결과다.

퀀텀 러닝이 만든 많은 성공 사례들은 모방의 긍정적인 상호 작용, 학생들의 행동 규범에 대한 이해와 발전, 그리고 교사들이 만들어 가는 긍정적인 사회적 상호 작용에서 나온다. 학생들이 부정적인 것과 긍정적인 것들을 모방하는 것을 상상해 보라. 이 개념을 고려하면 교사는 자신이 어떤 태도와 상호 작용으로 학생들에게 영향을 끼칠지 생각할 수 있다.

사회적 학습에 대한 심리적 관점

인간은 유전적으로 다른 사람과 의사소통하게 되어 있다. 우리는 어딘가에 속하려는 욕구가 있다. 특히 이러한 사회적 상호 관계의 필요성은 청소년 시기와 학창 시절에 더 커진다. 변화의 시기인 청소년기는 어떤 사람이 될 것인지를 선택하는 때다. 집, 학교, 공동체, 미디어 등에서 성인의 행동을 관찰하고 공부한다. 현재 마주한 성인의 모습과 비교하면서 미래에 자신이 성장하면 지금 이 성인들보다 얼마나 더 나을지 상상하게 된다. 이 시기는 즐거움과 두려움도 있고, 기쁨과 분노도 많고, 사랑에 빠질 때도 많으며, 자신이 왜 그러는지, 어떻게 행동해야 할지 등 고민이 많은 시간이다. 만약 이들에게 왜 그러냐고 질문해서 "몰라요"라는 답을 듣는다면 그냥 많은 것이 혼돈스럽고 헷갈리는 시간이기 때문이라고 이해하면 된다.

선생님에게 인정받고 싶은 마음과 자신을 지지하는 그룹에 속하고 싶은 마음은 학생의 정서적, 사회적 성장에 아주 중요한 역할을 한다. 반대로 선생님이나 또래 친구들에게 인정받지 못하면 굉장한 상처가 된다. 청소년 시기에는 쉽게 사랑에 빠지고 상대에게 거절당하면 그 상처 또한 깊게 남게 된다. 만약 부정적인 생각으로 계속 지내게 된다면 자신에게 또는 주변 사람들에게 큰 상처를 주게 된다. 이러한 행동이 낳은 결과가 어떤 영향을 끼칠지에 대해서는 스스로 인식하지 못한다.

청소년은 종종 자기가 하는 일과 행동을 정당하고 의롭다고 여긴다. 또 강한 자신감을 보이며 허세도 부린다. 놀랍게도 이성 관계, 다른 친구들과의 관계, 부모와의 관계, 또는 교사와의 관계에서 어려움을 겪고 있어도, 어른들이 알아차리지 못할 정도로 청소년은 일상에서의 평범한 모습을 지속할 수도 있다. 가까이 있는 어른은 약간의 변화를 느껴도 호르몬 때문이라고 단정 짓는다. 그래서 자신의 세계관에 너무 갇혀 버린 청소년에게는 어른들의 단호한 개입이 아니라 특별한 배려가 요구된다.

만약 교사가 가르치기만 하기보다는 공감해 준다면, 학생은 교사가 자신을 좋아하고, 자신의 학습 능력에 관심이 있다고 여긴다. 또 학생은 교사가 학습, 태도뿐만 아니라 인간관계 등과 관련해 자신을 책임 있게 지도할 사람임을 확신하게 된다. 골먼은 "대부분의 능력(역량)은 대인 관계에서 온다"고 주장한다. 이 능력은 "사회적, 감정적 신호를 알아차리는 것이며, 경청하면서 부정적인 영향은 저항하고, 다른 사람의 관점을 이해하며 그러한 태도가 특정한 상황에서 허용될 수 있는지를 보는 것"(Goleman, 1995, p.259)이라고 말한다.

골먼이 언급했듯이 이러한 기술들은 건강한 사회적 발전을 위한 핵심 요소다. 그는 "우리는 공감을 활용해 다른 사람들이 지닌 감정이 어떤 것인지 알아챌 수 있다"(p.115)라고 말한다. 일부 뇌과학자들은 거울 뉴런이 교육자에게 중요하다고 말한다. 이는 어른들이 아이들에게 하는 행동, 말, 태도가 아이들에게 그대로 흡수되기 때문에 그냥 간과해서는 안 된다는 것이다.

학생들이 자신들의 목표와 행동이 일치하는 타인의 행동을 모방하는 것을 생각해 보라. 거울 뉴런은 이러한 상황에서 중요한 역할을 하게 된다. 이 견해와 관련해 아직까지 많은 의문이 제기되고 있으며 (Churchland, 2014; Hickok, 2014; Pascolo, 2013; Pinker, 2014), 입증하기에 충분한 연구 자료를 수집하는 데 몇 년이 걸릴 수도 있다. 이탈리아 우디네대학교의 파올로 파스콜로Paolo Pascolo는 이렇게 말한다.

> 다양한 종류의 뇌 세포들을 연구한 지 20년이 되었지만 거울 뉴런에 관해서는 아직 많은 의문이 남아 있다. 아직까지는 명백한 증거를 찾지 못했고, 회의론자들이 제기한 부분들도 아직 해답을 찾지 못하고 있다(Pascolo, 2013, p.27).

거울 뉴런 연구 중 런던대학교 뇌과학연구소의 제임스 킬너James Kilner와 로저 레몬Roger Lemon(2013)이 쓴 800장이 넘는 뇌과학 자료를 보면 뇌 신경 영상, 특히 fMRI(functional magnetic resonance imaging 기능적 자기 공명 영상)[6] 기술을 이용한 연구들을 볼 수 있다. 그들은 "꼬리짧은원숭이에서 발견한 동일한 거울 뉴런들이 사람들에게도 동일하게 나타났다"고 밝혔지만 "아직까지 결정적인 증거는 나오지 않았다"고 덧붙였다(p.R1060).

크리스천 재럿Christian Jarrett(2013)은 킬너와 레몬(2013)의 논문을 검토한 결과 다음 같이 결론을 내렸다.

---

6 혈류와 관련된 변화를 감지하여 뇌 활동을 측정하는 기술로, 뇌 혈류와 신경 세포의 활성화가 연관되어 있다는 사실, 즉 뇌 영역이 사용되면 그 영역으로 가는 혈류의 양도 증가한다는 사실에 기초한다. — 옮긴이

거울 뉴런에 대한 발견은 무척 흥분되는 일이지만 미디어에 언급된 것을 살펴보면 이 실험은 원숭이에게만 적용이 되었다는 한계가 있다. 또한 거울 뉴런도 다양한 종류가 있다는 것을 기억해야 한다. 아직까지 거울 뉴런이 원숭이뿐만이 아닌 인간에게도 존재하는지에 대해서는 더 지켜봐야 한다. 이 뉴런이 지닌 핵심 기능에 대해 기대를 접기는 아직 이르다. 왜냐하면 그 여정은 이제 막 시작했기 때문이다.

그러므로 그동안 거울 뉴런이 학생에게 사회성 기술을 배우는 데 중요한 역할을 한다는 가능성을 제기하는 것이 손해는 아니다. 거울 뉴런은 확실히 학생의 긍정적 사회성 기술과 성장에 큰 역할을 한다. 교사는 자신의 행동과 태도가 어떻게 학생에게 영향을 미치는지를 인지하고 고민해야 한다.

2장 기초 요소

기초는 학습자들이 서로에게 효과적으로 상호 작용할 줄 아는 것을 말한다.

기초 요소는 사회적 학습 시스템과 조화를 이룬다. 학급 안의 모든 요소가 학급의 공동 목표를 이루는 데 영향을 미친다. 교사와 학생이 하나가 되려면 명확한 기대, 가치, 목표가 모두에게 정확히 전달되어야 한다.

기초 요소란 이루고자 하는 결과를 위한 사회적 활동을 말한다. 예를 들어 학교 집단의 경우, 교사와 학생들이 서로 간에 행동 기준이 무엇인지, 서로를 어떻게 대해야 할지를 공통적으로 알고 있을 때를 얘기하는 것이다. 때문에 퀀텀 러닝은 행동 철학을 '8가지 성공의 습관'이라는 원칙에 기반을 둔다. 정직성Integrity, 실패에서 성공으로Failure Leads to Success, 좋은 의도로 말하기Speak with Good Purpose, 바로 지금This Is It, 몰입Commitment, 책임감Ownership, 유연성Flexibility, 균형Balance이 그것이다.

퀀텀 러닝은 학교에서의 의미 있는 성장을 위해 성공의 습관이 하나하나 학급에서 교육되고, 복습되며 유지될 수 있도록 해마다 노력하고 있다. 이 성공의 습관은 학생들이 긍정적인 인성을 발달할 수 있게 도와주고, 학습에 즐거움을 줄 수 있도록 해 준다. 성공의 습관이 학급에서 학습되면서 학생들이 서로의 성장을 지지해 주기 시작한다.

8가지 성공의 습관success 8 keys — 삶의 원칙

8가지 성공의 습관대로 살아간다는 것은 내적 힘을 길러야 하는 일이다. 본질적으로 성공의 습관은 우리가 누구이며 우리의 가치가 무엇인지 알려준다. 이 습관들이 우리의 태도와 행동을 안내한다. 8가지 성공의 습관은 현재 우리가 인생을 어떻게 살아가야 하는지 고민하게 하고 개인적인 삶에 많은 영향을 끼친다.

예를 들어 8가지 성공의 습관을 교육하는 퀀텀 러닝 프로그램에 참석한 지 5년이 지난 학생과 학부모를 상대로 설문 조사를 했는데, 이 교육의 장기적인 효과를 확인할 수 있었다. 학생의 98%는 퀀텀 러닝에서 배운 기술을 아직도 삶에서 적용한다고 말했다. 이 결과는 헤드 스타트Head Start 프로그램[7]과 비슷한 결과를 냈다. 헤드 스타트에 참가한 학생과 그렇지 않은 학생의 성적은 4학년이 되면서 모두 평균이 되었지만, 헤드 스타트에 참가한 학생들이 청소년기에 자기 조절 능력과 의사 결정 능력에서 남들보다 뛰어난 모습을 보였다(Ludwig & Phillips, 2008).

8가지 성공의 습관을 실행하는 학군에서도 큰 결과가 나타났다. 오션사이드통합학군의 래리 페론디Larry Perondi는 2011년 보고서에서 이렇게 말했다. "우리 학군에서 인성 교육을 최우선으로 하는 것이 성공에 있

---

[7] 1965년 미국 연방 정부에서 경제적·문화적으로 불우한 아동들을 위하여 국가적으로 개입하여 만든 유아 교육 프로그램이다. — 옮긴이

도표 3. 캘리포니아의 23개 학교에서 퀀텀 러닝을 교육한 결과

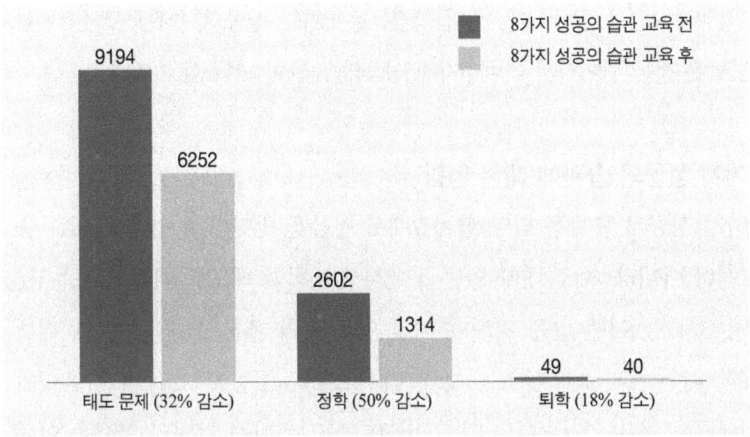

어 매우 중요하다고 믿는다. 우리가 원하는 성과를 얻기 위해서는 지도층에게도 의미 있고 효과적인 교육을 실천해야 한다."

페론디는 얘기한 대로 8가지 성공의 습관을 교육으로 실천하였고, 학생 행동의 긍정적인 변화뿐 아니라 학군의 수익도 얻게 되었다. 8가지 성공의 습관을 이행한 후 오션사이드통합학군에서 2011/2012에 정학 징계를 받은 학생 수가 2602명에서 2012/2013에는 1314명으로 크게 줄었다. 오션사이드통합학군의 관할 주에서 학생에게 투자되는 비용은 하루 32달러이고 평균 정학 일수가 3일이나 되었다. 하지만 50%라는 정학 징계를 받은 학생 수의 감소는 평균 학생 출석률을 증가시켰으며 오션사이드통합학군에 124,000달러나 되는 돈을 벌어다 주었다(도표 3).

일리노이주 다코타시에 있는 다코타초등학교 교장 재닛 후엔Janet Huene도 이와 비슷한 결과를 얻었다고 말한다. "우리 학교에서는 정학 징계를 받는 학생의 수가 매달 55%에서 45%로 감소되었으며 놀랍게도 지난해보다 정학 징계를 200명이나 적게 받았다. 교장인 나는 교장실에서 학생들

을 훈계하기보다 학생들 사이에서 더 좋은 행동과 태도를 갖도록 하는 데 더 많은 시간을 할애했다. 우리 학생들은 8가지 성공의 습관으로 인해 감명 받은 것을 넘어서서 아예 8가지 성공의 습관이 되어 살고 있다."

8가지 성공의 습관에 대한 영감

8가지 성공의 습관은 다양한 자료에서 영감을 받았다. 유연성에 대한 중요성뿐 아니라, 지금 내가 있는 곳에서 긍정적인 태도를 가지고 사는 것('바로 지금'), 어떤 일을 위해 주어진 것보다 더 애를 쓰는 것(몰입), 실패에서 배우는 자세를 갖추는 것(실패에서 성공으로) 등은 모두 다 나폴리언 힐에게서 얻은 영감이다. 리처드 버크민스터 풀러는 자신의 인생을 인류를 위해 헌신한 사람이다. 더그 보이드Doug Boyd가 쓴 《롤링 썬더Rolling Thunder》에 북미 원주민 웅변가가 나온다. 거기서 '좋은 의도로 말하기'라는 습관에 대한 아이디어를 얻었다. 보이드는 "생각하는 모든 것을 말할 필요는 없다. 우리가 하는 말을 잘 생각하고 좋은 의도로 말하는 것에만 집중하면 된다"(p.99)라고 말했다. 책임감은 자신의 인생을 책임지라는 의미에서 나왔다. 퀀텀 러닝에서 정직성의 의미(행동과 가치관의 일치)는 기하학적 개념의 일치에서 나왔다. 하나의 모양이 다른 모양 위에 맞을 때, 그것이 바로 일치를 이룬다. 우리의 행동과 가치관이 일치할 때, 우리는 정직하게 살아가고 있는 것이다. 균형은 우리가 성취한 삶을 균형 있게 살아 냈을 때 느끼는 만족감을 생각하며 추가하게 되었다.

8가지 성공의 습관에 관한 정의

다음은 퀀텀 러닝의 8가지 성공의 습관에 대한 설명이다. 참고로 학교에서 교육하는 순서대로 정렬하였다. 많은 학교들이 첫 학기를 시작할 때 8가지 습관의 전체 개요를 먼저 설명하고 매달 습관 하나씩 가르친다.

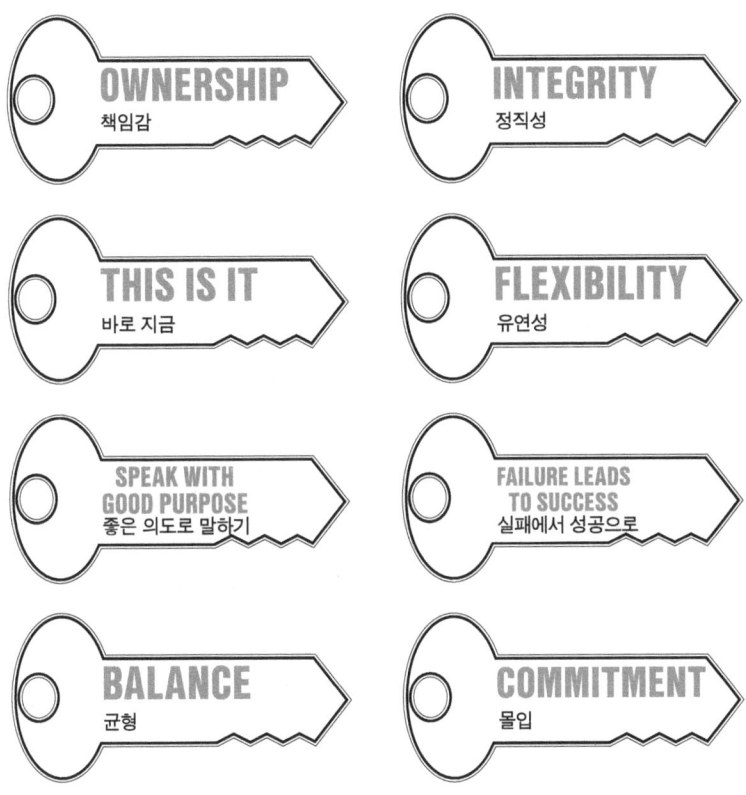

바로 지금 This is it

매 순간, 현재에 집중해라. 긍정적 태도를 가져라.

 '바로 지금'은 매 순간 지금하고 있는 일에 집중하여 최선을 다한다는 뜻이다. 바로 지금의 태도는 하루하루를 생산적으로 살며, 만족하고 재미있게 살아가는 태도를 말한다. 인생에는 많은 방해 요소가 있고 우리의 집중을 산만하게 하는 것들이 있다. 그래서 현재 하는 일에 집중하기보다 다른 곳에 집중을 할 때가 더 많다. 가령 과거에 하고 싶었던 일들이나, 앞으로 하고 싶은 일들을 자주 생각한다. 지금 하는 일에서 관심이 다른 곳에 있다면 현재 일어나는 일에서 놓치는 것이 많을 수밖에 없다. 미래에 새로운 기회를 기다리다가 현재에 있는 더 좋은 기회를 놓쳐버릴 수 있다. 우리 과거에 대해서는 아무것도 할 수 없고 미래 일에 대해선 잠정적인 계획을 세울 수 있지만 현재 최선을 다해 산다면 우리에게 놀라운 힘이 생길 수 있다. '바로 지금'의 태도로 산다는 것은 현재에 일어나는 행복한 순간들을 놓치지 않고 살아가는 것이다.

책임감 Ownership

자신이 선택한 행동에 대해 책임을 지는 것이다. 자신이 하는 모든 생각, 느끼는 감정, 말, 행동에 대한 책임을 지는 것이다. 자신이 한 선택과 그 선택으로 인해 얻는 결과를 자신의 것으로 받아들이는 것이다.

책임감은 자신이 선택한 것에 대한 책임을 지려는 태도. 행동에 대한 책임을 지기 시작하면 주변 사람들은 당신을 신뢰하고 존중하기 시작한다. 만약 내가 친구를 만나기로 한 시간에 다른 일을 하느라 약속을 지키지 못했다면, 지각에 대한 책임은 오로지 내게 있다. 이런저런 핑계를 대지 않아야 한다. "어쩔 수 없었어, 먼저 처리할 일이 있었어"라고 말할 수도 있지만 책임감을 갖고 말한다면 이렇게 해야 한다. "약속한 시간에 못 와서 미안해. 늦을 걸 알았을 때 연락했어야 하는데 그러지 못했어. 사과할게. 어떻게 하면 네 기분이 풀릴까?"

다른 외부적인 환경을 탓하지 않고 모든 행동과 말에 책임을 진다면 자신의 삶을 더 통제할 수 있게 된다. 우리에게 일어나는 모든 일을 통제하는 것은 불가능하겠지만, 그 상황에 대해 어떻게 반응할지는 오로지 자신의 선택이다. 책임을 지기 시작하면 삶에도 큰 변화가 일어난다. 책임감은 인생 전체에 적용된다. 책임감은 교육, 인간관계, 건강, 활동 등에 반영된다. 책임감을 가지고 산다면 자존감도 올라가고 자신감이 생기면서 성공적인 인생을 살게 된다. 스스로를 잘 조절하며 산다는 것은 기분 좋은 것이기 때문이다.

좋은 의도로 말하기 Speak with Good Purpose

솔직하고 친절하게 말하라. 말하기 전에 생각하라. 말을 할 때 좋은 의도인지를 확인하고 진솔한 말인지를 살려라.

말은 정말로 힘이 있다! 말은 사람을 높이기도 하며 헐뜯기도 한다. 감정을 못 이겨 분노한 상태에서 한 말이 누군가에게는 평생 상처로 남을 수 있다. 반대로 친절한 말은 그 말을 듣는 사람에게 아주 큰 힘이 될 수 있다. 그런 친절한 말들이 기억에 남아 떠올렸을 때 긍정적인 감정을 불러올 수도 있는 것이다. 누군가에게 하는 말은 그 사람에게도 큰 영향을 끼칠 뿐 아니라 그 사람과의 관계에도 큰 영향을 미친다. 자기 대화self-talk에도 큰 영향을 미친다. 자기 이해, 자기 인식 그리고 자신감에도 강한 영향이 있다.

좋은 의도로 말하는 것은 우리의 의도가 긍정적인지 생각하는 것이다. 명확하고, 직접적으로, 또 정직하고 긍정적으로 의사소통하는 것을 뜻한다. 첫 번째 단계는 바로 내가 하는 말을 의식하는 것이다. 우리 머릿속에 떠오르는 대로 다 말하기보다 말하기 전에 생각하고 말한다면 좋은 의도로 말할 수 있게 된다. 말을 하기 전에 자신에게 질문해 봐야 한다. "내가 하는 말이 남을 높여 주는 것인가 아니면 무너뜨리는 것인가?" 물론 부정적인 생각이 들 때도 있지만 모든 생각을 말로 표현할 필요는 없다.

가끔은 비판적 사고를 나누는 경우도 있을 것이다. 이러한 상황에서도 의도와 단어 선택을 고민한다면, 솔직한 피드백도 긍정적이고 힘이 있음을 느낄 수 있고, 신뢰를 얻게 될 것이다. 상대방을 배려하면서 한 피드백은 그 사람에게 공감하고 있으며 감정을 이해한다는 메시지를 주게 된다. 좋은 의도로 말하는 것은 건강한 인간관계에 있어 기초가 되는 요소다. 이 습관은 긍정적 감정의 환경을 조성해 더 행복하고, 생산적이고, 성공적인 삶을 살게 한다.

실패에서 성공으로 Failure Leads to Siccess

실수하면서 배우라. 실패를 자신에게 도움이 되는 정보, 성장, 성공하기 위한 피드백으로 재해석하라.

실패에서 성공이란 습관을 지니고 살아간다면 모든 실패를 피드백으로 분석하고, 그 경험에서 무엇을 배울 것인지, 똑같은 경험을 하지 않으려면 어떻게 할 것인지를 생각할 수 있다.

이 원칙대로 산다는 것은 실패에 대한 관점을 바꾼다는 것이다. 실패를 부정적으로만 해석하고 자존감을 떨어뜨리기보다 긍정적인 경험으로 생각하는 것이다. 실수를 질렀을 때 스스로에 대해 부정적으로 생각하기보다는 그 실패에서 무엇을 배울지를 먼저 생각하려 노력함으로써 성공에 한 발 더 가까이 갈 수 있다. 그러면 앞으로의 계획을 수정할 수 있고 피드백을 통해 무엇을 배웠는지 좋은 정보를 가져 갈 수 있다.

진정한 실패는 실수에서 배운 것이 없다고 말하는 것이다. 우리는 보통 실패에 대한 두려움 때문에 시도 자체를 꺼린다. 실패에 대한 두려움은 안전지대에 갇혀 익숙한 것만 하고, 안전한 선택들만 계속하게 한다. 안전지대에서 벗어나야만 새로운 것을 경험하고 성공을 향해 한 발 나아갈 수 있게 된다.

몰입 Commitment

꿈을 현실로 만들라. 긍정적인 행동을 취하라. 흔들리지 말고 자신의 꿈을 쫓아가라.

몰입은 강력한 의사 결정을 하고 뛰어들어 전진하는 것이다. 한 번 몰입하기로 선택했다면 후퇴는 없다. 즉 자신이 해야 할지 말지에 대한 고민은 더 이상 없는 것이다. 몰입은 쉽게 내리는 결정이 아니다. 한 번 결정하면 다시 뒤로 갈 수 없기 때문에 그만큼 신중하게 결정해야 한다. 몰입은 스카이다이빙처럼 한 번 뛰어내리면 그게 끝인 것이다.

몰입한다는 것은 목표로 가는 길에 장애물이 와도 그것을 극복하는 정신을 뜻한다. 이러한 선택은 내적 에너지를 집중시켜 앞으로 나아가게 도와준다. 우리 뇌는 몰입할 수 있도록 프로그램되어 있다. 장애물은 결국 극복될 수 있고 몰입하는 것은 우리가 새운 목표에 도달할 수 있도록 도와주는 중요한 열쇠가 될 것이다.

정직성 Integrity

가치와 행동을 일치시켜라. 모든 상황에서 하는 모든 말과 행동에서 긍정적인 가치를 보이라. 진실하고 솔직한 사람이 되라.

정직성을 지키며 사는 것은 우리가 말하고 행하는 모든 것이 우리의 가치를 그대로 나타낸다는 것이다. 우리는 우리의 행동이 진정 내가 누구인지 보여 주는가를 생각한다. 우리가 진짜 무엇을 가치 있게 여기는지가 타인에게 보여지는가? 우리 자신이 정직하고 의지 있는 사람으로 나타나는가? 아니면 불성실하고 무관심한 사람으로 보이고 있는가? 우리가 함께 시간을 보내는 사람들은 우리의 가치와 일치하고 우리에게 힘이 되는 사람들인가? 우리가 참여하는 활동들은 우리를 성장시키고 즐겁게 해 주는가?

정직성을 지킨다는 의미는 자신에게 솔직하고 진정한 나로 사는 것을 의미한다. 생각과 행동을 다르게 하지 않는다면 사람들은 우리를 신뢰하고 존경하며 인간관계는 두텁고 자존감도 높다. 이러한 긍정적인 감정들이 우리의 가치관, 자기효능감을 향상시키므로 더 큰 성공으로 이끈다.

유연성 Flexibility

원하는 결과를 위해 충분히 변화할 수 있는 마음을 가져라. 정확이 뭐가 안 되는지를 인식하고 목표를 이루기 위해 다른 방법도 시도하라.

유연성은 현재 하는 방식이 잘 되지 않을 때 다른 방법으로 시도해 보는 의지를 말한다. 대부분은 최초 계획한 것과 다른 상황에 놓일 때가 많다. 이러한 상황을 극복하려면 현재의 방법으로 계속 밀고 나갈 수도 있고 다른 방법으로 유연하게 대처할 수도 있다. 유연하다는 말은 계속 변하는 상황에 맞게 반응해서 계속 발전해 나가는 것을 뜻한다. 여러 방법을 생각해 내려면 비판적 사고력이 필요하다.

한 가지 방법에만 갇혀 있는 것은 유연한 게 아니다. 무언가를 이루려고 계속 시도하는 데도 성공하지 못하고 있다면 다른 방법도 시도해 봐야 한다. 유연성을 가지고 산다는 것은 생활 습관, 반복 행동, 활동 등에서 되지 않는 방법을 버리고, 더 효과적인 방법으로 변하는 것을 의미한다.

균형 Balance

최고의 삶을 살아라. 타인과 자신을 배려함과 동시에 자신에게 뭐가 의미가 있고 뭐가 중요한지에 집중하라. 내적 행복과 성취는 내가 하는 선택이 내 몸, 마음, 정신까지 키울 때 이룰 수 있다.

균형이라는 습관은 우리에게 가치가 있는 것들, 즉 우리에게 중요한 것에 시간을 할애할 줄 아는 기술을 뜻한다. 균형 있는 삶은 선택하는 과정의 연속이다. 우리의 시간을 어떻게 보내고 있는지 의문이 들면, 우리는 그 순간 가장 중요한 것이 무엇인지에 따라 선택을 하게 된다. 학교 과제를 완성하기 위해 친구와 보내는 시간을 포기할 수도 있고, 반대로 친구를 돕기 위해 다른 것을 내려놓을 수도 있다. 우리가 매일 해야 하는, 즉 업무, 취미, 운동, 가족, 친구, 건강 등의 선택들이 바로 균형에 대한 선택들이다.

도표 4. 8가지 성공의 습관

습관	정의	의미
바로 지금 This is it	주어진 순간에 집중하라	매 순간 긍정적인 태도와 지금이라는 시간을 지혜롭게 사용하라
책임감 Ownership	자신이 선택한 말과 행동에 책임지라	사실을 말하고 남 탓하지 말라
좋은 의도로 말하기 Speak with Good Purpose	말하기 전에 생각하라	상대방에게 도움이 되려는 의도를 가지고 말하라
몰입 Commitment	목표를 이뤄지게 하라	도전하고 절대 포기하지 말라
실패에서 성공으로 Failure Leads to Success	실수에서 배우라	실패해서 배운 게 있다면 실패가 아니다
정직성 Integrity	옳은 일을 하라	어느 상황이든 항상 옳다고 생각하는 일을 하라
유연성 Flexibility	새로운 방법으로 시도하라	원하는 것을 얻고 있지 못하고 있으면 새로운 방법으로 시도할 때가 된 것이다
균형 Balance	중요한 것에 집중하라	뇌의 성장, 건강한 신체, 행복한 마음을 위한 선택을 하라

균형 습관은 소중한 것들에 시간을 균등하게 배분하라는 것이 아니다. 균형은 시간과 에너지를 사용할 때 자신에게 가장 의미 있고 중요한 것들을 고려해서 선택하라는 것이다. 우리가 올바른 균형을 찾게 된다면 행복하고, 건강하고, 성과 있는 삶을 누릴 수 있게 된다.

초등학생들이 이해하기 쉽게 8가지 성공의 습관이 지닌 의미를 더 간단하게 만든 도표 4를 보라. 물론 모든 연령대에서도 사용이 가능하다.

인성 교육은 사회적 학습에 중요하다

인성에 관한 많은 얘기와 글들을 볼 수 있다. 마치 모든 사람이 인성에 대한 정의를 공통되게 가지고 이해한 것처럼 말이다. 하지만 이것은 잘못된 가정일 수 있다. 인성이란 것은 한 사람의 독특한 성격을 말한다. 예를 들어 사람이 일관적으로 하는 행동, 생각, 교감하는 방식처럼 말이다. 사람의 명성을 좋게 혹은 나쁘게도 하는 것이 인성이라고 어떤 이들은 말한다. 8가지 성공의 습관은 우리가 삶에 모든 면에서 어떻게 살아가야 할지에 대한 삶의 원칙이다. 바로 이 8가지 습관들이 강한 인성을 만들 수 있는 기술이고, 이에 대한 결과는 평생 유지될 수 있다.

때로는 이 8가지 성공의 습관을 비인지적 기술noncognitive skills이라고도 하지만, 이 습관을 내면화시키는 과정에서는 의식적인 노력과 목적이 있는 선택을 해야만 한다. 토머스 스탠리Thomas Stanley는 《백만장자 마인드The Millionaire Mind》(2001)에서 백만장자 5000명을 설문한 결과 그들의 인성, 소프트 기술, 비인지적 기술 등이 그들의 성공에 주요한 역할을 했다고 썼다. 정직성, 자기 절제/자제력, 사회성 기술(남들과 의사소통하고 어울리는 것), 열심히 일하는 태도(끈질김과 절대 포기하지 않는 것) 등이 그러한 것이다. 8가지 성공의 습관과 공통된 점들(정직성, 책임감, 좋은 의도로 말하기, 몰입, 실패에서 성공으로)을 찾을 수 있다.

8가지 성공의 습관은 긍정적인 인성을 발달시킨다. 하지만 인성 교육의 방법에 대해서는 아직도 의문점이 많다. 2010년 10월 〈주간 교육Education Week〉에는 "연방 조사에 따르면 인성 교육은 아직 부족하다"(Sparks, 2010)라는 글이 실리기도 했다. 저자는 미국학과교육과학연구소(U.S. Department of Education's Institute of Education Sciences, IES)에서 전국 학교를 대상으로 실시한 일곱 가지의 다른 인성 교육 프로그램들의 결과를 검토하였다. 6개 주에 있는 84군데 학교로 입학한 학생 6000명이 5학년을 마칠 때까지 조사했다. 프로그램의 효과를 검토하기 위해 20개의 지표가 사용됐다. 그중에는 초등학교 3, 4, 5학년 마지막 학기에 사회적 또는 감정적 자신감, 학업, 태도, 학교 환경을 비롯해 각 학생의 성별, 도전 의식, 공부 시간, 프로그램의 충실도까지 분석되었다. 모든 결과는 학급에서 어느 정도의 인성 교육을 받은 학생들과 비교되었다. 비교 대상인 이 학생들이 같은 학교에 소속되었어야 하는지는 명시되어 있지 않았다.

이 조사에 따르면 다음과 같다.

교사들은 학생들이 프로그램을 통해 2년 동안은 자신들을 지지해 주는 것을 느꼈다고 했다. 하지만 3년차에는 그 효과가 떨어지기 시작했다. 20개 지표에 있는 것들도 학생마다 차이가 있었으며, 지속적으로 좋아졌다고 하기에는 그만큼 결과가 나오지 않았다. 연구자들은 결국 인성 교육 프로그램들이 학생들의 태도와 학업 성취, 학교를 보는 관점을 향상시키지 못했다는 결과를 얻었다. 프로그램들을 더 잘 도입한 학교들도 크게 다를 바는 없었다 (Sparks, 2010, p.2).

이와 반대로, 오리건대학교 건강과학과 교수 브라이언 플레이Brian Flay는 인성 프로그램에 참가해 학생들을 중학교 2학년까지 지켜봤다. 그는 인성 교육 프로그램을 지속적으로 참여했던 학생들이 그러지 않은 학생들에 비해 폭력적이거나 약물을 남용하는 학생들은 상당히 적은 것을 볼 수 있었다. "이 프로그램의 효과는 위험률이 높고 빈부 격차가 심한 도시 지역에 사는 학생들에게는 오랜 시간이 지나서야 나타날 수 있다"(Sparks, 2010, p.3). 더해서 인성 교육만큼 중요한 것은 학업에서 필요한 비판적 사고를 가르치는 것이고, 이 중 하나가 없는 것은 성공한 사람이 되는데 무언가가 빠진 것과 같다.

교육부의 고문이자 《교육 프로그램과 인성 교육의 관계: 학교, 집, 사회Character Education Connections: For School, Home and Community》를 쓴 린다 매케이Linda McKay는 이렇게 말한다. "인성 교육을 효과적으로 하려면,

학교 전체의 의지가 필요하고, 교사, 학생뿐 아니라 학부모의 관심도 필수 조건이다"(Sparks, 2010, p.2).

폴 터프Paul Tough는 《아이들은 어떻게 성공하는가How Children Succeed》(2012)에서 학업 성취에도 영향을 미치는 인성 교육의 중요성에 대해 강조하면서 지적 능력보다 인성에 더 많은 무게를 실어야 한다고 말한다.

> 어린이의 성장 과정에서 가장 중요한 것은 몇 년 동안 아이의 뇌에 얼마나 많은 정보를 넣느냐가 아니다. 그보다 중요한 것은 우리가 어떻게 아이의 인내력, 자기 절제, 호기심, 양심, 기개, 자신감을 키워 줄 수 있는가에 달려 있다(p.xv).

터프(2012)는 심리학자들이 지금 성공을 이뤄내는 데 지적 능력보다 비인지적 기술들이 더 중요한 역할을 한다는 결론을 냈다고 주장한다. 터프에 따르면 아이들은 실패하고 그 실패를 이겨냄으로써 인성이 발전한다고 한다. 미국 아이들 중 집안 형편이 좋은 아이들과 그렇지 못한 아이들을 관찰해 본 결과 형편이 좋은 아이들은 실패를 많이 경험하지 못해 인성이 발달할 기회가 많이 없었다. 반대로 형편이 좋지 못한 아이들은 성장하면서 많은 도전과 어려움을 경험하지만 그에 맞는 지원을 받지 못한다. 터프는 이렇게 극과 극의 상황에 놓인 아이들에게는 인성이 발달할 기회를 제대로 갖기 어렵다고 말한다.

샌디에이고대학교 인성개발원의 책임자 에드 드로셰Ed DeRoche(2013)는 자신의 블로그에 이러한 문제에 대해 썼다.

> 우리는 학생들에게 읽기 능력, 글쓰기 능력, 컴퓨터 능력에 대한 높은 기대치를 둔다. 하지만 예의를 지키고, 남을 배려하고, 서로를 존중할 줄 아는

'인생의 기본 원리'를 실천하는 것보다 더 중요한 게 있을까?(n.p.)

인성의 측정

어떻게 8가지 성공의 습관이 인성 발달에 도움이 되는지 알 수 있을까? 객관적인 평가는 의심 없는 증거를 제공한다. 예를 들면 학생들에게 이러한 모습을 볼 수 있을 것이다. 학교 결석률 감소, 줄어든 징계, 학업 성취 증가, 완성도가 높아진 학교 숙제, 수업 중 집중력 증가, 학생들 사이에 긍정적인 교감, 준비물에 대한 책임감, 그리고 교실에서 요구되는 정리정돈의 태도까지 볼 수 있다.

비인지적 요소들이 청소년 시기에 어떤 영향이 있는지 연구한 패링턴 등은 비인지적 요소들을 가시적으로 만들어야 하는 이유에 대해 썼다. "모든 비인지적 요소들이 학생들의 학업 성취에 영향을 미치기 때문이다"(Farrington et al., 2012, p.8). 학업 인내력, 학업 정신[긍정적 또는 부정적], 학습 전략, 사회성 기술과 같은 요소들이 특별한 역할을 하지만 결국 학생의 학업 결과와 연결되어야 한다고 한다. 아직 해결되지 않은 의문이 남는다. 도대체 학업 성취를 이루게 하는 것은 인성의 어떤 특성일까?

뉴욕에 있는 KIPP[8] 차터 학교[9]들은 인성 교육을 도입해 학생들의 자기 절제, 긍정 능력, 투지, 감사함, 열정, 호기심, 사회적 능력에 대한 평가를 하여 많은 주목을 받았다(Tough, 2012). 특정한 인성과 관련된 행동이 각각 4~5개의 항목으로 나눠진 목록으로 적혀 있다. 예를 들어 열정은

---

8 미국 명문대 졸업생들이 1990년대 중반 시작한 '지식은 힘 프로그램The Knowledge is Power Program'이다. — 옮긴이

9 차터 학교는 미국정부 지원금을 받아 비영리 단체 등이 설립 및 운영하는 자율형 공립학교다. — 옮긴이

적극적으로 동참하며 다른 학생들을 긍정적으로 이끌어 간다고 되어 있고, 학생과 교사들은 각 항목별로 점수를 1~5점 주어야 한다. 평가표 작성 후 학생과 교사가 만나 어떻게 하면 학생이 더 높은 점수를 받을 수 있을지 이야기한다. 또한 이 평가표는 학부모, 학생, 그리고 교사 회의에서 논의된다. 평가표의 가치는 성적보다 그에 대한 대화에 있다고 터프는 말한다.

캘리포니아 새크라멘토의 고등학교 영어 교사 래리 펠라조Larry Ferlazzo(2011)는 교사를 위한 교육 자료와 책을 쓰기도 했다. 그는 인성 평가를 반대하는 사람 중 한 명이다. 그에게 인성 평가는 단기적인 목표 달성을 위해서만 효과적이지 장기적으로 학생의 개인 성장과 발달에는 도움이 되지 않는다고 말하다. 단기적 목표는 그저 좋은 점수를 받는 것에서 멈추는 것이다. 펠라조는 학생들을 내적으로 동기를 부여시킬 요소를 찾아 도전 의식을 발달시키는 것이 중요하다고 주장한다.

인성 평가에 대한 찬성이나 반대에 대한 절충안은 학생 스스로 자기 평가를 하고, 그 평가에 대해서 학생과 함께 이야기하고 더 발전시킬 기회가 있는지 대화하는 방법이다. 이를 위해 캔자스주 국립학교 학군의 관리자 랜디 왓슨Randy Watson과 동료들이 퀀텀 러닝팀과 함께 성장 단계별 8가지 성공의 습관 평가를 만들었다. 유치원에서 초등학교 2학년(4~8세), 초등학교 5학년까지(8~11세), 중학교와 고등학교(11~18세)로 나누어져 있다. 이 평가는 QLSystemResources.com에 가면 다운로드가 가능하다.

브라이언 플레이Brian Flay(2014)는 연방 정부에 의해 지원되는 인성 프로그램에 대해 밝혔다. 왓슨은 일부 학생들은 부정적인 행동에서 긍정적인 행동으로 변화하는 데 한 학년보다 더 긴 시간이 걸릴 수도 있다고 밝혔다. 그래서 왓슨의 학군 학교들은 8가지 성공의 습관을 초등학교부터 고등학교까지 배우도록 하고 있다. 이렇게 함으로써 학업 능률이 낮은 학생들이 정학 징계 같은 수위가 감소되었고 학교 출석률, 수업 참여율, 학업 성취율이 많이 증가했다. 무엇보다 중요한 것은 8가지 성공의 습관을 초등학교에서 고등학교 때까지 배우기 때문에 이후의 삶에서도 그 영향이 미칠 수 있는 것이다.

새뮤얼 케이시 카터Samuel Casey Carter 등은 자신들이 한 인성 교육에 대한 연구를 《좋은 학교 문화가 좋은 인성을 만든다*On Purpose: How Great School Cultures Form Strong Character*》(2011)란 책에 썼다. 우선 이들은 학교 3500곳을 조사해 가장 좋은 평가를 받은 350군데로 추렸다. 이 학교들은 학생들의 학업도 뛰어나며 인성 교육 부문에서 매우 훌륭한 학교로 인정받은 곳이다. 이 350개 학교 중 12개 학교를 선정해 더 자세히 조사했다. 그 학교들의 문화를 면밀히 관찰한 결과 4가지 비슷한 특징을 발견했다.

첫 번째, 각 학교의 관리자는 오로지 학교 문화가 좋은 결과를 낼 것이라는 공통된 믿음을 가졌다(p.8). 퀀텀 러닝에도 동일한 믿음이 있으며 8가지 성공의 습관을 실천하기 위해 어떤 문화를 만들 것인지에 대한 대화에 집중한다.

두 번째, 문화는 길러져야 하며 요구해야 한다는 것이다. 어떻게 하면 학생들이 비판적 사고를 가지고 효과적으로 학습할지에 대한 교사의 고민이 퀀텀 러닝의 성공 요인인 것과 일치한다.

세 번째, 학생들의 학업 성취를 위해 학교 전체가 집중해야 한다. 이는 퀀텀 러닝이 30년 넘게 집중해 온 목적이다.

네 번째, 12개 학교의 문화는 모두 사람, 원칙, 목적에 높은 가치를 두고 있다. 퀀텀 러닝은 사람의 가치, 사람에 대한 가능성과 존중에 큰 가치를 두는 것을 알 수 있을 것이다.

〈주간 교육〉에 실렸던 교사 프로그램 7개를 조사한 연구 결과를 다시 한 번 살펴보자. 여기서 스파크(Sparks, 2010, p.2)는 "이 프로그램들은 학생들을 지지하는 것이 교사의 감각을 향상시켜 주었다"라고 말한다. 이 프로그램들은 학생들에게 자기 주도적 학습을 지도한다기보다는 실행해서 달성하도록 제안한다.

이러한 것들이 아마 퀀텀 러닝의 8가지 성공의 습관이 다른 인성 교육 프로그램과 비교했을 때 그만큼 성공적인 이유라고 볼 수 있다. 8가지 성공의 습관은 (1) 학생들에게 무엇이 중요한지 가르친다, (2) 학생들이 장차 어떤 사람이 될 것인가에 대한 강한 내면을 키운다, (3) 각자의 인생을 주도적으로 살며 선택하게 한다. 8가지 성공의 습관은 학생들에게 자신이 한 선택에 대해 책임지라고 가르친다. 이것들이 모두 퀀텀 러닝 시스템의 가장 중요한 첫 번째 요소인 기초에 중심적인 내용이다.

학습 공동체 형성

8가지 성공의 습관을 수업에서 기초로 삼음과 동시에 학생들의 성공을 위해서 다른 요소도 포함할 수 있다. 이는 수업을 어떻게 운영할지에 대한 집단적 의사 결정에 도움이 될 수 있다. 8가지 성공의 습관은 학생들이 서로 협력하여 결정하는 법을 배우게 하고 능률이 높은 공동체를 형성하도록 길을 열어 준다.

학습에 집중하는 공동체를 형성하기 위해서는 목적, 비전, 가치, 신념, 의도 그리고 기대가 다함께 공존해야 한다. 학급에서 건강한 사회 질서를 만드는 가장 효과적인 방법은 학생들 스스로 그 질서를 만드는 데 참여하게 하는 것이다. 교사의 역할은 오로지 교사는 거부할 권한만 있음을 보여 주고, 학생들이 내리는 결정이 학급에 긍정적인 영향을 주는지 확인하는 것이다. 더 나아가 학생들이 학급의 주인이라는 것을 인지시켜 주면 효과적으로 건강한 질서를 형성할 수 있다.

과거에는 학급에서 일어나는 모든 일에 대한 결정권을 교사가 가지고 있었다. 하지만 이는 빠르게 변하고 있다. 청소년 참여를 위한 국제이니셔티브의 의장 롭 허치슨Rob Hutchinson은 다음과 같이 말한다.

청소년의 진정한 참여를 위해서는 근본적으로 변화해야 한다. 날마다 하는 활동과 학급의 설계에 대해 어린이들도 의사를 밝힐 기회가 있어야 하고 결정할 수 있어야 한다. 어른보다 어린이들에게 이 주도권을 주는 패러다임 전환은 정말 필요하다. 이는 매우 중요한 일이다.

어른들이 아이들의 참여를 이끌어 내기 위한 가장 좋은 방법은 바로 그들의 입장, 그들의 생각, 앞으로 가야 할 방향에 대해서 그들의 의견이 무엇인지 묻고 그들의 답을 잘 경청해 주는 것이다. 청소년들은 자신들에게 의무적으로 참여를 바라는 것과 진심으로 자기들의 의견을 묻는 것에 대한 차이를 알 수 있다. 어른들에게는 미묘한 차이일지 몰라도 아이들은 알 수 있다(Center for the Study of Social Policy staff, p.10).

허치슨은 덧붙여 이렇게 말한다. "이제는 학생들을 결정에 참여시키는 것이 당연하게 되었고, 이것을 어떻게 더 효과적으로 이룰 수 있느냐가 우리의 과제가 되었다. 이 문제에 대한 해답은 이미 학생들에게 있다"(p.10).

교사와 학생이 태도에 대한 합의점에 도달하기 위해 협력하는 것은, 수업 목적(왜 우리가 존재하는지)이나 비전(우리의 미래)과 같은 좀 더 어려운 개념의 목표를 정하는 데 도움이 될 수 있다. 학생들이 서로 협력하는 것을 어려워한다면 학급과 수업에 대한 목표를 상상하는 것도 힘들어 할 수 있다. 아마 이것 때문에 교사들은 학생들에게 학급에 대한 비전을 상상하는 일을 시키지 않는 것일 수도 있다.

캘리포니아 오클랜드 아동발달센터는 미국 내 초등학교 24곳을 골라 고학년 학생들에게 자신이 속해 있는 공동체가 얼마나 자신을 지지한다고 느끼는지에 관해 연구했다(Battistich et al., 1995). 교육심리학자 알피 콘Alfie Kohn(1996)은 공동체 의식이 강할수록 더 많은 학생이 학교를 좋아한다는 것을 발견했다.

학생들은 학습이 자신의 인생에 중요한 것을 알고 있었다. 또한 이러한 학생들이 타인에 대해 더 관심을 갖고 배려했으며 공동체 의식이 없는 학생들보다 문제 해결 능력이 높았다. 이러한 긍정적인 효과는 저소득층 학생들에게서 더욱더 뚜렷이 나타났다(Kohn, 1996, p.103).

"민주 사회의 초석은 시민의 참여다. 정보를 알고 책임 있는 의사 결정을 내리는 것이 학생들이 배울 수 있는 가장 중요한 기술 중 하나다. 학교는 학생들이 이러한 형식적인 경험과 책임 있는 참여를 일찍 연습할 수 있는 최고의 환경이다"(Metzler, n.d.). 따라서 사회적 학습은 공동 의사를 결정하는 환경을 만드는 가장 기초적인 요소다.

학급의 의사 결정

8가지 성공의 습관을 바탕으로 학급의 기준을 세울 수 있다. 학생들의 참여를 끌어내려면 학급의 비전과 목적에 대한 학생들의 의견을 듣고 함께 만들어 가는 것이 좋다. 교사와 학생이 학기 초에 함께 의사 결정을 해야 하는 중요성은 다음과 같다.

- 의사 결정하는 과정은 학생들이 본격적으로 학습 활동을 통해 수업에 익숙해질 기회를 제공한다. 각 학생은 이 과정에서 자신의 경험을 나누면서 입장과 의견을 표현

하는 방법을 연습하게 된다.
- 소그룹에서의 의사 결정은 모든 학생들이 참여하기에 좋은 기회일 수 있다. 소그룹에서는 소극적인 학생들도 자신의 의견을 말할 수 있으며 자신감 있는 학생들의 참여도 다른 학생들에게 좋은 본보기가 될 수 있다.
- 공동 의사 결정은 학생의 미래에 중요한 기술이다.
- 학급에서의 의사 결정은 학교와 학군에 있는 규정과 규칙을 검토함으로써 강화할 수 있으며 앞으로 학급에서 이 규정을 어떻게 적용해야 할지 의사 결정을 하기 전에 학생들이 이해할 수 있다.
- 학생들이 참여해 만든 학급 운영 방법, 규정과 규칙은 그들이 더욱더 책임감 있게 지킬 수 있도록 한다.

타인의 기대와 요구를 그대로 수용하다 보면 자신의 것을 발달시킬 기회를 놓치게 될 수 있다. 억지로 하는 것은 옳다는 것을 이해하고 하는 것과는 큰 차이가 있다. 어린 학생들에게 의사 결정을 하게 하고 의견을 내도록 하는 궁극적인 이유는 그들이 스스로 좋은 결정을 하고, 윤리적이고 공감할 줄 아는 사람으로 성장할 수 있도록 하기 위해서다. 단순히 어른들이 원하는 것을 주입시키기 위한 이유는 아니다(Kohn, 1996, p.83). …… 진정한 민주주의의 이념을 원하는 사람이라면 학생들이 스스로 선택하고 협상하는 경험을 극대화시켜야 한다(Kohn, 1996, p.85).

- 공동체 형성에서 가장 중요한 요소는 학생들의 의사 결정을 통해 학급의 운영 기준이 명확히 생기기 때문에 사회적 학습 공동체로 거듭날 수 있다는 것이다.

의사 결정을 하는 데는 비판적 사고력이 필요하다. 사실 학기 초에 우리의 기본적 관심은 과정보다 결정하는 것에 있다. 비록 학급을 이번 학기에 어떻게 운영할지 의사 결정하는 데 기본적으로 관심을 두더라도, 의사 결정 기술은 그 과정에서 모델링(학습)과 지도를 통해 배우게 된다. 그 결정들은 학습 공동체에게 학급이 어떻게 운영될지 알려준다. 교사들은 의사 결정 과정을 통해 학생들에게 먼저 모범이 되어 주고 학기 중 이러한 비슷한 의사 결정 기술이 필요할 시에 이 과정을 반복하며 다시 가르칠 수 있다.

함께 결정한 것들은 의미 있는 결과로 이어져야 한다. 퀀텀 러닝에서는 학생의 인생에 영향을 줄 수 있는 결정들로 학기를 시작한다. 이 과정은 학생과 함께 자기가 무엇에 동의하고 책임질 것인지를 확인할 기회를 준다.

학급의 규칙과 합의

퀀텀 러닝 학급에서는 학생들이 교사와 함께 학급을 어떻게 운영해야 할지 함께 노력한다. 규칙은 어떤 기준이 적용되며 어떤 행동을 해야 하는지 알려준다. 학급에서 회의를 한다든가, 만약 회의를 한다면 얼마나 자주 할 것인지, 교실을 나갈 때 줄 서서 갈 것인지, 숙제는 어디에다 제출해야 하는지, 개인 파일들을 어디에 보관해야 할지, 과제는 어디에 제출할지, 출석 부르는 시간은 어떻게 사용돼야 할지, 또는 공지 사항을 어떻게 전달할지 등을 정한다. 규칙은 학생들에게 늘 그렇게 하도록 만들어 학급이 안정적으로 운영되는 인상을 주며 잘 관리되어 가는지도 알 수 있게 해 준다.

학급에서 합의를 추진할 때는 모두가 이상적인 결과라고 간주하는 것을 규정한다. 그들은 자신들의 학급이 어떻게 보이길 원하는지 또 어떻게 느껴지길 원하는지를 생각해야 한다. 아울러 비공식적 합의를 이루는 것을 만들어야 한다. 예를 들어 학생들이 누군가가 발표할 때는 조용히 경청한다는 합의를 할 수 있다. 이러한 합의들은 서로 존중할 수 있게 하며 수업 분위기도 더욱더 생산적이 될 수 있게 해 준다.

합의는 학급에서 결정되기 때문에, 학생 전원이 이를 지킬 수 있게 함께 노력해야 한다. 퀀텀 러닝에서의 합의는 8가지 성공의 습관대로 행동하는 것, 만약 그 습관대로 산다면 서로 칭찬해 주는 것, 만약 그 습관이 지켜지지 않는다면 서로 책임을 지게끔 한다. 간단한 손동작으로나 아니면 "지금 지키기 어려운 습관이 무엇이니?"라는 질문으로 서로 각자 8가지 성공의 습관을 실천할 수 있게 자극할 수 있다. 만약 교사가 학급에서 습관 하나를 지키지 못했고 아무도 인지하지 못했다면 이렇게 말할 수 있다. "내가 지금 습관 하나를 어겼고 아무도 보지 못했어. 앞으로 이런 일이 다시 일어나지 않도록 나를 도와줄 수 있는 방법이 있을까?" 이러한 교사의 행동은 학급에서 지도자인 교사도 가끔 합의를 지키고 있는지 확인이 필요하다는 것을 알게 해 주며 민주적인 원칙으로 운영된다는 인상을 줄 수 있다.

학생들의 토의 내용이나 의견들이 학급의 합의를 만드는 데 학생들에게 책임감을 준다. 샌디에이고에 있는 4학년 학급에서 어느 방문자에게 자신들이 만든 합의 내용이 들어 있는 포스터를 보여 주었다. 학생들은 포스터에 있는 합의를 거의 어기지 않으며 만약 어기더라도 바로 자신의 실수를 인정하고 바로 잡으며 사과까지 한다. 이러한 결과를 가져올 수 있는 것은 학생들이 학급의 합의를 만드는 과정을 함께했기 때문이다.

이렇게 규칙과 합의를 만드는 과정에서 학생들은 추가적인 유익한 점을 얻을 수 있다.

- 그룹 단위로 어떻게 같이 협력해야 할지 배운다.
- 그룹에게 영향을 주는 결정을 내리는 방법을 배운다.
- 학급이 어떻게 운영될지 명확히 이해한다.
- 합의와 절차에 책임을 진다.

- 성공의 8가지 습관을 계속 습관화시켜 안전하고 유익한 교육 환경을 만든다.

학교와 학군 규칙과 정책은 학급의 규칙에도 영향을 미친다. 그래서 학기 초에 학생들이 이들을 인지하고 지켜질 수 있도록 하는 것이 중요하다. 학급에서 결정하는 합의는 학교와 학군의 규정에 맞게 짜여져야 한다.

덧붙이자면 학교 규정집에는 학생들이 어떻게 행동해야 하는지 다 나와 있다. 학생이 결석하거나 지각할 때 어떻게 해야 하는지, 방과 후 수업은 어떻게 신청해야 하는지, 숙제할 때 어떻게 도움을 구해야 하는지, 몸이 좋지 않을 때 어떻게 해야 하는지, 다른 많은 상황에서 학생이 어떻게 해야 하는지 등이 구체적으로 나와 있다.

비전과 목적을 공유

일반적으로 초등 및 중고등학교의 교육 목적은 학생들을 고등 교육, 직업 훈련, 직장 생활, 삶 등에서 능력 있는 참여자인 어른이 될 수 있게 도와주는 것이다. 교사들은 각 학년에 구체적인 의무를 가지고 학생들이 특정한 기술 또는 공부를 할 수 있게 도와주어야 한다. 교사가 바로 학생들이 자기 스스로를 이해하고 공동체의 한 일원으로서 성장할 수 있도록 도와주는 중요한 요소다. 퀀텀 러닝 교사들은 학생들의 개인 가치, 개인 목표, 신뢰를 깨닫게 도와준다. 그래서 학급에서 비전과 목적이 공유되는 것은 사회적 기대와 공동체 개념을 이해하는 데 필수 요소다.

학급의 목적과 비전의 정의는 대부분 겹친다. 퀀텀 러닝에서는 목적을 '왜Why'로 정의한다. 그리고 비전은 '어디로Where'로 정의한다. 이것은 앞으로 우리는 어디로 가야 하고 어떤 모습으로 그 목적지에 도달할지를 의미한다. 다른 말로 하면 우리가 정해 놓은 목적을 성취하는 것이 바로 우리의 비전이다.

교육의 또 다른 목적은 학생들의 대학교 진학에 있다. 이것 또한 교사의 의무이며 각 학기마다 어느 수준에 도달해야 하는지와 학생들이 그 기준에 맞게 공부하는지 평가해야 한다. 교사가 학생들에게 기준을 이야기하고 최선을 다하는 데 대한 기대감을 준다면 학생과 교사는 한 팀이 되어 그 목표에 도달하려고 할 것이다. 그 목표를 달성하는 것이 학생과 교사의 공통된 목표가 되는 것이고, 이것이 학생과 교사가 같은 교실에 있는 이유이기도 하다.

자주 언급되지 않는 교사의 주된 역할은 학습하는 과정을 행복하고 기쁘게 하는 것이며, 학생들의 참여를 이끌어 내고, 도전에 맞닥뜨렸을 때 극복할 수 있게 격려해 주는 것이다. 이러한 역할을 교사가 학생들에게 얘기해서 학생들이 현재 어디에 있어야 하는지 알려줘야 한다. 학생의 학업과 성적을 넘어서 인생을 준비시키는 것이 교사의 역할이다.

학급의 목적은 학습하는 공동체를 만들어 학생들이 학습에 자부심을 갖고 배우는 즐거움을 익히는 곳으로 만드는 것이다. 하지만 이러한 결과는 과연 어떤 모습일까? 끝을 상상하고 상상할 수 있는 그림을 그리는 것이야말로 학급의 비전을 그리는 방법이다.

교사는 이렇게 말할 수 있다. "너희들이 학기말에 성취한 평가를 상상해 봐. 가족들에게 보여 주고 자랑스러워할 그 모습을 말이야. 그 결과를 얻기 위해 너희들이 얼마나 많은 노력을 했는지 기억해. 집에서 그 과제를 끝내기 위해 보낸 시간들 말이다. 이 학급에서는 너희가 한 과목에서 배워야 할 것을 최대한 많이 배워 갈 거야. 너희들이 무엇을 배우고 싶은지, 어떻게 배우고 싶은지 고민해 봐. 그리고 배우는 것을 상상해. 마침내 배우게 되었을 때 자신이 얼마나 행복해하는지 그려 봐라."

이렇게 서로 상상하게 하는 것은 서로 공유된 비전을 인지하게 해 주며 모두 다 성공적인 학기를 보낼 수 있게끔 도와준다. 이러한 상상은 학생들에게 무슨 일이 있어도 선생님은 최선을 다해 그 목표를 이루도록 도와줄 것이라는 믿음을 생기게 한다. 상상은 반드시 구체적이어야 하며, 나이에 맞게 구성하고, 어떤 것이 이뤄져야 할지 미리 계획해야 한다. 우리의 뇌는 상상한 것을 이루려고 노력한다. 학기 중간 중간에 학생들이 계속 그 상상을 하도록 동기 부여하는 것이 좋은 영향을 미칠 것이다.

비전이 없다면, 학생들은 추상적이고 개념 없는 목적만 갖게 될 것이고, 그런 목적은 학생들 스스로 책임감을 느끼게 하지 못할 것이다. 목적을 서로 공유하면 함께 이뤄 가는 책임감을 키우게 된다. 이루려는 목적이 구체적이어야 학생들 머릿속에서도 이루고 싶은 마음이 더 생겨나게 된다. 학생들이 비전이 뭔지 명확하게 그림을 그릴 수 있다면 자신이 성공했는지 안 했는지 알 수 있는 기준을 갖게 될 것이다. 목적을 이루려면 학생과 교사가 힘을 모아 노력해야 그 목적이 현실화되는 경험을 할 수 있다.

의도

의도intention는 무언가를 결정하거나 특정한 결과를 얻을 때에 필요한 것이다. 어떤 목표를 꼭 이루겠다는 마음가짐이다. 의도는 사전에 고민이 필요하다. 가령, "내 의도는 더 미소짓고 웃게 하는 것이야," "그의 의도는 학생들이 문학을 사랑할 수 있도록 하는 것이야" 등 의도는 과녁에 활을 쏘는 것과 같다. 목표를 위해서 나아가면서 자제력을 필요로 한다. 교사들이 주의해야 할 것은 교사의 목소리, 표정, 몸동작에서 의도가 세밀하게 표현된다는 것이다. 학생들은 어른들의 의도를 듣는 것보다 비언어적인 행동에서 더 빨리 잡아낸다. 의도의 힘은 각 학생 머리에 숫자 100 또는 금색 별이 있다고 상상해야 하는 것이다. 이러한 상상은 교사가 각 학생을 만점짜리로 볼 수 있게 하고, 그 학생의 능력과 가능성만큼 훌륭하게 그 학생을 대할 수 있도록 돕는다. 뇌는 설정된 의도를 이루려고 노력하기 때문에 다른 사람에 대해 어떤 의도를 가지게 된다면 이를 완성하기 위해 뇌는 끝까지 노력할 것이다. 의도는 기대와 하나가 될 때 비로소 큰 힘을 발휘한다.

기대

기대는 어떤 것에 가능성을 보는 것과 관련 있다. 뭔가 기대한다면 특정한 결과를 바라고 있다는 것이다. 우리는 기대하고, 예상하고, 무엇인가가 발생하기를 기다린다. 예를 들면, "지난해 이 학생들이 뛰어난 성적을 이뤄 냈어. 그 학생들은 분명 올해도 뛰어난 성적을 이뤄 내길 기대해." 이와 마찬가지로 "지난해 저 학생들은 성적이 저조했어. 그래서 올해도 아마 좋지 않을 것이라고 예상해"라는 교사도 있다.

교사는 모든 학생이 뛰어나게 잘할 것이라고 기대해야 한다. 우리가 어떤 학생이 성적이 좋지 않을 것이라고 기대를 하면 우리의 의도보다 그 기대가 낮은 성적이 현실화되게 힘을 보태게 될 것이다. 우리의 의도와 기대가 엇갈릴 경우, 대부분 의도보다 기대가 이길 때가 더 많다. 반대로 우리의 의도와 기대가 일치할 경우, 우리는 지속적으로 언어적, 비언어적으로 학생들에게 할 수 있다는 믿음을 주게 된다. 그 이유는 우리의 신체가 그 기대와 의도를 성취하기 위해 많은 노력을 하기 때문이다. 교사는 모든 학생이 놀라운 성과를 낼 것이라고 높은 기대를 해야 하며 학생들이 도전할 수 있을 만큼의 과제를 주면서 그 도전을 이뤄낼 거라고 기대해야 한다.

가치관

가치관은 우리 인생에 뭐가 중요한지 알게 해 준다. 어떤 상황에서는 가치관을 지키려고 피나는 노력을 하는 우리의 모습을 발견할 때도 있다. 그게 사람일 수도 있고, 믿음, 개념, 혹은 특정 물건일 수도 있다. 학생들에게 가치관에 대해 교육할 때 가치관은 지키되 정직도 지켜져야 한다는 것을 인지시켜야 한다. 예를 들어 돈을 가치 있게 여긴다고 해서 은행 강도짓을 하는 것은 잘못된 것이다. 우리는 정직하게 일을 해서 돈을 벌어야 한다.

사실은 우리는 어떤 새로운 정보를 배울 때 그것이 지금 당장에 필요한 것인지 그리고 긍정적, 부정적 또는 중립적인지 가치가 있는지 무의식적으로 평가를 하게 된다(Sullo, 2007, p.11). 때문에 우리가 어떤 것에 가치를 부여할 때, 그 가치가 깊게 느껴지더라도 일시적일 수도 있다. 하루 이틀 지나면 일시적으로 가치를 부여한 것에 대해 우리의 논리와 사고가 포함되기 시작한다. 학생들에게 무엇을 가치 있게 여기는지 물어보면 대부분 물질적인 것에 가치를 부여하지만, 이것은 일시적인 가치에 불과하다.

하지만 장기간으로 봤을 때 뭐가 소중한지 물어보면 대부분 친구와 가족이라고 답한다. 왜 가족과 친구들이 소중하고 가치가 있는지 물어보고, 그들에게 그 소중함을 어떻게 표현하는지 물어보는 것도 좋은 방법이다. 저명한 교육학자 토머스 리코나Thomas Lickona(1991)는 가치 있는 것을 행동으로 나누는 것을 가치 있는 행동values in action이라고 정의한다.

교사는 학생들에게 학교나 학업에서 자신이 가장 소중하거나 가치 있게 여기는 다섯 가지를 적으라고 한다. 3명이 한 조가 되어 쓴 가치들을 나누고 학급 전체의 공통된 가치 다섯 개의 목록을 새로 만들어 보라고 한다. 목록이 완성된 후 3명의 조는 다른 조를 만나 6명을 만든다. 서로의 목록을 비교해 본다. 학생 전원이 소중하게 여기는 가치들을 나누어 보고 어떻게 해서 그런 가치 목록들을 선택하게 되었는지도 나누면 된다. 그리고 그 가치들을 어떻게 행동으로 실천할지도 논의하면 좋다.

공통된 가치관을 서로 공유하는 것은 서로에게 무엇을 기대할지 알게 해 준다. 리코나(Lickona, 1991)는 인성과 자존감을 형성하는 데 영향을 미치는 가치는 자신이 속한 공동체나 단체가 지닌 가치에 대한 믿음에 의해 생기는 정서나 태도라고 본다(Elias et al., 1997, p.32). 리코나에 따르면 공유된 가치는 학습 공동체에서의 양심과도 같고, 그것이 인성이 된다는 것이다. 이렇게 서로 공유된 가치는 학급에서 처음 설정한 목적과 비전을 이루도록 더욱더 탄력을 받게 해 준다. 이렇게 서로 무엇을 소중하게 여기는지 알게 된다면 학생들도 긍정적인 믿음을 가지고 행동하게 될 것이다.

믿음

믿음은 우리가 어떤 것이 진실이라는 증거가 있고 없고를 떠나 개인이 그것을 진실로 받아들이는 것을 말한다. 예를 들어 많은 종교에서는 신이라는 존재를 믿지만 신에 대한 증거 또는 설명은 각 종교마다 다양하게 해석한다. 퀀텀 러닝에서는 모든 학생이 배울 수 있는 믿음, 모든 학생은 올바른 태도로 학습할 수 있다는 믿음, 그리고 모든 학생은 인성을 잘 발달시킬 수 있다는 믿음을 가지고 있다.

학생들이 어린 시절에 의심 없이 진실로 받아들인 것들을 커서도 믿는다면 놀라지 않을 수 없다. 어린 시절 우리가 한 선택과 행동들이 나중에 커서 우리의 행동을 좌지우지한다. 잠시 멈추고 당신의 어린 시절을 떠올리

도표 5. 퀀텀 러닝의 세 가지 기본적인 믿음

믿음	설명
모든 학생은 배울 수 있다.	모든 학생은 제대로 준비된 교수법과 학습 전략을 통해 필요한 수업 내용을 배울 수 있다.
모든 학생은 올바른 행동을 할 수 있다.	학생의 환경이나 배경에 상관없이 모두 좋은 태도를 선택할 수 있다
모든 학생은 좋은 인성을 키울 수 있다.	학생의 현재 태도 또는 과거의 경험과는 무관하게 좋은 인성을 배울 수 있다.

며 다른 사람의 행동이나 믿음이 자신에게 어떤 영향을 끼쳤는지 생각해 보라. 산타클로스나 요정 이야기가 아니다. 가족들에게서 들었거나 경험한 것, 예를 들어 피부색과 언어가 다른 사람에 관한 편견, 대학교 진학, 좋은 직업, 사회에서 여자들의 역할, 가족의 가치관, 해도 되는 행동들 등등. 이 모든 것은 특정한 문화적 도식schema[10] 속에서 살아온 결과다.

종교, 추상적인 개념, 편견이나 고정 관념에 기초한 믿음은 종종 반증하기가 어렵다. 또한 우리의 믿음에 새로운 도전을 하려면 정신적 용기와 비판적 사고가 필요하다(Paul & Elder, 2002). 그래서 우리가 현재 믿고 있는 것들을 계속해서 그대로 믿는 것이 가장 쉽다. 학급에서 우리의 가치관에 대해 얘기할 때 서로가 다른 입장과 다른 가치를 더 중요하게 가질 수 있다는 것을 받아들이고 종교적 가치나 정치적 가치는 피하도록 해야 한다. 만약 학생이 이와 같은 주제로 가치관을 나누고 싶어 한다면 교사는 절대 그 가치에 대해 평가해서는 안 된다.

교사로서 깊이 고민해야 하는 것은 우리가 학생을 믿고 있는지, 어떻게 학생들이 배우는지, 우리는 어떤 교사가 될 것인지, 왜 우리가 이 일을 선택했는지 수없이 생각해야 한다. 이러한 고민을 하지 않는다면 부정적인 생각이 우리를 매일 괴롭힐 것이며, 감기만으로도 괴롭고 매 수업 시간이 귀찮기만 할 것이다. 이럴 때일수록 우리의 기본적인 믿음이 무엇인지, 학습자들은 어떻게 배우고 우리가 어떤 믿음으로 대할지 고민해야 한다. 그래야 자신만의 교수법을 떠올릴 수 있게 될 것이다. 그래야 우리가 학생들을 용납하고, 인정하고, 올바르게 행동하게 하는 문화가 빛을 발하게 된다. 우리가 어떤 교사이고 누구인지에 대한 믿음이 필요한 것이다.

---

10 정보를 체계화하고 해석하는 인지적 개념 또는 틀을 말한다. — 옮긴이

러시아 신경심리학자 A. R. 루리아A. R. Luria의 《정상 및 비정상 행동 조절에서의 말하기 역할*The Role of Speech in the Regulation of Normal and Abnormal Behavior*》(1961)을 보면 자신에 대한 믿음은 자기 대화에서 특히 드러난다고 한다. 루리아는 자기 대화가 정신 건강과 정신병을 좌우한다고 본다. 교사는 자기 대화에서 곧 자신에 관한 믿음, 지식, 교감, 학생들에 대한 믿음, 학생들이 어떻게 배우는지, 학생들을 어떻게 가르쳐야 하는지 등이 드러날 수 있다.

우리의 믿음은 행동과 태도에서 명백하게 나타난다. 어떤 과학자들은 긍정적인 믿음에 그 사람 주변 아우라를 만들어 물리학자들이 측정할 수 있을 것이라고 주장한다(Korotkov & Bordes, 2013). 당연히 긍정적인 아우라를 지닌 사람 주변에 사람들이 몰릴 것이다. 반대로 부정적이고 자신을 깎아 내리는 사람은 문이 닫힌 아우라를 지녔기 때문에 주변 사람들도 멀리하게 된다. 만약 학생 또는 다른 사람들이 우리 주변에 있기 꺼리는 것을 알게 된다면 우리 자신이 어떤 믿음을 가지고 있는지 검토해야 한다.

2부 감정적 학습과 분위기 요소

3장 감정적 학습 시스템

감정적 학습 시스템은 우리의 긍정적 및 부정적 감정과 연관되어 있다. 이러한 다양한 감정들은 우리의 학습 능력과 성취 능력까지 영향을 끼치고 대인 관계에서도 그 영향을 끼칠 수 있다.

감정과 사회적 영역은 서로 교감하며 뇌의 사회적 영역이 감정적 영역과 겹치기도 한다. 골먼은 이러한 교감을 다음과 같이 설명한다.

어떤 작업을 할 때에는 뇌의 특정 부위만 사용하는 것이 아니라 뇌 전체를 사용한다. 작업이 더 복잡할수록, 뇌는 더 많은 부위를 사용하게 된다. 그 수많은 부위가 복잡하게 연결되어 있기 때문에 '사회적 뇌social brain'라는 개념이 생겨난다. 사회적 뇌는 실재하지 않지만 우리 이해에 도움을 줄 수는 있다(Goleman, 2006, p.323).

사회적 학습 시스템에서 나오는 행동은 우리의 대인 관계와 연관되어 있지만, 그만큼 감정적 학습 시스템에 의존되어 있고 안정감, 지지, 소속감을 들게 해야 한다.

많은 돈과 시간, 인력, 자원들을 투자하면서 개혁을 위해 노력함에도 불구하고 정말 이상적이지 않은 문화를 가진 학교를 본 적이 있을 것이다. 널리 퍼져 있는 부정적인 인식은 굉장히 강력한 영향을 끼칠 수 있고, 이것을 깨려면 의도적인 노력이 가해져야 한다. 퀀텀 러닝을 도입하면 전체 학교와 학군이 참여한다 해도 학교 변화는 한 학급이 단번에 이루어낼 수 있다. 교사들, 교직원들, 그리고 학부모가 퀀텀 러닝 교육을 학교와 집에서 실행하기로 마음만 먹는다면 새로운 긍정적인 시각의 새로운 변화가 일어날 것이며 그 변화가 지속될 것이다.

사회적, 감정적 학습 시스템이 학습에 큰 영향을 끼치지만, 학습법 개발에 끼치는 영향에 대해서는 그다지 주목하지 않고 있다. 퀀텀 러닝에서는 사회적, 감정적 시스템에 대한 비중이 크기 때문에 굉장히 세밀하게 잘 드러나 있다. 두 시스템 모두 교육, 모델링 그리고 육성의 기본이라고 생각하는 이유는 다음과 같다.

학교의 성공 여부는 학생의 지식이나 많은 독서량보다 감정적 요소와 사회적 요소로 예측할 수 있다. 자기 확신과 관심이 있고, 학교에서 요구되는 행동과 태도가 무엇인지를 알고, 충동을 조절하고, 인내할 줄 알며, 교사의 지도를 잘 따르며, 교사에게 도움을 청할 수 있으며, 다른 친구들과 잘 어울리면서 자신의 요구를 표현할 줄 아는 것이다(Goleman, 1995, p.193).

《정서 지능Emotional Intelligence》(1995/2005)과 《사회 지능Social Intelligence》(2006)을 쓴 대니얼 골먼에 따르면, 학생의 IQ는 대략 성공의 20%만 예측 가능하고 나머지 80%는 감정과 사회 지능을 훈련한 결과에 달려 있다. 예를 들어, 학생의 자기 인식, 감정 조절, 공감, 사회의식, 자제력, 긍정적인 관계를 기르는 것에 달려 있다.

그린스펀과 벤덜리는 "인지적 자극이 아닌 감정적 자극이 우리 정신의 주된 설계자"(Greenspan & Benderly, 1997, p.1)라며 감정이 인지적 발달에 끼치는 영향의 중요성을 강조한다. "우리의 발달 과정을 살펴보면······ 아마도 감정의 가장 핵심적인 역할은 우리 정신의 가장 중요한 기능을 만들어 내고 조직화하고 조화를 이루는 데 있다. 지성, 학습 능력, 자의식, 의식, 도덕성은 일반적으로 초기에 형성되거나 발달 중인 우리의 감정적 경험에 기원한다. ······ 감정은 사실상 방대한 인지 작용의 배열을 구축하는 것이다. 실로 감정은 모든 창조적 사고를 가능하게 만든다"(p.7).

이와 비슷하게 골먼은 "우리의 감정은 그만의 생각이 있다. 때문에 우리의 이성적인 사고와도 상당히 독립적인 견해를 갖고 있다"(Goleman, 1995, p.18)고 말한다. 르두는 "우리의 생각은 감정과 동기가 무시되면 이해하기 어렵다"고 본다(LeDoux, 2002, p.175).

우리의 생각과 몸의 관계를 설명하기 위해 일리노이대학교의 뇌과학자 스티븐 포지스Stephen Porges(2011)는 어떻게 기본적인 신체/뇌 생존 시스템이 드러났는지, 어떻게 다미주신경이 인간이 행동하는데 연관된 감정을 작동시키는지 등을 다미주신경 이론polyvagal theory에서 전개했다.

다미주신경 이론

다음 상황을 상상해 보라. 공포로 인해 심각한 충격에 빠져 있는 학생이 학교에 굳게 마음의 문을 닫아 버렸다. 다미주신경 이론은 교사들이 이를 알아보지 못해 상황이 악화하는 것을 막고, 이 증상을 바로 잡아내서 학생을 도와줄 수 있게 해 주는 것이다.

뇌의 오른쪽과 왼쪽의 열 번째 뇌신경에도 여러 신경 가지를 갖고 있는데, 이를 총괄해 미주신경이라고 부른다('polyvagal'에서 'poly'는 여럿이라는 의미다). 미주신경은 뇌간에서 유래되며 자율신경계의 일부다. 이 부위는 신경 감각을 위장, 심장, 기관지, 흉부, 상부 소화관, 흉부와 복부와 다른 기관에 전달한다(Kalat, 2001, p.550; Carlson, 2013). 이 신경은 뇌와 내부 장기들과 직접적인 연결을 한다. "자율신경계의 진화는 정서, 감정 표현, 얼굴 표정, 음성을 통한 의사소통, 우발적 사회적 행동과 관련 있다"(Porges, 2009, p.890). 결과적으로 감정은 뇌 구조에 의해 운영(작동)되고 그 못지않게 내장 기관은 우리 생각에 영향을 받는다.

포지스는 인식(인지적으로 각성된 상태)과 유사한 뉴로셉션neuroception (신경학적으로 각성된 상태) 과정이 유입되는 감각 정보를 계속적으로 탐지하면서 위험을 평가한다고 보았다. 뉴로셉션 과정은 의식적 자각 없이 일어나고, 뇌의 무수초화된 부분에서는 "뇌신경생리학적으로 자극이 친사회적 혹은 방어적 행동을 결정하여" 신체가 반응하도록 한다.

편도체Amygdala(오른쪽과 왼쪽에 각각 하나씩 있으며 이 둘을 합해 편도체라고 부른다)는 아몬드 모양이며 변연계의 일부로 측두엽 깊숙한 곳에서 볼 수 있다. 서로 다른 구조와 편도체는 부정적인 기억과 정보를 걸러낸다. 편도체는 감정적인 자극에 반응하는데, 가령 포유동물이 공포로 꼼짝 못하거나, 싸우거나 도망가게 하는 기관이라고 포지스는 말한다. 이는 뉴로셉션이 위험을 감지하고 신체가 방어적 행동을 취하도록 준비한다. 신체 시스템은 공포의 상황에서 스스로 인지해 작동한다. 생각할 필요가 없는 것이다.

신경 자극이 뇌에서 신체로 이동할 수 있고(원심성 뉴런) 반대로 신체에서 다시 뇌로(구심성 뉴런) 이동할 있는 사실은 매우 중요하다. 왜냐하면 위험을 탐지하는 순간에는 뇌가 아닌 몸이 즉각적인 반응을 보여야 하기 때문이다. 사실은 미주신경을 따라 전달하는 신호의 약 90%는 뇌가 아니라 장관신경계(enteric nervous system: ENS)에서 나오는 것이다. 이 장관신경계는 식도에서부터 위장관, 항문까지 연결되며 뉴런이 100만 개 정도 나 있다(Powley & Phillips, 2002).

진화적으로 가장 오래된 미주신경 가지는 빨간 신호등과 같은 행동을 하며, 인간의 생리학적 반응을 시작하기도 하고 멈추기도 한다. 동물이 살기 위해 주위 환경에 자신을 숨기는 것(예를 들면 보호색으로 위장)과 마찬가지다. 엄청난 두려움은 곧 심장 박동이 느려지고, 혈압도 낮아지고 호흡도 거의 멈출 수도 있게 한다고 한다. 이러한 반응은 우리의 생각까지 멍하게 하고 감정과 집중력을 분리하면서 일어난 일의 일부 혹은 전체를 기억하지 못하는 일종의 기억 상실까지 유발한다(Scaer, 2001). 어떤 학생이 친구가 폭력당하는 것을 보면서도 도와주지 못했던 것에 죄책감을 느낄 수 있다. 강간당한 여성은 그 순간에 맞서 싸우지 못한 것에 자책할 수도 있다. 사실은 이 두 상황에서 이들을 움직이지 못하게 한 것은 다미주신경이다. 즉 이 둘은 그 상황에서 싸울 수도, 달아날 수도 없는 상황이 된 것이다.

어떤 자극이 있게 되면 부신adrenal의 두 번째 신경 가지는 스트레스 물질을 분비해 편도체를 활성화시키고 싸우거나 피하는 힘을 갖게 한다. 편도체의 자극은 사회적 상호 작용을 억제하고, 감정 시스템을 혼란스럽게 하고, 뇌가 스트레스 물질에 노출되게 하고, 면역 시스템의 효율성을 저하시키면서 투쟁-도피 반응을 일으킨다.

포지스의 이론으로 보면 신체와 감정적 시스템의 관계가 뚜렷하게 나타난다. 트라우마(좋지 않은 경험)가 계속 남아 있다면 그 사람은 계속해서 방어적일 것이고, 위험 징후에 대해 예민할 것이며, 위험이 없는 학교에서도 위험을 항상 느끼게 될 것이다. 대니얼 골먼은 《뇌와 감정적 지능: 새로운 통찰The brain and emotional intelligence: New insights》(2011)에서 이를 "편도체 납치"라 부른다. 극단적이거나 미미하거나 납치가 길어져도 신체적으로 교감신경의 각성이 계속된다. 이러한 상태가 학교에서 계속되면 학생이 눈 마주치는 것을 힘들어할 수도 있고, 사회적 상황을 계속 회피하면서 계속 혼자 있고 싶은 마음을 갖게 된다. 그는 신체적 또는 감정적 불안감을 느끼지 않으려고 계속해서 사회적 상황들을 피해 다니려는 상태에 처한다.

이런 상태인 학생의 예를 들면, 숙제를 거부하거나, 바닥에 물건을 던지고, 수업 종이 울리기 전에 교실을 나가기도 하고, 다른 학생들을 따돌리고, 그 학생에게 불안감을 주는 상황에서 주도권을 빼앗기지 않으려는 행동을 한다. 상담 교사는 이런 학생들에게 세 번째 미주신경 가지를 활용할 수 있게 하며 편도체를 진정시키면서 그 트라우마에서 스스로 극복할 수 있도록 도와주려고 해야 한다.

뉴로셉션계(신경수용계)의 유수화된 세 번째 신경 가지는 사회 참여를 가능하게 만들어 준다. 자기 대화는 앞에서 언급한 첫 번째와 두 번째에 의해 야기된 트라우마를 가라앉힐 수 있다(Porges, 2004; Porges, 2009). 포지스(2011)는 이 세 번째 미주신경 가지를 사회적 참여 신경 가지라고 부른다. 만약 교실이 학생에게 감정적, 사회적, 신체적으로 안정감을 줄 수 있는 곳이라면 학생들이 사회적 상호 작용과 자유로운 활동을 할 수 있게 북돋워 준다. 세 번째 신경 가지는 첫 번째와 두 번째의 신경 가지와 다르게 트라우마를 진정시켜 주는 역할을 한다. 이는 세 번째 신경 가지는 감정을 조절하며, 타인을 생각하게 하여 공감을 느끼게 해 준다는 것이다.

세 번째 신경 가지가 없다면 편도체에 숨어 있는 트라우마가 계속 신체를 조절하게 될 것이다. 만약 세 번째 신경 가지가 주도권을 잡게 되면, 그제야 전두엽과 대뇌의 다른 부분이 편도체에 있는 트라우마를 누를 수 있게 된다. 전두엽은 신체가 진정할 수 있도록 조절하는 역할을 한다. 이게 바로 자기 대화를 할 때 발휘되는 힘이며 생각하는 뇌를 사용해 스스로를 조절할 수 있게 하고 학습할 수 있게 해 준다는 것이다. 하지만 이렇게 되기 위해서는 교사의 많은 인내와 각성, 그리고 끈기를 가지고 학생들을 대해야 진정으로 도움을 줄 수 있다. 교사들은 학급에 그런 위험한 상황을 만들지 않도록 각별히 주의해야 한다.

학급에서 두 번째 신경 가지를 작동시킬 위험이 전혀 없다고 생각할 수 있지만 그것은 큰 오산이다. 만약 읽기를 잘하지 못하는데 교사가 학생에게 친구들 앞에서 큰 소리로 책을 읽어 보라고 한다면, 그는 큰 두려움에 휩싸일 것이다. 학생의 심장 박동 수는 빨라질 것이고, 목소리는 떨리기 시작하면서, 온몸은 부정적인 감정으로 가득하게 될 것이다. 그는 읽기를 거부하거나 선생님과 충돌을 일으킬 것이다. 교사는 어떤 지시나 부탁들이 학생들의 두 번째 미주신경을 작동시킬 수 있는지 주의해야 한다. 세 번째 신경 가지를 훈련시켜야 하는 이유는 이것 없이는 심화 학습이 어렵기 때문이다. 교사가 학생의 사회적 참여를 격려하려 한다면 그럴 수 있는 환경을 만들어 주어야 한다. 이 목표를 이루기 위해서는 학생은 미주신경이나 자신의 감정에 대한 정보가 필요하다.

강압적이고 교묘하게 가해지는 성적 학대를 비롯한 다른 많은 학대로 인한 두려움이 요인일 수도 혹은 아닐 수도 있는 트라우마와 미주신경 간의 관계에 대한 과학적 증거는 아직 밝혀진 바 없다. 하지만 교사는 이런 트라우마가 학생과 학습에까지 얼마나 큰 영향을 끼치는지 알아야 한다. 일반적으로 아이들은 학대가 잘못된 일이라는 것을 잘 알고 있다. 하지만 자신이 신뢰하는 어른, 또는 부모 같은 이들에게 학대당하고, 그 행위가 절대 알려지면 안 된다고 위협받는다면 아이는 많은 혼란을 겪게 될 것이다. 즉 이런 상황을 감당해야 하는 아이는 배신감, 외로움, 또는 사람에 대해 두려움을 갖게 될 것이다. 그런 상태에서 그에게 학습은 절대 이뤄질 수 없을 것이다. 그래서 모든 학생을 존중하고, 관심을 주고, 공감해 주고 학업을 성취할 수 있도록 끝까지 믿어 주는 것이 바로 교사의 역할이다. 학생들에게 감정 교육은 자기 대화와 같은 방법들을 습득하도록 도와주고 이를 통해 감정을 치유하는 방법을 알게 해 준다. 긍정적인 지지를 보여 주는 포스터나 그들의 노력을 격려하는 것도 상처받은 아이들이 회복하고 자신감을 갖게 해 주는 효과적인 방법이다.

자신의 감정을 이해하기

자기 감정을 정확히 이해하고 파악하는 것은 굉장히 어렵다. 만약 자신의 감정을 헷갈려하고 이해하기 어려워하는 아이가 누군가에게 '그냥 넘어가'라는 훈계를 들으면 머릿속에서는 그 감정이 별로 중요하지 않다고 느끼게 된다. 결과적으로 자신의 감정은 가치가 없는 거라고 생각하기 시작할 것이다. 이러한 다양한 감정에 대한 설명이 없으면 그 아이는 다른 아이들과 너무 다르다는 사실에 슬퍼할 것이고 남들이 행복해할 때 우울한 기분을 갖게 될 것이다. 관심과 사랑을 받지 못한 아이는 뭐가 옳고 뭐가 잘못된 것인지 분별하지 못하고 자신에 대한 믿음이 굉장히 낮은 상태에서 감정적으로 불안감을 느끼며 헷갈려할 수 있다.

가정에서 감정적인 보살핌을 받지 못한 아이는 이를 교사에게 받으려고 한다. 이런 학생을 지지해 주지 못한다면 이후에 그는 감정적으로뿐 아니라 정신적으로도 많은 대가를 치르게 될 것이다. 그는 강한 분노와 우울, 소속감을 느끼지 못하게 될 것이다. 이는 학생들 간의 따돌림을 방지하려고 특별히 노력하는 학교에서도 충분히 발생할 수 있는 일이다. 조지타운대학교의 생리학자 캔다스 퍼트Candace Pert는 "우리의 감정은 신체와 정신의 연결 고리다. 따라서 우리가 하는 모든 행동은 감정이 조절한다"고 본다(1993, p.187).

감정 표현형 — 리처드 데이비슨

학습법 개념은 미국에서 1970년대부터 교사 교육에 적용해 왔다. 하지만 이런 다양한 학습법의 단점은 바로 뇌과학적으로 증명되지 않은 것에 있었다. 이제는 신경 촬영법과 같은 기술의 발달로 인해 인간에게는 감정 표현형이 존재한다는 것을 알게 되었다.

뇌의 구조를 보면, 오른쪽과 왼쪽 전두엽 피질이 있다. 리처드 데이비슨Richard Davidson의 《뇌의 감정적 생활The Emotional Life of Your Brain》(2012)에 따르면 양쪽 전두엽은 그 역할이 다르다. 즉 감정을 조절할 때 어떤 사람들은 다른 이들보다 한쪽 뇌를 더 사용하는 것으로 나타났다. 왼쪽 끝과 오른쪽 끝에 연속체가 있다고 봤을 때, 개인의 감정 표현은 다른 사람과 다르게 반응하며, 그 강도나 지속성 또한 다르게 나타났다. 데이비슨에 따르면 감정 표현형은 우리 삶의 경험에서 지속적으로 반응하는 것과 일치한다고 말했다. 다른 사람과 조금 비슷할 수도 있지만 각각 감정의 변수가 다르기 때문에 모두 특별하다고 할 수 있다. 〈타임Time〉지는 데이비슨의 감정 연구를 높게 평가해 2006년 영향력 있는 100인에 그를 선정한 바 있다.

데이비슨의 연구에 따르면 왼쪽 전두엽 피질을 사용하는 사람들은 대부분 밝은 성격을 지니고 있으며, 사람들과 어울리는 것을 좋아하고, 긍정적인 태도를 가지고, 사회성이 뛰어나며, 자신감도 높고, 인생을 긍정적으로 바라보는 것으로 나타났다. 반대로 오른쪽 전두엽 피질을 많이 사용하는 사람은 사람들이 많으면 자신감이 없어지고, 우울 증상이 나타나며, 세상을 바라볼 때 두려움이 많고 항상 세상을 위험하게 여기는 것으로 나타났다. 인생을 부정적으로 바라본다는 것이다. 데이비슨은 감정 표현형을 6가지로 나누었다. 각 표현형은 다른 뇌의 회로를 사용하며, 탄력형, 전망, 사교형, 자기 인식형, 민감형, 관심형도 차이가 있다고 한다. 도표 6을 보면, 왼쪽

도표 6. 리처드 데이비슨의 6가지 감정 표현형

왼쪽 전두엽 감정 표현형	오른쪽 전두엽 감정 표현형	신경 회로소자
탄력형 - 어려움을 쉽게 극복할 수 있다. - 앞으로 나아갈 끈기가 있다. - 다툼을 쉽게 잊고 과거의 일로 여긴다. - 에너지가 넘치며 의지가 강하다. **역경에서 빠르게 회복한다.**	탄력형 - 모든 것을 놓아 버리기 쉽다. - 작은 다툼도 하루 종일 간다. - 우울에 잘 잠긴다. - 쉽게 포기한다. - 회복하는 데 오래 걸린다. **역경에 무력하다.**	- 전두엽 피질과 편도체 사이의 신호로 의해서 결정된다.
전망형 - 감정적인 문제들이 긍정성을 방해하지 않는다 - 일이 잘 풀리지 않아도 높은 에너지를 유지할 수 있다. **긍정적인 전망**	전망형 - 냉소적이고 비난이 가득하다 - 긍정성을 보는 것을 매우 어려워한다 - 우울한 성격을 가졌다 **부정적인 전망**	- 복부 선조체(보상 감각인 영역)의 활동 수준을 따라간다
사교형 - 타인의 몸동작과 목소리의 톤을 읽을 줄 안다. - 타인이 혼자 있고 싶어 하는지 같이 있고 싶어 하는지를 알 수 있다. **사회적으로 편안하다**	사교형 - 타인의 감정을 의식하지 못한다 - 타인의 몸동작 또는 표정을 읽지 못한다 **사회적으로 어색하다**	- 얼굴 자극의 감정의 인식에 관여하는 편도체와 방추형 지역 사이의 상호 작용
자기 인지형 - 자신의 생각과 감정을 인식한다 - 몸에서 보내는 신호들에 민감하다 **자기 인식**	자기 인지형 - 자신의 행동에 대한 이유를 모른다 - 내면의 자아를 의식하지 못한다. **불명료한 자기 인식**	- 본능적 기관으로부터의 신호의 섬엽에 의해 해석
민감형 - 사회적 규칙과 행동들을 빨리 파악한다 **몰입**	민감형 - 지적하면 당황한다. **다른 생각에 차 있음**	- 해마의 활동에 의해 구동
관심형 - 다른 감정과 방해 요소들을 차단할 수 있다 **집중한다**	관심형 - 감정적 문제의 방해로 현재 일에 집중하지 못한다. **집중하지 못한다**	- 전두엽 피질에 의해 통제

탄력형은 오른쪽 탄력형과 비교했을 때 역경에서 더욱더 빨리 회복한다. 데이비슨은 사람들 대부분은 이 중간에 속한다고 말한다.

데이비슨의 연구팀은 사람이 감정 표현법을 변경하는 것도 가능한지 실험을 했다. 실험 결과, 그 사람이 선택하고 노력한다면 가능하다는 점을 알아냈다. 놀랍게도 뇌의 변화 기능 — 신경가소성neuroplasticity[11]이라 부르는 과정 — 이라는 과정을 통해 우리는 집중의 힘을 발휘해서 감정 스타일을 바꿀 수 있다.

수년간 뇌과학자들은 감정마다 각자의 신경 회로소자가 있는 것으로 믿었다. 감정은 편도체나 뇌의 변연계 안에 깊게 제한되는 것으로 알았다. 하지만 데이비슨은 그것이 아님을 밝혀냈다. 그의 연구팀은 신경촬영법을 통해 앞에서 말한 다른 감정 표현형으로 바꿀 수 있다는 것을 알아낸 것이다. 데이비슨의 동료이자 공동 저자인 샤론 비글리Sharon Begley는 감정 표현형의 발견은 앞으로 뇌과학계에서 걸음마를 시작한 것이나 다름없다고 보았다(Rehm, 2012). 교사는 감정이 학습에 갖는 힘을 간과해서는 안 된다. 특히 11~18세 청소년기에 가장 뚜렷이 드러난다.

감정 교육 — 대니얼 골먼

골먼(1995)의 감정 지능은 데이비슨의 감정 표현형과는 차이가 있다. 데이비슨은 신경학적으로 많은 노력과 시간을 투자하면 감정 표현형을 바꿀

---

11 신경가소성은 인간의 뇌가 경험에 의해 변화되는 능력을 말한다. 뇌는 경험에 대한 반응으로 자기 스스로를 (한계 내에서) 재설계할 수 있는 능력을 진화시켜 왔다. 해부학적 뇌 구조의 가소성 덕분에 개개인의 활동에 적합하도록 뇌를 맞춤 설계를 하는 게 가능해졌다. 뇌는 신경 세포(뉴런)와 신경교세포가 연결되어 구성된다. 학습은 신경 세포 연결 길이의 변화, 연결의 추가 또는 제거, 그리고 새로운 신경 세포의 형성을 통해 일어날 수 있는데, 가소성은 바로 이러한 학습과 관계가 있다. — 옮긴이

수 있다고 하지만, 골먼이 말하는 감정 지능은 학습으로 합성된 경향을 심리 검사로 측정할 수 있는 것이다(Bar-On, 2004). 하지만 둘 다 교육과 학습을 통해 감정 표현형을 바꿀 수 있다는 것에 동의했다. 이 부분에서는 골먼의 관점으로 보는 감정 지능을 바꾸는 건 어려울 수 있다.

예를 들어 골먼은 "충동 조절, 또는 사회적 상황 판단 등의 감정적 기술은 학습과 훈련을 통해 배울 수 있다는 충분한 증거가 있다(1995, p.83)고 말한다. 학습이 가능한 다른 감정 기술들이 무엇이 있는지도 언급한다.

- 개인 의사 결정에 대한 확신을 느끼는 것
- 자신을 독립적인 개인으로 이해하는 것
- 개인에게 무엇이 중요한지 아는 것
- 단기적 그리고 장기적 목표에 대해 생각하는 것
- 목표를 세우고 그것을 이루기 위해 어떤 행동을 해야 하는지 생각하고 계획하는 힘을 키우는 것
- 개인이 하는 행동에 행복과 만족감을 느끼는 것
- 학습 전략을 배우고 문제 해결 능력을 향상시키는 것

골먼(1995)이 말하는 이 감정 기술들은,

타고난 정신 능력을 사용하는 우리 능력의 한계를 정의하기 때문에 우리가 인생을 어떻게 사는지를 결정한다. 이렇게 보면 감정 지능이 우리의 다른 기능들에까지 영향을 끼치며 간섭한다고 볼 수 있는 것이다(p.80).

골먼과 그의 동료들은 감정적으로 지능을 키우는 것이 우리 감정에 대해 더 똑똑해지는 것이라고 주장한다(Goleman, Boyatzis & McKee,

도표 7. 골먼의 감성 지능

감정 지능의 요소	설명	뇌 손상 결과
자기 인지	자신의 감정을 인식하고 이해한다. 자신의 감정을 관리하고 효과적으로 표현할 줄 안다	편도체의 오른쪽 부분은 감정의 중추 역할을 한다. 이 부분이 손상된 환자들은 자신의 감정을 인지하지 못하는 것으로 나타났다.
자기 관리	충동을 조절하고 관리하며 자신의 감정을 조절한다. 특히 고통스러운 감정과 격한 감정을 잘 관리한다.	뇌량 전면에 있는 전측대상회anterior cingulate를 손상당하면 충동 조절과 감정(특히 고통스러운 감정과 격한 감정)을 관리하는 데 문제가 생긴다.
사회적 인식	신체 전체의 감정 상태를 감지할 수 있으며 다른 사람들이 어떻게 느끼는지 알 수 있다. 공감을 나타낸다.	오른쪽 체성감각 피질somatosensory cortex이 손상당하면 자기 인식, 공감, 타인의 감정을 이해하는 능력이 결여된다. 공감은 신체 전체의 감각 상태를 감지하는 구조인 우측 대뇌 반구 섬hemisphere insula이 관여한다. 공감은 자신의 감정을 이해하지 못하면 불가능하다.
인간관계 관리	효과적으로 개인 및 대인 관계 문제를 해결할 수 있으며 감정을 효과적으로 표현한다.	전전두엽 피질 영역의 복내측 부위는 개인 및 대인 관계의 문제를 해결하는 능력을 비롯해 충동을 관리하고, 효과적으로 감정을 표현하고 타인과 잘 관계 맺는 것을 통제한다.

2002/2013, p.ix).

감정 지능과 지적 지능은 다르지만 분명 연관성은 있다. 감정 지능에 관한 선도적인 연구를 하는 심리학자 레벤 바론Reuven Bar-On은 우리의 모든 생각은 감정 지능의 영향을 받는다고 말한다. 마치 인식의 지휘자인 것처럼 말이다(Bar-On in Spry 인터뷰, 2012). 이런 맥락과 같이 포지스(2011)는 다미주신경의 세 번째 신경 가지가 활발하게 작동할수록 사회적 참여를 위해 편도체의 반응을 진정시킬 수 있다고 했다. 골먼(2011)은 감정 지능을 이렇게 요약한다.

모든 감성 지능 모형은 대부분은 다음 네 영역에 포함된다. 이는 자기 인지, 자기 관리, 사회적 인식, 관계 관리다(p.x).

골먼의 분석을 도표 7에 정리했다. 가장 오른쪽에 있는 칸을 보면 골면의 뇌 손상에 관한 연구 결과도 볼 수 있다. 연구는 오래되었지만 앞으로 뉴로 이미지에 많은 도움을 줄 수 있다.

일반적인 신경 전달 물질

최소 100개가 넘는 신경 전달 물질들이 하나의 뉴런에서 다른 뉴런으로 메시지를 보낸다. 이 물질들은 장에서 만들어져 뇌 혈류를 통해, 다른 기관들로 보내진다(Gershon, 1998). 가장 많이 알려진 신경 전달 물질 중 95%는 세로토닌이며 이것은 장관신경계에서 발견된다. 세로토닌은 탄수화물 욕구, 수면 주기, 통증 조절, 소화, 면역력 기능을 조절한다. 세로토닌은 내장 기관의 1차 신경 전달 물질이며 도파민도 발견된다(Hadhazy, 2010).

세로토닌

내장 기관에서 생산되는 세로토닌은 혈류로 이동하며 다음과 같은 세 가지 중요한 역할을 수행한다. (1) 간과 폐에 손상된 세포들을 회복하고, (2) 심장을 성장시키며, (3) 뼈의 밀도를 조절한다(Yadav et al., 2008). 세로토닌은 신경위장학적 연구가 있기 전에는 그저 기분 좋게 하는 물질로 밖에 알려져 있지 않았다. 세로토닌은 우울증도 예방하며, 수면 조절, 식욕 조절, 체온까지 조절할 수 있다(Yadav et al., 2008). 이제는 다미주신경과 세로토닌은 감정에 중요한 역할을 하는 것으로 알려졌다.

스탠포드대학교 의과대학 연구팀은 옥시토신이 어머니와 아이를 더 가깝게도 해 주지만, 세로토닌을 생산하기도 한다는 것으로 발견했다. 이것은 기분을 좋아지게 하는 중격핵nucleus accumben을 작동하여 오른쪽과 왼쪽 뉴런들을 움직여 뇌의 쾌락 중추를 자극한다(Dolen et al., 2013).

중격핵은 동기 부여와 즐거움에 중요한 역할을 한다. 쾌락 중추는 도파민이 많은 신경회로에 영향을 주게끔 조절하고, 변연계의 뇌 전도로를 감정과 행동에 영향을 미치는 측두엽에 연결한다. 또한 편도체의 영향을 포함해 격한 감정적 반응과 습관을 조절하거나 자제하는 것으로 새로운 학습이 발생할 수 있다(Caramenico, 2014).

도파민

도파민의 다른 이름은 기분이 좋아지게 하는 약이다. 도파민은 교육에 있어 매우 중요한 역할을 하는데, 뇌와 장, 두 군데에서 생산된다. 도파민은 중뇌와 시상 하부에서 뇌의 대부분 부위에 신경 경로를 통해 이동한다. 다음과 같은 기능에 도파민은 중요한 역할을 하며 학업 성취도에 영향을 미친다. 집중력, 기억력, 태도, 인지, 동작, 쾌락 보상, 기분, 수면, 학습 등(Mandal, 2013)이다. 즉 도파민은 뇌의 소통 체계를 담당하고 있는 것이다. 뉴런에게 신호를 보낼지 안 보낼지를 조절하는 역할을 한다.

윌리스(Willis, 2010)는 도파민을 친학습적 신경 전달 물질이라고 부른다. 무언가 벌어지는 것을 좋아할 때, 예를 들어 그것에 대해 추측하고 그 예상이 적중했을 때 기분이 좋아지게끔 도파민이 생성된다. 도파민은 결과적으로 동기 부여, 기억력, 반복 행위에 대한 집중력에 큰 영향을 준다. 이렇게 동기 부여를 받은 학생들은 더욱더 학습에 인내를 가지게 될 것이다.

반대로 예상했던 것이 실현되지 않으면 도파민은 저하된다. 그래서 적절한 시기에 바로잡을 수 있는 피드백은 정확한 기억이 저장되어 낮아진 도파민 반응을 수정할 수 있는 기회가 된다(Willis, 2010). 코네티컷대학교 심리학과에서 도파민을 연구하는 존 살라몬John Salamone 교수는 도파민이 동기 부여 역할을 하고 쾌락 물질보다 비용/혜택이 효과적이라고 본다. 도파민이 낮아졌을 때 학생들은 열심히 공부하지 않고 동기도 사라지기 때문이다(Buckley, 2012). 시의적절하게 적합한 피드백을 해 주면 도파민이 다시 뇌하수체까지 분비되고 그 결과 기억이 저장되고 전두엽에서 문제 해결력이 생기며 다시 한 번 쾌락감이 실현된다.

교사는 학생의 뇌가 도파민을 생성할 수 있도록 지도할 수 있다. 학생이 성취 가능한 작은 목표를 함께 정하고 퀀텀 러닝 지도를 통해 그 노력을 인정해 주어야 한다. 기억해야 할 것은 학생이 똑똑해서, 또는 훌륭해서 인정해 주는 것이 아니라 노력, 도전 과제, 목표 성취를 인정해 줘야 한다. 학생이 "어려운 과제를 잘 이겨내고 목표를 이뤘어"라는 칭찬을 듣게 되면 정확히 무엇을 인정받았는지 알게 되고, 성취에 대해 기분이 좋아지고 더 노력하게 된다.

위에서 언급한 연구는 가르침과 학습에서 즐거움의 중요성을 강조한다. 즐거움과 관련된 신경 전달 물질이 학습을 지원하기 위해 자극되기 때문이다. 무엇보다 중요한 것은 안정적인 수업 분위기를 만들어 모든 학생들이 마음을 열고 적극적으로 참여할 수 있게 하는 것이다. 이렇게 했을 때 진정한 학습이 이뤄질 수 있다.

퀀텀 러닝은 간접적 방법으로 편도체를 진정시는 데 크게 기여한다. 예를 들어 퀀텀 러닝은 모든 학급이 감정적, 신체적, 인지적, 사회적으로 안전하게 확립되어 조용하고 즐거운 분위기를 만드는 것이 창의적 학습을 위한 중요한 기초임을 강조한다.

4장 분위기 요소

긍정적인 분위기로 학생들이 서로를 존중하도록 유도하고 정신적 그리고 사회적으로 안정감을 느끼게 해 준다.

퀀텀 러닝 학급의 분위기를 형성할 때에는 감정적 학습 시스템에 많이 의존하게 된다. 그 이유는 이런 학습법이 학습 영역에 굉장히 효과적이기 때문이다. 긍정적인 수업 분위기는

- 학생들에게 안정감을 주고 지지 받는 기분을 갖게 만든다.
- 강력한 소속감을 느낀다.
- 학급에서 학습 분위기가 만들어지며 편안하지만 의욕 넘치는 공간이 만들어진다.
- 인성 교육은 학생과 교사 간에, 학생들 간에 신뢰 관계가 쌓이고 서로를 존경하게 한다.
- 노력한 것을 인정하며 학습과 성취를 축하해 준다.

어느 장소의 분위기는 그곳으로 하여금 우리가 느끼는 것, 즉 감정적 분위기와 연관되어 있다. 우리가 집, 식당, 슈퍼, 교실 또는 학교에 갈

존중, 가치, 지지

이런 질문을 할 수 있다. 어떻게 항상 다른 학생들에게 지장을 주는 학생을 100점짜리로 볼 수 있을까? 이것은 매우 중요한 질문이다. 먼저 그 어떤 학생에게도 '항상'이라는 단어는 붙이지 않는다. 가끔은 불손한 태도를 보일 수 있지만 이럴 때 교사가 다른 학생들을 대하듯이 그 학생에게도 긍정적인 반응을 보이면 된다. 시간이 지날수록 그러한 태도가 '자주'에서 '가끔'으로 바뀌게 될 것이다.

다른 학생들에게 지장을 주는 학생에게 큰 도움이 될 만한 부탁이나 지시가 있다. 새로운 방법으로 생각을 유도하거나, 숙제할 때 그들만의 방법으로 할 수 있는 조건을 제시하는 것, 그러면서 그에 대한 정확한 근거를 제시하게끔 하고, 문제 해결에 있어 그들의 창의성을 발휘하도록 기회를 제공한다. 그러면 그 학생은 생각하고 고민하면서 수업을 방해할 이유를 잊게 될 것이다.

다른 학생에게 지장을 주는 학생은 과거에 트라우마나 힘든 경험 때문에 수업에 대해 두려워할 수 있음을 고려해야 한다. 이들에게는 두려움을 극복할 수 있게 도와주고 다른 학생과 어울릴 기회를 주어야 한다. 그들은 학급에서 무엇보다 안정감과 소속감을 느껴야 하고, 모든 학생들과 더불어 자신이 존중 받고 있다는 분위기를 느껴야 한다.

때마다 느끼게 되는 그곳의 분위기는 우리의 뇌에게 바로 메시지를 전달한다. 예를 들어 "여기는 나를 환영하는 곳이야(또는 아니야), 여기는 안전해(또는 아니야), 나는 여기가 좋아(또는 아니야)"라고 자신에게 말한다. "학교의 분위기는 학생들, 교사들, 학부모들의 말과 태도에서 그곳을 얼마나 안전하게 느끼고 있는지 알 수 있다"(Tableman, 2004, p.2).

함께 일하는 사람들에게 분위기만큼 더 중요한 요소는 없다. 우리를 어느 식당의 단골로 만드는 것은 음식의 맛보다 분위기이듯이, 그곳의 분위기가 안전하고 따뜻하고 쾌적하기까지 하면 다시 가게 된다. 학급의 분위기도 마찬가지다. 육체적으로든 정신적으로든 우리를 남고 싶게 하거나, 도망가고 싶게 만든다.

교사는 학생들이 서로를 존중하고, 지지하며 학습에 즐거움을 느낄 수 있도록 학급의 분위기를 조성할 책임이 있다. 또한 부정적인 요소들은 최대한 빠른 시간 내에 해결해야 한다. 수업 분위기가 좋으면 부정적인 태도가 생길 틈이 없다. 이러한 분위기에서 학습하는 학생이라면 자신의 감정을 통제할 용기도 생기며 다른 친구들의 감정까지 챙기게 될 수 있을 것이다.

홈 코트 어드밴티지 Home Court Advantage

스포츠 세계에서 통계적으로 팀이 홈 코트에서 더 많은 득점과 승리를 하는 이유는 바로 홈 코트 어드밴티지 때문이다. 이 원리를 따라 우리도 학급에서 홈 코트 어드밴티지를 만들 수 있다면 학생들은 더 뛰어난 학습을 할 수 있을 것이다. 왜 그럴까?

팀이 홈 코트에서 경기를 할 때 가장 큰 유익은 바로 팬들의 환호와 지지가 팀에게 아주 큰 심리적 영향을 준다는 것이다. 예를 들어 농구 선수들이 경기 시작을 위해 코트에 등장할 때 팬들의 환호를 통해 굉장한 지지를 느낀다. 또한 홈에서 경기를 한다는 것은 익숙하고 안전하다고 생각하기 때문에 경기할 때도 더 용이하다. 이 모든 것은 결과적으로 팀워크를 더욱더 발휘할 수 있는 또 다른 이점을 제공한다.

퀀텀 러닝 교육자 존 르 텔리어John Le Tellier는 이 홈 코트 어드밴티지를 《퀀텀 교수법Quantum Teaching: Orchestrating Student Sucess》(DePorter, Reardon & Singer-Nourie, 1999)에서 더 자세하게 설명한다. 그의 책《퀀텀 러닝과 교육 리더십의 실제Quantum Learning & Instructional Leadership in Practice》(2007)에는 홈 코트 어드밴티지 분위기를 만들기 위해서는 어떤 질문을 해야 하는지 나와 있다.

- 학급에서 **안전하다**는 것은 무엇을 의미하나?
- 학생들의 어떤 행동이 학급의 안전을 위반하는가?
- 학생들의 어떤 행동이 학급을 안전하게 하는가?
- 교실을 방문하는 모든 사람들에게 안정감을 느끼게 하려면 어떻게 해야 하는가?

- 학급에서 서로에게 **지지**를 어떻게 보여 줄까?
- 우리의 지지는 어디서 올까?
- 당신이 지지 받고 있는 것을 어떻게 알 수 있을까?
- 지지하지 않는 행동들은 뭐가 있을까?
- 당신이 남을 지지한다는 것을 어떻게 알 수 있을까?
- 교사가 학생에게 어떻게 지지해 줄까?
- 학생들이 교사에게 어떻게 지지해 줄까?
- 학생들이 서로를 어떻게 지지할까?

- 학급에서 **소속감**이란 무엇일까?
- 당신이 소속감을 느끼는 것은 무엇일까?
- 팀에서 어떤 한 사람이 자신의 역할을 하지 않으면 어떻게 될까?
- 팀이나 그룹에 속하는 기분은 어떨까?

- 홈 코트 어드밴티지가 있는 학급에서 공부하고 싶은가 아니면 없는 곳에서 공부하고 싶은가?
- 홈 코트 어드밴티지가 있는 학급에서 배우는 것이 더 좋을까? 아니면 홈 코트 어드밴티지가 없는 학급에서 배우는 것이 더 좋을까? 그 이유는 무엇인가?
- 그럼 우리는 홈 코트 어드밴티지가 있는 학급을 만들기 위해서 무엇을 해야 할까?

홈 코트 어드밴티지를 만드는 것은 학생 모두의 일인 것을 알려주어야 하며, 함께 노력하면 이룰 수 있다는 것을 인식시켜 주어야 한다. 예를 들어 학생들이 홈 코트의 입구를 직접 꾸미게 해서 그 문을 통과할 때에 정말 자신들의 홈 코트에 입장하는 느낌을 만들게 하는 것도 하나의 방법이다. 또한 학생들을 복도에 데리고 가서, 교실 밖에서 일어나는 일은 밖에 머물고, 교실 문을 들어오는 순간 학습이 시작되는 홈 코트에 들어온다는 것을 알려주는 것이다. 그래서 학생들이 교실 문을 들어가자마자 홈 코트 어드밴티지에 힘입어 열심히 수업할 수 있게끔 하는 것이다.

드포터 등(DePorter et al., 1999)은 학생들에게 홈 코트 어드밴티지를 의미하는 포스터를 직접 만들어 보라고 권한다. 학생들이 자신의 손으로 만든 포스터가 곧 자신에게 동기 부여를 하는 이유가 될 수 있고, 1년 내내 이 포스터는 교실 안에 홈 코트 어드밴티지를 느끼게 해 주는 요소가 될 것이라고 제시한다. 교사는 홈 코트 어드밴티지가 잘 이행되고 있는지 계속해서 확인하면서 노력해야 할 것이다.

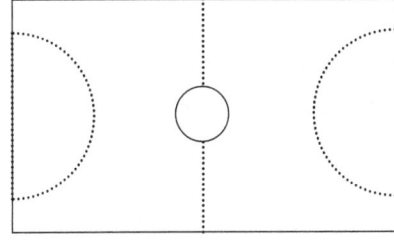

계속 강조해 온 것이지만 교사가 학급의 분위기를 만드는 데 중추적인 역할을 한다. 홈 코트 어드밴티지를 촉진하는 것 또한 교사의 몫이다. 교사가 학생, 교직원, 학교, 관리자들을 대하는 태도 또한 학급의 분위기를 만드는 데 영향을 미친다. 교사가 학생들에게 긍정적으로 대화하고, 존중하고, 관심 있게 학생의 이름을 불러주고, 그들의 노력을 인정해 주고, 교사 자신의 긍정적인 믿음을 학생들에게 전달한다면 학급의 긍정적인 분위기를 만들 수 있을 것이다. 홈 코트 어드밴티지가 있는 학급에서 학생들은 안정감, 지지, 소속감을 느낄 수 있을 것이다.

안전, 지지, 소속감

우리는 뇌과학을 통해 학습할 때 안전한 분위기를 조성하는 것의 중요성을 알게 되었다. 그럼 첫 번째로 떠오르는 것 중 하나는 학생 간의 의사소통 능력이다. 여기에 따돌림 문제도 포함이 된다. 많은 학생들에게 불안감은 자신의 스트레스, 걱정 그리고 두려움에 대한 신체적인 반응 때문에 느껴지는 증세다. 갑작스런 질문에 답을 요구한다거나, 교실 앞에서 큰소리로 내용을 읽으라고 하거나, 모르는 학생들 하고 토의를 하라고 할 때 이런 느낌을 들게 할 수 있다.

퀀텀 러닝 학급의 학생들은 학습을 위한 최고의 환경을 만들기 위해 안전한 분위기를 만들어 가려고 노력한다. 안정감을 형성하기 위해서 강조해야 하는 몇 가지 개념이 있다. 서로의 다른 점을 이해하고 인정하는 것에 대한 즐거움, 협력하면서 서로에 대한 신뢰가 쌓인다는 인식, 자신의 행동에 대해 책임을 질 때 받는 인정에 대한 감사, 그리고 조화로운 수업을 위한 참여는 칭찬받아 마땅하다는 이해다.

학급에서 느끼는 안정감은 신체적 안정감보다 더 많은 것을 뜻한다. 학급의 안정감은 감정적인 문제다. 학생이 안정감을 느끼지 못하면 새로운 내용을 배우는 데 상당한 어려움을 겪는다. 감정적인 안정감은 교사가 학생들을 편하게 받아 들여야 느낄 수 있다. 따뜻하게 관심을 주는 교사가 이러한 분위기를 만들 수 있다. 하지만 더 중요한 것은 교사의 진심이 담기지 못하면 가능하지 않다는 것이다.

많은 연구에서 교사의 지지가 얼마나 중요한지 강조한다. 중학교 학생들은 교사의 지지가 우울증을 감소시키고 자존감을 향상한다고 말했다(Reddy, Rhodes & Mullah, 2003). 초등학교 6학년에서 중학교 2학년 학생들을 조사한 연구에서는 학생의 관심, 학업의 관심이 증대된 이유 중에는 교사의 지지가 3분의 1을 차지했다고 밝혔다(Goodenow, 1993).

교사의 지지는 학생들이 간접적으로 느낄 수 있다. 학생들은 자신들을 진심으로 지지하는 교사를 좋아한다. 학생들에게는 수업에서 주어지는 과제가 자신들의 미래와 연관이 있어야 한다. 스스로 결정하게 하는 교사를 선호하며, 어떤 과제를 할 때 명확한 기준을 제시하고, 그에 맞게 했을 때는 인정해 주고 그렇게 못했을 때는 적절한 피드백을 받고 싶어 한다.

퀀텀 러닝 학급에서는 서로를 지지하는 것이 소속감을 형성하는 데 큰 역할을 한다. 소속감이라는 것은 친구가 있고 한 그룹의 일원으로서 가치를 느끼는 것이다. '우리는 다 같이 함께 가고, 나는 절대 혼자가 아니야'라는 느낌을 준다. 서로 지지하는 것이 서로에게 긍정적인 태도, 도움의 손길 그리고 친근감을 형성하는 기회를 준다. 서로 지지함으로써 우정을 품게 되고 서로에게 관심을 가지며 공동 목표와 개인 목표를 위해 열심히 노력하게 된다.

앞에서도 언급했듯이 소속감을 느끼고 싶어 하는 것은 사람의 본성이다. 모든 학생에게 소속감은 절실하다. 하지만 소속감은 그 학생의 참여에 대한 반응에 따라 한순간에 사라질 수도 있다. 예를 들어 학생이 교사의 질문에 답을 한 순간에 교사가 바로 다른 학생에게 관심을 돌린다거나, "난 그렇게 생각해 본 적이 없는데"라고 한다. 다시 학생들에게 이렇게 질문할 수 있다. "또다르게 생각하는 학생들이 있을 텐데, 혹시 여기서 누가 다시 발표해 볼 사람?" 아무도 얘기를 하지 않는다면 교사가 이렇게 말할 수 있다, "너희들이 방금 주장한 것에 대한 근거를 생각해 봐. 설득력 있는 증거니? 더 나은 설득을 할 수 있을까? 다시 한 번 고민해 보자. 다시 얘기를 해 볼 사람?"

만약 이 상황에서 누군가가 손을 들어 얘기를 시작하면 그 학생에게 세 번째 손가락을 튕겨 지지를 표시하기를 추천한다. 이렇게 하는 것은 그 학생의 답이 맞았기 때문이라기보다 자신의 생각을 말할 용기를 낸 것 자체를 칭찬하는 것이다.

홈 코트 어드밴티지 형성의 장점 중 하나는 훈계할 필요 없이 서로가 어떻게 문제를 해결할지에 대한 대화가 이뤄진다는 것이다. 결과적으로 학생들은 자신의 행동을 책임지기 시작한다. 이렇게 함으로써 신뢰가 바탕이 되는 학급 분위기가 만들어지며 서로 더 끈끈한 관계를 갖게 될 수 있다.

홈 코트 어드밴티지를 만드는 방법

홈 코트 어드밴티지를 만들기 위해서는 친밀한 관계를 통한 안전, 인정을 통한 지지, 전통을 통해 느끼는 소속감이 필요하다. 최고의 팀이 항상 느끼듯, 홈 코트 어드밴티지가 있는 학급에서는 서로서로가 최고의 일원인 것처럼 대하고 느끼게 해 줘야 한다.

친밀한 관계를 통한 안전 형성하기

친밀한 관계는 개인이 개인에게, 또는 그룹 속에서 감정이나 생각을 이해하고 의사소통할 수 있는 가깝고 조화로운 관계를 뜻한다. 여기에 더해서 친밀한 관계는 상호 신뢰 관계와 감정적 편안함이 포함되어야 한다. 학급에서 친밀한 관계를 형성하는 것은 시간이 걸리는 만큼 교사가 양성해야 하는 부분이다. 친밀한 관계는 학생과 교사가 함께 있는 것에 공동 의식이 있다는 느낌을 준다. 친밀한 관계가 있는 학생들은 학업에 더 참여를 하며 관계를 유지하기 위해 노력한다. 친밀한 관계는 학생들에게 도전 정신을 심어 주면서 성공하고 싶은 마음을 갖게 한다.

연구에 의하면 학생들이 안전을 느끼고, 지지를 받으며 소속감을 느끼면, 더 자주 웃고, 선생님을 신뢰하고 좋아하며, 수업에 오는 것을 즐거워한다. 어떻게 하면 학생들과 친밀한 관계를 형성할 수 있을까?

앞에서 말한 기초 요소 중에서 학급 운영 방법에 대한 의사 결정을 하는 과정이 친밀한 관계를 형성하는 데 아주 좋은 기회가 된다고 했다. 모든 의사 결정을 하는 과정에서 친밀한 관계 형성에 대한 의도가 숨겨져 있다면, 더 많은 신뢰, 편안함, 소속감을 느끼게 해 줄 이유가 될 것이다. 물론 전체적인 목적은 학급 운영에 대한 결정을 하는 것이지만, 이 과정에서 학생들이 자신의 생각, 가치, 믿음, 의견을 나누면서 생각보다 서로의 가치관이 얼마나 동일한지 알 수 있게 하는 기회가 된다.

퀀텀 러닝의 '그들의 세계로 들어가라'(학생들의 세상을 이해하는 것)라는 지도법은 친밀한 관계를 매우 빠르게 형성하는 것을 의미한다. 학생의 세계로 들어가는 것의 장점 하나는 교사가 자신들의 행동을 검사하고 피드백을 주는 것을 허락한다는 것이다. 반대로 학생이 교사에게 지지나 진심을 느끼지 못한다면 자신들에게 피드백하기를 허락하지 않을 것이다.

친밀한 관계는 학생과 교사 사이에 개방적인 의사소통을 가능하게 하며 서로를 존중하면서 의사소통할 수 있도록 한다. 학생들과 의사소통 할 때 좋은 의도로 모든 학생이 만점짜리라는 믿음만 있다면, 그 대화는 충분히 학생에게 가장 중요한 질문들에 대한 대화일 수 있을 것이다. 자신이 누구인지, 그리고 어떤 사람이 되고 싶은지에 대한 질문들 말이다.

어떤 교사는 3주 동안 열심히 수업을 준비했는데 학생들이 이해를 못해 실망했을 수 있다. 그는 스스로 "도대체 내가 무슨 잘못을 했을까?"라는 질문을 할 것이다. 아마도 수업 내용을 잘 이해하지 못한 학생들은 안정감을 충분히 느끼지 못해 교사에게 "죄송한데요, 저는 잘 이해가 안 돼요"라는 말을 하지 못한 게 아닐까. 학생이 손을 들고 교사에게 자신의 생각과 상태를 솔직하게 말한다는 것은 그만큼 교사와 충분히 친밀한 관계인 것으로 볼 수 있다. 학생이 이런 말을 하려면 자신감과 안정감을 느껴야 한다. 이런 질문을 했을 때 이해가 될 때까지 교사와 존중받는 대화가 오갈 거라는 믿음이 있어야 하기 때문이다. 학생 자신이 질문 때문에 혼나지 않을 거라는 확신이 있어야 진정한 학습이 이뤄지는 것이다.

친밀한 관계 형성에는 두 가지 중요한 목표가 있다. (1) 상호 신뢰와 존중, (2) 개방적인 의사소통과 상대방을 당황시키지 않으려는 노력이다. 학생이 자신의 안전지대를 벗어나야 하는 상황에서는 부끄러움을 피해 가지 못할 수도 있다. 예를 들면 학생이 직접 쓴 시를 반 학생들 앞에서 읽게 하거나, 피해 왔으나 솜씨를 발휘해야 하는 상황에서 잠깐의 부끄러움은 반드시 거쳐야 하는 과정이다. 하지만 정말 잠깐의 불편함은 학생의 성장에 도움이 될 것이다. 시간이 지날수록 이 학급 안에서는 홈 코트 어드밴티지가 형성될 것이기 때문에 그 학생에게는 도전할 마음이 더 커질 것이다.

인정을 통한 지지 구축하기

학생들이 자원해서 의견을 말하거나, 질문에 답할 때, 또는 어떤 방법으로든 배우려 할 때 그들은 인정받을 이유가 있다. 추가적으로 박수, 또는 자신들이 칭찬할 수 있는 방법은 무엇이 있는지 정하는 것도 좋은 방법이다.

학생들은 자신들이 참여한 것에 대한 인정을 받으면 새롭게 도전할 용기를 얻는다. 어떠한 생각이나 의견을 말하든지, 서로가 어떤 생각을 하고 있는지 확인할 기회이며 서로에 대해 인정을 해 주기에 충분히 가치가 있는 일이다. 과제를 정말 훌륭히 끝낸 것도 인정받을 만한 일이지만, 그것보다 더 중요한 것은 훌륭한 과제를 해나가는 과정에서 학습이 있었기 때문에 인정을 받아야 하는 것이다. '모든 노력을 인정하고 칭찬하라'도 퀀텀 러닝의 교수법의 철학 중 하나다.

다음을 상상해 보라. 어느 학생이 과제를 하는 데 많은 시간, 에너지, 생각을 투여해서 했지만 C를 받았다. 하지만 그 학생은 자신이 B 또는 A를 충분히 받을 수 있다고 생각할 수 있다. 과제를 내기 전에 선생님의 칭찬과 인정을 받는 상상도 했을 텐데, 결과는 아쉬운 C인 것이다. 더구나 과제에는 그가 잘못한 것이 무엇인지 선생님이 여러 개를 적어 놓았다. 그는 잘못된 것을 고치고 이 과제를 다시 해도 되냐고 물었더니 선생님은 안 된다고 한다. 이유는 "만약 모든 학생에게 내가 기회를 한 번 더 주면 어떻게 되겠니?"라고 한다. 그럼 학생은 이렇게 생각한다, "왜 그렇게 하면 안 되지? 그렇게 하면 다른 학생들도 더 많이 배울 수 있고, 더 좋은 점수를 받을 수 있을 텐데"라는 생각을 할 것이다.

이 과제는 학기 성적에 25%나 되는 비중이 큰 과제인데도 기회는 단 한 번밖에 주어지지 않았다. 만약 학생을 학습에서 멀리하게 하는 방법이 있다면 바로 이런 것이다. 학생은 그의 노력조차 인정받지 못한 것이다.

여기서 짚고 가야 할 것은 인정과 칭찬의 차이다. 칭찬은 누군가를 높이거나, 누구에게 경의를 표하거나, 축하하기 위해 하는 것이다. 인정은 받아들이고, 인식하고, 고마움을 표현하는 것이다. 노력을 인정한다는 것은 "너의 노력과 참여에 고맙고, 배울 용기를 내줘서 고맙다"라고 하는 것이고, 반대로 칭찬은 "너는 참 좋은 사람이고, 축하 받아야 해"라고 하는 것이다. 인정은 그 과정과 노력을 알아봐주는 것이고 칭찬은 그 사람을 치하하는 것이다. 칭찬은 배우는 것에 대한 것이 아닌 사람에 관한 것이다. 때문에 학생들은 칭찬을 받았을 때 자신이 칭찬 받을 만한 자격이 없다고 느낀다면 기분이 좋지 않을 것이다. 칭찬은 반드시 진솔하고 구체적이어야 긍정적 효과를 가지게 된다.

모든 사람은 자신이 한 일에 대해, 시간을 투자한 것에 대해 그리고 도전한 것에 대해 인정을 받고 싶어 한다. 하지만 우리는 대부분 정답을 위해서 인정을 아낀다. 오답이야말로 정답을 찾기 위한 새로운 방법을 제시해 줄 수 있는데도 말이다. 최상의 결과를 위해서 반드시 학생들의 노력을 인정하고 정확하게 무엇을 인정하는 것인지 구체적으로 설명하는 게 가장 좋다.

온타리오교육연구소의 언어교육자이자 교육학자인 고든 웰스Gordon Wells는 《의미 창조자: 아이들이 언어를 배우고 언어로 배운다Meaning Makers: Children Learning Language and Using Language to Learn》(1986)에 다음과 같이 썼다.

> 아이들이 입학할 때 빠르게 적응하고 자신감을 가지려면, 학교는 흥미롭고 도전적인 곳이라고 인식해야 한다. 그 어떤 도전도 성공할 것이라는 확신이 있어야 하며, 노력을 인정받을 뿐 아니라 자신의 정체성과 능력을 인정받을 것이라는 확신이 있어야 한다. …… 아이들은 인정받지 못하고 자신이 무능하다고 느끼게 되면 학교가 제공하는 학습의 기회를 영영 놓쳐 버릴지도 모른다(Wells, 1986, p.68).

인정은 무엇을 인정하는지 구체적으로 짚어야 한다. 잘했어, 좋아 같은 간단한 표현들은 학생들이 어느 부분에서 잘했는지 잘 모르게 하기 때문이다. 학생이 그 인정을 이해하지 못했다면 그것을 바로 잡는 것은 교사의 책임이다. 인정을 거부한 학생에게 할 수 있는 정말 좋은 반응은 일단 학생이 충분히 그렇게 느낄 수 있었다는 것을 인정해 주고, 처음 한 인정에 대한 의도가 무엇이었는지 또 정확하게 무엇을 인정하고 싶었는지 설명해 주는 것이다. 예를 들어,

선생님   너는 우리 반에서 매우 특별해, 함께해 줘서 고맙다.
학생   그걸 어떻게 믿어요?
선생님   믿어지지 않을 수 있다고 생각해. 내가 원래 하고 싶었던 말은 너와 함께 보낸 이 시간이 좋았고 네가 함께 참여해 줘서 좋았다는 말이었어(Jensen, 1995, p.306).

젠슨(Jensen, 1995)은 이러한 인정에 대해 조사했다. 수업 시작 전 "나는 너희들 모두가 웃으면서 교실을 들어 온 게 참 좋더라"라고 말을 하고, 수업을 마친 후에는 "나는 너희들과 함께 수업하는 것을 큰 특권이라도 생각한다. 너희들의 시간이 소중한 만큼 나 또한 그 시간을 의미 있게 보내기 위해 최선을 다할 거야." 또는 "시간 맞춰서 와줘서 고마워. 사실은 우리가 이렇게 다 같이 있어서 난 매우 좋다." 수업 중에는, "오늘 적극적으로 참여해 줘서 고마워. 너희들 때문에 정말 즐거운 수업 시간이 되었다. 덕분에 나는 내 일을 정말 사랑한다." 시험 볼 때는, "조용히 시험 보고 옆에 친구들에게 방해가 되지 않아서 고맙다." 수업이 끝난 후에는 "오늘 정말 시간이 빠르게 지나갔네. 너희들 덕분에 내 일이 정말 자랑스럽다."

전통을 통해 소속감 만들기

'전통'을 정의한다면 오랜 시간 지속된 특정 그룹, 가족 혹은 사회의 사상이나 행동을 의미한다. 전통은 집에서, 학교에서 또는 스포츠에서도 강한 소속감을 느끼게 하는 요소다. 고등학교나 프로 농구에서는 코트에 입장

학급에서 지킬 수 있는 전통

음악 수업 전과 쉬는 시간에 음악을 틀어라. (음악에 대해서는 10장을 참조하라.)

워 박수 Whoa clap 수업이 시작하기 전에 음악에 맞춰 박수를 친다. 그리고 더 빠르게, 더 빠르게 친다. 한 손을 위로 하고 한 손을 아래로 하면서, 워 하고 소리를 내며 양손을 가운데로 모으는 동작으로 박수를 크게 한 번 친다. 이때 마지막 박수에 맞춰 한번에 음악을 멈춤과 동시에 모두가 자리에 앉으면 수업이 시작한다.

청크 박수clap the chunk 하나의 수업 내용을 마치면, 한 손을 허리 쪽에 대고 손바닥은 위로 향하게 한다. 다른 한 손으로 배운 내용물을 모으는 시늉을 하면서 손바닥 위에 놓은 다음 손바닥을 닫으면서 "이해했어"라고 말한다.

자기 소개 새로운 친구나 손님이 오면 인사를 먼저 한 다음 한 명이 돌아가면서 자신의 이름과 자신을 잘 표현하는 단어를 말한다.

렛 잇 고 Let it go 이것은 워 박수의 반대다. 수업이 끝난 후나 쉬는 시간 주기 전에 전원이 일어나고, 한 손을 위로 하고 한 손을 아래로 한 다음 손을 모으면서 워~ 라고 큰 박수 한 번으로 수업을 마무리한다. 여기에 긍정적인 문장을 더할 수도 있다. 나가기 전에 옆에 친구에게 "오늘이 최고의 날이야"라는 말을 박수 치기 전에 할 수 있다. 박수를 침과 동시에 쉬는 시간에 알맞는 신나는 음악이 나오면 쉬는 시간이 시작된다.

하는 선수들을 위해 관중은 환호하고, 악기도 연주한다. 선수들이 운동장을 몇 바퀴 돌면서 서로에게 하이파이브를 하기도 한다. 이러한 전통은 선수들에게 소속감을 느끼게 하고 동기 부여해 승리하게끔 도와준다.

결혼식이나, 졸업식, 생일잔치, 공휴일만의 전통이 있듯이 학급에서도 이러한 전통이 적용되어 학생들의 노력과 집중력을 키울 수 있다. 전통을 지키는 것은 중요한 가족 행사에서도 하나됨, 소속감, 편안함까지 줄 수 있다. 이것은 어린 아이들에게도 해당이 된다.

퀀텀 러닝 학급의 전통은 학생들이 익숙해질 수 있도록 학기 초에 만들어지고 학생들은 이 전통을 통해서 신뢰를 형성할 수 있을 만한 팀 분위기를 만들어 준다. 그러면서 학생들은 선생님을 신뢰하고, 수업을 신뢰하고, 배우는 과정을 신뢰하게 된다. 전통들은 우리 뇌에 즐거움을 제공하며 뭔가 새로운 것을 좋아하는 뇌도 만족시킬 수 있다. 또한 전통은 패턴을 좋아하는 뇌에 도움이 되며 뇌가 좋아하는 공유된 가치와 신뢰를 반복하게 되는 것이다.

홈 코트 어드밴티지와 친밀한 관계 형성, 인정, 전통은 새로운 것을 배우게 될 때 안전한 분위기와 지지를 받고 있다는 느낌을 형성할 수 있는 방법이다. 홈 코트 어드밴티지는 정신적 그리고 사회적 도전을 할 수 있도록 감정적으로 안정감을 느낄 수 있는 학급 분위기를 만들어 준다.

3부 암시적 학습과 환경 요소

5장 암시적 학습 시스템

암시적 학습 시스템은 우리가 무의식적으로 어떻게 정보를 입수하며 우리의 문화, 환경, 직관이 어떤 영향을 주는지와 관련되어 있다.

암시적 학습은 환경에서 일상적으로 일어난다. 그만큼 우리는 지식이 없어도 환경에서 상당량을 학습하기 때문이다. 암시적 학습은 무의식적으로 안다는 것이다. 예를 들어 우리는 가정, 문화적 관습과 특징을 그것을 배운 지식 없이도 습득하게 된다(Conway & Pisoni, 2008). 리처드 도킨스(2003)는 우리의 문화나 관습은 유전자 코드보다 더 강력하며 우리는 의도치 않아도 환경에서 더 많은 것을 배운다고 주장한다. 암시적 문제 해결은 '그냥 아는 것'에서 나온다. 우리의 직감, 또는 경험에서 우러난 추측을 하는 것이다. 우리가 암시적으로 정말 많은 것을 배우기 때문에 교사는 의도적으로 학급 환경을 잘 계획해야 학생들에게 유익한 환경을 조성할 수 있다.

애리조나대학교의 심리학자 제이 상귀네티Jay Sanguinetti, 인지과학 과정의 메리 피터슨Mary Peterson, 인지적 심리학 분야의 대가인 존 앨런John Allen은 무의식에 대해 함께 연구했다(2013). 이들은 참여자에게 흰색 공간에 실제 사물의 이미지를 숨기고 그와 유사한 형태의 (심리 검사용) 잉크 얼룩을 보여 주었다. 그다음 EEG(뇌전도)로 뇌파의 패턴을 검사했다.

"우리는 뇌가 사물의 윤곽만 보고 그것을 어떻게 해석하고 의미를 부여하는지 알고 싶었다. 대상을 주의깊게 보지도 않았는데 드러나지 않은 형태에 대해 뇌는 어떤 과정을 통해 의미를 부여하는지를 말이다"(Sanguinetti, Allen & Peterson, 2013).

참여자들에게 각 그림을 170밀리초 단위로 보여 줬고, 참여자들의 뇌는 400밀리초 단위로 그림을 인식했다. 참여자들의 뇌파를 분석해 보니 사람이 실제 그림을 보지 않아도 그들의 뇌는 충분히 이해할 수 있을 만큼의 해석을 했다. 피터슨이 이렇게 말했다. "이것은 뇌가 무엇을 하는지 이해할 수 있는 실험이다. 우리 뇌는 항상 의미를 부여하고 싶어 한다. 최고의 해석은 그 상황과 다를 수 있다. 우리가 의식하고 있지 않더라도 우리 뇌는 주변 환경에서 항상 무언가를 인지하고 있으며 이것은 창의력에 필수 요소다"(Sanguinetti et al., 2013). 때문에 우리 주변에 자극적인 정보를 가까이 두면, 우리의 뇌는 문제 해결에 더 많은 정신적 자원을 이끌어 낼 수 있음을 볼 수 있다.

직감

무의식적인 반응, 또는 '직감'에 대한 연구에 따르면, 직감은 암시적 학습에 또 다른 표현이다. 독일 막스 플랑크 인간발달연구소의 인지심리학자 게르트 기거렌처Gerd Gigerenzer가 쓴 《생각이 직관에 묻다Gut Feelings: The intelligence of the Unconscious》(2007)에 나온 내용이다. 그는 무의식에 대한 명확한 예시와 이를 통해 어떻게 문제 해결할 수 있는지 보여 준다. 그 책은 2007년 독일에서 과학 우수상을 받았다. 기거렌처는 우리의 직감이나 경험 법칙은 지식을 배우는 것처럼 학습할 수 있다고 본다. 그는 다음과 같이 말한다.

> 무의식적인 추론은 우리의 감각이 세상에 대해 이미 가지고 있는 사전 지식을 사용하여 데이터를 짜낸다. 이러한 무의식적인 지각 추론을 따라서 행동할 수 있을 만큼 강력하지만, 다른 직감에 의한 판단과는 다르게 유연하지 못하다. 그것은 자동 방식으로 이루어지는데, 외부 자극에 의해 유발된다는 것이다(2부, 7장, 온라인, n.p.).

직감을 이해하는 가장 핵심은 우리가 무언가를 하는 방법은 이미 알고 있지만, 어떻게 알고 있는지는 모른다는 것이다. 자율신경계와 비슷하게 자동 과정이기 때문에 기거렌처는 "그 과정은 외부 통찰력 또는 정보로 인하여 변경할 수 없다"(p.44)고 본다. 오히려 자동 과정은 진화된 뇌의 환경에서 이미 "고정된 핵심 규칙들에 의해 움직인다는 것이다"(p.47).

기거렌처는 "자동 규칙은 현재의 평가없이 그것이 적합하든 그렇지 않든 간에 과거 환경에 적응한다. 자극이 있을 때 비로소 작동되는 것이다"라고 말한다. 다른 말로 하면 지능적 과정은 우리의 직감이 무의식이라서 작동하는 것이 아니다. 이들은 이전에 시행착오를 통한 탐색이나 경험을 기반으로 하여 문제 해결 방법을 제공한다(p.3). 새로운 문제 해결 방안을 찾을 때도, 시행착오의 과정을 다시 거치지 않고 바로 결론에 도달하도록 이전에 사용했던 과정을 이용하여 빠르게 새로운 해결 방안을 찾으려고 한다. 이러한 경험에서 우러난 추측이나 직감은 단순해 보일 수 있다. 하지만 기본 지능은 경험 법칙을 그에 맞는 상황에 고를 수 있어야 한다. 경험 법칙은 뇌에만 저장되는 것이 아니라 환경에도 저장된다. 그렇기 때문에 우리의 경험 법칙 — 직감을 통해 타인의 욕망이 무엇인지를 아는 감각이나(마음 읽기 반응), 어느 제품을 써야 할지의 느낌(인지적 반응), 아니면 어느 단체에 소속해야 하는지의 느낌(시선 반응) — 이 얼마나 잘 작동하는지는 다름 아닌 환경에 달려 있다. 직감은 논리적인 설명을 하기가 어렵다. 직감이나 경험 법칙은 수많은 경험을 통해 이해할 수 있는 부분이다.

기거렌처는 "사람의 태도를 보기 위해서는 그 사람의 뇌와 생각만 들여다보는 것이 아니라 그 사람의 신체적, 사회적 환경을 봐야 한다"(p.76)고 강조한다. 그는 이 개념을 이해시키기 위해 이렇게 비유한다. "사람의 정신과 그의 환경을 가위의 양날이라고 생각해 보자. 하나의 날만 봐서는 가위가 어떻게 종이를 자를지 이해할 수 없듯, 사람의 행동을 해석하려면 그 사람의 인지나 환경만이 아니라 둘 다 보아야 한다"(p.79).

무의식적 과정에 내포된 것을 이해하려는 연구를 기거렌처만 한 것은 아니다. 양과 리(Yang & Li, 2012)는 학습과 관련된 의식적, 무의식적인 신경 메커니즘을 관찰했다. fMRI로 관찰한 결과를 통해 의식적, 무의식적 학습 요소에서 뇌에 다른 면이 의존하는 것을 발견했다.

학습의 이중 차원

'모든 것은 이야기한다.' 벽, 불빛, 온도, 의자와 책상의 위치, 준비물의 보관 상태, 색깔, 포스터, 청결, 교실 소리. 앞서 말한 게오르기 로자노프는 암시학Suggestology이라는 학습법을 발전시켰다. 암시학은 지금의 말로 바꾸면 가속 학습법accelerated learning이라고도 할 수 있다. 로자노프는 교사들이 감안해야 할 핵심적인 환경을 다음과 같이 설명한다.

(1) 학습에는 이중 차원이 있다. 학습은 의식적, 무의식적으로 이루어진다. 가속 학습법은 뇌의 두 가지 차원인 무의식과 의식을 둘 다 사용하여 학생들이 빠르고 쉽게 배울 수 있도록 유도하는 기술이다.

(2) 의식적으로든 무의식적으로든 모든 것은 학습에 영향을 준다. 학생이 의식적으로 교사의 말을 듣고 있으면서도 무의식적으로 환경에서 정보를 받고 있다. 예를 들어 교사의 감정, 목소리 톤, 교실 안과 밖에 소리 등등, 우리가 의식하기 어려운 신호들도 많을 것이다.

(3) 단 하나의 자극이 없다. 정보를 수신하고 인식하는 방법은 문맥에 달려 있다.

(4) 모든 정보는 지속적으로 입력되고 있다. 예를 들면 눈으로 보는 기호, 경험하게 되는 의식 또는 연관성을 찾게 하는 모든 것은 쉬지 않고 뇌가 작동하고 있다.

(5) 로자노프는 중립은 없으며 오로지 긍정 아니면 부정이라고 믿는다. 교사는 모든 것을 긍정적으로 전달할 책임이 있다. 학생들이 경험하는 학습 환경을 안전하고, 재미있게 만들어야 하는 것이다(DePorter, 2001, p.1).

실행하기

앞에서 언급했듯이, 모든 학습에 이중 차원(의식적, 무의식적)이 있다. 환경은 뇌에게 긍정적 또는 부정적 정보를 전달한다(Smith, 1979). 로자노프의 이중 차원 학습, 기거렌처의 무의식적 전략, 감각 역할들이 학습에 어떤 영향을 주는지 알고 싶다면 다음과 같이 해 보기를 추천한다.

(1) 로자노프의 5가지 항목을 다시 한 번 읽어 보라. 그리고 항목 하나하나에 대한 의미를 집중해서 고민하라.

(2) 다음은 눈을 감고 방금 읽은 것을 다시 떠올려 보라. 그다음 항목으로 가라.

(3) 이제는 주변 환경에 일어나는 것들을 관찰하면서 방금 읽은 것을 떠올려라.

- 건물 안이나 밖에서 무슨 소리가 들렸는가?
- 눈을 감았을 때 방에 뭐가 있었는지 기억하는가? 어떤 특정한 물건, 색깔, 사람, 그림, 식물 등등. 또 어떤 음악이 나왔는가?
- 방의 온도는 어떻게 느껴졌는가?
- 눈을 감았을 때 배가 고프다는 생각을 했는가?
- 5가지 중점 사항을 다시 읽었을 때 또 다르게 보이는 것들이 있었는가?

다시 읽으면서, 당신은 밖에서 일어나고 있는 신호들을 또 놓쳤을 것이다. 하지만 그것들을 의식적으로 집중하면서 새롭게 눈치챈 것들도 있었을 것이다. 반대로 이러한 특별한 요청을 하는 경우에도 당신은 의식의 요청에 따라 다시 읽거나 요청을 무시하지 않았다. 기거렌처(2007)에 의하면, 당신이 읽고 다시 읽기를 선택하는 것은 당신의 무의식적 반응이라는 것이다. 당신은 단순히 지시 받은 대로 행하고 싶었던 것이다. 왜 당신은 지시 받은 대로 행동했을까? 어떤 경험 법칙 또는 직감이 그 결정을 하게 했을까? 우리의 뇌는 이러한 질문에 답을 하고 싶어 한다. 당신은 과연 무엇 때문에 지시대로 행하게 되었나를 고민할 수 있다. 하지만 직감 또는 무의식적 행동을 설명하지는 못할 것이다.

우리가 이해해야 할 가장 중요한 점은, 우리가 무엇을 하고 안 하고를 어떻게 직감적으로 선택하고, 이러한 직감이 사람마다 어떤 차이가 있는지다. 학생들은 자신들이 무의식적으로 계속 반응하고 있는 것을 모른다. 우리는 교사로서 학생들이 학습에 관심을 갖고 수업에 참여하길 바란다. 교사는 학생들에게 학습 활동에 무언가를 하거나 하지 않을 때 그 근거나 이점을 알려줘서 그들이 필요로 하는 것에 응하는 긍정적인 직감이 작동하도록 도울 수 있다.

6장 환경 요소

환경은 물리적 공간과 관련이 있으며 학급 문화와 학습을 향상시키는 데 기여한다.

학생들은 학교에 등교하는 순간 학교의 환경에 어떤 감정과 직감을 느낄까? 학교의 정문은 학생들을 환영하는 느낌을 주는가? 학교의 마스코트 또는 교훈이 강화시키는가? 학교에 학생들만의 모임 공간이 있는가? 학생들이 교사의 교실에 들어오면 어떤 소리를 듣는가? 긍정적인 음악이 들리는가? 책상은 학생들끼리 서로 협동할 수 있게 배치가 되어 있는가? 교실에 있는 포스터는 학습에 영향을 주는가? 교실 앞에는 학생들을 위한 긍정적인 문구가 쓰여 있는가? 기억하라, 모든 것은 이야기한다. 이러한 모든 요소는 학생들에게 의도적인 메시지를 전달한다. "너는 여기서 환영 받는 존재야, 너는 중요해, 선생님은 너희들의 성공과 학습에 도움이 되고 싶어."

퀀텀 러닝의 특징은 모든 학습을 지원하는 환경을 갖추고 있는 것이다. 예를 들어 사회적 학습을 위해서는 학생들이 모일 수 있는 공간이 있고, 감정적 학습을 위해서는 환영 받는 느낌의 교실 입구와 다양한 색깔이 있으면 효과적이다. 신체적 학습을 위해서는 교실 내에서 책상을 마음대로 움직일 수 있는 공간이 있는지가 중요하고, 인지적 학습은 예술, 기호, 음향을 사용해 향상시킬 수 있다. 반응적 학습은 긍정적인 문구들을 보이는 곳에 두고 학생 혼자 생각할 수 있는 조용한 공간이 있으면 좋다. 물리적 환경과 함께 이 모든 것은 암시적 학습 시스템으로 강화된다.

기거렌처와 다른 이들의 연구에서 보듯이, 암묵 기억implicit memory[12]은 의식적으로 감지하지 않을 때 이루어진다. 물리적 환경은 무의식적으로 학습하고 긍정적인 메시지를 보낼 수 있게 만드는 정말 중요한 요소다.

1978년 던과 던(Dunn & Dunn, 1992)은 어떤 환경 요소가 학습을 억제하는지 또는 향상하는지를 연구했다. 그들은 밝은 빛에서 공부를 잘하는 학생들은 불이 어두우면 무기력하고 우울해진다고 말했다. 반대로 밝은 빛 때문에 눈이 따가워서 머리가 아프다고 하는 학생들도 있었다. 이 학생들은 조명이 조금 어두운 곳에서 공부해야 더 효과적이라고 말했다.

이와 같이 시끄러운 환경에서 집중을 잘하는 학생도 있고, 못하는 학생도 있다. 선풍기 소리, 에어컨 소리, 형광등에서 나는 소리, 심지어 스트레스를 줄이기 위해 틀어 놓은 물소리까지 방해로 느껴지는 학생들이 있지만, 어떤 학생들은 너무 조용하면 오히려 집중력이 흐트러진다고 느낀다. 가장 이상적인 교실은 밝고 활기 넘치는 곳이어야 한다. 모든 것은 이야기하기 때문에 교실 환경은 다음과 같이 꾸미면 효과적이다

- 내용과 관련 있는 긍정적인 문장들이 적혀 있는 포스터
- 학생들이 직접 만든 것들
- 식물, 적당한 빛, 예술적인 장식, 그리고 안정감 있게 배치된 책상과 의자

---

[12] 의식하거나 지각하지는 못했지만 이후의 행동이나 학습 등에 영향을 주는 기억을 의미하는 심리학 용어다. — 옮긴이

교실에서는 암시적 학습을 할 기회가 많다. 때문에 이러한 학습이 가능하게 교실을 만드는 노력을 지속적으로 해야 한다.

물리적 공간

자신의 교실을 떠올려 보고 다음 항목들을 평가하라.

- ☐ 교실에 있는 책상과 선반에는 식물, 소품, 유물들이 있는가?
- ☐ 음악을 틀 수 있는 장비가 교사 가까이에 있는가? 분위기를 바꿔야 할 때, 또는 새로운 음악을 소개해야 할 때 음악을 들려 줄 수 있도록 장비가 마련되어 있는가?
- ☐ 교실의 벽은 수업 내용을 향상시키기 위한 내용으로 꾸며져 있는가?
- ☐ 수업에서는 즐거움을 더하는 색깔을 이용하고 있는가?
- ☐ 교실에 학생들이 직접 만든 내용물들이 전시되어 있는가? 긍정적인 문구들도 붙어 있는가? 또한 학생들이 요즘 일어나는 일을 알 수 있게 뉴스도 붙어 있는가?

위에 적힌 모든 것, 그 이외에 많은 것들도 모두 학생들에게 메시지를 전달하기 때문에 의도적으로 교실 환경을 꾸며야 한다. 벽에 붙어 있는 것들을 매일 읽진 않아도 학생들은 무의식에서 그 문장들을 인식하고 있다.

영향력이 있는 교사들은 모든 것이 이야기한다는 것을 알고 있다. 때문에 학생들에게 "이곳은 학습하기에 최고의 공간이야"라는 메시지를 주기 위해 노력한다. 이들은 교실 환경을 위해 시간과 에너지를 아끼지 않는다.

물론 학습을 격려하는 교실 환경을 형성하고 지속하는 것은 결코 간단한 일은 아니다. 하지만 그 결과의 대한 가치는 어마어마하다. 젠슨은 환경의 중요성에 대해서 다음과 같이 설명한다.

잘 계획된 교실 환경은 많은 것을 가능하게 한다. 가장 좋은 점은 학생이 학습 주제를 좋아하도록 만들 수 있다. 또한 교사와 학생 간의 친밀한 관계를 형성할 수 있게 도와준다. 창의성, 궁금증 그리고 생각을 자극할 수 있다. 자존감과 자신감도 향상시킬 수 있다. 또한 정보와 영향을 주기도 하며, 설득하고 즐거움까지 유발할 수 있다. 학생들의 책임감을 향상시키며 학교에 대한 긍정적인 감정을 줄 수 있다. 마지막으로 교실을 꼭 다시 가고 싶게끔 만들 수 있다(Jensen, 1988, p.54).

환경을 고려할 때 가장 중요하게 생각해야 되는 것은 (1) 주변 환경, (2) 소품, (3) 식물, (4) 자리 배치다.

주변

주변 시야는 우리 시선의 바깥에 있는 대상이나 움직임이 보이는 범위라 할 수 있다. 시각적인 것을 이용할 경우 우리의 시각적 감각을 자극하여 초기 학습을 강화하고, 많은 양식 중 자극 받은 신경 경로 중 적어도 하나의 정보가 기억될 가능성을 만든다(Willis, 2006).

교실에 처음 무언가를 붙이면 학생들은 궁금증 때문에 쳐다볼테지만, 그 후에는 무의식적으로 주변 시야 속에서 그 정보를 계속 받게 될 것이다. 로자노프는 우리가 의식적으로는 한곳에서 정보를 얻을 수도 있지만 무의식은 여러 곳에서 동시에 정보를 얻을 수 있다고 설명한다.

지금 교실에 있는 모든 포스터, 사진, 긍정적인 문구들이 과연 학생들에게 무의식적으로 어떤 메시지를 보내고 있는지 생각해 보라. 칠판에 있는 글은 지워지지 않았는지? 포스터를 건 지는 얼마나 오래되었는지? 메시지가 아직도 신선하고 의미가 있는지? 종이는 오래되지 않았는지? 사물함은 정리 정돈이 되어 있는지? 자신의 책상을 점검해 보라. 파일들은 잘 정리되어 있는가? 책상 위에 놓인 종이는 과연 며칠째 그 자리를 지키고 있는가? 학생들에게 자신의 물건을 잘 관리하라는 지시로 우리는 그들에게 무엇을 기대할 수 있는가? 지금 교실 안에 보이는 것들이 학습에 도움이 되는지 아니면 방해가 되는지 판단해 보라. 지금 있는 교실이 매우 신나고 안정적인 분위기를 만들어 주고 있는가? 학생들이 이런 환경에서 배우기를 즐거워하는가?

주변 시야에서 포스터는 매우 중요한 역할을 한다. 드포터는 교사들이 포스터를 통해 학생들의 잠재력을 자극시킬 수 있다고 본다. 그러기 위해 상징 포스터와 긍정 포스터 방법을 제시한다.

상징 포스터iconic poster는 가르치고 있는 수업 또는 어느 책의 주요 개념을 상징화하는 것을 의미한다. 아이콘은 로고와 비슷하게 어떤 제품 또는 내용에 대한 짧은 메시지다. 컴퓨터나 스마트폰에 있는 아이콘은 사용자가 기기를 쉽게 사용할 수 있게 해 준다. 애플사의 로고는 전 세계가 알고 있는 단순한 사과 모양이고, 이메일의 아이콘은 편지봉투인 것처럼 우리가 알고 있는 아이콘과 로고는 정말 많다.

상징 포스터는 수업 중 핵심 내용을 간단한 모양으로 그려 아이들 눈높이보다 조금 더 높은 칠판 위쪽에 위치하게 한다. 이 포스터를 보기 위해 고개를 들게 하는 것이 목적이다. 고개를 들었을 때 우리의 뇌는 그 내용을 저장한다. 그 수업이 끝나면 그 포스터는 이제 옆 벽에 붙여 아이들이 수시로 확인하고 기억할 수 있게 한다. 상징 포스터가 주요 개념을 정리한 것이라는 점을 학생들이 이해하기 시작하면 학생들에게 직접 포스터를 만들게끔 유도할 수도 있다.

상징 포스터를 한 단계 높여 사용하고 싶다면, 앞으로 배울 내용을 미리 오른쪽 벽에 붙여 놓자. 학생들의 궁금증을 유발할 수 있을 것이다.

긍정 포스터affirmation poster는 훨씬 간략하고, 다음과 긍정적인 메시

지를 주기 위함이다

- 나는 최상의 노력을 한다.
- 나는 똑똑하며 뭐든지 배울 수 있다.
- 학습은 신나는 모험이다.
- 인생은 아름다운 일들로 가득 차 있다.

긍정적인 문장은 학생들의 인생을 변화시키는 데 큰 역할을 한다. 왜냐하면 학생들이 원하는 자신의 모습들을 실제 이루어진 것처럼 상상할 수 있게 도와주며 우리의 바람이 이루어진 것처럼 행동하면, 현재 상황은 그렇지 않아도 최대한 이루려고 뇌가 노력하기 때문이다. 그래서 우리의 생각과 감정이 함께 일해 상상 속에 있는 모습을 현실화시킨다. 긍정 포스터들이 앉았을 때 아이들의 귀와 같은 높이에 있다면 학생들은 속으로라도 그 문장들을 읽게 될 것이고, 자신은 학습에 능력 있는 학생이라는 것을 믿기 시작할 것이다.

이러한 포스터를 만들 때는 중요한 단어가 눈에 잘 띄도록 색깔을 달리하는 것이 좋다. 초록, 파랑, 보라색이 이런 목적으로는 적합하다. 예를 들면 긍정적인 문장을 초록색이나 검은색으로 쓸 때, 중요한 단어는 파란색으로 해서 구별되게 하는 것이다. 주황색이나 노란색은 다른 글자들을 강조하기 위해 사용하는 것이 좋다. 빨간색은 굉장히 강한 색깔이기 때문에 강한 감정이나 관심을 끌어야 할 때 사용하는 것을 추천한다.

시각적인 것들은 학습에 있어 학생들의 참여를 돕거나 방해하거나 둘 중 하나다. 젠슨(Jensen, 1988, 1995)은 시각적인 포스터의 위치가 중요하다고 강조한다. 포스터의 위치가 학생들이 눈을 어떻게 돌리는지도 영향을 줄 수 있기 때문이다. 먼저 교실 앞쪽은 간단하게 할 것을 추천한다.

교사가 특별히 학생들에게 보이고 싶은 내용이 있다면 앞쪽에 붙이는 것이 좋다. 오늘의 주제가 될 수도 있고, 학급의 합의 사항, 또는 그날 꼭 알아야 할 사항 같은 것들이다. 교실 양옆 벽에는 포스터를 붙인다. 효과적인 운동 감각적 느낌을 일으키도록 눈높이보다 낮은 위치에 포스터를 붙인다. 복습을 위한 포스터는 눈 위쪽에 위치한다. 왜냐하면 우리는 기억을 되짚을 때 위쪽을 보기 때문이다. 우리의 눈은 뇌가 필요한 정보를 어떻게 접근하는지에 따라 움직인다(Dilts, 1983).

소품

연극을 할 때 그렇듯, 소품은 이야기를 더 생동감 있게 해 준다. 이야기가 더 현실감 있고 재미를 유발한다. 소품은 아이디어를 표현하는 것이기 때문에 정말 다양한 물건이 될 수 있다. 옛날 인물을 위한 인형이 될 수 있으며, 다른 시각들을 강조하기 위해 안경을 쓸 수도 있고, 화살 표시를 이용해 강조를 하거나 추리하는 모습을 표현하기 위해 셜록 홈스의 모자를 사용할 수도 있다.

학급에서 소품을 사용하는 데는 다양한 목적이 있다. 예를 들어 미국 원주민들의 문화를 가르치기 위해 그들이 입었던 옷이나, 벨트 또는 화살을 준비할 수 있다. 공기 역학이나 비행기를 가르칠 때는 비행 고글을 쓴다거나, 멕시코 시를 가르쳐야 할 때는 멕시코 태피스트리를 보여 줄 수도 있다. 이렇게 소품과 동화책을 준비해서 학생들의 관심을 끌 수도 있다는 것이다.

또한 소품은 내용을 지속적으로 주입시키는 데에도 이용될 수 있다. 퀀텀 러닝 교사들은 모자에 Re-Cap(복습이라는 의미)이라고 써놓고 내용을 복습할 때마다 그 모자를 쓴다. 또 다른 예는 야구 모자를 쓰고, 모자의 캡 부분이 앞으로 나와 있을 때는 어떤 지시가 있을지 들으라는 표시이고, 캡 부분이 뒤로 가 있을 때는 정말 재미있는 얘기가 나올 예정이니 귀를 기울이라는 신호로 사용할 수도 있다.

실험, 역할 놀이, 개념 형성하기 등을 할 때 학생들에게 직접 보고 만질 수 있는 소품을 제공하는 것은 정보에 생기를 불어넣게 한다. 교사가 사용할 수 있는 소품과 아이디어는 끝이 없을 정도로 많고 다양하다.

식물

식물은 교실을 쾌적하게 해 주고 교실의 환경을 밝게 해 준다. 식물들이 주는 또 다른 유익이 있을까? 텍사스 A&M대학교의 홀과 디킨슨(Hall & Dickinson, 2011)은 다양한 연구 결과를 모아 이렇게 설명한다.

- 식물과 꽃은 스트레스와 걱정을 진정시켜 주며, 행복을 느끼게 해 주고 스트레스로 유발된 우울증을 방지할 수 있다.
- 관상용 식물은 특별히 학생들이 집중하고 학습하는 데 큰 도움을 준다(p.99).

NASA에서는 우주선 안에 공기를 어떻게 하면 쾌적하게 할지 2년 동안 연구한 결과, 10평마다 식물을 놓으면, 24시간 안에 유해 대기 오염물질을 87%까지 제거할 수 있다는 것을 알아냈다(Wolverton, Johnson & Bounds, 1989). NASA는 공기 정화에 가장 적합한 식물을 추천했다. 바로 용혈수(드라세나), 아이비, 선인장, 필로덴드론, 무늬접란, 스파티필룸, 고사리, 국화, 야자수, 고무나무 등이다. 열대 아메리카산인 디펜바키아 같은 식물도 산소를 생산하는 데 우수하다. 조화는 관리가 쉬운 장점이 있지만, 실내에 산소를 제공할 수 없다.

낸 에이버리Nan Avery(2011)에 따르면, 데릭 클레멘츠 크룸Derek Clements-Croome이 런던 소재 학교의 학생이 너무 많고 환기가 잘 되지 않는 교실의 이산화탄소를 측정한 결과, 권장 수준에 비해 500%가 넘었다는 것이다. 식물을 교실들에 배치한 이후로는 "공기가 정화되었다"고 한다. 그 결과 학생들의 집중도가 향상했고, 학생들의 성적도 올랐으며, 습도가 적절한 수준에 이르면서 학생들에게 목이 아픈 증상도 줄어들고 기침도 30%나 감소되었다고 한다.

에이버리에 따르면, 영국에서 진행된 한 연구에서는 교실에 식물들을 배치하자 학생들의 집중력이 70%나 올랐다. 워싱턴주립대학교에서도 비슷한 연구를 진행했다. 두 그룹에게 동일한 프로그램을 사용하게 한 후 두 그룹 다 창문 없는 컴퓨터실에 앉아 있게 했다. 한 교실만 식물을 배치했다. 실험이 끝난 후에 두 그룹 학생들의 혈압과 맥박을 실험 전과 후로 나누어 확인했다. 수업 이후 식물이 있는 교실에 있던 학생들은 식물 없는 교실에 있던 학생들보다 혈압과 맥박 수치가 더 빠르게 회복되는 것을 볼 수 있었다. 더해서 식물이 있는 교실에 있었던 학생들의 반응 속도가 12%나 더 빨랐다. 이는 그들이 더욱더 생산적이었음을 증명한다.

호주 브리스베인에서는 3개 학교에서 6~7학년에 있는 360명 학생들을 13개 교실로 나누어 실험을 진행했다(Daly, Burchett, Torpy, 2010). 교실에 식물을 놓기 전에 시험을 봤다. 6주 후에 식물을 배치하고 동일한 시험을 다시 보게 했다. 두 학교에서는 학생들의 시험 성적이 10~14%나 오른 것을 볼 수 있었고, 식물이 없던 학생들은 그전 시험 결과와 동일한 결과를 얻은 것으로 나타났다.

자리 배치

1970년부터 현재까지의 자리 배치에 대한 연구 결과에 따르면, 자리 배치는 학생의 학습 태도와 참여율에 명확한 영향을 끼친다는 것을 알 수 있다(Forman, 2003; Lackney & Jacobs, 2002; Richards, 2006; Strong-Wilson &

Ellis, 2007). 일렬로 앉게 되면, 과제를 위한 효율성은 증가하지만, 학생들끼리 대화하고 의사소통하고 협력하는 능력을 키우는 데는 제한될 수 있다(Wannarka & Ruhl, 2008). 책상을 둥그렇게 하면 학생들의 의사소통 능력이 늘어나는 만큼 수업과 상관없는 대화 또한 이루어질 수 있지만(Ridling, 1994; Weinstein, 1979), 이 경우 소그룹 대화를 가능케 하여 대인관계 기술을 향상시키고, 학습 참여율을 높일 수 있게 된다. 게일 톰킨스 Gail Tompkins(1997)는 교실의 자리 배치는 학생들이 들어오자마자 메시지를 전달 받는다는 것이라고 말한다. 이 교실은 교사가 주인인지 아니면 학생과 교사가 함께 운영해 가는 교실인지 알 수 있다.

교실의 책상은 다양하게 배치될 수 있다.

- 소그룹으로 공부하기 위해 둥글게 모인다.
- 토론을 위해 학생 모두가 둥글게 앉는다.
- 앞에서 하는 내용에 집중하면서 서로 토론할 수 있도록 말굽 모양으로 앉는다.
- 시험이나 개인 활동을 위해 분리되어 앉는다.
- 신체를 사용하는 다양한 활동을 위해 책상을 벽으로 밀고 가운데 공간을 활용한다.

이렇게 다양한 자리 배치는 고정된 것이 아니라 그날의 수업 내용에 따라 다양하게 배치될 수 있다(Rothstein-Risch & Trumbull, 2008). 비공식적인 좌석 배치는 공식적인 배치를 좋아하지 않는 아이들을 위해 조건을 달아 제공할 수 있다. 어디에 앉길 원하는지 학생에게 먼저 물어보고("어디에 앉아야 네 학습에 가장 도움이 될까?")(Kaufeldt, 2005), 그 자리에 앉게 해 주는 대신 조건 하나를 제시한다("선생님이 배정해 줬던 자리보다 네가 선택한 자리에서 더욱더 좋은 성적을 내야 그 자리를 유지할 수 있다")(Dunn & Dunn, 1992).

III
인지의 구성 요소

문화가 주변 요소와 교실의 환경까지 포함한다면, 인지는 학습을 위한 행동과 뇌의 상위 기능을 포함한다. 그것은 지식과 이해력을 얻기 위해 관여하는 정신적 과정을 말한다. 인지는 의식적인 정신 활동을 뜻한다. 예를 들어 우리가 생각하고, 이해하고, 학습하고 기억할 때 쓰는 뇌의 기능이다.

인지는 모든 학습법과 연관되어 있다. 특히 인지적, 신체적, 반영적 학습법들이다. 인지는 어떻게 하면 학생들을 더 효과적으로 참여하게 해서 학습에 대한 자신감과 동기 부여해 줄지에 집중한다.

퀀텀 러닝의 인지 요소인 설계(디자인), 전달, 심화된 이해는 어떻게 계획을 세우고, 가르치고 평가되는지에 집중한다. 설계와 전달은 동전의 양면이라고 생각하면 된다. 학생의 심화된 이해와 적용을 기본으로, 설계된 것이 전달되는 것을 결정하면서, 전달될 내용은 무엇을 깊이 이해할 것인지를 결정짓는 것이다. 설계, 전달, 심화된 이해는 교육의 흐름에 중요한 역할을 하는 요소다. 교사들이 이 요소들을 고려하면서 수업을 계획한다면 학생들은 학업 성취를 하고 긍정적인 성장을 하게 될 것이다.

퀀텀 러닝의 인지 철학

앞서 말한 퀀텀 러닝의 문화 철학처럼, 다음과 같은 인지 철학이 있다. 교사들은 책임감을 가지고 이 철학을 지키려고 노력해야 하며 지속하기 위해 반복해서 연습해야 한다.

목적을 가지라

말과 행동에 의도를 가진 교사는 원하는 것을 이뤄낼 수 있게 된다.

'모든 것은 이야기한다.' 그렇기 때문에, 우리의 행동과 말에 목적이 분명해야 한다. 내가 원하는 결과가 무엇인지 생각하라. 학생들에게서 그 결과를 얻어내기 위한 선택을 해야 한다. 학습의 전략이든 벽에 붙이는 포스터든 그것은 목적이 있고 우리가 의식한 선택이어야 한다는 것이다. '모든 것에는 이유가 있다.' 우리가 하는 모든 것은 이유가 있어야 한다. 이것에 집중하는 것은 학습에 영향을 끼치는 것들이 무엇인지 고려하게 한다. 모든 환경 요소는 학생을 고려하며 전략적으로 설계해야 하고, 연구로 인해 증명된 것들을 사용해야 한다. 교실의 환경이 학습에 방해가 되어서는 안 된다. 우리는 성공적인 학습을 목적으로 두고 그를 위해 계획하고 행동해야 한다.

경험한 후에 알게 하라

새로운 내용을 가르치기 전에 그 내용에 관련된 경험을 제공하는 것은 모두가 공통된 경험으로 새로운 내용에 대한 이해를 키울 기회를 준다.

경험은 모든 학생이 동일한 지식과 공통된 언어를 만들어 의미 있는 학업과 깊은 대화를 나눌 기회가 된다. 경험은 단순히 이야기를 나누는 것이 될 수도 있고, 관련된 사물에 대해 상의하거나, 해당 주제와 관련 있는 게임을 진행하는 것도 될 수 있다. 이런 식으로 경험하는 것은 학습할 때 연관 지을 것이 있기 때문에 더 오래 기억할 수 있게 된다. 경험은 뇌가 더 깊이 이해하는 데 도움을 준다.

사고력을 기르게 하라

높은 수준의 사고를 하도록 학생들을 유도하는 것은 그들 스스로 의미를 부여하고 새로운 지식을 상황에 적용할 수 있게 해 준다.

분석, 추측, 평가, 합성, 그리고 다른 높은 사고력은 교육에 있어 관심이 필요한 부분들이다. 학생의 관심을 자극하기 위해 쓰는 방법은 사고의 부조화를 만들어 내는 것이다. 학생들의 도전 정신을 자극할 만한 상황을 준다면 이미 가지고 있던 사고를 통해 그 상황에 대한 의미를 찾고 인지적 균형을 복원하기 위해 노력할 것이다.

배운 것을 기뻐하라

성장과 성취를 기뻐하는 것은 학습에 긍정적인 연관을 짓게 한다.

교실 안에서 학습을 축제로 바꾼다면 학습하는 것은 함께하는 것이고 재미있는 경험이라는 것을 알려 줄 수 있다. 보통 우리는 새로운 내용을 배웠을 때, 그 자체에 대한 인정을 하기도 전에 바로 다음 내용으로 넘어가 버린다. 배운 것을 기뻐하고 축하하는 것은 학습에 긍정적인 영향을 끼칠 뿐 아니라 더 배우고 싶은 마음을 심어 준다. 학생들에게 오늘 하루, 이번 한 주, 이번 한 달 배운 것을 기뻐하고 축하하라. 그래서 학생들이 스스로 해냈다는 생각을 하게 하라. 학생들에게 하이파이브를 해 줘도 되고, 학생들끼리 하이파이브를 하며 긍정적인 에너지를 나누게 하는 것도 효과적이다. 더 화려한 축제와 축하는 하나의 수업 단위가 끝났을 때, 또는 학기말이나 학년이 끝날 때 하는 것도 좋다.

4부 인지적 학습과 설계 요소

7장 인지적 학습 시스템

인지적 학습 시스템은 생각, 질문, 정보를 저장하는 과정과 관련 있다.

의식, 지속된 집중력, 기억, 언어 및 학업 능력의 발달은 모두 인지적 학습 시스템 기능에 포함된 것들이다. 이 학습 시스템의 시각적, 청각적 요소들이 교육자들에게 그동안 관심을 끈 이유는 시각과 청각이 학습에 많은 영향을 끼치기 때문이다. 인지적 학습은 감정적인 감각과 사회적 상황을 평가하게 한다. 주변 상황에 대해서 신체적 시스템을 통해 평가하고 어떻게 움직일지를 결정한다. 아니면 그 상황을 신체적으로 어떻게 접근할지를 결정하게 하는 시스템이다.

아이 또는 청소년에 대한 심리학적 또는 뇌과학적 연구는 대부분 인지적 학습 시스템에 대한 연구다. 읽기, 수학, 글쓰기, 집중력, 비판적 사고법, 결정, 기억력, 언어 발달, 사고력, 문제 해결 등등 말이다. 대부분의 인지는 대뇌 피질을 형성하는 신경 세포체의 여섯 층 내에서 발생한다. 이 부분은 학습과 사고가 일어나는 곳이기도 하다. 건강한 사람의 "대뇌 피질에 있는 회색질은 어린 시절부터 두꺼워지기 시작하고 다른 뇌 세포들과 연결 고리를 늘리면서 성장한다"(Weinberger, Elvevag & Giedd, 2005). 물론 이러한 세포층은 모든 학습법의 영향을 받지만, 이해하고 해석하고 사고하는 과정은 네 개의 주요 대뇌 피질인 후두엽, 두정엽, 측두엽, 전두엽 속에서 발생한다. 소뇌는 후두엽 아래에 있으며 이 기관은 감각 신경, 척수, 그리고 다른 뇌 부위에게 정보를 받는 역할을 한다. 평형, 자세, 근육 긴장, 및 자발적 움직임(수의적 운동) 조정 등의 운동 기능을 조절한다. 또한 운동, 언어, 관심, 기억, 감정과 연관된 영상 신호를 분석하는 인지 기능에 도움을 준다. 가장 중요한 점은 소뇌가 학습과 기억력을 조절하도록 돕는다는 것이다(Canadian Institutes of Health Research, 2012; Knierim, 2014).

인지적 학습 시스템이 최적의 상태일 때는 시간 가는지도 모른다. 학교에서 학생들을 이 상태로 수업에 참여하게 된다면, 수업 끝나는 종이 울릴 때 학생과 교사 모두 시간이 이렇게 빨리 지나갔나 싶을 정도로 놀랄 것이다. 그렇다. 가능하다. 학습이 즐겁고 신나면 충분히 가능한 일이다. 퀀텀 러닝은 이러한 최적의 경험을 하게끔 도와준다. 칙센트미하이(1990)는 이러한 최적의 경험을 몰입flow이라고 표현한다. "'몰입' 속에 있는 활동들은 우리가 즐기는 활동을 말한다. 예를 들자면 놀이, 예술, 스포츠, 구경거리와 같은 활동이다"(p.72).

이 장은 뇌에 대한 네 가지 원리에 대해 정리한다. 그것을 바로 퀀텀 러닝 뇌 원리라고 부른다. 지난 40년간 뇌의 효과적인 학습 방법에 대한 많은 연구가 있어 왔다. 퀀텀 러닝은 이러한 연구에서 배운 뇌의 기본 틀을 이용해 교사들이 사용할 수 있는 원리로 정리를 했다. 퀀텀 러닝 뇌 원리는 교육에 효과적인 방법이다.

- 퀀텀 뇌 원리 1: 함께 활성화된 뉴런은 서로 연결된다. 다양한 방법으로 해당되는 내용을 반복하는 것이 좋다는 의미다. 그래야 뇌가 다양한 방법으로 튼튼해진 뉴런 때문에 수초myelin 성분을 얻고, 더 빠르고 강하게 뉴런이 성장할 수 있다(Hebb,

1949, 1964).

- 퀀텀 뇌 원리 2: 학습에 집중력은 필수다. 이 말이 당연하게 들릴지도 모르지만 많은 교사들이 학생의 집중력에 관심을 두지 않은 채로 수업의 진도를 나가기도 한다. 어떤 교사들은 내용을 어떻게 전달하건 간에 그 내용을 이해하고 받아들이는 것은 학생의 책임이라고 생각한다. 학생들의 관심과 집중력이 없는 학습은 수박 겉핥기에 불과하다(Lefrancois, 2000).
- 퀀텀 뇌 원리 3: 학생들은 기존의 지식을 도식과 연결하여 새로운 의미를 부여한다. 새로운 내용을 가르칠 때는 이미 존재하는 정보의 신경 경로를 이용해 가르치면 효과를 볼 수 있다(Resnick, 1983).
- 퀀텀 뇌 원리 4: 심적 이미지는 이해를 돕는다. 우리 뇌는 은유적으로 개념을 사고하는 경향이 있기 때문에, 학생들에게 직접적으로 또는 간접적으로 상상하게 하는 것이 그들의 이해를 돕는다(Sadoski, 1998).

이러한 개념들과 그에 맞는 뇌의 기능에 대한 설명은 지금부터 나올 것이다. 뇌과학에 대해 더 많은 자료들을 소개해 설명할 수 있지만 여기서는 퀀텀 러닝의 교수법과 학습 전략에 초점을 맞췄다.

함께 활성화된 뉴런은 서로 연결된다
(퀀텀 러닝 뇌 원리 1)

뇌신경학자 마리언 다이아몬드Marian Diamond(Diamond & Hopson, 1998)와 다른 연구자들(Krech, Rosenzweig & Bennett, 1962)의 연구 덕분에 풍부한 학습 환경을 제공하면 뇌의 밀도를 증가시킬 수 있다는 것을 알게 되었다. 다이아몬드는 쥐 몇 마리에게 장난감과, 쳇바퀴 같은 흥미로운 것들을 제공한 환경과 집단을 만들어 실험했다. 시간이 지난 후 흥미로운 환경에서 집단으로 사육했던 쥐의 뇌와, 잘 곳과 먹이를 제공하지만 놀이 환경을 제공하지 않은 단독 우리에 있던 쥐의 뇌를 비교했다. 흥미로운 환경에 있던 쥐의 뇌는 그렇지 못한 쥐의 뇌보다 더 많은 대뇌 피질의 신경이 더 활발하게 연결되어 있는 것을 볼 수 있었다. 그 후 흥미로운 환경에 있던 쥐들을 단독 우리로 옮긴 결과 뉴런의 밀도가 감소했다. 즉 놀이, 사회적 상호 작용, 운동을 억제시킴으로써 정보들을 받아들이는 뉴런 내 수상돌기의 많은 신경연결망이 감소된다.

학생들의 뇌가 활발하게 활동하기를 원한다면, 우리는 모든 것을 동원해 학생들에게 최상의 환경을 조성해 주고 학습에 참여하도록 해야 한다. 쥐를 대상으로 한 실험에서 보았듯이, 흥미로운 환경과 학습 기회는 뇌 속에 새로운 신경을 연결하고 기존에 있던 신경을 강화한다. 이 개념에 대해서는 도널드 헵Donald Hebb(1949)도 함께 활성화된 뉴런이 서로 연결된다고 한 바 있다.

뉴런

우리의 몸은 소리, 시야, 냄새, 온도, 접촉, 운동, 균형과 같은 감각들로부터 끊임없이 자극되고 있다. 또한 내적인 자극인 식욕, 배설, 욕구, 통증, 갈증, 감정적, 인지적, 사회적 정서와 사고도 끊임없이 우리 몸을 자극한다. 물론 자극의 종류에 따라 뇌와 몸의 다른 경로로 들어오겠지만, 모두 뉴런의 구조적 기본 요소를 갖추고 있다. 이 기능들에 대해서 더 자세하게 알아보자.

눈이나 귀 등 다양한 감각 기관을 통해 하나의 감각이 들어올 때, 감각 수용기 뉴런들은 반응하기 시작하면 한꺼번에 다 반응을 보인다. 다행히도 뇌는 이러한 외적, 내적 감각들을 모두 통제할 수 없다. 그래서 가장 중요한 자극들을 걸러내서 소수의 자극들만 시상으로 전달해 해석을 하

도표 8. 뉴런의 구조

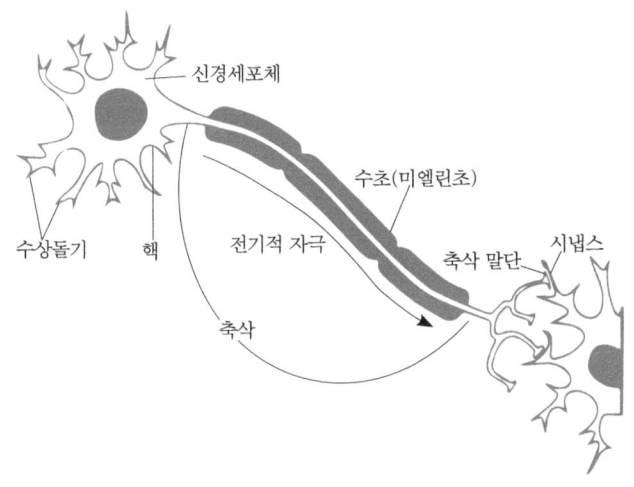

게 한다. 이렇게 복잡한 커뮤니케이션의 과정이 어떻게 오작동 하나도 없이 가능할 수 있는 걸까?

뉴런은 화학적 입력, 화학적-전기적 처리 과정, 다른 뉴런에 화학적 수송을 하는 소형 정보-처리 시설이다(도표 8). 요약하면 뉴런은 손가락같이 생긴 부속, 즉 수상돌기로 다른 뉴런에서 화학 물질을 수집하여 세포체(신경세포체)를 운반한다. 세포체는 수집한 화학적 정보를 해석하여 방출 장치(축삭둔덕)를 작동시킨다. 이 방출 장치는 나트륨-칼륨 이온 통로의 전기적 충격을 활성화시켜 축삭 끝까지 전달하게 한다. 축삭 말단까지 전달되면 화학 물질은 잠시 정체하였다가 시냅스라 불리는 공간으로 물질을 분사한다. 이때 화학 분자들은 수신 뉴런과 작용하기 위해 이 과정에서 제외된다. 인접한 뉴런에서 수상돌기는 화학 분자(신경 전달 물질)를 받을 준비를 하고 이 정보 전달 과정은 뉴런 사이에서 다시 일어난다. 신경 전달 물질은 수신 뉴런에 흡수되지 못하다가 원래의 송신 뉴런에 재흡수된다.

도표 8은 많은 모양의 뉴런 중 하나를 보여 준다. 제럴드 에덜먼 Gerald Edelman은 "뉴런의 모양은 뇌 특정 부분의 신경 해부학을 형성하는 다른 방법으로 연결하는 부분에서 결정된다"(Edelman, 1992, p.19)라고 설명한다. 뉴런의 연결성은 우리가 무엇을 배우느냐에 따라 달라진다. 우리가 새로운 것을 배울 때마다 신경 회로가 변경되어 회로와 관련된 시냅스 뉴런의 연결성이 강화되는 것이다(Dubuc, 2002). 이러한 신경의 변화를 가소성이라고 한다. 뇌는 플라스틱처럼 쉽게 구부러지고 새로운 모양으로 변경할 수 있다. 시냅스 전달을 통한 가소성은 학습과 암기력을 가능하게 해서 뉴런들의 신경 회로들이 효율적으로 사용되는지 확인하고 자신의 연결성을 수정해 나간다(Dubuc, 2002).

뇌의 나이에 따라 지속적으로 활성화된 신경 경로는 여러 가닥의 강철 케이블처럼 많은 정보망으로 발전한다. 브루노 두벅Bruno Dubuc은 다음과 같이 말한다.

뉴런이 네트워크를 형성하는 데는 우선적으로 시냅스로 연결이 되어 있어야 그 시냅스가 더 강화되거나 약해질 수 있다. 정보망은 기존에 연결되어 있는 뉴런들로 형성된다. 이렇게 기존에 있는 정보망, 또는 해마의 위치가 기억에 핵심적인 역할을 한다(Dubuc, 2002, p.1).

헵이 수년 전에 발표했듯이 시냅스 신경 정보망에서 어느 신경들이 강화될 예측 가능한 기본 요소는 동시에 활성화될 때다. 반복된 활성화는 뉴런을 강하고 두껍게 만들어 메시지를 보다 신속하게 이동하게 해 주어 빠르게 생각하게 한다.

나뭇잎보다 많은 뇌의 시냅스

키스 소여Keith Sawyer는 인간의 뇌에는 약 1000~1500억 개 뉴런들이 있다고 한다. 각각의 축삭에는 1000개 이상의 축삭 말단이 존재한다. 대부분의 축삭은 인근 이웃에 연결할 수 있지만, 일부 긴 축삭은 한쪽 대뇌 반구에서 반대쪽 대뇌 반구로 신호를 보낼 수도 있다(Sawyer, 2011, p.137). 모든 뉴런은 시냅스를 통해 축삭에서 수상돌기로 신경 전달 물질을 보내면서 지속적으로 다양하고 활발하게 활동한다. 신호의 강도는 초당 뉴런 활동 횟수에 의존한다. 비교적 약한 뉴런은 초당 10회의 신호를 활성화하며, 굉장히 강한 뉴런은 초당 50~100회 신호를 활성화한다(Sawyer, 2011).

지금 위에 숫자를 계산하고 있는가? 뉴런 150,000,000,000 곱하기 축삭 말단 1000개 곱하기 평균 뉴런이 초당 활성화하는 수 80이다. 이것을 계산해 보면, 보내는 신호는 초당 120,00,000,000,000,0000이며 분당 720,000,000,000,000,0000이다. 사람이 이렇게 많은 신호들을 보내면서 멀쩡하게 아무런 이상 없이 걸어 다닐 수 있는 것은 정말 기적과 같은 것이다.

어느 뇌과학자는 한 사람 뇌에 있는 시냅스가 지구에 있는 모든 나무의 잎보다 더 많다고 주장했다. 시카고대학교의 피터 허트로셔Peter Huttlocher는 이 뇌의 시냅스 수를 폭풍우와 빗방울로 비교했다. 폭풍우는 초당 30억 개 빗방울을 만들어 낸다(Kotulak, 1996).

뇌의 백질

수초, 즉 뇌의 백질은 뉴런의 축삭돌기를 감싸 절연 처리를 해 준다. 수초는 뉴런을 사용할 때마다 더 두꺼워지며 더 두꺼울수록 전기적 충격이 뉴런과 뉴런 사이에 더 빠르게 발생한다. 수초가 없는 뉴런보다 100배 이상 빠르게 신호들을 전달할 수 있다(Weinberger et al., 2005). 뉴런에서 신호들이 더 빨리 전달될수록, 뉴런들의 연결 고리가 더 활발하게 이뤄질 수 있으며 이해력과 학습을 증가시킬 수 있다. 또한 과학자들이 발견한 사실은 수초가 교육에 영향을 줄 수 있다는 것이다. 수초의 구조와 생산 과정을 과학적으로 알기에는 아직 많은 노력이 필요하지만, 그런 것 없이도 수초가 교육에 어떤 영향을 끼치는지는 알아볼 수 있다.

수초 형성

처음부터 시작해 보자. 여성의 자궁에서 태어난 18개월 된 아이에게는 필요한 수치보다 훨씬 많은 양의 뇌 세포가 만들어진다. 아기가 관찰할 때, 소리를 들을 때, 손가락을 빨 때, 젖병을 마실 때, 학습은 계속 이뤄지고 있다. 이렇게 무언가를 하면서 뉴런들은 수초가 입혀지기 시작한다. 그 동일한 행동을 반복할수록 수초가 두꺼워지면서 뉴런 정보망은 강해진다. 사용되지 않는 뉴런이나 필요 없는 뉴런은 점차 사라지게 된다. 국립정신보건원의 뇌과학자 제이 기드Jay Giedd(2002)는 이 과정을 이렇게 설명한다. "뉴런의 과잉 생산 후, 뇌 세포는 생존을 위해 치열하게 서로 싸우고 경쟁해서 살아남으려고 한다. 굉장히 소수의 뇌 세포들과 뉴런 정보망만 살아남는다."

수초가 있는 축삭의 활동은 다음 세 가지를 책임져야 한다. (1) 뇌와 척수를 연결해 주고, (2) 다양한 뇌 부분을 서로 연결시키고, (3) 이 중에 1억 8000만 개가 뇌량(뇌들보)corpus callosum을 형성하게 된다. 뇌량의 축삭 다발은 오른쪽과 왼쪽 뇌 사이에 신호를 전달해 주는 역할을 한다(Giedd, 2009). MRI 연구에 의하면, 10대에는 회백질이 파괴되며 아동기와 사춘기 때에 많은 백질이 증가한다.

수년간 과학자들은 백질의 주 역할이 회백질로 정보를 전달하는 것인 줄만 알고 있었다. 세포체에 영양도 제공한다고 생각하는 과학자들도 있다. 다행히 DTI(diffusion tensor imaging)라는 새로운 MRI 덕분에 뇌의 백질의 움직임을 처음으로 포착할 수 있었다. 이로 인해 기드는 대중이 믿고 있던 것과 달리, 뇌량이 창의성과 고차원적 사고에 연관되어 있다는 것을 발견했다(Spinks, 2002). 여기서 기드가 말하는 연관성은, 뇌량에 회백질이 없기 때문에 수초의 양이 많을수록 정보가 훨씬 빠르게 전달될 수 있다는 것이다.

백질과 지능

청소년 시기에는 축삭을 통해 전달되는 신호가 신경 처리의 복잡성을 증가시키며 여러 정보를 결합하는 능력을 향상시키게 된다. 결과적으로 두꺼운 축삭은 더 높은 인지적 기능을 뜻하며 IQ 검사에서도 더 높은 점수가 나오게 된다.

국립아동건강및발달연구소 소장인 R. 더글러스 필즈R. Douglas Fields(2008)는 5~18세 아이들의 백질을 연구했다. 이 연구에서는 심각하게 방치된 경험을 한 아이들이 그렇지 않았던 아이들보다 뇌량에 있는 백질의 양이 17% 더 낮았다는 결과가 나왔다. 이 결과는 환경과 영양이 뇌 발달에 중요하다는 것을 보여 준다.

뇌 영상법을 통해 필즈(Fields, 2008)는 과학자들에게 백질이 난독증에 영향을 끼친다는 증거 자료가 충분히 있다고 믿고 있다. 읽기에 필요한 회로에 정보 전송이 중단되는 시점 때문이다. DTI의 발전과 백질의 연구로 인해 과학자들은 오랫동안 풀지 못했던 뇌에 대한 수수께끼들을 하나씩 풀어나가고 있다. 뇌의 백질에 대한 정보가 늘고 있다는 것은 난독증과 정신분열증(조현병)에 대한 새로운 통찰력이 생기고 있다는 것이다.

"수초로 둘러싸인 축삭은, 변화할 수 있는 기능의 한계점이 오기 시작한다"(Fields, 2008, p.57). 그래서 어른이 새로운 기술을 배우는 것이 청소년보다 더 어려운 것이다. 하지만 좋은 소식이 있다. 백질은 나이가 들어도 계속 생산된다는 것이다. 나이가 들어도 뇌가 계속해서 변화될 수 있는지에 대해서 연구자들은 두 연구를 진행했다. 한 연구에서는 대학생들에게 약 9개월 동안 중국어를 가르쳤다(Schlegel, Rudelson & Tse, 2012). 또 다른 연구에서는 대학생들에게 저글링을 가르치고 6주 동안 매일 30분씩 연습하게 했다(Scholz et al., 2009). 이렇게 해서 두 그룹의 대학생들의 뇌를 분석해 보니 양쪽에 있는 대학생 모두 백질이 이런 훈련을 받지 못한 학생들보다 훨씬 더 두껍게 나타났다.

어렸을 때 피아노를 배우기 시작한 아이들이 다른 사람들보다 축삭의 수초화가 더 빠르게 시작한다는 것을 보여 준 연구도 있다. 스웨덴의 스톡홀름 뇌과학연구소의 프레드리크 울렌Fredrik Ullén의 연구팀은 연습량이 많을수록 뇌의 활동이 활발해진다고 보고했다(Gengtsson et al., 2005).

백질과 교육

필즈(2008)는 "성인 초기까지 뇌에서 축삭의 수초화가 진행되며, 새로운 경험으로 인해 새로운 축삭 가지들을 만들며 동시에 필요 없는 가지들은 제거한다"고 말했다(p.57). 여기서 교육자들에게 핵심적인 문구가 있다. 바로 "경험으로 인해"라는 것이다. 왜냐하면 학교에서 일어나는 일들이 정신적으로 어떻게 자극되고 어떠한 학습 기회가 주어지는지 결정짓기 때문이다.

필즈의 연구 결과는 효과적인 교수법이 아이들에게 얼마나 중요한지를 증명한다. 특히 사춘기에 접어든 아이들의 뇌는 새롭고 재미있는 학습 기회들을 찾는 시기이기 때문에 더 주의를 기울여야 한다. 학교에서 지루한 시간을 보내는 학생들은 다른 곳에서 뇌의 자극을 줄 만한 경험들을 찾게 된다. 만약 이 아이들이 찾은 자극이 수초화를 방해할 수 있는 술이나 담배가 된다면, 아이들은 어른이 되면서 축삭의 수초가 필요한 만큼 두껍게 형성되지 못할 것이다. 이렇게 되면 생명 유지에 중요한 뇌의 정신적 민첩성, 적절한 학업 능력 발달, 여가 시간의 취미 활동, 성공적인 성인기를 위한 능숙한 대인 관계가 충분하게 이루어지지 못할 수도 있다.

뇌과학자 대니얼 와인버거Daniel Weinberger 등은 "사춘기의 뇌: 진행 중인 과정"(Weinberger, Elvevåg, & Giedd, 2005)에서 학부모와 교사들에게 청소년 뇌의 성장을 돕는 방법에 대해 몇 가지 질문을 한다.

> 만약 청소년의 뇌가 신경학적으로 어른들과 동등하지 못하다면, 어떻게 해야 이들의 뇌가 적절하게 잘 성장하도록 도울 수 있는가? 그들의 판단, 계획 및 충동 조절의 기술이 발달하려면 어떤 기회를 제공해야 하는가? 어느 상황에서 스스로 선택하게끔 하고, 어느 상황에서 어른의 지도를 따르도록 해야 하는가?(p.13)

이러한 질문들은 심리학자, 뇌과학자, 교육자들이 답을 찾으려고 노력하고 있다. 퀀텀 러닝 졸업생들의 수많은 피드백을 통해 알게 된 것은 퀀텀 전략들이 학생들의 감정적 지능, 사회성 기술, 인성을 성장시켰고 뇌의 수초화도 활발하게 이루어지고 있음을 알 수 있다. 퀀텀 러닝에서는 비판적 사고, 논리적 사고, 자기 절제, 충동 조절 등을 발달할 수 있게 도와준다. 퀀텀 교수법과 학습법의 개발을 위해서는 위 요소들이 가장 핵심적인 역할이다. 또한 이 요소들은 와인버거 등이 말한 것과 일관성이 있음을 알 수 있다. "자료를 보면, 청소년이 자신들의 학습에 유익한 어른들과 기관들로 둘러싸여 있어야 특정한 기술을 배울 수 있으며 어른으로써 적합한 행동을 배울 수 있음을 알 수 있다."

학습에 있어서 집중력은 필수다
(퀀텀 러닝 뇌 원리 2)

인지적 과정을 거치지 않는 정보를 뇌가 기억하지 못한다는 것은 이미 오랫동안 알려진 바다. 인지적 과정이 시작이 되려면 일단 뇌는 집중해야 한다. 연구자들은 요즘처럼 손에 전자 기기를 놓지 않는 것이 과연 정보 입력을 더 향상하는지, 방해하는지를 연구하고 있다. 연구자들은 학생에게 최적의 학습 환경이 무엇인지, 또 과연 새로운 정보를 가르칠 때 하나 이상의 감각 양식을 자극하는 것이 효과적인지에 대한 답을 찾으려고 한다.

멍하니 있는 학생들에게 교사는 "집중해"라고 한다. 하지만 '집중하라'는 무엇을 의미하는 걸까? "집중한다는 것은 환경에서 한 가지를 선택해 그것에만 전념하는 지적 과정을 말한다"(Anderson, 2004, p.519). 브루노 두벅은 "집중력은 우리 기억에 정보를 새기는 것을 돕는 도구"라고 설명한다(Dubuc, 2002). 집중력이 없으면 기억에 남는 것이 없고, 기억을 하지 못하면 학습이 될 수 없다. 학습은 뇌의 주요 기능이기 때문에 뇌는 집중력에 의존해서 기억을 해낸다. 다른 말로 하면 집중력은 학습하고 기억하는 것의 전제 조건이다. 집중력 없이는 아무것도 기억되지 못하기 때문이다. 호기심을 자극하는 것은 퀀텀이 학습을 준비하는 첫 번째 방법이다.

호기심은 관심을 끌고 단기 기억을 작동시킨다. 만약 집중력이 흐려지면 단어, 아이디어, 그림, 통찰, 정보 등은 사라지게 된다. 하지만 단기 기억의 집중력이 지속된다면, 1분 안에 단기 기억에서 작업 기억working memory[13]으로 정보가 넘어가게 된다. 지금 새로 배우는 주제가 예전에 있

---

13 인지심리학에서 감각 기관을 통해 입력된 정보를 단기적으로 기억하며 능동적으로 이해하고 조작하는 과정을 일컫는 용어다. — 옮긴이

었던 경험을 떠오르게 한다면, 작업 기억은 계속해서 집중력을 유지하고 장기 기억에 있는 예전 경험과 연관을 짓게 된다. 관심과 집중이 지속되면 그 주제를 더 깊게 이해할 수 있고 오래 기억될 수 있는 것이다. 결과적으로는 작업 기억이 정신적 노동을 하고 있는 것이다.

퀀텀 러닝에서는 학생들이 관심을 유지하고 작업 기억을 활발히 작동하게 하는 전략이 있다. 학생들은 수업이 시작되면 호기심을 가지고 "이 내용이 나와 무슨 상관이 있는지?"에 대한 답을 찾기 시작한다. 만약 학생들에게 이 답을 주지 못한다면 그들은 집중력을 잃게 될 것이다.

학생들의 보디랭귀지(비음성 언어)와 말투 같은 것들을 통해 그들이 지금 얼마나 집중하는지 교사는 알 수 있어야 한다. 그에 맞게 또다시 수업을 계획해야 한다. 새로운 방법으로 아이들의 집중력을 이끌어 내지 못한다면 학생뿐 아니라 교사도 감정적으로 또는 지적으로 어려워질 수 있다.

이런 상황을 개선하려면 다음 몇 가지를 점검해 보라. (1) 주제 지식에 대한 교사의 준비성, (2) 수업 계획의 깊이, (3) 교사의 감정 상태, (4) 교사가 하는 무언의 동작으로 학생들이 받는 메시지, (5) 학생들이 한 가지 주제에 집중한 시간. 퀀텀 교사의 목적은 한 가지 주제와 관련 있는 활동들로 학생들을 집중시키는 것이다. 학생들의 집중력을 유지할 수 있는 다양한 방법들이 있다. 연극, 주제와 연관된 글 읽기, 노래, 듣기와 같은 활동들 모두 좋은 예다. 물론 이것들만 사용한다고 집중력을 완벽하게 유지할 수 있는 것은 아니다. 그래서 치밀한 계획이 필요한 것이다. 수업 중 계속해서 학생들의 상태를 파악하고 현장에서도 계획의 변동이 생길 수 있도록 유연성이 있어야 한다.

뉴욕 아동정신연구소 학습진단센터의 신경심리학자 매튜 크루거 Mathew Cruger는 "전전두엽 피질은 우리가 집중력을 장시간 유지할 수 있도록 도와주고 하나의 일을 할 때 그것 이상의 생각으로 일할 수 있게 도와준다"라고 설명한다(Stuart, 2014). 또 "이런 기능이 우리가 일을 할 때 이미 정해 놓은 목표도 생각할 수 있고, 방해 요소들을 차단할 수 있도록 하기 때문에, 미리 계획도 할 수 있는 것이다." 교사들이 수업을 미리 계획하는 것이 중요하다는 말이다. 학생들이 이미 알고 있는지를 먼저 고려하고, 새로운 내용을 위해 그 정보를 어떻게 사용할 것인지를 고민하는 것이 좋은 시작이다.

산만한 시대의 집중력

이런 문자를 받으면 어떨지 생각해 보자.

> how r u today? (잘 지내고 있음?)
> we hope u luv our book (우리가 쓴 책 겁나 좋아했음 좋겠다)
> it wuz fun 2 write (쓸 때 완전 졸잼이었거든)

당신은 어떻게 반응하겠는가? 이걸 읽으면서 동시에 어떤 일을 하고 있는가? 과학자들은 요즘 시대의 이러한 산만함을 어떻게 보는지 알아보자.

지난 40년간 뇌를 관찰할 수 있는 기술의 발달로 크고, 복잡한 고가의 기계들이 등장했다. RET 스캔, fMRI, dMRI 같은 전자기 도구들의 등장으로 뇌를 더욱더 구체적으로 연구할 수 있다. 하지만 요즘 또 더 작고, 가볍고, 저렴하고, 기술적으로도 뛰어난 도구들도 많이 생기고 있어 비싼 도구들이 못하는 기능들까지 뇌과학자들이 연구할 수 있게 되었다.

래리 로즌Larry Rosen은 《리와이어드: 인터넷 세대 이해하기*Rewired: Understanding the iGeneration and the Why They Learn*》(2010)에서 이렇게 말했다.

내 연구팀이 진행한 수많은 연구에서 수천 명의 부모, 아이들, 청소년에게 물어본 결과, 요즘 아이들이 밖에서 노는 것을 싫어하는 것이 부모에게는 걱정거리가 되었다고 한다. 이제는 친구들과 쇼핑몰에 가기보다 채팅을 한다고 한다(pp.2~3).

로즌에 따르면, 인터넷 세대인 아이들이 전자 기기에서 정보를 빠르게 흡수하고 여러 가지 일을 동시에 잘하는 것처럼 보이고, SNS와 전자 통신에 유능한 세대라는 것이다. 이렇게 전자 기기로 의사소통하는 아이들에게 맞춤법은 중요하지 않다. 이들의 목적은 최대한 빠르게 메시지를 보내는 것이기 때문에 문법은 무시한 채 자신의 의사를 신속하게 표현하는 것이다.

보스턴 미디어와아동건강센터의 소장 마이클 리치Michael Rich는 "요즘 아이들은 지금 하는 하나의 일에 집중하는 것보다 여러 가지 일을 동시에 하는 것을 더 좋아한다"고 말했다. 퓰리처 수상자인 〈뉴욕 타임스 New York Times〉 기자 맷 리첼Matt Richtel(2010)은 소셜 미디어의 영향으로 요즘 청소년은 여러 가지 일을 동시에 할 수 있도록 뇌의 구조가 변해 간다고 썼다. 요즘은 세계 어느 나라를 가더라도 모든 청소년에게 공통된 장면을 목격할 것이라고 한다. 서로 옆에 앉아서 손에 든 전자 기기를 들고 문자, 트위터, 페이스북을 하거나 통화하는 모습 말이다. 이메일도 쓸 수 있지만 그들이 선호하는 의사소통 수단은 아니다.

웨스턴워싱턴대학교의 아이라 하이만Ira Hyman 연구팀은 걸으면서 다음 네 가지 상태를 얼마나 집중하면서 유지할 수 있는지를 실험했다. (1) 휴대전화로 통화하기, (2) MP3로 음악 듣기, (3) 전자 기기 없이 걷기, (4) 다른 친구와 같이 걷기. 연구 결과, 휴대전화를 소유한 사람들은 더 천천히 걸었고, 방향을 자주 바꿨고, 주변에 있는 사람에게 관심을 주지 않았다. 휴대전화 사용자들은 걸으면서 특이한 광경이 있더라도 이를 알아채지 못했다. 예를 들어 광대 옷을 입은 사람이 외발 자전거를 타고 지나가도 알아차리지 못했다.

화려한 색깔의 옷을 입고 외발 자전거를 타는 모습은 쉽게 눈에 띌 텐 데도 참여자들에게 광대를 보았는지 물었더니 휴대전화 사용자의 75%는 아무것도 보지 못했다고 답했다. 연구자들은 이런 현상을 "부주의 맹inattentive blindness"[14]이라고 부른다. 왜냐하면 휴대전화 사용자들은 광대를 보고도 전혀 인지하지 못했기 때문이다(Hyman et al., 2010). 이렇게 되면 뇌의 수초화도 차이가 난다고 볼 수 있다. 문자를 할 때 수없이 사용되는 우리 엄지의 뇌는 아마 엄청나게 발달했을 것이다.

MIT의 뇌과학자 얼 밀러Earl Miller는 인간의 뇌는 동시에 복잡한 일을 할 수 있다고 본다. 단 그 두 가지 작업이 뇌의 다른 경로를 사용하면 가능하다는 것이다. 예를 들면 통화하는 동시에 편지를 써 보라고 한다면, 말을 하는 것과 글을 쓰는 것이기 때문에 잘 이뤄지지 못할 것이다. 여기다가 또 한 가지 활동을 더하면 기존에 하고 있던 활동 중 한 가지는 작업 기억에서 제거되어야 하고, 많은 실수를 범하게 될 수밖에 없을 것이다(Hamilton, 2008).

해밀턴(Hamilton, 2008)의 연구에 따르면, 여러 가지 일을 동시에 잘한다고 생각하는 사람들이 깨닫지 못하는 점이 있다. 첫째 사람은 여러 가지 일을 동시에 잘하지 못한다. 잘한다고 생각하는 사람들은 자신을 속이고 있는 것이다. 왜냐하면 "우리의 뇌는 자신을 정말 잘 속이기 때문이다." 둘째, 우리는 하나의 일을 하다가 다음 일로 넘어갈 때 믿기 힘들 정도의 속도로 빠르게 이동해 집중할 수 있다. 이는 우리가 동시에 이 두 가지 일을 처리하는 것처럼 보이게 되는 것이다.

---

14 뇌 속 정보의 흐름이 처리 능력을 넘어설 때 일어난다. — 옮긴이

연구자들은 사람들이 두 가지 일을 동시에 하려고 할 때 뇌가 실제적으로 힘겨워하는 게 보인다고 한다. UCLA의 심리학자 러셀 폴드랙 Russell Poldrack은 "여러 가지 일을 동시에 하는 것은 뇌의 학습법과 기억력을 손상시킨다. 또한 여러 가지 일을 동시에 하는 것은 학습 상태를 방해하기 때문에 학습이 잘 이루어지지 못하게 된다"(Foerde & Knowlton, 2006)고 설명한다.

여러 가지 일을 동시에 하는 것과 전자 기기로 인한 산만함은 학업 성취에 큰 영향을 준다. 〈뉴욕 타임스〉의 리치텔(Richtel, 2010)은 고등학생들에게 하루에 얼마나 많은 시간을 전자 기기에 쓰는지 물었다. 17세 비샬 싱은 인터넷과 소셜 미디어는 축복과 동시에 저주라고 생각한다고 말했다. 둘 다 장단점이 있다는 것이다.

"나는 페이스북을 하면서, 유튜브에서 동영상을 보고, 다른 친구와 대화를 하면서 음악까지 듣고 있어요. 나의 또래들도 수백 가지 일을 동시에 하고 있어요. 나도 이 모든 것을 멈추고 학교 숙제를 해야 하지만 그렇게 못하겠어요. 내가 만약 인터넷이 없었으면 학교에서 공부를 되게 잘했을 거라고 생각해요. 하지만 인터넷 덕분에 나는 내가 하고 싶은 일을 찾았어요. 그건 바로 영화 제작이에요. 만약 인터넷이 없었다면 내가 뭘 하고 싶은지도 못 찾았을 거예요."

또 다른 학생인 앨리슨 밀러(14세)는 한 달에 총 2만 7000개의 문자 메시지를 주고받는다고 했다. 손가락이 상당히 빨라서 동시에 7개 대화를 할 수도 있다는 것이다. 그는 학교에서도 쉬는 시간에 문자 메시지를 주고받고, 축구 연습이 끝날 때 하고, 집에 가는 길에 문자하고 또 숙제를 하는 동안에도 계속한다. 최근에 받은 낮은 성적을 모두 문자 때문이라고 한탄한다.

뇌과학자 개리 스몰Gary Small은 아내 지지 보건Gigi Vorgan과 함께 쓴 《아이브레인: 디지털 테크놀로지 시대에 진화하는 현대인의 뇌iBrain: Surviving the Technological Alteration of the Modern Mind》(2008)에서 다음과 같이 말했다. "디지털 네이티브, 즉 노트북, 휴대전화, 문자와 트위터 세대에 태어난 아이들은 하루 평균 8시간을 전자 기기에 노출되어 있다. 이러한 노출이 뇌의 신경 회로에 영향을 줘서 여러 가지 일을 동시에 하는 것, 복잡한 사고방식, 의사 결정 능력 등을 향상시킨다." 하지만 이들은 많은 전자기기의 노출에 의한 단점도 있다고 말한다. 바로 사회성 기술을 발달시킬 기회를 잃어버린다는 것이다. 사람들을 만나 비언어적 의사소통법과 상황에 따른 언어의 의미 등을 배우지 않기 때문에, 사회성 기술이 떨어질 수밖에 없는 것이다. 감정적 기술인 공감 능력도 떨어지고 미묘한 비언어적 단서도 많이 놓치기 때문에 면대면 의사소통하는 것을 어색해하고 있다.

퀀텀 러닝에서는 학생들에게 뇌의 기능과 여러 가지 일을 동시에 할 때 나타날 수 있는 좋지 않은 점에 대해서 교육하고 있다. 뇌가 학습하는 데 최고의 상태는 한 가지 일에 집중해서 하는 것이 가장 좋다는 것을 알려준다. 활발한 참여 활동을 통해 학생들은 뇌가 기능하는 방법, 생각이 도약할 때 발생하는 것, 기억을 위해 정보 저장에 대해 집중하는 법, 비평적인 사고와 문제 해결 능력이 사고를 명확하게 하는 방법을 배우게 된다. 이를 통해 임무를 효과적, 효율적으로 수행할 수 있다. 이처럼, 퀀텀 학습법은 주의 산만한 나이의 아이들에게 접근하다. 한 과제에서 다른 과제로 옮기는 것이 매우 시간이 들며, 생각이 종종 산만하고 깊지가 않다는 것을 생각해 보자. 편안한 각성 상태와 평온한 집중이 필요한 최적의 학습과 의식 흐름의 경험으로 뇌가 나아가는 것과 주의 산만은 정반대다 (Kaufman et al., 2008).

도표 9. 뇌의 구조

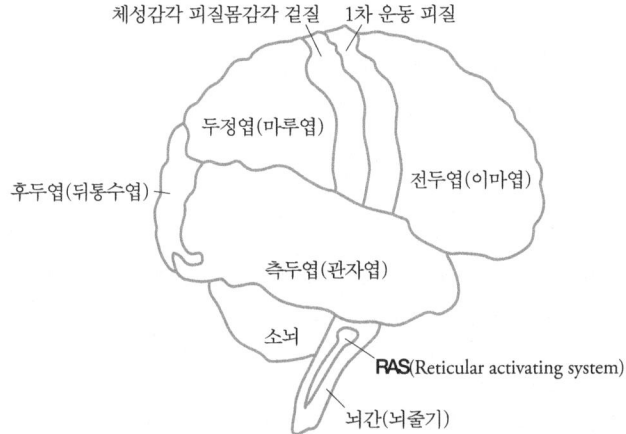

RAS

대부분의 신경 연결 통로는 척수를 통해 뇌의 첫 번째 유입 필터인 RAS(Reticular Activating System 망상체활성계)[15]를 통하거나 뇌의 감각 중추로 지나간다. RAS는 굉장히 복잡한 뉴런들로 구성되며 이 뉴런들은 몸 안과 바깥 환경으로부터 신호들을 받는다. 모든 자극체나 신호들은 RAS를 통해야 한다(Willis, 2010, p.49).

    RAS는 뇌의 점화 스위치라고도 불린다. 그 이유는 수면과 각성 주기를 조절하며, 뇌가 학습할 때와 동기 부여될 때 작동하기 때문이다. 교실에서 학생이 졸고 있거나 멍하게 앉아 있으면 이 학생의 RAS가 작동하지 않고 있는 것이기 때문에 학습되지 않는 상태인 것을 알 수 있다. 그래서 자극을 주어 다시 스위치를 켤 수 있게 해 줘야 한다(Willis, 2006). 이

---

15 뇌간의 백질과 회백질이 혼재한 조직인 망상체에서 대뇌 피질cerebral cortex 전체로 흥분을 전달하여 각성과 의식을 유지하는 경로를 말한다. — 옮긴이

것이 바로 수업에 있어서 치밀한 계획을 짜야 하는 이유다(Willis, 2008).

RAS는 새로운 내용을 좋아하며 지능적, 감정적인 자극 요소를 선호한다. 일단 신호가 허용되면, 외부의 입력은 많은 단면이 있는 시상(일종의 분류실)에 간다. 여기서 기능에 맞는 뇌 구조로 보내 주게 된다. 만약 입력된 신호가 위험하다고 판단되면 곧바로 편도체로 보내어 방어적 형태로 바뀌게 된다. 감각 메시지나 신호들은 적절한 감각 중추로 전송된다. 시각적인 것은 후두엽으로, 소리는 측두엽의 청각 피질, 압력, 통증, 온도, 접촉은 두정엽의 1차 체성감각 피질, 소뇌에서는 운동과 몇 가지 인지 기능을 조절한다.

우리가 RAS를 직접 조절하지는 못한다. 하지만 신호를 받는 횟수나 어떻게 입력되고 어떻게 전달되는지에는 영향을 줄 수가 있다. 만일 학습하는 데 RAS가 자극을 받지 않으면 새로운 내용을 배우는 데 어려움이 생길 수 있다(Siegel, 1999).

RAS와 학습에 관해 연구한 윌리스(Willis, 2008)는 학생들의 관심을 이끌어 낼 수 있는 방법을 몇 가지 제시한다. 바로 RAS와 편도체, 그리고 도파민의 관계를 알고 이용하는 것이다.

- 망상체 활성화계가 위험과 스트레스에서 자유로워야 한다.
- 편도체 필터는 가장 적합한 상태로 다른 인지 중추에게 메시지를 보낼 준비가 되어 있어야 한다.
- 재미있는 학습을 위해서는 학습할 때 뇌에서 도파민이 생성되어야 한다(p.119).

학생은 기존의 지식과 도식에 연결하여 의미를 부여한다
(퀀텀 러닝 뇌 원리 3)

함께 활성화된 뉴런이 서로 연결된다는 것은 우리가 이미 아는 사실이다. 이미 만들어진 뉴런들의 연결 고리가 없으면 새로운 내용을 배워도 연결 고리를 쉽게 만들지 못한다. 그래서 수업 계획을 짤 때 학생들이 미리 알고 있는 지식을 이용해 유추, 은유, 직유를 이용하면서 새로운 내용을 가르쳐야 한다는 것이다.

맥길대학교의 뇌과학자 브루노 두벅(2002)은 "인간의 기억은 근본적으로 서로 연관되어 있다. 새로운 정보는 당신의 기억에 이미 단단하게 고정된 과거에 얻은 지식과 연관짓는다면 쉽게 기억할 수 있다"고 설명한다.

퀀텀의 뇌 원리에서는 학생들이 새로운 내용을 배우기 전에 먼저 그 내용에 대해 경험하는 것이 중요하다고 가르친다. 경험을 통해 배우는 것이 더 효과적이기 때문이다. 퀀텀 러닝 교사는 자신에게 "아이들이 새로 배울 내용과 연관 있는 익숙한 지식이 뭘까?"를 물어보고 그에 맞는 수업 계획을 치밀하게 준비한다. "학습의 여러 가지 요소, 예비 지식과 경험…… 이 모든 것의 연관성이 학습에 영향이 있다는 것은 이미 증명된 바다. 많은 사람들이 이제는 알고 있듯이, 예비 지식과 연관 짓는 것은 학습에 굉장한 도움을 줄 수 있고, 학생들은 새로운 개념을 형성할 때에도 이미 알고 경험했던 것들을 토대로 형성한다"(Roschelle, 1995).

도표 10. 학습 과정

집중		경험		학습		기억력
관심 유발	+	과거 지식 연관	→	새로운 지식	&	새로운 기억 저장
(단기 기억)		(작업 기억)		(작업 기억)		(장기 기억)

수업할 때 학생들이 직접 공감하고 경험하게 하는 것은 매우 중요하다. 수업 중 조정이 필요한 부분은 조정해 나가면서 학생들이 더 잘 기억하고, 새로운 내용을 잘 배울 수 있도록 해야 한다. 배덜리(Baddeley, 2010)는 "경험이 더 개인적일수록 더 효과적으로 기억할 수 있게 된다. 그래서 시간이 오래 걸려도 학생들이 배우는 내용에서 개인적인 연관성을 갖게 한다면 장기적으로는 더욱더 이득이 될 것이다"라고 말한다.

르프랑수아는 뇌과학적 관점에서 보면 다음과 같다고 설명한다(Lefrancois, 2000, p.257). "집중력, 기억력, 학습은 모두 다 서로 연관되어 있다. 학습은 경험으로 인해 변화되는 행동 태도를 말하고, 기억력은 경험과 결과이며, 이 둘은 모두 집중력에 의해 촉진된다. 다른 말로 하면 기억하지 못하면 새로운 내용을 학습하지 못한다. 따라서 기억력에서 뭔가 일어나고 있다는 것은 새로운 것이 학습되고 있다는 것이다."

기억력

캘리포니아대학교의 교육학자 리 스완슨Lee Swanson은 "우리가 새로운 정보를 입력함과 동시에 뇌는 그 정보를 처리하고 저장한다"(National Center for Learning Disabilities, 2014, p.1)고 설명한다. 정보 입력, 정보 처리, 정보 저장까지 세 가지 과정이 있다. 기억력에 대해서 더 구체적으로 알아보자. 많은 사람들은 우리의 뇌가 어떻게 기억을 저장하는지, 그리고 왜 어떤 정보는 단기간, 장기간, 또는 아예 기억하지 못하는지에 대한 이유를 모른다. 사실 기억이란 굉장히 복잡한 과정이다. 그래서 연구를 통해 어떻게 하면 더 효과적으로 기억할 수 있는지 이해해야 한다.

첫 번째 기억 유형은 암묵 기억이다. 시겔(Siegel, 1999, p.24)은 "과거에 겪었던 일들이 의식적인 기억과 상관없이 우리가 무엇을 어떻게 배우는지에 영향을 준다. 기억은 과거의 사건이 미래 기능에 영향을 미치는 것이다"

도표 11. 기억의 종류

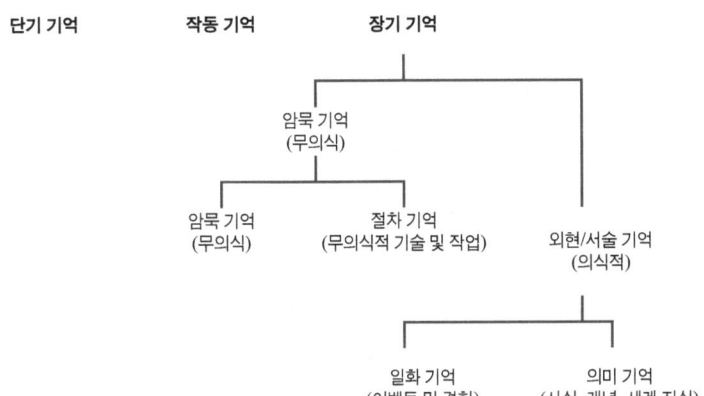

라고 말한다. 편견이나 두려움 같은 것도 대부분 암묵 기억에서 나온다.

R. 킴 겐터R. Kim Guenther의 《인간의 인지Human Cognition》(1998)에 따르면 암묵 기억은 의식적으로 그 정보 또는 기억이 어떻게 저장되었는지는 모르지만 현재 우리의 생각과 태도에 큰 영향을 주는 기억이라 할 수 있다. 두벅은 다음과 같이 주장한다.

우리의 뇌는 우리가 살고 있는 복잡한 환경에서 인식 가능한 형태를 감지하고 그것을 자동적으로 신경망에서 암호화하도록 설계되어 있다. 따라서 우리는 얼굴 모양 같은 것들은 쉽게 알게 되는 반면 이론 수학과 같은 것들을 배우는 데 시간이 많이 걸린다. 이 모두는 이미 우리의 뇌에 존재하는 정보망에 따라 달라진다(Dubuc, 2002, p.1).

또 다른 유형의 암묵 기억은 바로 절차 기억procedural memory이다.

이 기억은 한 가지 절차를 익히게 되면, 다음부터는 무의식적으로도 그 행동을 할 수 있게 하는 것이다. 예를 들면 신발끈 묶기, 자전거 타기, 운전하기, 컴퓨터나 휴대전화 사용하기와 같은 행동이다. 이런 기술들을 처음 배울 때는 의식적인 노력을 해야 하지만 한번 배운 후에는 자동적으로 할 수 있게 된다. 이러한 과정은 누군가에게 설명하는 것이 어려울 만큼 자동적이 된다(Revlin, 2013).

이와 반대로 외현 기억explicit memory은 의식적인 기억을 뜻한다. 우리가 무엇을 생각하는지 알고 있으며 그게 무엇인지 말해 줄 수 있는 상태다. 외현 기억을 때로는 서술 기억declarative memory이라고도 한다. 이것은 이전에 학습된 정보와 기술이 효용성 있다(Lefrancois, 2000, p.259). 외현 기억에는 일화(삽화) 기억episodic memory과 의미 기억semantic memory이 있다. 의미 기억은 사실에 입각한 정보다. 학교에서 가르치는 내용이라고 생각하면 쉽다. 그래서 의미 기억은 때로 세계 지식world knowledge이라고도 부른다. 이와 반대로 일화 기억, 또는 사건 기억은 감정적으로 경험한 일들과 연관되어 있다(Revlin, 2013). 예를 들어 가족과 함께한 행복한 시간, 9·11 테러 사건, 교통사고, 특별한 사람의 생일 파티 등이다.

기억은 정보가 의식적으로 기억 속에 저장될 수 있는 시간에 따라 분류한다. 넬슨 카원Nelson Cowan(2001)은 "단기 기억은 제한된 시간 안에 접근할 수 있는 정보의 양이 일시적일 뿐이다"라고 말한다. 단기 기억은 1분 동안 집중할 수 있다는 조건으로 5~9가지 정보를 한번에 기억할 수 있다. 하지만 우리의 집중력이 다른 곳으로 향하면 그 모든 정보는 잊어버리고 만다(Revlin, 2013, p.129). 새로운 연구에 의하면 분당 네 가지 정보를 기억할 수 있다(Cowan, 2001; 2005). 만약 영어 아홉 글자 I-R-S-C-I-A-N-S-A를 듣는다고 가정하면, 우리는 여기서 네 글자밖에 기억하지 못할 것이다. 하지만 이 글자들에 의미를 부여한다면 더 오래 기억할 수 있다. 예를 들면 IRS, CIA, NSA(미국 정부 기관들) 등.

퀀텀 러닝에서는 이렇게 정보에 연관성을 묶는 것을 중요한 전략으로 여긴다. 정보를 묶을 때 명심해야 할 것들이 있다. (1) 묶음이 되는 정보의 패턴과 주변 정보의 유형과 차이가 명확해야 한다, (2) 단어와 그림들이 학생에게 익숙해야 한다, (3) 단어와 그림들이 학생의 장기 기억과 연관되어야 한다(Revlin, 2013, p.123). 단기 기억은 효과적으로 정보를 묶고 기억하기 위해 장기 기억에 의존한다. 이렇게 두 기억이 서로 같이 작동하는 것을 작업 기억이라고 한다. 카원(Cowan, 2005)은 작업 기억은 수많은 기억들이 동시 다발적으로 작동하는 것을 뜻한다고 얘기했다. 그는 작업 기억의 일부는 장기 기억에서, 일부는 단기 기억에서 올 수 있다고 한다.

우리가 배운 단기 기억의 정보를 암송하거나 집중할 수 있는 한, 그것은 영원히 기억될 수 있다고 믿었다. 최근에 받아들여지는 견해는 단기 기억 정보를 유지시켜 주는 암송이 실제로 작업 기억을 작동시킨다는 것이다(Baddeley, 2008, 2014).

작업 기억이 소개된 것은 1960년이었다(Pribram, Miller & Galanter). 앨런 배덜리Alan Baddeley와 그레이엄 히츠Graham Hitch(1974)가 임시적 기억에 대해 개념적 요소들을 구성한 이후로 작업 기억이 대중화되었다. 배덜리는 인간의 기억에 관한 엄밀하고 심층적인 수많은 연구를 수행했으며 이를 통해 많은 상을 받았다. 그의 연구들로 인해 사람들은 기억에 대한 개념들을 받아들이고 이해하기 시작했다.

많은 연구자와 과학자들이 인간의 기억에 대한 연구를 진행했다. 굉장히 복잡한 주제이기도 하다. 우리는 명성 있는 배덜리의 과학적 이론을 이용해 퀀텀 러닝의 뇌 원리에 사용하고 있다. 퀀텀에서는 배덜리의 연구를 간단하게 설명한다. 기억에 대한 과학적 연구는 계속되고 있고 구체적으로 어느 부위가 어떤 기능을 하는지도 연구하고 있다. 뇌의 한 부분의 기능이 뇌 전체에 영향을 주는 것은 더 명확해지고 있다. 배덜리가 2010년 연구한 모형을 더 살펴보자.

1974년까지 기억은 연속적인 단계로 이뤄져 있다고 알려졌다. 하지만 이제는 기억이 뇌 세포로 인해 동시 다발적으로 처리된다는 것이 발견되었다. 다른 말로 하면 특정 기억 시스템은 뇌의 특정 부분에 단 하나의 경로만으로 존재하는 것이 아니다. 배덜리(Baddeley, 2010, p.137)는 "장기 기억이 하나의 특정 단계가 아닌 모든 기억 단계에 영향을 준다"고 주장한다.

배덜리는 "작업 기억은 언어 이해, 학습 또는 추론과 같은 복잡한 인지적 작업을 위해 뇌 체계가 임시로 저장 공간을 제공해 정보를 조작할 수 있도록 하는 과정"이라고 설명한다(Baddeley, 1992, p.556). 그는 시각적, 청각적 입력에 초점을 맞추고 시공간 메모장visuospatial sketchpad[16]과 음운 고리phonological loop[17]를 분리해서 본다. 시공간은 뇌과학적인 용어로 시각적 인지와 사물의 공간적 관계를 의미한다. 음운 고리는 음향적인 요소와 언어적인 요소의 관계를 의미한다. 음성 정보를 저장하고 시연(암송)하는 것은 모국어와 제2외국어를 습득할 때 필수적이다.

정보나 신호가 시공간 메모장이나 음운 고리에 입력이 되면 내부 작동이 일어난다. 1972년 노벨 생리학상을 수상한 제럴드 에덜먼(1992)은 이렇게 말했다.

대부분 뇌 구조는 뇌 속에 또 다른 구조에서 신호를 받는다. 외부 환경에 개

---

16 작업 기억 모형을 구성하는 구성 요소 중 하나로 시각/공간 정보를 조작하고 유지하는 일에 관여한다. — 옮긴이
17 작업 기억의 세 가지 성분 중 하나로 음향 정보를 유지하고 조작하는 일에 관여한다. — 옮긴이

도표 12. 배덜리의 2010년 작업 기억 모형

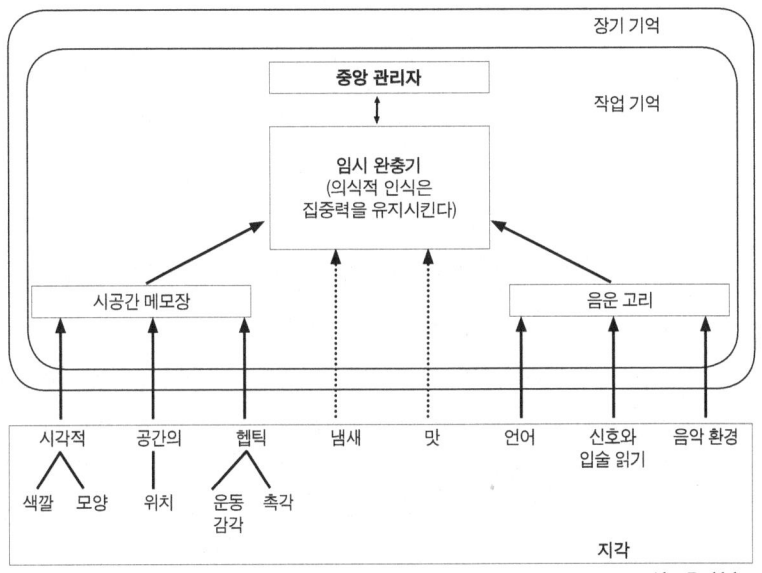

입 없이 다른 뇌 구조로 신호를 보내고 받는다. 뇌는 아마 다른 것보다 자신과 가장 많은 의사소통을 하고 있다(Edelman, 1992, pp.18~19).

예를 들어 음운 고리(중앙 관리자의 저장 시스템)의 경우, 정보를 받음과 동시에 단기적으로 유지한다. 그것은 임시 완충기episodic buffer[18]의 도움으로 조음 시연 고리articulatory rehearsal loop를 활성화함과 동시에 시공간 메모장(중앙 관리자의 저장 시스템)이 입력된 정보를 단기 기억과 관련시키게 된다. 임시 완충기는 장기 기억 속에 입력된 새로운 정보와 비슷한

---

18 작업 기억의 요소 중 하나로, 인지 처리에 관여하는 많은 종속 체계와 장기 기억의 정보를 단일한 일화적 표상으로 엮어 주는 제한된 용량 체계를 가리킨다. ─ 옮긴이

정보가 있는지 검색하고, 입력된 정보를 뇌 속에 있는 관련 정보들과 묶는 역할을 한다. 또한 임시 완충기는 집중력 유지, 작업 기억 활동에 의존하는 표현 재충전, 그리고 작업 기억의 정보를 의식적으로 유지한다. 이 모든 것이 수동적이라기보다는 활동적으로 들리겠지만 배덜리(2010)가 설명한 임시 완충기는 그런 식이다. 에덜먼은 고리를 이렇게 설명한다.

> 신경계의 활동은 스스로 생성해 내는 고리와도 같다. 뇌의 활동이 신체의 움직임으로 이어지고, 이러한 움직임은 또 새로운 감각과 지각을 유발해 다시 움직임으로 초래된다. 그에 속해 있는 여러 표면들과 그 사이에 있는 고리는 우리가 알고 있는 물체 중에 가장 복잡하고, 역동적이며 계속해서 변화하는 것을 알 수 있다(Edelman, 1992, p.29).

에덜먼(1992)은 "사람의 뇌는 자기 조직 시스템의 대표적인 예"(p.25)며, "뇌 곳곳에 흩어진 30개 정도의 시각적 지도에서 정보를 받는다"(p.28)고 설명한다. 뇌의 해부학적 구조는 "시각적 지도를 연결하기 위해 여러 가지 감각 세포를 시각 영역으로 보내서 결과적으로 신체 근육까지 연결되는 것이다. 그리고 시각적 지도들은 또 다른 지도들과 연결이 될 수 있다"고 그는 말한다(p.22). 그래서 만약 방바닥에 빨간색 고무공이 굴러가는 것을 보게 된다면 우리 뇌의 여러 부분이 작동될 것이다 모양(동그란), 색깔(빨간색), 재료(고무), 대상(공), 움직임(굴러가다), 언어 개념(저쪽에서), 위치(바닥에서), 배경(거실에서). "임시 완충기"(Baddeley, Allen & Hitch, 2011)에 대한 설명에 따르면, 이렇게 공에 대한 모든 속성이 뇌의 시공간 메모장으로 전달되며, 임시 완충기에 모든 정보들이 모아져 그 모양을 해석하게 되는 것이다. 또한, 임시 완충기에 일시적으로 저장됨과 동시에 통합하는 과정이 시작되면서 시각적 지도에서 받은 정보와 다른 감각들로부터 받은 정보를 합치기 시작한다. 이 과정은 뇌가 음운적(소리와 관련된), 시각적, 공간적인 정보를 통합하는 과정이다.

신경촬영법을 연구하는 뇌과학자 브루스 매캔들리스Bruce McCandliss, 로런 코언Lauren Cohen, 스타니슬라스 데하네Stanislas Dehaene는 배덜리의 모형을 설명해 줄 신경 영상을 모았다.

왼쪽과 오른쪽 대뇌 반구에 위치한 별도의 경로는 왼쪽 측면과 시각적 단어 형태 영역(Visual Word Form Area: VWFA)을 통합해, 시각적인 특정 정보를 입력하고, 어휘, 의미, 음운 과정을 책임지는 더 추상적인 언어 영역 사이에서 중재한다. 어휘, 의미, 음운 과정에 관여하는 시스템에 VWFA에서 정확한 예측은 현재 덜 명확하게 정의되어 있지만, 기능 영역은 아마 왼쪽 각회(모이랑)left angular gyrus[19]를 포함해, 왼쪽 하부 전두엽 피질 및 시간 영역은 VWFA 앞쪽에 있는 것을 볼 수 있다.

추측으로 보일 수 있지만, 배덜리의 모형을 보면 왜 많은 사람들이 읽기를 어려워하는지 알 수 있다. 머리에 부상이나 사고가 나면 읽을 때 필요한 시각과 청각의 기능이 손상돼 읽기에 큰 어려움을 줄 수 있다.

배덜리의 작업 기억 모형은 다양한 기억에 대한 정보를 주지만 왜 어떤 정보는 기억되고 어떤 정보는 기억되지 않는지에 대한 이유는 밝히지 않는다. 이보다 오래된 독일의 심리학자 헤르만 에빙하우스Hermann Ebbinghaus(1885)의 연구는 뇌에서 정보의 위치가 어디인지를 볼 수 있다.

---

19 상변연회(supramarginal gyrus, 모서리 위 이랑)의 후측 부위로서 대략 브로드만 39번 영역에 해당한다. 좌반구의 이 부위가 손상되면 전도성 실어증이 발생한다. ― 옮긴이

초두 효과와 최신 효과

헤르만 에빙하우스(1885)는 자신의 기억력 연구를 서열 위치 효과serial position effect라고 불렀지만 요즘은 초두 효과primacy effect와 최신 효과 recency effect로 많이 알려져 있다. 그가 진행한 연구는 무작위로 선택된 글자를 보고 최대한 많이 암기해야 하는 실험이다. 이 연구에서는 잘 기억하고 말고가 무엇에 달려 있는지 그 이유가 발견되었다. 그것은 바로 글자들의 순서에 따라 기억할 수 있는 양이 달라졌던 것이다. 처음과 마지막에 외웠던 단어들이 더 쉽게 외워졌다. B. B. 머독B. B. Murdock(1962)은 6개 그룹을 상대로 실험을 진행했다. 각 그룹에는 15~19명 대학생이 있었고, 의미가 있는 단어 80개를 암기해야 했다. 어느 학생들은 1초에 단어 하나를 들었고 어느 학생들은 2초에 1개씩 듣게 하면서 암기해야 하는 시간은 차이가 있었다.

참여자들에게 80개 단어를 모두 들은 후 기억나는 대로 다시 적어 보

도표 13. 에빙하우스 망각 곡선

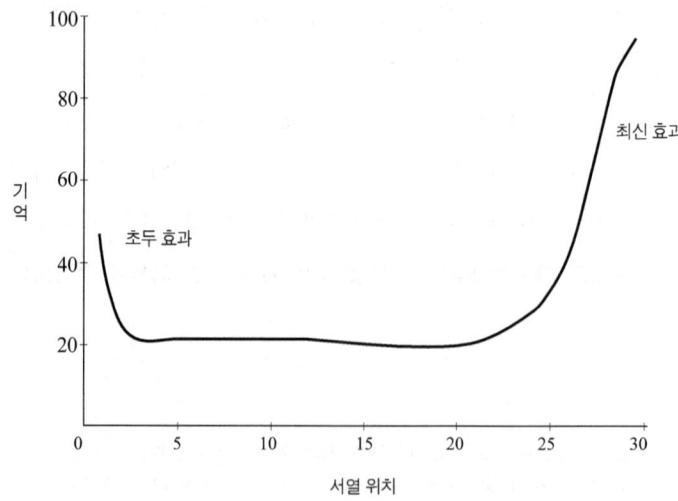

게 했다. 그들은 가장 마지막에 들었던 단어들을 기억했고(최신 효과), 처음에 들었던 단어들을 가장 잘 기억했다(초두 효과). 들었던 단어 중 중간에 나온 단어들은 많이 기억하지 못했다. 머독은 중간에 있던 단어들은 충분이 복습할 시간이 주어지지 못한 만큼 곧바로 잊었기 때문이라고 했다.

교사들이 이 연구 결과를 잘 이용한다면 새로운 내용을 가르치고 나서 충분한 시간을 가지고 복습을 가지는 것이다. 이렇게 한다면 전체적인 내용을 학생들이 훨씬 효과적으로 기억할 수 있을 것이다.

심적 이미지는 이해를 돕는다
(퀀텀 러닝 뇌 원리 4)

심적 이미지mental imagery[20]는 머릿속으로 그림을 상상하는 것을 말한다. 공상에 잠겨 있을 때나, 재미난 책의 한 장면을 상상할 때, 과제의 마지막 모습이 어떨지 떠올릴 때, 원하는 결과를 성취한 자신의 모습, 그에 반응하는 자신, 이 모든 것을 머릿속으로 상상하는 것이 바로 심적 이미지다.

시각적 표현

심적 이미지는 추상 언어의 구체적인 표현을 제공하면서 특정 개념을 기억하고 사용할 수 있도록 돕는다. 뇌에서는 정보를 표현하는 이미지 코드와 언어 코드가 있다. 이미지 코드는 어떤 것을 생각할 때 그 그림을 상상하는 것을 뜻한다. 반대로 언어 코드는 특정 단어를 떠올리는 것이다.

---

20 심적 이미지(심상)는 실제 대상, 장면, 사건 등이 발생하지 않아도 그러한 자각적 경험과 상당히 비슷하게 발생하는 마음속 영상을 지칭하는 심리학 용어다. ― 옮긴이

예를 들면 강아지를 생각할 때 강아지 그림을 떠올리는 반면, '강아지'라는 단어를 머릿속으로 떠올리는 차이다. 다른 예로는 추상적인 단어인 사랑 또는 정의, 그리고 구체적인 단어인 코끼리나 의자의 차이라고 이해하면 된다. 추상적인 개념들을 생각할 때는 개념과 관련 있는 단어들을 떠올리는 것이 더 수월하다.

텍사스 A&M대학교의 마크 사도스키Mark Sadoski(1998)는 "우리가 독서를 하면서 떠올리는 심적 이미지는 자발적으로든 비자발적으로든 이해력과 기억력을 향상할 수 있는 방법"이라고 설명한다. 지금도 이 주장에 동의하는 많은 연구 결과들이 나오고 있다.

- 글을 읽으며 알맞은 그림을 상상한 학생들과 읽은 내용 그대로 기억하려는 학생들을 비교했을 때, 상상하며 읽은 학생들이 이해력 시험에서 훨씬 높은 성적을 받았다.
- 읽기 전에 구체적인 개념을 상상한 학생들과 민주주의 또는 자유와 같은 추상적인 개념을 그대로 공부한 학생 중, 구체적인 개념을 상상한 학생들의 결과가 더 좋았다.
- 구체적인 그림을 상상하라고 지시를 받은 학생들이 알아서 기억해 보라고 지시 받은 학생들보다 평균적으로 점수를 더 잘 받았다.
- 구체적인 개념들을 읽은 학생들이 추상적인 개념들을 읽은 학생들보다 쉽게 심적 이미지를 그릴 수 있었다(Sadoski, 1998).

심적 이미지로 이해를 높일 수 있는 한 가지 방법은 학생들이 읽을 내용에다가 구체적인 용어를 삽입하는 것이다. 예를 들어 연구자들은 추상적인 개념들을 소개하기 전에 구체적인 문장을 넣어 준다면 학생들은 이 내용을 "2~5배로 더 잘 기억할 수 있고, 5일이 지난 후에도 기억할 수 있다"고 한다(Sadoski, Goetz & Fritz, 1993). 추상적인 문장에 구체적인 단어들을 포함하면 학생들의 기억력을 70%나 향상시킬 수 있다고 사도스키는 말한다(Sadoski, 1998). 이 방법은 특히 사회나 역사와 같은 추상적인 과목을 가르치는 교사들에게 도움이 될 만하다.

초등학교 3학년들에게도 비슷한 실험을 진행했다. 학생들이 사전에 읽었던 내용들을 그림으로 표현해 슬라이드로 보여 주었다. 이들에게는 긴 문장들을 머릿속에 그림으로 그려 내는 연습을 하게끔 했고, 그 후에 950글자와 백지가 섞여 있는 책을 보면서 백지에 읽은 내용을 그림으로 그리게 했다. 다른 그룹의 학생들에게는 읽기만 시켰고 내용 중 최대한 많이 기억해 보라고 했다. 다 읽은 후 24개 질문이 있는 시험을 봤다. 그림으로 공부한 학생들이 읽기만 했던 학생들보다 시험 성적이 훨씬 높게 나왔다(Pressley, 1976).

앞서 나온 연구들이 입증하듯이, 심적 이미지로 수업을 하는 것은 학생들의 학습 능력에 굉장한 효과를 준다. 머릿속으로 그림을 상상하고 그에 맞는 의미들과 다시 조합하는 과정은 개념을 이해하는 데 큰 도움이 된다. 심적 이미지의 효과와 중요성을 가르치고 수업 내용을 시각적으로 해석해 준다면 학생들은 학습을 즐거워하게 될 것이다. 이미지가 선명할수록 이해력이 커지고, 그렇게 되면 이미지는 더 선명해진다.

새로운 내용을 가르칠 때 퀀텀 러닝 교사는 학생들이 핵심 단어를 알고 있는지 확인해야 한다. 학생들에게 그 단어를 그림으로 표현해 보라고 하면 이해력을 향상하는 데 큰 도움이 된다. 이 작업은 단순하게 그림을 그리는 것이 아닌 높은 사고력을 필요로 하는 작업이다. 감정적인 단어(희망 또는 비판), 또는 학업적인 단어(감소, 추론, 에피소드)처럼 추상적인 말들을 더욱더 구체화시킬 수 있고 그 단어의 개인적인 의미를 부여하면서 이해를 하게 되는 것이다. 결과적으로 독서할 때 상상을 하는 것은 추상적인 단어들을 이해하는 데 도움이 된다.

우리의 가설은 유추, 은유 그리고 직유가 심적 이미지를 만드는 데 큰 도움이 된다. 심적 이미지는 인지적으로 볼 수 있는 능력이다.

유추

인지과학자 더글러스 호프스태터Douglas Hofstadter와 인지심리학자 에마뉴엘 상데Emmanuel Sander는 《사고의 본질Surfaces and Essences》(2013)에서 유추, 은유, 직유에 대해 이렇게 썼다.

> 간단하면서도 비표준적인 생각이다. 유추는 우리 생각 속 모든 순간에 침범해 있다. 우리 생각의 중심이라고 볼 수 있다. 유추는 절대 우리 머리에서 일주일에 한 번, 하루 한 번 또는 1분에 한 번씩만 일어나는 현상이 아니다. 유추는 매초마다 머릿속에 떠오를 수 있다. 마치 우리가 유추로 가득 찬 바다에서 멈추지 않고 헤엄치는 것과 같다.(p.18)

그들은 "유추가 우리 사고의 핵심"이라고 말한다. 유추는 심적 이미지를 만드는 데 매우 유용하다. 그 책의 부제를 "유추는 사고의 연료와 불길 Analogy as the Fuel and Fire of Thinking"로 표현한 것도 그러한 이유에서다.

어렸을 때 생각의 분류는 우리가 이해할 수 있는 구체적 개념들로 인해 이루어진다. 우리가 보고, 느끼고, 맛보고 다룰 수 있는 것들처럼 말이다. 더 성숙해질수록, 분류의 능력이 향상하면서 민주주의 또는 자유와 같은 추상적 개념들도 분류할 수 있게 된다. 투표하는 것, 깃발을 흔드는 것, 감옥에 가지 않는 것처럼 직접적인 관찰은 어렵지만 머릿속으로 충분히 상상할 수 있는 개념들도 분류에 속할 수 있게 된다.

호프스태터와 상데는 자신들의 추론을 뒷받침하기 위해 개념적 위계를 사용한다. 사람들은 어린 시절에는 물건에 이름을 붙인다(갑돌이, 엄마, 우유병 등등). 조금 더 자라면 이것들은 분류가 되기 시작한다(개, 여자,

음식 등등). 분류의 과정은 유추를 사용하기 위한 기초 단계다. 예를 들면, 갑돌이와 갑순이는 둘 다 꼬리가 있고 다리 네 개가 있고 짖는다. 이 둘은 개다. 다른 여자들도 어머니와 비슷하게 생겼지만, 내 어머니는 아니다. 다른 아이들의 어머니다. 이 간단한 예시들처럼 분류를 하는 과정은 무의식 속에 객관적으로 시작되고, 없어서는 안 되는 중요한 과정이다(p.503). 이러한 분류들을 유추로 사용하는 것은 무의식적으로 될 수도 있고 의식적으로도 가능하다. 무의식적인 유추는 갑작스럽게 생각날 수 있고 그만큼 빠르게 사라질 수도 있지만, 의식적으로 만든 유추는 어떤 결과를 낳을 수 있는 주관적인 과정이다.

전통적으로 그동안 유추는 즉흥적인 것보다 의식적인 과정으로 교육해 왔다. 물론 많은 교사들이 학생들에게 스스로 유추, 은유, 또는 직유해 보라고도 했다. 예를 들면, 6학년짜리 아이가 이런 직유를 만들었다. "학교는 빵을 굽는 기구와 같아요. 무언가를 넣으면 더 좋은 것이 나오니까요."(Hume, 2011).

유추는 모든 면에서 비슷하지 않아도 유사한 점이 있는 두 가지를 비교하는 것이다. 다음은 유추의 예다.

- 원인과 결과: 토네이도는 파괴하며, 과속은 사고를 낸다.
- 반의어: 부자와 거지, 그리고 텅 빈 것과 꽉 찬 것.
- 분류: 거미는 거미류이며 아이는 포유류다.
- 개념 관계: 숟가락과 수프, 마이크와 연설.
- 대비: 검정색과 하얀색, 밤과 낮.
- 활동: 저자는 글 쓰고, 목수는 만든다.
- 기능: 독서는 배우며, 걷는 것은 운동이다.

은유

은유는 사람, 물건, 장소를 다른 연관 없는 것과 비교해서 공통적인 것 하나를 발견해 내는 것이다(Messier, 2014). 한 단어를 사용해 다른 의미를 갖게 한다. 은유는 의미를 강조하기 위해 더 시각적인 해석을 한다. 은유에서는 한 가지 물건을 다른 물건에 빗대어 표현한다. 예를 들면 다음과 같다.

- 새들이 하늘의 고속도로로 날고 있다.
- 울새 오케스트라가 해를 맞이한다.
- 오늘날의 소비자들에게 현찰은 북아메리카 원주민의 모피와 같다.
- 저 남자 아이는 여우 같다.

인지언어학자 조지 레이코프George Lakoff는 은유를 이해한다면 교육학, 정치학, 심리학, 철학, 형이상학(특히 존재론)과 같은 분야를 이해하는 데 도움이 된다고 말한다. 그는 현재 뇌과학자들에게 은유가 뇌에 어떤 효과를 주는지를 알려준다.

예를 들어 마이클 코로스트Michael Chorost(2014)는 은유적으로 "환자가 습관을 끊었다"라는 말을 들었을 때 어떤 상상을 하는지 실험했다. 그는 뇌과학적으로 여러 결과를 얻었다. 조지 레이코프와 마크 존슨Mark Johnson은 《삶으로서의 은유Metaphors We Live By》(1980)에서 "은유는 우리 언어의 핵심 요소"라고 표현한다. 우리의 뇌는 우리가 사용하는 동사를 따라간다는 것이다. 은유의 기본이기도 하다. 레이코프는 "시간이나 삶의 기본적인 요소들을 얘기할 때 은유를 사용하지 않는 것은 어려운 것이 아니라 불가능하다"(Chorost, 2014, p.2)고 본다.

"환자가 습관을 찼다"와 "선수가 공을 찼다"를 들었을 때 우리 뇌는 어떤 반응을 보일까? 첫 번째 은유는 환자가 자신의 중독을 이겨내는 의미이고, 두 번째는 동사가 의미하는 그대로 '차'는 것을 뜻한다. 심적 이미지를 사용할 때는 이런 문장을 읽고 난 후 뇌의 감각 운동이 활성화된다. 뇌는 동사를 그림 그대로 표현하는 것에 이미 익숙해져 있다.

'시간'은 '인생'처럼 추상적인 개념이어서 은유로 잘 이해할 수 있는 개념이다. 케임브리지대학교 인지감정연구소의 사이먼 슈날Simon Schnall(2012)은 시간을 자원으로(시간은 돈이다), 제한된 자원(시간을 다 쓰다, 시간을 낭비하다), 그리고 어느 때는 시간은 소중한 자원(당신의 소중한 시간을 내줘서 감사합니다)으로 표현한다고 말한다. 중요한 점은 시간과 같은 추상적인 개념을 은유로 비교하면 훨씬 이해하기 쉽다는 것이다. 내재된 은유는 지각, 인지, 행동의 기본이 된다. 이것보다 더 간단하거나 기초가 되는 것은 더 이상 없다고 슈날은 말한다(p.116).

캘리포니아대학교의 인지과학자 벤저민 버건Benjamin Bergen(2012)은 우리가 은유를 사용하는 방법에 대해 이렇게 설명한다.

> 우리가 언어를 어떻게 사용하는지 유심히 관찰해 보면 사람들은 굉장히 은유를 많이 쓰고 있다. 어느 물건이 마치 사람인 마냥 말한다. 선거 운동을 경마 시합에 비유하고("존스 의원은 선두를 유지하고 있다"), 도덕은 청결하다고 하며("저건 더러운 수법이야"), 이해하는 것은 보이는 것("새로운 연구 결과들은 이 우주에 대해 많은 것을 보게 합니다")이라고 표현한다(p.118).

버건은 은유를 품격 있는 것이라고 표현한다. 은유는 "복잡한 것을 단순하게 볼 수 있게끔 도와주기 때문이다. …… 은유는 힘이 있다. 왜냐하면 하나의 현상이 아니라 다른 것으로 확장시키기 때문이다"(p.118). 버건에 따르면 레이코프와 존슨(1980)의 연구로 인해 은유를 단순한 언어적 장치에서 이제는 뇌과학적인 측면에서 볼 수 있게 되었다. 첫째로, 앞서 말한 은유의 중요성을 제시한 개척자들에 의하면 은유는 추상적인 개념을 구체적인 언어로 표현하는 것과 동시에 체계적인 비유이고 결코 반대되는 말로 표현할 수 없다. 버건은 다음 같은 예를 든다. "한 사람의 전과 기록에 대해 '그는 깨끗해'라고 표현할 수는 있어도 '그는 도덕적이야'라는 뜻으로 '그가 최근에 목욕했다'고는 할 수 없다. 은유는 추상에서 구체적으로 가는 단일 방향의 언어법이다"(p.118).

버건은 "사람들이 은유적으로 생각한다"는 사실을 발견한 것을 레이코프와 존슨 덕분이라고 강조한다. "우리는 단지 우리가 듣고 보는 것에 대해서만 얘기하지 않는다. 우리는 이해하는 것을 보이는 것처럼 말한다. 도덕을 '깨끗함'이라고 말할 뿐 아니라 우리는 실제로 그렇게 생각하는 것이다. 우리가 은유적으로 생각한다는 것은 신경학적으로 특정한 개념들을 다른 개념과 분류하는 것이고, 그럼으로써 은유를 사용하면서 말을 할 수 있는 것이다"(p.119).

유추의 일부분과 같이 은유는 전혀 비슷하지 않은 두 개의 것에서 공통점을 찾는 것이다.

- 당신은 내 날개 아래 바람입니다. (당신은 나의 지지자입니다.)
- 블루베리 얼룩은 고집이 세다. (빼기 어렵다.)
- 다리가 눈에 보이면 그때 건너자. (무엇인가에 대해 미리 걱정할 필요가 없다. 닥쳤을 때 해결해라.)
- 창피해서 죽을 것 같다. (지금 이곳이 너무 불편하다.)
- 새로 들어온 선수가 파릇파릇하다. (경기를 어떻게 해야 하는지 아무것도 모른다.)
- 바퀴를 돌리기 시작해라. (작업을 시작해라.)
- 그는 거친 다이아몬드다. (조금 더 훈련하면 그는 훌륭해질 것이다.)

직유

우리는 시간이 지나면서 개념들과 분류에 따라 우리 삶을 개척하고, 그것들이 우리 내면의 도식이 되어 우리가 어떻게 생각하고, 무엇을 믿고, 의사소통하는지를 안내해 준다(Hofstadter & Sander, 2013). 우리가 성장하면서 다른 분류에 있는 것들을 비유해 유사점을 찾게 된다. 예를 들어 우리가 관찰할 수 없는 다양한 감정이 밖으로 표출되는 것은 우리의 내적 감정을 표현하는 것과 같다. 특정한 행동 또는 직유의 해석이 다를 수는 있지만 비교는 할 수 있다. "그녀는 뜨거운 양철 지붕 위의 고양이처럼 안절부절 못한다."

직유는 두 가지를 "같이" 또는 "처럼"이라는 단어를 쓰며 비교한다. 예를 들어 다음과 같다.

- 짐은 코끼리같이 힘이 세다.
- 그는 당나귀처럼 고집스럽다.
- 그녀는 박쥐같이 눈이 어둡다.
- 그녀는 처음 롤러스케이트를 배우는 사람처럼 서툴다.

가장 많이 사용되는 직유는 영화 〈포레스트 검프 Forrest Cump〉에 나온 대사다. "인생은 초콜릿 상자와 같아. 그 속에서 무엇을 집을지는 아무도 모르지."

호프스태터와 상데(2013)가 확신과 열정으로 전달하려는 메시지를 의식적으로 이해하고자 하면, 왜 직유의 개념이 무시되고 독자들이 따르기를 원하는 의식 전환이 실제 무엇인지는 궁금증이 생긴다. 〈월스트리트 저널〉의 제러미 번스타인 Jeremy Bernstein(2013, May 10)은 《사고의 본질》에 대해 다음과 같이 평했다.

"그들이 주장하는 것의 핵심은 유추하는 것이 모든 사고의 원동력이라는 것이다. 매 순간에 우리는 우리가 보고 느끼는 것들을 머릿속에 이미 있는 유추에다 분류한다. 예를 들어 우리가 나무를 보면, 예전에 보았던 나무와 관련된 모든 지식을 모아 생각한다."

번스타인은 호프스태터와 상데의 주장에 당혹해했다. "우리가 말한 심리적 과정을 뒷받침하는 뇌 또는 신경계의 과정에 대해서 추론하지 않겠다"(p.29). 연구에 대한 증거 없이 그들이 추론한 것들을 어떻게 옹호할 수 있을까? 번스타인은 언어학자 노엄 촘스키Noam Chomsky가 말한 "언어 습득 장치Language Acquisition Device(LAD)"[21]의 존재와 그것이 언어 습득 능력에 중요한 역할을 수행하는 것을 다시금 떠올리면서 염려했다.

최근 연구 자료를 보면, 이것이 얼마나 복잡하고 어려운지 알 수 있다. 만약 한 사람에게 "그 여인이 추위에 떨다가 들어왔을 때, 그의 볼은 장밋빛으로 물들어 있었다" 같은 문장을 보여 준다면, 시각적 처리 과정을 포함한 뇌의 여러 부분들이 작동하게 될 것이다. 이에 대해 조금 더 언급이 있었으면 좋을 거 같다. 그뿐 아니라 수화에 대해서도 자료가 있었으면 좋겠다. 청각장애아들이 의사소통할 때 즉흥적으로 수화를 한다는 것은 이미 알려진 사실이다. 그럼 수화에서 유추와 은유는 무엇이 있을까? 귀가 들리지 않는 사람에게 〈양들의 침묵〉 같은 영화를 음악도 없이 어떻게 설명할까? 아니면 색맹

---

21 노엄 촘스키의 언어 습득 이론인 생득주의 이론(언어 능력은 선천적으로 타고난다는 것을 주요 내용으로 하는 이론)에 나오는 내용이다. 그는 인간의 뇌 속에 언어 습득 과정에 중심적 역할을 하는 일종의 특수 기관이 있으며, 이 가상의 장치가 언어 습득 장치(LAD)라고 주장한다. — 옮긴이

들은 '장밋빛'을 어떻게 표현할까?

퀀텀 러닝 교사들 중 어떤 교사들은 학생들에게 글을 작성할 때 SPAM을 사용하라고 가르친다. 이는 Similes(직유), Personification(의인화), Analogies(유추), Metaphor(은유)다. 이 장에서 다루지는 않았지만 의인화는 어느 물건이나 사물에게 인간의 성격을 갖게 하는 것이다.

퀀텀 러닝 교사들은 다음 전략으로 심적 이미지를 촉진시킨다.

- 가르칠 때 사진이나 이미지를 이용한다.
- 추상적인 개념을 설명할 때 구체적인 예를 든다.
- 학생들에게 "이 단어를 생각하면 무엇이 떠오르니?"라는 질문을 사용한다.
- 학생들에게 새로 배운 개념을 그려 보게 한다.
- 학생들에게 마인드 맵 같은 시각적인 필기 방법을 교육한다.
- 연상 기호를 쓰게 해서 심적 이미지를 상상하게 한다.
- 상징 또는 내용이 담긴 포스터를 만들어서 교실에 부착해 이해를 돕게 한다.
- 학생들에게 질문할 때 충분히 고민하고 생각할 수 있는 시간을 준다.

이렇게 유추, 은유, 직유를 사용해서 학습자의 머릿속에 심적 이미지를 만들어 교육하면 더욱더 효과적으로 이해를 돕게 될 것이다. 앞으로 정신적인 이미지에 대한 연구는 계속되겠지만 유추, 은유, 직유들이 다음과 같이 뇌를 자극한다는 것을 참고하면 좋다.

- 개념, 분류, 의사소통의 전반적인 이해를 강화시킨다.
- 학습을 더욱더 즐겁게 하며 만족시킨다.
- 새로 배운 내용을 장기 기억으로 옮긴다.

- 학생들이 배운 내용에 개인적인 의미를 부여해 오래 기억되게 한다.
- 독서를 통해 더 많이 자극시킨다.
- 독서를 더욱더 재미있고 의미 있게 만든다.

심적 이미지는 이해를 도우며 학생들에게 꾸준한 연습을 시킨다면 더욱더 명확한 이미지를 만들어 이해를 더 빠르게 할 수 있을 것이다.

8장 설계 요소

설계는 철저한 계획과 관련되어 있다. 그 계획은 학생들의 능률을 높이는 퀀텀 러닝 티칭 사이클Quantum Learning Teaching Cycle 을 사용함으로 목적이 명확한 학습을 이끌어 낸다.

설계는 인지의 세 가지 구성 요소인 설계, 전달, 심화 중 첫 번째 요소다. 앞서 언급한 것처럼 설계 요소는 전달, 심화와 직접적으로 연결되어 있다. 설계 과정의 세부 항목들은 인상적인 수업을 이끌고 목표한 결과를 이루게 해 주는 만큼 주목할 이유가 있다.

    이 장은 퀀텀 러닝 티칭 사이클에 대해 집중적으로 다룬다. 퀀텀 러닝 티칭 사이클은 모든 내용과 단계에 적용될 수 있다. 주제와 상관없이 활동적인 학습, 생각을 자극하는 학습, 그리고 장기적으로 유지될 수 있는 학습을 위한 효과적인 교수법이다. 먼저 퀀텀 러닝 티칭 사이클의 역사와 각 단계에 대한 설명에 이어, 교사 준비의 중요성에 대해 언급할 것이고, 어떻게 하면 고유한 특징을 잡아 학습자들을 사로잡고 학습에 대한 흥미를 계속 유지할 수 있는지를 이야기할 것이다. 또한 내용에 대한 학생들의 이해와 학습의 적용을 강화해 실력을 키워 줄 강력한 교수 전략이 담겨 있다. 이와 같은 교육 절차는 활력 없고, 낮은 성취도를 가진 학생들을 집중력 있고, 활기차며, 높은 성취도의 학습자로 변화시키면서 교사들 또한 유능한 교육자로 변화시킬 수 있다.

교육법의 설계를 위해서는 시간과 노력, 그리고 상당한 집중이 요구된다. 하지만 어떤 교사들은 가르치기로 한 내용과 학생들이 배울 내용을 읽어 보지도 않은 채 수업을 시작하기도 한다. 우리가 살펴본 한 교사는 콜레스테롤에 대한 내용을 한 장의 설명으로 끝내고, 독서량이 적은 고등학교 학생들에게 돌아가며 책을 읽게 했다. 수업 내용에 대한 소개가 부족했고, 이 주제에 대해 학생들이 어떤 지식을 갖고 있는지 알아보려는 시도도 없었다. 학생들은 읽으려고 시도했지만 모르는 단어에서 멈춰 섰고, 교사 또한 멈칫하기도 했다. 분명한 것은, 그 교사는 내용을 읽어 보지 않았고, 내용 이해가 부족했으며, 모르는 단어를 학생들에게 설명해 줄 방안도 없었고, 정보에 대한 설명도 불가능했다. 말할 것도 없이, 이 교사는 무능하고 무심하며 준비되지 않은 교사의 주된 예다.

교사의 준비가 중요하다

더 명백한 사실은, 수업은 효과적인 가르침을 위해 계획되고 설계 되어야만 한다는 것이다. 사실, 몇 년에 걸쳐 교실 속 교사들을 관찰한 후, 설명할 것을 얼마나 잘 계획했는지, 무엇을 가르칠지에 대해 잘 구상했는지, 명쾌한 전달 기술을 얼마나 고민했는지가 비능률적인 교사와 고능률적인 교사의 차이라는 것이 명백해졌다. 교사의 능률에 관한 연구들(Hattie, 2009; Sanders & River, 1996; Wright, Horn & Sanders, 1997)에 따르면 효과적으로 가르치기 위해서는 효과적인 계획이 필요하다.

교사가 잘 가르치려면 잘 준비되어야 한다. 효과적인 준비 과정은 아이디어를 고안하고, 진행 방법을 정하고, 학생들의 반응을 상상하고, 만약 학생들이 이해하지 못했을 경우를 어떻게 해야 할지를 구체적으로 상상해 보고, 수업 내용과 다른 방향으로 흘러갈 수 있는 반응들에 대해 고려하고, 어떻게 질문을 던질지 결정하고, 학생들과 상호 작용하며 이해와 흥미 등을 이끌 수 있는 방법에 대해 생각하는 훈련이 필요하다.

꼼꼼한 계획과 의도된 설계는 효과적인 수업을 이끈다. 다음의 내용은 수업 설계를 위해 교사들이 스스로에게 물어야 할 중요한 질문이다.

1. 무엇을 가르쳐야 하는가

유치원에서 고등학생에 이르기까지 각 학년은 국가에서 교사들이 실행하도록 채택되었거나 작성된 성취 목표에 맞춰서 시작된다. 능률적인 교사는 한 학기 동안 가르쳐야 하는 내용과, 특정 지식, 함양해야 할 기술들을 먼저 정하고 시작한다. 그리고 한 주 또는 하루 동안 진행할 내용의 단원과 세부 덩어리를 나눈다. 아래 제시되는 과정을 따르다 보면 가르칠 내용이 명확해진다.

- 가르칠 각 내용의 수준을 정한다.
- 전체 학생들의 성취를 북돋우기 위해서 읽기, 비판적 사고, 협동 작업, 대화, 창의성 중 어떤 것을 포함시킬지 정한다.
- 어떤 수준까지는 모두 함께 배울 수 있고, 어떤 수준은 전체 학생들이 이해하기 어려울지 결정한다. 후자에 대해 교육적으로 접근해 대안을 마련한다.
- 새로운 주제와 개념을 이해하기 위해 학생들에게 기초가 되는 지식과 필요한 기술들을 명확히 파악한다.

가르쳐야 할 것은 너무나 많다. 교사들은 학생들이 학습 내용을 표면적으로만 이해하는 것이 아니라, 높은 사고력을 발달시킬 수 있도록 내용을 선택하고, 명확히 해야 한다. 학생들이 이미 알고 있는 내용이 무엇인가를 먼저 아는 것도 물론 중요하다.

2. 가르치는 내용을 학생들은 왜 알아야 하는가

학생들이 각 단원을 끝낼 때 어떤 특정 지식과 기술을 배우게 될지 정한 후, 현명한 교사는 학생들이 이 내용을 왜 알아야 하는지를 규명할 것이다. 이 지식 또는 기술들이 "어떤 면에서 학생들을 채워 줄까?" 자신이 가르치는 내용의 중요성에 대해 분명히 알고 있지 못하다면, 그 내용을 가르치려는 열정 또한 미지근할 수밖에 없다.

3. 수업 내용을 가르치기 위해 교사는 무엇을 알고 있어야 하나

교사의 단단한 지식은 수업의 깊이를 더해 준다. 교사의 현재 지식과 기술 기반을 수업에 반영하는 것과, 내용에 대한 완벽한 전문 지식을 쌓는 것은 중요하다. 준비의 일환으로, 자료들을 읽고, 추가 정보를 모으고, 수업 활동과 과제를 위해 아이디어를 모으자.

4. 학생들이 수업 내용에 대해 미리 알고 있어야 하는 것은 무엇인가

학생들, 특히 청소년은 가르칠 내용과 같거나 혹은 비슷한 내용의 교육을 많이 경험하고 학교에 온다. 결과적으로, 학생들이 이미 배운 것을 복습하는 동시에, 새로운 내용들과 이전에 배운 것 사이에 연결 고리를 만들도록 돕는 것은 매우 흥미로운 과정이며, 복습의 가치를 찾게 해 준다.

5. 학생들이 이미 알고 있는 지식과 어떻게 연결시킬 수 있는가

학습은 뇌 속에 있는 기존 지식 또는 도식과의 연결을 통해 이뤄지기 때문에, 새롭게 배울 내용을 의미 있게 만들어 줄 기존 지식과의 연결 고리를 생각하는 데 시간을 투자하라. 만약 눈에 띄는 연결 고리가 없다면, 만들어 내라!

6. 어떤 자료, 이야기, 활동, 또는 경험을 사용하거나 만들어 낼 수 있는가

과거의 경험, 최근 뉴스, 직접 해 본 활동, 유튜브를 통해 들었거나 본 이야기는 학생들의 호기심을 자극하고 흥미를 끌기 좋으며, 주제와 연관성을 찾을 수 있고, 내용의 질을 높인다. 교사는 창의적인 생각으로 조화를 이뤄 새로운 내용에 의미를 더해 줄 연결 고리를 반드시 만들어야 한다.

7. 학생들이 내용을 이해하지 못한다면, 어떤 방법으로 보충하고 가르칠 수 있는가

교사들은 모든 학생들이 의도한 지식과 기술을 습득하는 성공적인 수업을 원하지만, 이런 일은 매우 드물게 일어난다. 결과적으로, 같은 개념을 몇 가지 다른 방법으로 설명할 길을 갖고 있는 것이 좋다. 경험에 의하면, 각 학습 성향, 즉 시각, 청각, 촉각, 운동 감각별 학습자에 대해 교육적으로 접근해 각 대안을 마련하면 좋다. 준비한 대안을 모두 이용하지 않을 수 있지만, 학생들의 학습 성향을 자극하는 것은 수업의 성취도를 높여 줄 것이다.

8. 어떻게 학생들의 내용 이해를 평가할 수 있는가, 어떻게 하면 학생들에게 효과적인 피드백을 주고, 진전된 부분을 찾아 스스로 학습하게 할 수 있는가

학생들에게 무엇을 알고, 할 수 있게 가르치고 싶은지, 어떻게 수업 시간에 대한 이해를 확인할지, 어떻게 피드백을 주고, 어떻게 학생들이 배운 것을 활용할 수 있도록 도울지 명확히 하는 것은 중요하다. 학생들이 의도한 바를 정확히 배웠는지 판단하기 위해 형성 평가 또는 종합 평가만을 사용하는 것은 충분하지 않다. 사용할 정밀 형성 평가를 계획하고 개발하려고 한다면 구체적으로 하라. 또한 종합 평가를 위해 단원 마무리 질문들을 사용할지, 아니면 교사가 직접 질문들을 개발할 필요가 있을지 확인하라. 만약 필요하다면 개발해야 한다. 학생들의 성장을 관찰할 수 있는 성장 그래프 또는 다른 시각적 기록 방법을 이용해 자신감을 키울 수 있도록 도와주는 것도 좋다.

9. 학생들이 새롭게 배운 것들을 창의적으로 적용하는 방법에는 어떤 것들이 있는가
학생들이 내용을 제대로 배웠는지 확인할 수 있는 진정한 시험은 배운 것을 창의적으로 적용할 수 있는지, 그 능력을 보는 것이다. 이것을 확인하기 위해 학생들에게 어떤 즉각적인 제안을 할 수 있게 계획하는 것은 중요하다. 또한, 배운 것을 어떻게 사용할지 나누면서 자신들이 이해한 것을 확인할 수 있도록 충분한 시간을 주라.

수업 설계에 대한 결정들은 아주 중요하다. 이것은 교사의 성공과 학생의 성취에 극적인 효과가 있다. 사실, 학생들이 어느 정도까지 성공적으로 문제를 해결할 수 있는지, 내용에 대한 읽고 쓰는 능력은 어느 정도인지 파악하기 위해 교사 평가의 가짓수가 늘어나는 것은 당연하다. 이 과정은 매일 매일의 수업을 위한 것이고, 학생들은 물론 공식적인 시험도 잘 보아야 한다.

퀀텀 러닝 티칭 사이클

퀀텀 러닝 티칭 사이클은 퀀텀 러닝의 핵심이다. 이 사이클을 지속적으로 사용한다면 본 교수법을 완전히 내재화할 수 있기 때문에 꾸준히 사용하는 것이 중요하다. 이 방법이 완전히 내재화되어 교사가 유연하게 활용하고 필요에 따라 변형할 수 있게 되면, 학생들의 정확한 이해를 위해 내용을 다시 설명해야 할지, 아니면 다음 단계로 전진할 준비가 되어 있고 학생들이 이미 명확히 알고 있기 때문에 가르치는 속도를 높이고 단축해서 가야 할지를 알게 된다.

퀀텀 러닝 티칭 사이클의 역사

퀀텀 러닝의 기본 구조는 불가리아의 정신과 의사이자 교육자인 게오르기 로자노프에서 시작된다. 학습 방법에 대한 예리한 관찰자이자 실천적인 연구가였던 그는 암시학이라고 불리는 학습법을 개발했다. 그는 1953년 소련을 위한 교육 시스템을 만들었고, 1978년 유네스코는 로자노프의 연구에 훌륭한 기술적 가치와 향후 연구에 대해 공표한다.

여러 병원에서 일하던 로자노프는, 한 병원이 병원 전체에 바로크 음악, 예를 들어 헨델, 비발디, 코렐리와 같은 음악을 조용히 트는 것을 보면서 새로운 것을 알게 된다. 이 병원 환자들이 다른 병원 환자들에 비해 회복 속도가 빠르다고 생각한 그는, 사람들이 또렷하고 집중된 상태를 얻을 수 있는 다양한 환경, 즉 음악, 식물, 빛, 그리고 다른 다양한 환경들에 대해서 병원뿐만 아니라 학교에서도 다양하게 실험하기 시작한다.

로자노프는 새롭게 발견한 이론들을 적용해 학생들에게 외국어를 가르치는 등의 다양한 실험을 했다. 그는 이러한 시도를 한 학생들이 기존 방식을 사용한 학생에 비해 세 배에서 열 배나 빠르게 학습하는 것을 발견했다. 드포터의 초대를 받은 그는 1979년 캘리포니아를 방문해, 모든 과목과 연령에 적용할 수 있는 자신의 교수법을 전수했다.

당시 로자노프는 여행 허가를 받기가 쉽지 않았다. 불가리아가 공산체제하에 있었기 때문이다. 결국 당국의 허가로 로자노프는 동료 에블리나 박사와 함께 미국을 여행할 수 있게 되었다. 귀국을 보장하기 위해 보디가드가 동행했고, 그의 가족들은 불가리아에 남아 있어야 했다. 유감스럽게도 로자노프가 3주 교육 과정을 마치고 돌아갔을 때, 정부는 그에게 10년 가택연금 조치를 내렸다. 그는 다음과 같이 회고했다. "나는 여행할 권리를 빼앗겼다. 그들은 대학과 TV 강연을 중지시켰다. 외국에 있는 사람과 전화 통화도 할 수 없게 되었다……"(2009, p.219).

로자노프의 캘리포니아 방문 이후 드포터와 그 동료는 자신들이 만든 비즈니스 프로그램에 로자노프의 이론을 적용해서 흥미로운 결과를 얻었다. 참가자들은 학습에 몰두하고, 편안함과 열정을 갖게 되었다. 로자노프의 교육에서 배운 이런 요소들은 훗날 학생, 교사, 교육 행정가들을 위한 퀀텀 러닝 프로그램에 성공적으로 적용된다.

앞서 말한 바와 같이, 로자노프 교수법의 효과에 대한 연구인 "암시학 방법론 보고서"가 1978년 유네스코에서 발표되었다. 같은 해 '학습 방법론으로서의 암시학분과위원회'의 전문가들은 "암시학이 다른 기존 학습법에 비해 많은 과목과 다양한 종류의 학생들에게 보편적으로 적용되는 매우 우수한 학습법이라는 것에 의견을 모았다"라고 언급했다.

2010년 드포터는 30년 동안 로자노프의 교수법을 자신의 프로그램에 적용해서 얻은 경험을 이용해 암시/가속학습법의 효과에 대한 보고서를 발표했는데, 그 자리에 로자노프를 초대했다. 그 보고서에는 로자노프 박사의 추가 연구 내용이 포함되어 있었고, 유네스코의 "모두를 위한 교육Education for All"에서는 효과적인 가속학습법으로 이를 언급하고 있다.

로자노프의 경이로운 통찰력이 인정되었고, 삶의 많은 부분에 적용되었다. 겉보기에 간단한 이론이 때론 가장 강력하다. 예를 들어, 로자노프는 학생들이 편안한 상태가 되어야 하고 주의 깊어야 하며 다음에 나올 내용에 대해 호기심이 있으며, 학습에 대한 긍정적인 태도와 열정이 있어야 한다고 강조한다. 아울러 수업이 목표에 맞게 계획되고, 지속적으로 뛰어난 결과를 얻기 위해서는 잘 조율되어야 한다는 것이다.

로자노프는 3단계의 교육 사이클을 설계했는데, 그 단계들은 주제에 대해 명확하게 할 필요가 있거나, 기초 교육이 추가적으로 필요할 때 앞 단계로 돌아갈 수 있도록 만들어졌다. 각 단계는 교사들이 수업을 효율적으로 할 수 있게 해 주고, 학생들이 열정을 갖고 학습에 성공할 수 있도록 돕는 데 확실한 목적을 갖고 실행된다.

퀀텀 러닝 티칭 사이클 단계

퀀텀 러닝에 최적화된 각 단계는 학습자 준비, 학습 촉진, 학습 다지기다.

첫 번째 단계인 학습자 준비 단계에서는 먼저 교사가 앞으로 배울 내용이 얼마나 쉬울지 제시하면서, (1) 호기심을 자극하고, (2) 이전 지식이나 일반 지식과 새로운 지식을 연결시키는 이야기를 전달한다. (3) 그 이야기가 새로운 내용과 어떻게 연결되었는지 학생들의 의견을 듣는다.

두 번째 단계인 학습 촉진 단계는 (1) 교사와 학생, 학생과 학생 사이에 상호 작용을 통해 의사소통과 협동 기술을 발달시키고, (2) 심층 대화 과정을 통해 고차원적인 사고를 하게 하고 학생 스스로가 질문할 수 있도록 돕는다. (3) 개념을 형성하고, (4) 잘 계획해 전달한 지식과 기술을 가져가도록 한다.

도표 14. 퀀텀 러닝 티칭 사이클: 단계

> **퀀텀 러닝 티칭 사이클**
>
> 학습자 준비: 학습에 대한 바람을 불러일으키고, 일반 지식을 형성한다.
>   흥미를 자극해 호기심을 불러일으킨다.
>   공감이나 경험을 통해 기존 지식과 도식을 끌어낸다.
>
> 학습 촉진: 상호 작용을 통해 지식과 기술을 발달시킨다.
>   의미 있는 교육 방법과 학생과의 상호 작용을 통해 새로운 내용을 가르친다.
>   인지 과정을 통해 즉각이고 적극적인 참여를 한다.
>
> 학습 다지기: 이해를 심화한다.
>   점검과 피드백을 통해 이해한 것을 확인하고 강화한다.
>   학습에 책임을 다하고, 자신의 것으로 반영과 적용할 수 있도록 인도한다.

세 번째 단계인 학습 다지기 단계에서는 이해한 것을 심화하는 것에 집중한다. (1) 형성 평가, 피드백, 탐색 연습, (2) 기록 관리와 목표 설정, (3) 학생의 자기효능감을 통해, 배운 것을 창의적으로 적용하고, 성장한 사고방식이 잘 조성되도록 한다. 이때 교사는 학생을 마치 예술적으로 이끌어 낼 진정한 지휘자이며, 다음 단계로 갈지, 전 단계로 돌아가야 할지 알 수 있게 된다.

퀀텀 러닝 티칭 사이클의 3단계는 증가, 순환, 반복을 통해 모든 학생들이 학습하도록 이끈다.

이 사이클은 효과를 증가시킨다. 왜냐하면 교사들이 한 학기에 대한 전박적인 내용을 개발할 수 있도록 돕기 때문이다. 뿐만 아니라 중간 과

도표 15. 퀀텀 러닝 티칭 사이클: 증가 - 순환 - 반복

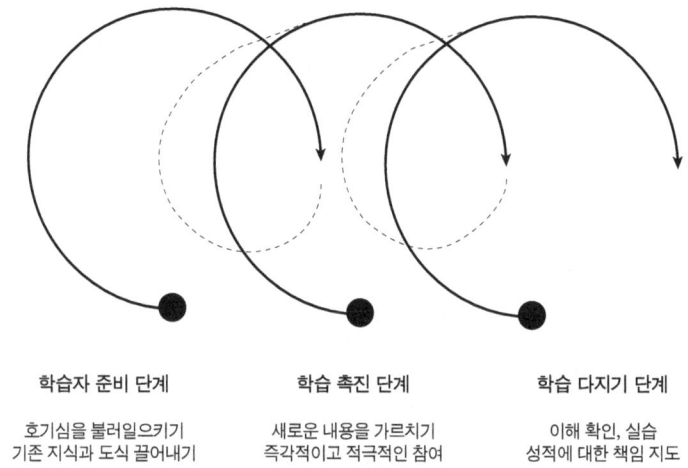

| 학습자 준비 단계 | 학습 촉진 단계 | 학습 다지기 단계 |

호기심을 불러일으키기
기존 지식과 도식 끌어내기

새로운 내용을 가르치기
즉각적이고 적극적인 참여

이해 확인, 실습
성적에 대한 책임 지도

정에서 단원별 교육 구조와 주간, 일간 계획을 짤 수 있도록 안내한다. 연속적으로 크고 작은 시도들을 하다 보면 내용에 대한 이해가 쌓여, 학생들 스스로 학습하도록 이끈다.

이 사이클은 순환적이다. 왜냐하면 전체 순환 혹은 부분 순환을 통해, 학생들이 자신감을 갖고 목표한 결과를 해낼 수 있을 때까지 필요한 만큼 순환적으로 진행되기 때문이다. 자연적인 학습은, 새로 배운 내용을 나중에도 사용할 수 있도록 장기 기억에 넣기 위해서 목적이 명확한 순환과 복습을 통해 이뤄진다.

이 사이클은 반복적이다. 왜냐하면 교사가 학생에게 이해했는지 계속 묻고 확인하면서 교육 방향을 학생들 개개인의 요구에 맞게 맞출 수 있기 때문이다. 완벽하게 이해하도록 연속적인 작은 단계를 거치고 나면, 오랫동안 기억할 수 있도록 바뀐다. 피드백, 다시 생각하는 연습, 복습을 통한 반복 숙달 훈련은 지식을 넓히고 실생활에 적용할 수 있도록 해 학

습의 새로운 기쁨을 일깨워 준다.

퀀텀 러닝 티칭 사이클 도식에서 알 수 있듯이, 각 3단계는 학생들의 요구에 따라 앞과 뒤로 순환하며 자연스럽게 반복된다.

1단계: 학습자 준비

학습 의욕 촉진과 기초 지식 준비
- 흥미를 자극해 호기심을 불러일으킨다.
- 공감과 경험을 통해 기존 지식과 도식을 끌어낸다.

새로운 내용을 가르치기 전에 학생들이 배울 준비를 하고 학습에 대해 마음을 여는 것이 얼마나 중요한지 표현하기 어려울 정도이지만, 이것은 자주 간과된다. 효과적인 학습을 위해서는 학생 스스로 배우고자 하는 의욕과 열린 마음, 깨어 있는 상태, 호기심, 또한 새로운 내용과 연결시킬 수 있는 경험이 필요하다.

호기심 자극

흥미를 자극해 호기심을 불러일으킨다. 호기심과 흥미 자극은 학생의 참여를 조성한다. 호기심은 집중력과 학습에 대한 긍정적 태도를 끌어낸다.

공감을 이끌어 내어 호기심으로 만들기 위해서는, 깜짝 놀랄 만한 요소를 주거나 '추측하기'처럼 강한 호기심 유발 활동을 하는 것이 좋다. 신선함, 움직임, 색깔, 비일관성, 인지적 도전, 휴먼 스토리, 뉴스 기사, 또는 그 외에 매력적일 수 있는 모든 것들을 이용해 어떻게든 시선을 사로잡거나, 놀라게 하거나, 흥미를 끌라. 이것에 도움이 될 만한 전략으로는 친밀한 관계 형성, 공통점 찾기, 연관 짓기 등이 있다. 이 과정을 통해 주

WII-FM에 맞추기

학생들은 교내 라디오 방송국에서 대부분 WII-FM(What's In It For Me? "나에게 어떤 의미가 있지?")을 듣는다. 교사들이 학생들의 주의를 끌고 호기심을 만들어 내는 것과 더 알고 싶은 마음을 갖게 하기 위해 감정적, 사회적, 신체적, 인지적, 혹은 반영적인 접근을 하지 않는 이상, 학생들은 빠르게 자기 생각과 공상으로 빠져 버린다. 호기심은 흥미를 사로잡는 것뿐 아니라, 학생들이 교사가 계획한 학급에서 계속해서 수업을 듣고 싶게 하는 요소를 포함한다.

제 탐구에 대한 몰입도도 얻을 수 있다. 또 다른 전략으로는 독특한 물건을 교실에 가져다 놓거나, "우리 중에 ___를 해 본 사람 있니? 자, 여길 봐!"와 같이 흥미를 끌 만한 질문을 하는 등의 작은 행동이 될 수도 있다. 변장하거나 수수께끼를 칠판에 쓰는 것이 될 수도 있다. 호기심 자극은 "여길 봐!"라고 시선을 끌 만한 인상을 즉각적으로 주기 때문에, 집중을 이끌기에 매력적인 방법이다. ("WII-FM에 맞추기"를 보라.)

학습 사이클을 시작할 때, 감정적, 인지적 초점과 더불어, 학습 체계나 지각 양식 또한 강조된다. 이때 중요하게 생각해야 할 것은 짧은 시간 안에 학생의 호기심을 자극하고 알고 싶은 욕구를 더 자극하는 것이다.

지식 끌어내기

사례, 게임, 실험 등의 경험을 통해 기존 지식이나 도식을 끌어낸다. 모든 학생들이 학습 상태로 들어갈 수 있도록 기존 지식이나 도식에 연결, 또는 새로운 지식이나 도식을 형성할 수 있을 경험 학습을 제공하라. 이것은 퀀텀 러닝의 뇌 원리 개념 중 하나다. 즉 학생들은 기존 지식 또는 도식과의 연결을 통해 의미를 찾는다. 우리는 새로운 개념을 형성할 때 필요한 내용을 같이 이해하기를 원한다. 정보로 가기 전에 공감하고 경험해 보는 것 또한 흥미와 집중, 학습에 대한 욕구 자극, 그리고 새로운 정보 흡수를 가능하게 한다. 이는 알고자 하는(그게 뭐지?) 욕구를 만들고 탐구하고 실험하고자 하는 뇌의 본래의 욕망을 이용한다.

학생들이 제한된 지식을 갖고 있을 때는, 새로운 학습에 접근할 수 있는 '신경 회로'에 접근할 수 있도록 교사가 비유나 다른 비슷한 개념을 제공해야 한다(Dubuc 2002). 경험은 한정된 상상력에 의해 제한된다. 이야기, 유추, 소품, 인지적 도전, 또는 재미있는 질문, 시나리오 또는 인생의 경험을 그려 보고 해결할 수 있을 만한 곤경에 처한 상황을 이용해 보라. 주제와 관련된 짧은 휴먼 스토리를 읽거나 말해 주는 것도 좋다. 소그룹으로 생각하는 시간을 갖고, 활동한 것을 말해 보게 하라. 비판적 사고, 토론, 문제 해결에 흥미를 일으킬 만한 비디오 자료를 보여 줘라. 신체적 게임이나 활동도 좋다.

또한 '행동을 통한 개념화'는 학생들에게 강력한 경험이 될 수 있다. 1988년 조지메이슨대학교에서 열린 학습과 뇌에 관한 학회에서 바버라 클락Barbara Clark은 뉴런의 개념과 기본 작용이 개인에게 어떤 의미가 있는지 알 수 있도록 설계한 '행동을 통한 개념화'를 증명했다. 다음은 그러한 활동이다.

학생들은 큰 원을 만들고 서서, 왼팔을 왼쪽 사람에게 뻗고, 왼쪽 손가락이 왼쪽 사람에게 2.5cm 간격을 유지하게끔 한다. 오른쪽 팔꿈치를 굽혀 어깨에 손이 가게끔 하고, 가능한 몸에 가까이 붙인 뒤, 손가락만 돌려 오른쪽 사람을 향하게 한다. 한 학생은 원 밖으로 나가서 비눗방울 한 병을 들고 서서 "시냅스"에서 "신경 전달 물질"을 불어넣을 준비를 한다.

학생들이 각자의 위치에 있을 때, 시작하기로 정해져 있던 사람이 "옆 사람의 발가락"을 살짝 밟는다. 모든 사람들이 "수상돌기"를 외치는 동안, 정해진 사람은 오른쪽 손가락을 꿈틀거리면서 신경 활동을 시작한다. 그러고 나서 모든 사람들이 "세포체"를 외치는 동안, 그 사람은 온몸을 꿈틀거린다. 그 다음, 사람들이 "축삭돌기"를 외칠 때, 왼팔을 꿈틀거리고, 마지막으로 왼손의 손가락을 꿈틀거린다. 그 순간, 거품을 부는 사람은 꿈틀거리는 사람의 왼쪽 손가락과 그 사람의 왼쪽에 위치한 오른쪽 손가락에 거품을 분다. 그리고 모든 사람들은 그때 "시냅스"를 외친다.

그러고 나서 그 순서는 두 번째 학생의 오른쪽 손가락에서 다시 시작하고 역시 학생들은 "수상돌기"를 외친다. 학생들이 "세포체"를 외치면서 두 번째 학생은 몸을 꿈틀거린다. 그리고 "축삭돌기"의 합창에 맞춰, 왼팔을 꿈틀거린다. 다음으로, 왼쪽 손가락을 꿈틀거리면 다른 학생들은 "시냅스"를 외치고, 비눗방울을 가진 사람은 다음 사람과 그 손가락 사이, 말하자면 "신경 회로"에 거품을 불어 준다. 이 과정은 각 학생들에게 계속 진행되면서 어떻게 정보가 한 뉴런에서 다른 뉴런으로 지나가는지 보여 준다.

학생들에게 '개념화'를 경험하게 하면(앞의 예는 뉴런과 메시지 전달), 행동, 개념, 새로운 언어를 기억하는 것이 쉬워진다. 이러한 기초를 통해 학생들은 추가적으로 어떻게 뉴런이 자신들의 나이와 능력에 맞게 기능하는지에 대한 지식을 개발할 수 있다.

이러한 효과적인 신체 입력 활동을 만들어 내기 위해서 확실히 해야 하는 것이 있다. 첫째는, '새로운 언어'는 그 활동에 필수적인 부분이라는 것이고, 둘째는, 학생들의 행동은 무엇이 학생들에게 입력되고 있는지를 반영한다는 것이고, 셋째는, 학생들이 무엇을 배우고 있는지 그 활동을 통해 알게 된다는 것이다. 이러한 요소들이 자리 잡을 때, 상호적인 신체 입력 활동은 많은 반복을 요구하는데, 그것은 새로운 언어를 오래 기억하도록 돕고, 동시에 그 활동이 학생들에게 '되고 있음'을 알게 해 준다.

호기심을 유발하는 것과 지식을 끌어내기 위한 전략은 대부분 같거나 비슷하다. 그러나 각각 다른 목적을 둔다. 호기심 전략은 학생들의 주의를 끌고 흥미를 유발하는 데 있다. 반면 지식 끌어내기 전략은 학생들에게 공통된 새로운 지식을 만들고, 알고 있는 것을 연결해 주는 경험을 제공한다.

2단계: 학습 촉진

상호 작용을 통한 지식과 기술의 발달
- 의미 있는 교수법과 상호 작용을 통해 새로운 내용을 가르치기
- 인지 과정을 통한 빠른 활동 참여

새로운 내용을 가르치기

의미 있는 교수법과 학생과의 상호 작용을 통해 새로운 내용을 가르친다. 어떤 이들은 사이클의 이번 단계를 전통적인 교사 중심의 교육 방법이라고 생각할지도 모른다. 하지만 사실은 그렇지 않다. 사이클의 모든 단계는 최적의 연습을 통해 학생들이 활동하고, 집중하고, 정신적으로 참여할 수 있도록 한다. 게다가, 이전에 강조했던 것처럼, 사이클은 학생들이 지속적으로 집중할 수 있도록 필요에 따라 반복적으로 복습한다.

학생들은 이미 알고 있는 것과 새롭게 배운 것을 이어 줄 흥미로운 경험 후에, 더 많이 배우기 위한 마음의 준비를 하고, 호기심을 갖게 된다. 학습의 질을 높이기 위한 이런 활동 중에 교사는 유연성을 발휘할 수

있고, 학생과의 상호 작용을 통한 이득을 얻을 수 있다. 그 연결이 확실할수록, 학습은 더 효과적일 것이다.

새로운 내용을 가르칠 때, 전체 내용을 단원별로 덩어리 지어 조금씩 접근하는 것이 중요하다. 이것은 초두 효과와 최신 효과를 통해 배운 것처럼, 학습 자료의 시작과 끝에 나온 내용을 더 잘 기억할 수 있고, 다시 불러일으킬 수도 있기 때문이다. 작게 덩어리진 접근들은 시간이 가면서 발생하는 복잡한 이해들을 학습하기 쉽게 묶어 준다.

각 덩어리마다, 학생들이 학습을 통해 앞으로 나아갈 수 있도록 다각도의 복습을 제공해야 한다. 시각, 청각, 촉각, 운동 감각적인 전략 단계를 교차적으로 사용하는 것은 학생들이 다시 기억하고 연결을 시킬 수 있도록 도와준다. 학생들을 관찰하고 이해 점검을 실시해 학생들이 학습 자료를 이해했는지 확실히 알아야 한다(12장 참조). 더 나은 학습을 위해 학생들이 지식을 다시 고치고, 활동에 참여하며 '학습 보수 공사'에 참여할 기회를 주어야 한다. 필요하다면 수정해야 한다.

빠른 활동 참여

인지 과정을 통한 빠른 활동 참여. 지식과 기술 습득을 위해 중요한 것은, 가르치는 동안 학생들에게 도전 과제를 주어야 한다는 것이다. 학생들을 깊은 인지 과정에 끌어들일 때, 학생들은 자신들이 최우선 순위로 사고력을 습득하고, 그 정보의 미묘한 차이를 배우고, 중요한 학습 기술을 기른다.

수업을 계획할 때 학생들에게 충분한 시간을 주어, 정확하게 생각하고, 문제를 해결하고, 쓰기와 말하기를 통해 의사소통하고, 협동하고, 궁금한 점을 생각하고, 반영하고, 깊이 생각하기 위해 그 밖의 필요한 다른 기술들을 사용하게끔 하라. 비판적으로 생각하는 과제를 추가해 보라. 다르게 보는 관점을 요청하라. 학생들이 그들의 생각과 의견을 표현하고, 경

힘을 나누고 또 깊이 생각한 후에 그 생각과 주장을 뒷받침할 수 있는 증거와 함께 이야기할 수 있도록 장려하라. 또 서로를 존중하며 다른 사람의 논리가 부족할 때, 그 의견에 질문하고 의문을 제기하도록 하라. 학생들은 다른 친구들과 함께 협동하고 의사 결정을 하기 위해 적어도 그 학년 수준의 대화 기술이 필요하다. 그들은 소그룹 활동에 참여하고 의사소통하는 가운데, 새로운 방법을 연습하면서 익힐 수 있다.

3단계: 학습 다지기

이해 심화 과정

- 이해 점검과 피드백을 통해 이해한 것을 확인하고 강화하기
- 성적에 대한 책임 지도, 반영과 적용 지도

이제 우리는 신중하게 학생들을 학습 상태로 준비시키고, 습득한 내용을 정교화하는 것을 통해 배운 내용을 내재화시키는 깊은 이해의 단계, 자신 있게 배운 것을 쓰고 말할 수 있는 단계로 이끌어야 한다. 이때 목표는 새롭게 배운 것을 장기 기억시키고 쉽게 사용할 수 있게 하는 것이다. 이를 위해서 우선 이해 점검을 통해 그들의 이해 정도를 확인하고 적용할 수 있게 지도해야 한다. 그 후 피드백을 해 주고, 잘못된 부분을 고치고 반영할 시간을 준다.

이해 확인과 강화

이해 점검과 피드백을 통해 이해한 것을 확인하고 강화한다. 내용에 대한 학생의 숙달 정도를 확인하는 방법에는 여러 가지가 있다. 학생들이 일별 학습 일지를 쓰고, 새로운 '자기 결정 학습 목표'를 세우고, 그 과정을 기

록할 수 있다. 일별 학습 일지는 매우 탁월한 평가 도구다. 왜냐하면 학생들이 다음 세 가지 질문에 답하게 되기 때문이다. (1) 나는 무엇을 배웠는가? (2) 배운 것을 어떻게 적용하는가?(또는 적용했는가?) (3) 어떻게 하면 내 성장을 끌어올리고 깊은 이해를 이룰 수 있는가?

학생들이 스스로 질문을 하면, 그에 대한 답도 스스로 찾고 싶게 된다. 학생들 스스로 질문의 답을 찾고, 쓰고, 발견한 학습을 다른 사람과 나눌 수 있도록 기회를 주라. 시간이 허락된다면 파트너 대화나 소그룹 대화도 좋다. 그런 다음, 비슷한 답을 가진 친구들끼리 모여, 공동 발표를 할 수 있도록 지도하라. 자유롭게 토론할 수 있도록 하고, 다양한 의견을 받으라. 학생들이 학습 일지를 완성하고 다른 친구들과 내용을 나누면서 배운 내용을 강화할 수 있도록 장려하라. 교사는 학습 일지를 학생과 함께 보고, 코칭이나 피드백해 줄 수 있다.

학습 일지, 자기 확인 질문, 성장 기록, 새로운 목표 설정은 학생들이 스스로의 학습 과정에 대해 책임감을 갖게 한다.

성적에 대한 책임 지도, 반영과 적용 지도

새롭게 배운 것을 자주 평가하고 개별적 피드백과 지도를 한다. 한 연구는 "신속한 대응과 의미 있는 피드백이 있는 빈번한 평가들은 학생이 스스로 개선할 수 있게 한다. 이는 다른 어떤 교육보다도 더 좋은 학습을 이끌어 낸다"(Black & Wiliam, 2003; Hattie, 2003, 2009, 2012; Hattie & Yates, 2014; Shatalov, n.d.)고 밝힌다. 피드백의 반영과 성장은 학생들이 메타인지 metacognition[22]적으로 성장하도록 도와준다. 학생들은 자신의 의견에 대해

---

22 자신의 인지 과정에 대해 사고하며 자신이 아는 것과 모르는 것을 자각하는 것과 스스로 문제점을 찾아내고 해결하며 자신의 학습 과정을 조절할 줄 아는 지능과 관련된 인식을

생각하는 법과 그 생각을 어떤 방법으로 향상시켜야 하는지 배우게 된다.

이 사이클의 중요한 부분은 학생들이 방금 무엇을 배웠는지, 어떤 차별성과 연결 고리를 만들었는지, 어떻게 배운 것을 사용할지 스스로 반영하기 위해 시간을 주는 것이다. 또한, 무엇을 했을 때 그것이 학습에 도움이 되었는지를 스스로 반영하는 것도 중요하다. 학생 스스로 내용을 잘 배우기 위해 무엇을 했는지 생각하지 않으면, 학생들은 안 되는 일들을 계속해서 반복할지도 모른다. 그래서 교사들은 학생들이 이룬 발전과 반영한 것들이 자신을 이끌어 갈 수 있도록 실천 방법을 개발하게 하기 위해 교사에게 어떻게 질문해야 하는지 가르쳐 줄 필요가 있다.

이것의 목적은 학생들이 스스로 학습을 이끌도록 유도하는 것이다. 반영하는 과정에 세심한 주의를 기울이고 매일의 삶 속에 성취하길 원하는 것을 배우기로 스스로 결정하면서, 그들은 학습에 대해 더 많은 책임을 가지게 된다. 이는 교사에 의해 흘러가듯 학습하는 것과는 다르다.

학습을 다지기 위해, 학생들이 연습과 적용을 통해 새로운 기술과 개념들의 이해를 높이는 시간이 미리 계획되고 확보되어야 한다. 가장 주목할 만한 이해 점검은 배운 것을 말해 볼 수 있는 창의적인 프로젝트의 발표와 완성이다. '적용'은 스스로 결정한 다양한 프로젝트, 연습, 활동, 그리고 자기 스스로 설계한 것들을 포함한 다양한 항목들 중 선택된 과제를 통해 증명될 수 있다. 새로운 지식과 기술의 적용은 스스로 동기를 부여하고, 창의성, 자기효능감을 강화하는 동시에 복습을 향상시킨다.

퀀텀 러닝의 철학 가운데 하나는 '학습을 기뻐하라'다. 학생들과 함께 학습한 것을 어떻게 적용할지에 대해 계획을 서로 나누고, 바로 옆에

말한다. — 옮긴이

있는 사람과 하이파이브를 하며, "좋은 생각이야," "난 매일 더 배우고 있어!"를 외치며, 수업 마무리와 학습 성취를 만끽하며 기뻐하고 축하한다. 서로 축하하는 것은 학생들이 사이좋게 어울리고, 학업 성취를 위해 올바른 길로 갈 수 있도록 해 주는 좋은 방법이다. 이 철학은 학습의 가능성과 기쁨을 연결하기 위함이다.

적용 계획과 진행 과제들이 서로 공유되면, 학생들은 다른 학생들이 새롭게 배운 것을 진지하게 적용할 수 있도록 격려한다. 이런 접근은 학생들의 참여와 나눔, 서로 격려할 수 있는 기회 없이, 교사가 만든 항목들로 접근하는 것과는 다르다. 협동하는 의사 결정과 문제 해결을 통해 계획과 과제를 공유하는 것은 학습을 위한 강력한 경험이다.

퀀텀 러닝 티칭 사이클 설계 가이드

이어지는 설계 가이드는 교사가 퀀텀 러닝 티칭 사이클 단계에 맞추어 수업을 계획하는 데 매우 유용한 도구다. 어떻게 학생들의 인지적 관심을 끌고, 주제에 대한 흥미를 유발하며, 기존 지식과 새로운 정보와의 연결 고리를 어떻게 만들지 등의 전략을 활용해 전달할 내용을 계획하는 것은 교사 중심의 진행에서 학생 중심의 학습 환경으로 옮겨가는 과정이다.

이 설계 가이드는 가르칠 내용을 공부하고, 보충 자료를 읽을 때, 아이디어를 구체화할 때, 수업에 사용 가능한 전략인지 확인할 때 정리된 표의 칸을 채워 가면서 따라갈 수 있도록 만들어졌다. 이 가이드를 통해 교사 계획의 방향을 잡을 수 있고, 가이드를 다 완성했을 때는 수업 전달과 진행하는 데 지도 역할을 할 것이다. 앞서 언급한 바와 같이, 수업 설계와 전달은 같은 목적을 향한 두 가지 방법이다. 교사는 심사숙고해서

도표 16. 퀀텀 러닝 티칭 사이클 — 설계 가이드

요소	주요 개념 러닝 시스템	전달 전략	이해 점검
학습자 준비 단계: 학습 의욕 만들기와 기초 지식 만들기			
흥미 유발을 통한 호기심 자극			
공감하거나 경험해 보게 하는 학습을 통해 지식과 도식 끌어 내기			
학습 촉진 단계: 상호 작용을 통해 지식과 기술을 발달시키기			
의미 있는 교육 방법과 상호 작용을 통한 새로운 개념을 가르치기			
인지 과정를 통한 빠른 활동 참여			
학습 다지기 단계: 이해 심화 과정			
이해 점검과 피드백을 통한 이해 확인과 강화			
성적에 대한 책임 지도, 반영과 적용			

수업을 설계하고 어떻게 하면 가장 효과적으로 전달할지 생각해야 한다. 이 외에 다양한 이유로, 퀀텀 러닝은 수업 전달 과정에 있는 교사들에게 길잡이가 되어 줄 수업 설계 가이드를 사용할 것을 권한다. 수업을 계획할 때 아이디어들은 어떤 칸에든 들어갈 수 있지만, 수업을 진행할 때는 설계 가이드의 순서를 따르라.

학생의 능력 향상

퀀텀 러닝 티칭 사이클은 3단계의 학습 과정을 잘 적용해 학생의 재능을 향상하도록 설계되었다. 학생의 능력은 교사의 치밀한 수업 준비를 통해 새로운 학습을 할 준비가 충분히 되었을 때 향상된다. 내용과 상호 작용할 수 있는 활동이나 직접 해 보는 과정, 학생들끼리 조별 활동을 하고 의사 결정해 보는 과정을 통해 이해를 촉진시킬 수 있다. 학습은 다지기 단계에서 학생들이 새롭게 배운 내용을 실습하고 적용할 때도 강화된다. 학생들의 능력을 뛰어나게 만들기 위해, 교사들은 '교사 질문 기법'을 포함해, 학생들 스스로 '비판적 사고하기'와 '학생 질문 기법' 등의 전략을 사용할 수 있다.

교사 질문 기법

교사 질문 기법은 사고와 읽기, 어휘력 등을 포함한 읽고 쓰는 능력을 발달시키는 데 도움이 된다(Ellis, 1993). 날카롭지만 흥미로운 질문으로 학습을 돕고, 학생들 개인 혹은 단체로 대답하게끔 진행한 교사와 함께 수업한 학생들은 학습을 사랑하는 경험을 한다. 학생들이 자기가 무엇을 배우고 있는지 개인적인 가치를 깨닫고 나면, 문제를 슬기롭게 논의하는 법을 배우고, 참여하기를 힘쓰며, 의견 표현하기를 꺼리지 않고, 최선을 다한다. 최근에는 교사의 질문에 대한 중요성이 많이 알려지고 있다. 높은 수준의 질문은 높은 수준의 사고방식을 만들어 낸다는 것은 새로 알려진 내용이 아니라, 소크라테스의 대화법(문답법)에도 나타난다. 교사 질문 기법의 중요성은 드가모의 1911년 논문에서부터 윌렌(Wilen, 1991, p.5)의 논문에 이르기까지 오래된 주제이기도 하다. 드가모는 다음과 같이 설명했다.

현명하게 질문하는 것은 현명하게 가르치는 것이다. 무엇보다 지혜롭게 질문하는 방법은 미술을 가르치는 것과 비슷하다. 마치 우리에게 선명하고 분명하게 생각하고, 상상력을 발휘하며, 사고를 자극하고, 행동을 이끌어 내는 가이드가 있는 것과 같다(DeGarmo, 1911, p.5).

그러나 교사들은 틀에 박힌 예/아니요 질문, 단순한 다시 말하기 질문, 과장된 질문, 정답을 유도하는 질문(Di Ranna, 2006)과 같은 낮은 수준의 질문법을 사용하는 경향이 있다. "이러한 유형의 질문은 학생들이 최소한의 생각을 하게끔 유도한다. 캐시 디 라나Kathy Di Ranna(2006)는 이렇게 썼다. "교사 질문 기법: 하나의 좋은 질문은 수천 가지 생각에 달하는 가치가 있다." 쏘아대는 질문, 전체 학생에게 하는 직접적인 질문, 기다리는 시간 없이 전체 정보의 작은 부분을 요구하는 질문보다는 다음과 같은 질문을 추천한다.

- 학생들이 고민하게끔 깊은 생각을 요하는 질문
- 소그룹 혹은 두 명의 학생들에게 하는 직접적인 질문
- 배운 개념들을 연결해 봐야 하는 질문
- 학생들이 어떻게 알고 있는지를 묻는 질문
- 학생들의 생각을 기다릴 필요가 있는 질문

교사들의 질문 기술을 향상시키기 위해, 디 라나(2006)는 학생들의 '뇌결합' 수준에 기초하여 유형별 질문의 개념(입력, 처리, 출력)을 설명한다. 입력 질문은 인지적인 다시 말하기 방법이다. 학생들은 기억에 의존하여 답을 알거나 혹은 모른다. 입력 질문에 연관된 단어들은 다음과 같다.

완성하다	확인하다	재인용하다	선택하다	말하다
나열하다	세다	정의하다	묘사하다	
발견하다	위치하다	맞추다	이름 붙이다	

(예를 들어, "내용을 확인했니?" "무엇을 발견했니?" "정의해 봐," "묘사해 봐," "다시 설명해 줄래?" 등)

이러한 유형의 질문은 특정한 정보를 저장하고, 다시 정확하게 기억하는 것이 요구될 때 필수적이다. 그러나 처리 질문은 학생들이 개념을 생각하고 그 개념이 무엇을 의미하는지 생각하는 것을 요구한다. 디 라나는 학생들이 '규칙'을 찾아내고, '깊이 생각'하게 하기 위하여 다음과 같은 단어들을 나열한다.

분석하다	그룹화하다	발명하다	조직하다	생산하다
정리하다	순서화하다	일으키다	요약하다	사용하다
보고하다	결합하다	대조하다	구별하다	쓰다
설명하다	추론하다	묘사하다	계획하다	
분리하다	보이다	관계 맺다	합성하다	
분류하다	비교하다	개발하다	측정하다	

(예를 들어 "결합해 볼까?," "묘사해 본다면?," "비교해 본다면?" 등)

출력 질문은 학생들이 새롭게 배운 개념들과 이미 갖고 있는 지식을 상호적으로 교류하게끔 요구한다. 디 라나는 이 결과를 발전시키기 위해, 즉 학생들이 학습의 결과에 스스로 책임지게 하기 위해 다음과 같은 단어들을 제시한다.

평가하다	확장하다	예측하다	결정하다
상상하다	판단하다	만들다	일반화하다
세우다	선택하다	예견하다	추천하다
예를 들다	추정하다	투영하다	논의하다

(예를 들어, "집에서 어떻게 실천할 수 있을까?," "예를 들면 우리 삶에 어떤 순간이 있을까?" 등)

디 라나는 앞에 언급한 세 가지 질문 단계를 사용하길 권한다. 이 과정을 거치면 학생들은 미국 국립연구회National Research Council에서 정의한 다음과 같은 '전문가'가 될 수 있다.

a. 사실에 기반을 둔 깊은 지식을 가진 자
b. 개념적 틀 안에서 사실과 생각을 이해하는 자
c. 검색과 적용을 촉진해 지식을 정리하는 데 능통한 자(Bradsford, Brown & Cocking, 1999)

교사들은 학생들이 질문에 의해 요구되는 생각들을 다시 생각해 보고, 다양한 단계로 생각하는 것에 익숙해지도록 도와주어야 한다(Walsh & Sattes, 2005, p.13). 학생들은 개념들을 이해하는 것에는 강하지만 다음과 같은 지표에 따른 심도 깊은 질문에는 약하다.

- 명확하게 하기: 이해한 것을 더 명확하게 하고, 자세하게 설명하고, 다른 말로도 설명할 수 있다.
- 방향 바꾸기: 개념, 현상, 혹은 주제의 다른 측면에 주의를 기울인다.
- 요약하기: 주된 생각을 서술하고, 더 확장된 생각을 반영해 종합한다.

- 확장하기: 새로운 상황에서 개념을 적용한다.
- 반영하기: 생각하고, 주의 깊게 고려하고, 무엇을 알고 있고 또 이전에 알지 못했던 부분이 무엇인지 토의할 수 있다는 것을 인지한다.

교육학자 로버트 마자노Robert Marzano가 말한 바대로, 질문의 모든 단계와 예상되는 지표는 앞서 계획되어야 한다.

만약 질문이 미리 준비되어 있지 않다면, 학생들에게 던지는 대부분의 질문은 지식과 이해력 질문일 것이다. "높은 수준의 사고를 요구하는 질문"은 만들어 내기 굉장히 어렵기 때문이다. 이러한 질문들의 목적은 이해했는지 확인하고 사고하는 기술을 향상시키는 것에 있다(Johnson, 2012).

낮은 수준에서 높은 수준으로 질문의 질을 높이면 학생들의 중요한 생각과 명상, 개념 이해를 명확하게 해 준다. 앞서 나열했던 단어들은 교사들뿐 아니라 학생들에게도 높은 수준의 사고를 발달시키는 데 도움이 될 것이다.

비판적으로 사고하기

여러 연구자들이 상위 수준의 사고에 대한 개념을 발전시켜 왔다(Brunet, 1990; Gagne, 1977; Gardner, 1983; Glaser, 1941; Marzano et al., 1988; Piaget, 1985; Vygotsky, 1934/1986). 그 이전부터 교육심리학자 벤저민 블룸Benjamin Bloom과 동료들(1956)은 상위 수준의 사고를 가르치기 위한 가장 중요한 자극에 대해 연구했다. 그들은 이를 위해 사고 분류 체계를 적용했다. 그러나 그들의 모든 위계적인 용어들(지식, 이해, 적용, 분석, 통합, 평가)은 지식의 분류나 행동을 반영한 것이 아닌 명사로 표현되어 있었다(Krathwohl, 2002). 로런

도표 17. 블룸의 분류 체계를 이용한 인지 과정 차원 동사 정리

		인지 과정 차원					
		기억하기	이해하기	적용하기	분석하기	평가하기	창조하기
		장기 기억에서 적절한 정보를 찾기	들은 내용, 글, 또는 도표 정보를 통해 의미 구축	배운 과정, 또는 방법을 수행하거나 사용	물질을 구성 요소 단계로 쪼개, 하나와 다른 하나, 또 하나와 전체 구조가 어떻게 연관되는지 결정	기준들과 표준들에 기초해 평가	새로운 구조 또는 패턴에 맞게 정보들을 재배열하거나 재조합
지식 차원	사실적 지식 미리 알고 있어야 하는 기본 요소로 규칙이나 문제 해결을 위한 것들	정의하다 확인하다 정보를 얻다 나열하다 이름 붙이다 순서 정하다 윤곽을 잡다 복습하다 인식하다 배치하다	분류하다 확인하다 증명하다 인식하다 재배치하다 선택하다 요약하다	완성하다 기입하다 해석하다	조직화하다 정리하다	순위를 매기다 등급을 정하다	조합하다 연결하다 통합하다 개인화하다
	개념적 지식 함께 기능할 수 있게 하는 기본 요소들 간의 관계	정리하다 묘사하다 맞추다 재인용하다	명료화하다 비교하다 대조하다 구별하다 설명하다 일반화, 추론 위치화, 지도 맞추다	적용하다 선택하다 완성하다 결정하다 해석하다 수정하다 요약하다	분석하다 토론하다 결정하다 식별하다 차별하다 구별하다 묘사하다 통합하다 해석하다 질문하다	평가하다 토의하다 평가하다 방어하다 감정하다 정의하다 고려하다 추천하다 관련 짓다 선택하다 지지하다	정리하다 수집하다 분류하다 결합하다 편집하다 구성하다 묘사하다 계획하다 예상하다 합성하다 쓰다
	방법적 지식 방법, 기술, 기법, 규칙들의 사용	순서를 정하다 암기하다	결론짓다 실습하다 예를 들다	계산하다 사용하다 만들어 내다 묘사하다 실행하다 수행하다 생산하다 해결하다 사용하다	구조화하다 수정하다	조직화하다 측정하다 수량화하다 점수화하다 시험하다	결론짓다 구축하다 설계하다 만들어 내다 생성하다 수정하다 재구축하다

앤더슨Loren Anderson과 데이비드 크래스월David Krathwohl(2001)은 블룸의 초기 분류를 행동을 담은 동사(기억하다, 이해하다, 적용하다, 분석하다, 평가하다, 만들다)로 대체해, 자연적으로 발생한 생각을 표현하기에 더욱 적합한 것으로 바꿨다. 또한 '평가하기'보다는 '사고하는 것'을 최상위 단계로 놓았다. 교사들은 이렇게 완성된 블룸의 분류 체계와 지식의 목적을 결합하여, 비판적으로 사고하는 기술을 가르칠 수 있다. 도표 17을 참조하라.

인지 과정 차원은 학습에 사용되는 절차 또는 사고 유형과 연관이 있다. 지식 차원은 배운 것이나 지식 유형의 정보를 다루는 것에 대한 것이다. 인지 과정 차원에서 오른쪽 칸으로 이동할수록, 더 높은 수준의 학습이 이뤄진다.

1996년 심리학자 다이앤 헬펀Diane Halpern은 《비판적 사고에 대해 비판적으로 사고하기Thinking Critically about Critical Thinking》에서 "연구에서 보여 주는 것은, 비판적으로 사고하는 기술은 배운 내용이나 알고 있던 내용의 서로 다른 맥락이 갖고 있는 넓고 다양한 문제에 대한 연습이 꼭 필요하다는 것이다"라고 말한다. 이러한 까닭에 우리는 소그룹 활동을 통한 의사 결정과 학생 질문 기법에 의한 의사소통 기술 발달이라는 맥락에서 '비판적 사고 교육법'을 다루는 것이다. 퀀텀 러닝 시스템에서 의사 결정은 매우 중요하다. 왜냐하면 소그룹에서 이뤄지는 의사 결정 활동을 통해 학생들에게 학습에 대해 스스로 책임지는 태도와 비판적으로 사고하는 것을 가르칠 수 있기 때문이다.

비판적 사고 분야 전문가인 리처드 폴Richard Paul과 린다 엘더Linda Elder(2002)는 비판적 사고만이 훈련된 뇌의 결과물이라고 본다. 여기서 말하는 결과물들은 1차적인 사고에서 벗어나서, 자발적이고, 비반영적이며, 통찰력이 있고 편견들과 좋고 나쁨의 추론, 옳고 그름의 추정이 가능한 것을 말한다. 무엇보다도 이들은 '반영'하는 2차적 사고들과 의식적 사

도표 18. 마음의 특징

훈련된 마음의 특징	훈련되지 않은 마음의 특징
지적 정직	지적 위선
지적 겸손	지적 오만
지적 공평함	지적 불공평함
지적 인내	지적 게으름
지적 공정함(편견 없음)	지적 불공정함
이유에 근거한 지적 자신감	지적 불신
지적 용기	지적 비겁함
지적 공감	지적 자기중심성
지적 자주성	지적 동조

고, 분석, 평가, 재구성된 사고들을 지지한다. 도표 18은 폴과 엘더의 목록인데, 훈련되고 훈련되지 않은 마음과 태도의 특징을 보여 준다.

폴과 엘더는 지적 오만에 대해 "자신의 지적 한계에 대한 자각이 부족하다, 자기기만, 또는 제한된 자신만의 관점 때문에 그것을 바로 볼 통찰력이 거의 없는 상태"라고 정의한다. 그들은 어떤 사람들은 자신의 편향이나 편견을 모른다고 지적하면서, "그들이 알고 있는 것보다 더 많이 알아야 한다고 주장한다"(p.22). 그에 비해, 지적 겸손은 자신의 무지, 지적 한계, 그리고 편향, 편견이 있는 부분에 대해 알고 있는 것이다. 이런 지적 특징들은 교사가 자신에 대해 정확히 알아야 하기 때문에 중요하며, 또한 "잘 훈련된 뇌 특성"을 학생들에게도 길러 줄 수 있기 때문에 중요하다. 하지만 폴, 앨더, 바르텔(Paul, Elder & Bartell, 1997)은 38개 공립, 28개 전문대학와 일반 대학교에 있는 교육학 교수 140명을 대상으로 '비판적 사고' 능력에 대해 평가했을 때 충격적인 결과를 발견했다. 그 후 몇 년 사이에 변화가 있었다고 할지라도, 여전히 이 연구는 곳곳에서 이뤄지는 교사 준비 프로그램의 변화에 중요한 질문을 던진다.

그 연구는 (1) 비판적 사고에 대해 정의하고, (2) 예비 교사들에게 글을 읽을 때 비판적 사고를 어떻게 사용하도록 설명할지, (3) 예비 교사들이 비판적 사고에 대해 학생들에게 효과적으로 가르칠 만한 충분한 자질을 갖췄는지 평가하기 위해서 어떻게 하면 좋을지 등을 교수들에게 질문했다. 89%에 속하는 대부분의 교수들은 자신들이 가르치는 '비판적 사고'의 중요성과 주요 목적에 대해 인식했지만, 77%는 내용을 가르칠 때 어떻게 '비판적 사고'를 발전시킬지 설명하지 못했고, 단 19%만이 '비판적 사고'의 의미에 대해 명확하게 설명할 수 있었다. 이보다 적은 9%만이 효과적으로 '비판적 사고'를 가르쳤다.

다시 말해, 교수들조차도 교과 내용에 포함되어 있는 '비판적 사고'에 대한 명확한 이해가 없이 용어만 차용하는 경우가 있다는 것이다. 사실, 오직 8%만이 예비 교사의 '비판적 사고' 기술을 평가할 표준 또는 기준에 대해 "이해할 수 있는 설명을 제공"했다. 어떻게 이들이 '교사가 비판적 사고를 가르칠 수 있도록' 준비시킬 수가 있겠는가? 단 9%만이 복잡한 현대 사회에서 비판적 사고력이 필요하다고 느끼는 반면(그 9%는 왜 비판적 사고가 중요한가 혹은 어떻게 그것이 유용할 수 있는가에 응답한 이들은 아니다), 69%는 동료 혹은 학생의 자기 평가가 어떻게 비판적 사고를 발전시킬 수 있는가에 대하여 전혀 없거나 혹은 최소한의 지침을 제공했다.

다음은 인터뷰에 응한 교수들이 언급한 것이다.

학생들이 명확하고, 엄밀하고, 정확하고, 적절하거나 혹은 논리적으로 생각하는 것이 중요하다고 응답했다. 소수만이 기초적인 사고 기술, 즉 명확하게 하는 기술, 연관된 데이터를 모으는 기술, 논리적이거나 유용한 결론을 추론하는 기술, 중요한 가정을 확인하는 기술, 의미 있는 암시를 추적하는 기술, 그리고 왜곡되지 않고 또 다른 관점으로 바라보는 기술에 대해 언급했다 (Paul, Elder & Bartell, 1997, p.22).

어떤 응답자들은 지적인 겸손함, 인내, 책임 등 비판적 사고에 필요한 태도나 마음가짐의 특징들을 이해하지 못했다. 그 연구팀은 인터뷰에 응한 상당한 수의 교수들(대부분의 교육학 교수)이 비판적 사고와 지적 기준들의 연결을 이해하지 못한다고 결론 내렸다. 폴, 엘더, 바텔(Paul, Elder, & Bartell, 1997, p.32)은 모든 결과를 반영해 이렇게 말한다.

우리는 지금 비판적 사고, 혹은 어떻게 비판적 사고를 가르칠지에 대해 거의 이해하지 못한 교사들뿐 아니라, 잘못되었음에도 불구하고 자신감 있게 자신들이 잘하고 있다고 생각하는 교사들에 대해 증명하고 있다. (그들을 위한) 열린 마음은 복잡한 질문에 동등한 "가치"를 두어, 모든 사람의 대답을 받아들이려고 하기 때문에 오히려 혼동될 것이다. 그것은 예비 교사들이 추론의 기본 구조를 교육받는 것과는 또 다른 일이다.

높은 수준의 사고를 포함하는 수업들은 애매함과 혼동을 줄이고, 사고하는 것에 대한 학생들의 태도를 향상시키기 위해서, 특히 명확한 의사소통이 요구된다. 발판(수업의 첫 부분에 학생들을 도와주고, 점차 학생들이 독립적으로 활동하도록 요구하는)은 학생들이 높은 수준의 사고하는 기술을 발달시키도록 도와준다. 하지만 과하거나 미흡한 도움은 오히려 좋지 않은 영향을 주기 때문에 유의해야 한다.

유용한 학습 과정에는 시연, 정교화, 조직화, 메타인지 능력이 포함된다. 직접적 교육 방법(교사 중심의 발표)은 조금만 사용되어야 한다. 교사의 발표는 짧아야 하고(학생들 나이에 비례해 나이당 1분(나이 곱하기 1분), 그 후에는 이해를 심화시키기 위한 실습을 이끌어야 한다. 또한 폴, 엘더, 바텔 (1997)의 내용을 살펴보면, 수업 내용을 통해 비판적 사고 기술을 발달시키는 것이, 교사와 학생 모두에게, 비판적 사고를 키우는 가장 좋은 과정일지 모른다. 더 나아가, 메타인지 교육 방법은 자신의 생각에 대해 질문하는 것을 배우게 하고, 질문의 영역을 넓히는 것을 유도할 수 있다. 학습 내용을 읽을 때, 읽는 사람이 무엇을 읽고 있는지 비판적으로 사고하는 데 실패하고, 이해한 것을 질문하는 데 실패한다면 거의 의미가 없다고 볼 수 있다.

폴과 엘더(Paul & Elder, 2002)는 교사와 학생이 질문하는 기술을 배우지 않는다면, 그들이 하는 질문은 거의 의미가 없을 것이라고 말하며, 비판적 사고는 '질문하기'와 함께 점차적으로 발전할 것이라고 주장한다. 또한 교사들이 본보기가 되어, 학생들을 깊은 사고로 인도하는 방법과, 비판적 사고를 가능하게 하는 좋은 질문 방법을 배울 필요가 있다고 강조한다. 좋은 질문을 하지 않는다면, 우리의 관심이 점점 좁아질 것이고, 결국 문제 해결도 힘들어질 것이라고 말한다. 다시 말해, 우리가 학생들에게 비판적 사고를 이끌어 내는 질문을 기대한다면, 교사에게는 그것을 이끌어 낼 책임이 있는 것이다.

학생 질문 기법

"모든 학습은 질문으로부터 시작된다"(Chuska, 2003). 워런 버거Warren Berger는 《어떻게 질문해야 할까: 혁신적인 아이디어를 만드는 3단계 질문의 기술A More Beautiful Question: The Power of Inquiry to Spark Breakthrough Ideas》(2014)에 가장 창의적이고 성공적인 글을 쓰는 사람들은 '질문하기'의 전문가인 경우가 많다고 썼다. 그는 구글, 넷플릭스, 드롭박스, 넥스트

같은 기업과 예술가, 교사, 기업인, 사회운동가 등이 어떻게 변화를 이끌어 내는지 말한다. "휴대전화와 인터넷 같은 혁신적인 발명품들은 누군가의 '훌륭한 질문'에서부터 시작되었다." 그는 미국의 첨단 산업 단지인 실리콘밸리 안에서는 "질문이 곧 새로운 답"이 될 것이라고 본다.

학생들은 교사의 질문에 답하는 것에서 스스로 묻고 답하는 것으로 전환하는 것을 왜 어려워하는 것일까? 교육학자 리처드 세거Richard Sagor(2002)는 그 이유를 학생들이 교실에서 발표하는 것, 또는 자신에게 의미 있는 질문을 물어보는 것이 안전하지 않다고 느끼거나 멋진 행동이 아니라고 생각하기 때문이라고 설명한다. 사실 친구들끼리 스케이트보드 타는 법에 대해 물어볼 때 망설이지는 않는다. 우리는 학생들이 질문할 때 망설이는 이유를 세 가지로 정리했다.

(1) 교사들은 오래된 사고 틀 안에서 80%가 넘는 대부분의 질문을 하는데, 이것들은 보통 낮은 수준의 질문들이다.

(2) 그동안 연방이나 미국 학생 성취도 평가 기준에서는 고차원의 생각을 요구하기보다는 정보 기억을 강조했다. 정부가 정한 필수 과목 및 다른 기준들이 변화를 불러올 수 있다.

(3) 학생들은 스스로 질문하는 것에 대해 본보기가 될 만한 열정을 가진 교사를 거의, 혹은 전혀 본 적이 없다. 대부분이 '질문하기'를 가르치거나 장려하지 않는다.

이런 상황에 변화를 주기 위해 최선을 다하는 연구자가 있다. 하버드대학교 교육대학원 바른질문연구소Right Question Institute의 공동 책임자로 《한 가지만 바꾸기Make Just One Change: Teach Students to Ask Their Own Questions》(2011a)를 쓴 대니얼 로스타인Daniel Rothstein과 루즈 산타나Luz Santana다. 그들은 "질문 형성 기술(Question Formulation Technique: QFT)"이

라는 전략을 제시한다. 이 전략에는 교사가 주제 문장(예를 들어, 둥근 구조물은 지질학과 사회학에 영향을 미친다)을 칠판에 쓰고 학생들이 이 문장과 관련된 질문들을 최대한 많이 만들어 내도록 하는 기술이다. 개별, 소그룹, 또는 학급 전체 단위로 진행할 수 있다. 전체 질문 목록이 만들어지면, 학생들은 필요에 따라 질문을 개선하고, 가장 강력한 질문 순으로 우선순위를 매긴다. 그 후에 이 질문들을 어떻게 사용할지 결정한다. (어떻게 대답할지는 중요하지 않다.)

앞서 제시한 방법으로 둥근 구조물에 대해 질문한 후, 한 6학년 학생에게 질문했을 때, "스스로 질문을 만들었을 때, 이 일이 내 일처럼 느껴졌고, 알아내고 싶은 마음이 생겼다"고 답했다. 다른 학생은 "단지 질문에 대해 생각했을 뿐인데, 집중하고 싶은 마음이 생겼고, '와! 이 질문이 훨씬 더 좋겠는데, 이건 정말 내가 생각해 보고 싶었던 내용이야!'라는 생각이 들었다"고 답했다. 로스테인과 산타나는 "학생들이 자신만의 질문 방법을 알았을 때, 학습에 대한 엄청난 책임감과 깊은 이해, 그리고 기존 지식과의 새로운 연결 고리를 만들어 낸다"고 결론지었다(2011b, p.1).

"사고력, 즉 일생을 통한 탐구와 새로운 지식의 완성은 질문과 중요한 질문을 찾아내는 능력에 달려 있다"(Richetti & Sheerin, 1999). 이보다 앞서 공대 졸업생들의 지식 기반은 새로운 정보의 통합이나 새로운 접근을 하지 않을 경우, 4년 정도 유용하다는 연구가 있다(Rubenstein, 1998). 정보가 더 빠르게, 믿기 어려울 정도의 속도로 변화되고 새로 나오기 시작하면서, 오늘날의 학위 증명서가 갖는 지식의 지속성 또한 확실히 짧아졌다. 그러므로 교육자들은 학생들이 스스로 강력하고 의미 있는 질문을 할 수 있는 능력을 기를 수 있게 도와야 한다. 교사의 효과적인 질문과 '들어주기' 전략을 통해 학생들 스스로 흥미로운 질문을 만들어 내고, 학습할 수 있도록 북돋아 동기 부여할 수 있다.

교사 질문 기법에서 학생 질문 기법으로 이동하는 것은 교사에게 엄청나게 큰 변화다. 어떤 교사들은 이제부터 이야기할 제니 프리스Jenny Fries처럼, 좋은 결과를 얻고 싶은 강한 바람과 함께 새로운 시도를 하기로 결정할지도 모르겠다. 프리스는 9학년부터 12학년을 가르치는 기하학 교사다. 그녀는 3주 안에 학생들이 "참여하지 않고, 흥미 없고, 지루하게 있는 것"에서 벗어나 "적극적인 학습자"가 되기를 기대했다. 그녀는 아래의 글을 쓰면서 자신이 '교사다운 몸부림'을 치고 있음을 깨달았다.

> 내 방식에 변화를 주기 전에, 나는 집중하지 않는 학생들을 비난했다. 하지만 내 교수법을 돌아본 후, 학생들의 지루함이 내 질문 기법 때문에 생겼거나 적어도 증폭됐다는 것을 알게 되었다. 만약 내가 학생들이 더 비판적으로 사고할 수 있도록 이끌었다면 수업 자료에 대해 더 잘 이해했을 것이고, 수학적 지식도 향상됐을 것이다(Fries, 2011, p.1).

안타깝게도 프리스는 스스로 적절한 방법을 찾는 것에 실패했다. 3주 동안, 그녀는 자신이 낮은 수준의 질문을 한다는 것과, 대상(기하학 책 한 단원에 나오는 내용)에 대해 '강의와 질문' 형식으로 수업을 진행한다는 것을 발견했다. 그래서 자신의 오래된 수업 방식에 '필수적인' 질문을 추가해 학생들을 일깨우려고 시도했다. 하지만 학생들에게 이러한 실험에 대해 충분히 설명하지 못했고, 좋은 질문을 위한 적절한 기술을 발달시킬 훈련도 제공하지 못했다. 사실 '필수적인' 질문들이 상당한 변화를 만들기를 기대했다. 물론, 그녀는 실망했고, 학생들이 작성한 사전, 사후 설문조사에도 학생들의 부정적인 태도는 여전히 남아 있었다.

우리는 '필수적인' 질문들을 포함해서, 잘못된 전략과 노력은 교사의 능력은 물론, 학생들의 기하학에 대한 이해, 또는 태도에 어떤 변화도 일으킬 수 없다는 안타까운 내용을 나눴다. 반면, 로스테인과 산타나 (Rothestein and Santana, 2011a & 2012b)의 "질문 형성 기술(QFT)"은 연구를 통해 잘 설계되고 입증된 것이며, 6가지 단계로 이 상황에 접근한다.

다음은 학생들에게 의미 있는 질문을 촉구하기 위한 질문 형성 기술에 대한 내용이다.

- 1단계: 교사들은 질문의 핵심이 무엇인지 생각한다.
- 2단계: 학생들은 교사의 도움 없이 정해진 규칙에 따라 질문을 만들어 낸다.
  - 할 수 있는 만큼 많은 질문을 한다.
  - 토론하지 않고, 판단하지 않으며, 질문에 답하지 않는다.
  - 먼저 서술형으로 질문을 작성한다.
  - 그 서술들을 질문으로 바꾼다.
- 3단계: 학생들은 폐쇄형 질문(방과 후에 자율 학습을 해야 하나요?) 혹은 개방형 질문(왜 당신은 방과 후 자율 학습이 좋은 혹은 나쁜 의견이라고 생각하나요?)을 분석함으로써 자신이 던진 질문의 질을 향상시킨다. 자신의 질문을 이 기준에 따라 분류한다. 교사들은 두 종류의 질문이 갖는 장점과 단점을 토론할 수 있게끔 유도하고, 학생들은 한쪽에서 다른 쪽으로 질문을 바꾸어 가며 '질문하기'를 연습한다.
- 4단계: 학생들은 목적에 기초한 교사들의 기준과 지침에 따라 질문의 순서를 정한다. 예를 들어, 우선 더 생각해 보고 싶은 질문을 세 가지 선택한다. 이때 학생들의 사고 체계는 (많은 가능성이 있는) 확산적 사고에서 (한 가지에 몰두한) 집중적 사고로 움직인다.
- 5단계: 학생들과 교사들은 이제 그 질문들을 어떻게 사용할 것인가에 따라 다음 단계를 결정한다. 한 예로, 학생들은 다음 질문을 더 탐구해 보기로 결정한다. 찰스 디킨스의 소설 《두 도시 이야기 *A Tale of Two Cities*》에서 어떻게 가난과 불평등이 폭력을 가져 왔나?"

- 6단계: 학생들은 이러한 질문 순서를 통해 배운 것을 적용해 본다. 교사는 학생들이 질문 형성 기술(QFT)을 통해 질문을 만들어 내고, 향상시키고, 순서를 정하는 과정을 통해 무엇을 배웠는지 토론하게끔 한다. 명확한 절차는 학생들이 무엇을 배웠고, 어떻게 이 과정이 사고 체계에 적용되는지 알 수 있도록 도와준다. 학생들은 이 절차를 내면화할 수 있고, 여러 다른 방법으로 적용할 수 있다.

질문할 만큼 학교가 학생들에게 편안하지 않고, 질문하는 행동이 그다지 멋있게 보이지 않는다는 말에 상응하여, 버거(2014)는 두 가지 모두 보완해 줄 특별한 전략을 제안한다. 멋있게 질문하는 것과 같이, 모든 멋있는 발명품들, 예를 들어 스마트폰과 애플리케이션, 올림픽에 출전한 스노보드 선수들의 자유로운 생각에 의해 나온 새로운 동작들은 "왜 안 돼?"라고 묻는 사람들로부터 시작된 혁신이라는 것을 강조하는 것이다. 가장 흥미로운 새로운 것들은 현재의 상황을 뛰어넘어 질문하는 것, "만약?" 때문에 생겨난다.

1986년 제이미 매켄지Jamie McKenzie와 힐러리 데이비스Hilarie Davis가 쓴 《학생이 질문을 만들어 내는 학급 전략Classroom Strategies to Engender Student Questioning》(1986)은 학생들이 질문을 통해 스스로 학습할 수 있도록 인도하는 훌륭한 아이디어들을 제공한다. 매켄지와 데이비스는 학급 구성을 위한 다양한 방법을 보유한 학습 컨설턴트들이다. 그들은 학생들이 질문을 시작하도록 해 주는 다양한 방법 15가지를 제시한다. 그 방법들은 새로운 단원 시작부터, '질문하기' 숙제, 프로젝트 연구, 과학, 공연 예술을 어우르고, 또한 (미국의) 유치원에서부터 고등학교까지 적용될 수 있는 것이다. 예를 들어, '질문하기' 숙제에는 다음과 같은 지침이 있다.

- 읽으면서 가장 흥미로운 질문을 찾되, 답을 하지 않는다.

- 저자가 대답하고자 했던 질문을 찾아본다.
- 대답하기 위해 적어도 10분 정도 생각할 시간이 필요한 질문을 써본다.
- 답이 없거나, 혹은 무한한 수의 답이 있는 질문을 찾는다.
- 내일 수업 중 남은 시간에 해결할 수 있을 만한, 큰 질문에서 파생된 작은 질문들을 생각해 본다.
- 흥미를 불러일으키거나, 자극이 되는, 또는 궁금해서 참을 수 없을 만한 질문을 세 가지 생각해 본다. (기술이 필요한 수학이나 단어 문제 등)
- 문제에 가로 막혔다면, 무엇에서는 막히지 않았는지 나눌 준비를 한다.
- 이 숙제를 끝마쳤을 때, 당신이 갖고 있는 질문은 무엇인가? (그들의 노력을 평가하기 위함이다.)

매켄지와 데이비스는 이렇게 말한다. "실패에 부딪혔을 때 대응해나갈 수 있도록 가르치는 것, 이것이 바로 학습의 도구다. 더 탐구해야 할 필요가 있을 때, 목표를 이루기 위한 또 다른 대안들이 있다는 것을 깨닫는 것은 학생들에게 의지력을 줄 수 있다." 9년 후 카네기교육진흥재단 이사장 어니스트 보이어Ernest Boyer는 다음과 같이 동의를 표했다. "오늘날 교육받은 사람이란 물어보기에 적합한 질문을 아는 사람이다"(Fiske, 1991, p.65). 학생들에게 중요한 질문을 하는 방법과 그에 답을 찾는 방법까지 교육한다면, 그들이 평생 동안 교육받을 수 있도록 돕는 것이다.

5부 신체적 학습과 전달 요소

9장 신체적 학습법

신체적 학습법은 감각 경로(시각, 청각, 촉각, 운동 감각)와 연관이 있고, 특히 체험 학습과 신체의 움직임을 강조한다.

생존과 관계된 상황이 아닐 때, 예를 들면 예술 작품 연구, 노래를 위한 작사 활동, 모형 조립, 또는 레슬링 경기 참여와 같이 다른 뇌 시스템이 연관되든 안 되든 신체적 학습 시스템은 작용한다(Given, 2002). 이와 같이 뇌에 큰 부위가 손을 이용한 활동이나 신체의 움직임에 관여한다. 하지만 아이들이 커갈수록, 학교의 체육 시간을 제외한 다른 체험 활동이 학습을 위한 신체 활동을 평가절하하는 경우가 있다. 경제적 위기가 오면 체육 수업 예산은 삭감될지도 모른다.

역사적인 사건을 직접 연기해 볼 기회를 줄 때, 예를 들어 모의재판을 하거나 모형을 만들거나 몸동작을 이용해 개념을 묘사하는 등의 신체적 학습법은 인지적 이해와 학업 성취도를 높인다. 움직이고 활동하면서 새로운 것을 배우면 그 신체 활동이 신체적 학습 시스템에 정보 저장 기회를 제공하면서, 학습이 즐거운 것이라는 경험을 하게 된다. 이것은 수학과 사회를 배울 때에도, 마치 골대에 골을 정확히 넣듯이, 매우 효과적인 방법이다. 뇌의 신체적 학습법은 '행함Doing'을 통해 학습한다.

우리가 시각이나 청각 경로를 이용해 학습할 때도, 촉각(체험), 혹은 운동 감각과 함께 작동하거나 조율하고, 생리학적으로 완전히 자연스러운 상태가 되었을 때는, 4가지 감각 경로(시각, 청각, 촉각, 운동 감각)가 상당히 적절하게 서로 조화를 이루며, 촉각(체험)과 운동 감각은 신체적 학습에, 시각과 청각은 읽기와 말하기 등에 참여한다. 학생과 성인 모두 개인이 선호하는 학습 경로가 있지만, 자신이 선호하는 경로뿐만 아니라 모든 경로를 통해 학습하기 때문에, 퀀텀 러닝의 교사들은 4가지 경로를 모두 활용한다.

촉각(체험)과 운동 감각은 학급에서 사용되는 교육 방법 중 가장 등한시된 감각 시스템이다. 지금부터 우리는 학습 성과를 높여 주는 체험 학습, 운동, 움직임에 집중하려고 한다. 신체 활동은 대근육과 소근육의 움직임을 통해 뇌 기능의 기초를 형성하고, 정신 건강에 영향을 미친다. 또한 교사는 움직임을 통해 학생들의 행동에 영향을 주는 등 인지적 활동에 다양한 역할을 한다.

대근육 움직임(운동 감각)과 체험 학습(촉각) 안에는 중복되는 개념이 존재한다. 이 둘은 하나로 논의되기도 하지만, 실재로는 다른 것이다. 예를 들어, 전문 무용수들은 복잡한 건축 모형을 만들거나 소근육을 사용하는 활동을 매우 힘들어할 것이다. 반면에 촉각적 학습자들은 놀 때를 제외하고는 어떤 대근육도 사용하길 원하지 않을 것이다. 두 감각 모두 전두엽 뒤쪽에 있는 1차 운동 피질 영역이 활성화되지만, 그 안에서 다른 부분에 활동이 나타난다. 7장의 도표 9를 참조하라.

촉각(체험) 학습

체험 학습은 학습 강화를 위해 손을 사용하는 것이다. 예를 들어 만들기, 쓰기, 가위로 자르기, 모래 종이 위에서 손가락 움직이기 또는 손을 포함한 다른 신체 활동들과 연관된다. 체험 학습은 가장 강력한 학습 방법 중 하나다. 왜냐하면 학생들이 무언가를 만드는 활동에 참여하는 동안 새로운 개념이 신체적, 인지적 양쪽 방향으로 깨달을 수 있기 때문이다. 게다가, 체험 학습적 교육 방법은 비판적 사고와 문제 해결, 그리고 다른 사람과 함께 일할 때 사용하는 대화 기술, 협동심, 창의적인 기술 또한 강화할 수 있다(Bass, Yumol & Hazer, 2011).

RAFT(Resource Area For Teaching 교육자원지원센터)는 교사들이 모든 과목에 체험 학습을 사용하도록 설득했다. 그들은 미국 학교들이 전반적으로 경험하는 실패의 근본적 원인을 찾아 성취 격차를 줄일 수 있는 해결책을 찾고자 했다. 이를 참여 격차라고도 한다(RAFT, Feb 2013, p.1). 참여 격차가 일어나는 것은 학생들이 학습에 대한 열정을 잃고 있음을 보여 주는 증거라고 그들은 말한다. 다시 말해, 그동안 일반적으로 학급에서 학생들은 주로 질문을 듣고, 읽고, 답하는 것으로 새로운 지식이나 기술을 배워 왔지, 그들이 직접 조립하거나 만드는 경우는 드물었기 때문이다.

이는 학생 참여도를 관찰해 온 RAFT만의 이야기가 아니다. 미국 교육부에서도 남서부지역교육연구소(Fredricks et al., 2011)에서 "체험 학습에 대한 중요성"을 언급한 바 있다. "학생 참여도는 성취도와 상관관계를 보였다"고 연구팀은 말한다. 게다가 "참여도가 높은 학생은 표준화된 시험에서 더 좋은 성적과 성과를 낸다"는 것도 발견했다(p.2). 심지어 손을 사용하는 기회가 전혀, 또는 거의 없었던 학생들에 비해, 신체적 활동에 참여한 학생이 복잡한 개념을 이해하고 어려운 기술을 연마하는 것에 훨씬 큰 노력을 기울였다(RAFT, 2013, p.2).

하버드대학교 연구팀(Ward, Sadler & Shapiro, 2008)이 실시한 체험 학습 연구에서, 3학년 학생 72명을 '숙어와 말하기 부분에 대한 모국어 교육 방법' 실험을 위해 통제 집단과 실험 집단으로 나누었다. 두 집단 모두 동일한 강의식 교육을 진행했는데, 실험 집단은 손으로 하는 활동이나 그리기 활동이 추가적으로 진행되었다. 예를 들어, 형용사에 대해 공부할 때, 실험 집단은 얼음 조각을 만져 보면서 그것을 묘사해 보고, 떠오르는 숙어를 그림으로 그리게 했다. "그녀는 얼음같이 차가워," "그 의견은 너무 냉담해, 다시 생각해 보는 게 좋겠어," "나는 너무 무서웠고, 내 피는 얼어붙는 것 같았어"와 같은 표현들이다.

다른 연구에서는 약 750명 초등학교 3~6학년 학생들과 약 650명 4~6학년 통제 집단을 비교하였다(Ward, Sadler & Shapiro, 2008). 이 실험에서는 RAFT의 초등 과목 천문학 자료를 이용해 공부한 학생들과 통제 집단 사이에 학습 결과를 평가 및 비교하였다. 이 자료를 이용한 교육 방식은 "혁신적이고, 명료하며 실내, 혹은 실외 체험 활동에 적합한 장치들로 이뤄진, 탐구 중심의 활동"이다(n.p.). 실험 과정에서 학생들은 지속적으로 일기를 썼고, 교사들은 학생들이 학습 내용과 가까워질 수 있도록 탐구에 필요한 모든 것들을 제공했다. 시작과 끝부분에 실시된 사전, 사후 테스트는 두 집단 모두에게 진행했다. 진행한 결과, 초등 과목 천문학 자료 집단의 성취도는 통제 집단인 상대 집단에 비해 약 4배가 높았고, 특별히, 이해한 것과 개념들을 분명하게 설명할 수 있는 능력도 같은 비율로 뛰어났다.

'수질 정화'에 대한 내용을 이용한 퍼듀대학교의 연구에서도 비슷한 결과가 나타났다(Callahan, 2009). 이 실험은 인디애나 지역의 8학년 중학생을 대상으로 실시되었으며, 실험 집단 63명과 통제 집단 63명으로 나눠 체험 학습 중심의 교육 과정과 전통 방식의 과학 교육 과정을 비교해 다시 한 번 조사를 실시하였다. 14세인 아이들로 구성된 체험 학습 집단은 워배시강에서부터 나오는 물의 수질 정화 시스템을 설계하고 만들었다. 이들은 같은 교재로 학습하는 전통적 교육 방식의 통제 집단에 비교해서, 읽기 과제가 제외됐고, 강의를 듣는 식의 교실 수업 시간이 10% 줄었다. 체험 학습 집단은 3~4명이 한 팀으로 장치 설계와 만들기를 진행했다. 교사들은 팀과 팀 사이를 돌아다니면서, 각 팀의 수질 정화 시스템에 포함된 과학적 원리에 대해 토론했고, 장치를 더 좋은 방향으로 발전시킬 수 있도록 질문을 던졌다.

이 실험에 참가한 학생 126명도 모두 실험 시작과 끝부분에 교육 내용을 담은 O/X 시험을 보았다. 체험 학습 집단의 점수는 100점 만점에 77점을 평균 점수로 받았고, 통제 집단은 20점이나 차이 나는 57점을 평균 점수로 받았다. 흥미로운 점은 체험 학습 집단에 속해 있던 영어가 제2언어인 소수 집단도 같은 성과를 보여 주었다는 것이다.

퍼듀대학교의 연구원인 멜리사 다크Melissa Dark는 지금까지의 결과들로 미루어 보아 체험 학습 기반의 문제 해결이 전통적인 강의와 교재 중심의 방법보다 더 효과적이라고 믿게 되었다. "이것은 단순한 체험 학습이 아니다. 기술 적용을 통해 과학을 탐구하는 것과, 과학의 원리를 적용해 기술을 탐구하는 것이다. 이 두 가지는 서로를 이끌어 줄 수 있다"(in Callahan, 2009)라고 그녀는 설명한다.

RAFT의 교사들은 체험 학습이 "교사가 교실 개선을 위해 필요한 시간을 확보해 주고, 학생들을 묶어 주는 공동의 조직화된 활동을 통해 학급 운영을 개선해 주고, 학습 과정을 학생들과 나누는 과정을 통해 탄탄한 인간관계와 서로 지지해 주는 감정적 교감을 형성할 수 있다"고 말했다(p.4). 다음과 같이 7가지 체험 학습의 장점을 정리하였다.

- 비판적으로 사고하는 기술을 길러준다.
- 의사소통을 장려하고 언어 기술을 향상시킨다.
- 집중력과 참여도에 새로운 불을 붙여 준다.
- 도움이 필요했던 학생들에게도 성공할 수 있는 길을 제공할 수 있다.
- 협동을 가르칠 수 있다.
- 교육적 경험을 향상시킬 수 있다.
- 교육과 학습의 재미를 느낄 수 있다.

RAFT 연구팀은 "체험 학습의 교육 수준은 학습이 이뤄지는 장이다. 이 학습의 장이 참여한 모두에게 적용된다고 보장할 수는 없다. 하지만 모두에게 성공의 기회를 줄 수 있다면 어떤 행동이든 가치 있는 일이다"라고 결론지었다(RAFT, 2013, p.6).

신체 접촉

사소한 듯 보이지만, 체험 학습과 신체 접촉 사이에는 분명한 차이가 있다. 접촉하라. 마치 누군가가 당신의 팔이나 어깨에 손을 얹을 때처럼 말이다. '신체 접촉'은 우리의 감정적 학습 시스템과 밀접한 관계가 있다. 접촉할 때, 정수리 부분에 위치한 감각 피질들이 작동하는데, 이것은 주요 운동 피질에서 감지되는 운동 감각 또는 촉각(체험 학습적) 감각과 다르다(도표 9를 보라). 손이나 어깨에 닿은 작은 접촉들이 행동에 강력한 영향을 줄 수 있다. 예를 들어, 한 학생이 대표로 책을 읽었을 때, 교사가 다정하게 어깨를 토닥이면, "뇌는 격려하는 행위인 접촉과 읽기 활동을 연결시키고, 긍정적인 기억으로 저장하는 것을 돕는다"(Hannaford, 1995/2005, p.47). 또 대학생들이 도서관에서 책을 빌릴 때 도서관 사서와 손에 닿으면, 그렇지 않은 도서관에 비해 서비스 만족도가 높이 평가되는 것으로 나타났다(Ackerman, 1990, p.122).

피부에 접촉이 있을 때마다 뇌는 메시지를 전달받는다. 기분 좋은 접촉에 대한 반응으로 옥시토신과 엔도르핀이 만들어진다. 아기가 태어났을 때, 엄마는 아이와의 유대감을 형성하기 위해 엄청난 양의 옥시토신을 분비한다. 아기와의 피부 접촉이 있을 때, 아빠도 마찬가지로 뇌에서 옥시토신을 분비한다. 웃거나, 운동할 때, 좋은 음식을 먹을 때(특히 초콜릿), 그리고 기분 좋은 교제를 나눌 때는 뇌에서 엔도르핀 분비가 증가하고, 행복한 감정이 만들어진다(Sylwester, 1995, p.158). 엔도르핀은 "기분이 좋다"는 것을 나타내면서 자연 발생 각성제 역할을 한다. 신생아가 태어났을 때도 접촉은 매우 중요하다. 전통적으로 "중국의 병원은 엄마와 아기가 태어난 직후 30분 동안 피부와 피부를 맞대고 있을 수 있게 함으로써 유대감을 보장하고, 아기의 전 생애에 걸친 건강을 가져다준다"(Hannaford, 2010, p.183).

박물학자 다이앤 애커먼Diane Ackerman은 《감각의 박물학A Natural History of the Senses》(1990)에서 콜로라도대학교 의과대학에서 진행된 아기 원숭이를 엄마와 분리시키는 연구에 관해 썼다. 엄마가 만지거나 포옹이 없자, 아기 원숭이는 무력해지고, 혼란스러워하며 우울해졌다. 엄마가 돌아오는 것 외에는 어떤 것도 아기 원숭이를 회복시킬 수 없는 상황이었는데, 엄마에게 매달려 지낸 며칠 후에 정상으로 돌아왔다(p.76). 위스콘신대학교에서 진행된 비슷한 실험에서는, 아기 원숭이와 엄마 원숭이를 유리벽으로 분리시켰다. 보고 듣고, 엄마의 냄새를 맡을 수는 있었지만, 만질 수는 없었다. 그러자 아기 원숭이의 걸음은 미친 듯이 빨라졌고, 계속해서 울었다. 다른 실험에서는 유리벽에 구멍을 뚫어 아기와 엄마 원숭이가 서로 만질 수 있게 했다. 이 아기 원숭이는 괜찮았지만, 엄마와의 접촉이 없었던 원숭이에 대해 애커먼은 이렇게 설명한다.

짧은 기간이지만 박탈의 고통을 경험한 아기 원숭이의 경우, 청소년기가 되었을 때 독립적이고 자신감 있는 자아를 형성하기보다 특정 타인에게 집착하는 경향을 보였다. 장기적인 박탈을 경험한 경우, 타인을 피하고, 관계 속에 있을 때 공격적이 되며, 좋은 관계를 맺을 수 없는 폭력적인 외톨이가 되었다(p.76).

애커먼은 신경정신약리학자 사울 스챈버그Saul Schanberg와 함께 이 문제에 대해 지속적으로 논의해 왔는데, 그가 한 말을 되새겼다(1990, p.77).

신체적 접촉은 말이나 감정적 접촉보다 10배는 더 강력하고, 우리가 하는 모든 것에 매우 밀접한 영향을 준다. 다른 어떤 감각도 접촉의 감각을 대신 불러일으킬 수는 없다. 우리는 항상 이것에 대해 알고 있지만, 생물학적 근거가 있다는 것까지는 깨닫지 못한다.

칼라 한나포드Carla Hannaford는 신체 접촉에 민감한 아이들과 청소년은 가벼운 접촉도 원하지 않을 때가 있는데, 그럴 때는 어깨를 만질 것에 대해 미리 알려주라고 이야기한다. 신체 접촉에 민감한 사람들은 접촉에 강한 압박을 받는다. "만약 가벼운 접촉에 몸을 빼낸다면, 오히려 '꼭 안아주면' 좋아할 것이다. 안아줌과 동시에 우리 사이에 있던 모든 것들이 한순간에 사라지는 것 같은 느낌이다"(Hannaford, 2010, p.184)라고 그녀는 말한다. 우리가 주목할 부분은, 사람이 보살핌을 받을 때 접촉에 대한 바람은 사라지지 않는다는 것이다. 감각 시스템은 각각의 개성을 가진 다섯 개의 주요 학습 시스템에 상당한 영향을 준다.

운동 감각(신체적 움직임) 학습

"뇌의 능력을 최고치로 유지하기 위하여, 우리의 몸은 강하게 활동해야 한다. 강한 활동은 생각과 감정을 조절하는 중요한 신경 전달 물질인 세로토닌, 노르에피네프린, 도파민을 향상시키기 때문이다"(Ratey, 2008, pp.4~5). 뇌가 어떻게 학습하는지에 관해 여러 책을 쓴 로버트 실베스터Robert Sylwester는 다음과 같이 말하며 교육 현실에 안타까워했다. "학생들의 움직임을 단지 노트 위에 글자와 숫자 쓰기의 연습 행위로만 요구하는 교육 시스템은 운동 발달의 중요성을 이해하지 못한 것이다"(Hannaford, 2005, p.107 재인용).

방법은 다르지만, 많은 학교에서는 학생의 성취도를 높이고, 교육 과정의 문제를 줄이고, 신체적 학습 활동에 자발적으로 참여하는 문화를 만들고자 노력하고 있다(Ratey, 2008, p.14). 하버드대학교 의과대학의 정신의학과 교수이자 《뇌, 1.4킬로그램의 사용법A User's Guide to the Brain》(2001)과 《운동화 신은 뇌Spark》(2008)의 저자인 존 레이티John Ratey는 다음과 같이 설명한다. "우리를 움직이게 만드는 것은 또한 우리로 하여금 생각하게 한다. 어떤 특정한 활동은 더 강하고, 건강하고, 행복하도록 뇌에 화학적 변화를 일으킨다. 이렇게 만들어진 '더 나은 뇌'는 더 생각하고, 기억하고, 학습할 수 있도록 한다"(2001, p.178).

레이티가 많은 연구를 했던 일리노이와 네이퍼빌 지역에서는 신체적 학습의 정도를 경쟁 구조의 스포츠에 기초하지 않고, 개인의 최고점에 중점을 두도록 한다. 예를 들면, 한 트랙을 네 바퀴 도는 데 걸리는 시간보다는 그것을 통해 강한 심장 박동을 만들어 내는 것이 중요하다. 즉 각각의 학생들은 자신의 이전 결과와 경쟁한다. "오래 뛰는 것은 학생들의 감각을 높이고, 그들의 분위기와 집중력을 향상시킨다는 것을 입증한다. 교사들은 학생들이 이러한 신체적 활동을 했을 때, "덜 초조해하고, 더 의욕적이며 활동적이다"라는 연구 결과들이 나왔다(Ratey, 2008, p.35).

레이티는 최근 연구 결과가 "함께 활성화된 뉴런은 서로 연결된다"(p.10)는 것을 나타낸다고 말한다. 그는 계속해서 다음과 같이 설명한다. "더 많은 뉴런 연구자들이 이러한 과정들을 발견하고 있다. 신체 활동은 다른 것과 견줄 수 없는 자극을 만들고, 뇌가 배우도록 준비되고, 의지를 불러일으키며, 기꺼이 학습할 수 있도록 환경을 만들어 준다는 것이 더 명확해졌다"(2008, p.10).

네이퍼빌 지역의 학생들은 프로그램을 통해 학년이 바뀔 때, 뇌 구조와 기능에 대해 배웠다. 이러한 기초 지식은 학생들이 정확한 신체 활동을 알게 하고, 왜 심장박동을 관찰해야 하는지, 어떻게 신체 활동이 전반적인 건강을 향상시키는지 알게 해 준다. 실험적인 프로그램에서, 많은 학생들은 자발적으로 1시간 정도 일찍 학교에 가서 0교시 체육 수업에 참여하며, 신체 활동과 증가된 심장박동(평균적으로 186)이 읽기와 문제 해결 능력에 영향을 주는지 확인했다.

실험을 실시한 학기 마지막에 규칙적으로 체육 수업에 참여한 학생과 그렇지 않은 일반 학생들을 대상으로 읽기와 이해 능력을 평가했다. 결과는 10.7% 정도가 향상된 일반 학생들과 비교해 체육 수업에 참여한 학생 17%가 향상된 것으로 나타났다. 한 여학생은 "일찍 일어나서 땀으로 흠뻑 젖은 상태였을 때, 낮 시간 동안 '더 깨어 있는 듯한 느낌'을 받았어요. 사실, 저는 지난해 내내 짜증이 많았거든요"(Ratey, 2008, p.11)라고 했다. 그 결과와 다른 학급들의 결과를 통해 카운슬러는 학생들이 체육을 끝낸 직후에 가장 어려운 과목을 배치하라고 권한다.

5년 후, 100만 명이 넘는 학생이 참여한 캘리포니아의 한 연구는 다음과 같은 결과가 나왔다. (1) 몸무게와 키의 표준에 따른 신체 지방의 양,

(2) 유산소 능력, (3) 복부의 힘과 지속성, (4) 몸의 힘과 유연성, (5) 상체의 힘, (6) 전반적인 유연성에 기초해서 가장 높은 수준의 신체 건강 점수를 받은 학생들이 가장 높은 평가 점수를 받았다. 레이티는 캘리포니아의 연구 결과에 기초해 "체력이 좋은 학생들은 그렇지 않은 학생들보다 학습 점수가 두 배 정도 높은 수준을 보였다"고 말한다(Ratey, 2008. p.21).

유사한 결과로, 매해 텍사스 청소년건강연구소는 3~12학년까지 244만 명 아이들을 조사한다(Houghton, 2013, p.6). 텍사스주의 연구 결과는 높은 심장 박동수와 성취도의 긍정적인 관계와 더불어, 높은 신체적 건강은 높은 출석률과 높은 학습 성적, 적은 수의 문제적 행동, 그리고 전반적으로 높은 수준의 학교생활과 연관되어 있음을 보여 준다.

2004년 연구위원회는 학생들이 일주일에 3~5일, 기간당 30분에서 45분 정도, 활발한 신체 활동에 참여한 경우에 대한 850여 건 연구를 메타분석했다. 연구원 중 한 심사원은 기억력, 집중력, 학급 행동의 결과를 보았을 때, 모든 학생들이 매일 한 시간 혹은 그 이상 활발한 신체 활동을 하기를 추천한다(Ratey, 2008). 그럼에도 불구하고, 많은 학교들은 여전히 표준화된 시험 점수를 강조하면서, 앉아서 공부하는 학술적인 수업을 선호하는 반면, 신체적 학습 활동 수업을 줄이거나 없애는 추세다.

움직임과 뇌 기능

최근 많은 연구 결과는 왜 활동이 학습에 좋은 영향을 주는지에 대해 잘 알려준다. 이는 BDNF(Brain-derived neurotrophic factor, 뇌 유도 신경 자극[영양] 인자)와 관련이 있다. 분비되는 BDNF는 뇌가 분비하는 단백질(Binder & Scharfman, 2004) 중 11번 염색체로 암호화된 단백질이다. 이 11번 염색체의 유전자 한 쌍은 특정 중추 신경계와 말초 신경계에 작용하면서 가소성 분자의 표출을 증가시키고, 뇌의 건강 개선과 해마의 기능(기억력)을 향상시킨다(Acheson et al., 1995; Berchtold et al., 2005). 또한 그것은 활성 뉴런의 생존을 돕는다(Huang & Reichardt, 2001).

어떤 활동과 운동으로 자극 받은 BDNF는 학습과 기억, 그리고 높은 수준의 사고력에 필수적인 전두엽 아래쪽의 기저전뇌뿐 아니라 대뇌 피질, 해마 부위에서 활성화된다(Bekinschtein et al., 2008; Yamada & Nabeshima, 2003). 또한 운동으로 발현된 BDNF 생산은 특정 뉴런들 사이의 소통을 강화시키고, 새로운 뉴런을 만들어 내고(신경 조직 발생), 학습이 실제로 일어나는 시냅스의 성장을 촉진시킨다(Huang & Reichardt, 2001; Vaynman & Comez-Pinilla, 2006).

소뇌와 내이의 전정 기관 시스템은 균형과 자세의 유지와 움직임에 중요한 역할을 한다. 또한 소뇌는 자발적인 움직임, 운동 학습, 언어 같은 인지적인 기능을 조정하는 데 매우 중요하다(Knierim, 2014).

소뇌가 언어 같은 인지적인 기능을 조정한다? 최근 fMRI를 이용한 연구에서는 소뇌가 인지 활동을 능동적으로 예측할 수 있다. '컵을 꺼내는 것'과 같은 움직임을 하기 위해 소뇌의 영역들은 우리를 준비시키는 일을 한다는 것이다. 신경과학자들은 우리의 "작은 뇌"가 한 번의 생각으로 움직임을 조정한다기보다는, 그 생각이 모든 감각 영역의 신경계로 연결되어 널리 퍼진다는 것을 말하고 있다(Flanagan et al., 2003). 소뇌에 대해서 조금 더 알아보자.

〈프론트라인Frontline〉에 실린 뇌과학자 제이 기드의 인터뷰에 따르면, 소뇌는 환경에 굉장히 예민하고 뇌의 가장 많은 부분이 10대에 바뀌게 된다. 또한 "소뇌의 역할은 인지 과정의 조정을 포함한다. 어떤 이는 신체적으로 서투를 수 있는 것처럼, 어떤 학생은 정신적으로 서투를 수 있다. 흥미롭게도 소뇌는 다른 모든 지능 절차를 매끄럽게 해 주는 능력을 가지고 있고, 복잡한 10대 사회생활의 방향성을 알려주고, 또 어려움을 만났을 때 휘청대기보다 자연스럽고, 적절하게 해쳐 나가도록 도와준다"(Spinks, 2002).

계속된 인터뷰에서 기드는 다음과 같이 설명한다.

활동이 복잡해질수록, 소뇌는 그 문제를 해결하기 위해 더 많이 사용될 것이다. 우리가 높은 수준의 사고라고 생각하는 거의 모든 것들(수학, 음악, 철학, 의사 결정, 사회 능력)은 소뇌를 이용하는 것으로 보인다.

그래서 전전두엽이 비판적 사고를 처리할 때, 뇌의 다른 부분뿐 아니라 소뇌 정보에도 의존한다는 것이다.

거울 뉴런들, 뇌파 형태, 그리고 움직임의 관계. 과학자들은 '인지' 영역에서 움직임의 역할을 이해하기 위해 EEG를 사용한다. 피실험자들의 두피 위에 전극을 연결하고 인지적인 업무를 하도록 하여 뇌파 형태를 기록하는 방법이다. 거울 뉴런들에 대한 연구가 활발해지면서(1장에서 이야기한 것처럼), 마치 특별한 뉴런들이 다른 모든 시스템에 특정 방향으로 영향을 주는 것처럼 나타났다. 하지만 그보다 최근 신경학자들은, 타인의 행동을 반영하는 인간 뉴런에 대한 전반적인 결과에 대해 질문을 던진다(Pascolo, 2013). 몇몇 연구자들은 초기 거울 뉴런에 대한 근거들은 결함이 있고, 사람의 삶을 인도하며 독립적인 개체로서 다른 사람의 행동을 수용하는 뉴런들의 존재가 입증되기 전에, 보다 정확한 연구가 필요하다고 주장한다.

피네다(Pineda, 2005)는 초기 포유류 시대에 보이는 거울 뉴런들과 뮤 Mu 뇌파 형태들에서 흥미로운 관계를 발견했다. 운동 피질 뒤에 있는 감각 운동 영역으로부터 뿜어져 나오는 뮤 뇌파 형태는 감각적인 사건들, 인지적, 정서적 자극 그리고 운동 영상을 통한 학습과 분명한 관계가 있다는 것이다. 피네다는 다음과 같이 설명한다(Pineda, 2005). "뮤 뇌파의 리듬은 지각과 행동을 연결하는 중요한 정보 처리 기능, 특별히 '보는 것'과 '듣는 것'에서 '하는 것'으로의 변화를 나타낸다"(n.p.).

최근, 그리고 아마도 앞으로 다가올 수년간, 피네다의 의견에 동의하는 사람들(즉 '거울 뉴런'이 사람의 행동에 대한 많은 답을 가지고 있음을 확신하는 이들)과 그와 반대되는 사람들(인간의 거울 뉴런 연구에 의문을 갖는 이들) 간에 논쟁이 있을 것이다. 예를 들어, 한 연구팀은 거울 뉴런이 움직임과 연관된 소리를 들을 때 활성화된다고 보고했다(Lahav, Saltzman & Schlaug, 2007). 그들은 실험을 통해, "듣고 행동하는 것"의 시스템은 운동 동작과 함께 소리를 만드는 것(예를 들어, 드럼을 치는 것, 키보드를 연주하는 것, 듣는 것, 신체적으로 움직이는 것, 말하거나 어떤 글자를 소리로 표현하거나 배우기 위해 소리를 내는 것)에 큰 영향이 있다고 한다. 그 두 가지(손의 움직임과 멜로디)는 학생들이 배울 때 함께 간다. 이런 복합적인 동작들이 있을 때, 반사 신경은 활발해진다. 하지만 그 소리들, 혹은 새로운 단어들을 말하거나 연주하는 것을 통해 학습이 이뤄지지 않는다면, 반사 신경은 작동하지 않는다.

EEG 기술과 뇌파 연구는 사회적 상호 작용, 인간의 지각, 또한 시각, 청각, 움직임에 따른 뇌파 조직화에 대한 많은 정보들에 대해 모두 설명하지는 못한다. 뮤 운동 뇌파 형태는 휴식을 취하고 있을 때, 운동 뉴런과 동시에 활성화되어 나타난다. 하지만 운동 뉴런이 활발해질 때, 뮤 패턴은 사라진다. 오버만 등(Oberman et al., 2012; Oberman et al., 2005)은 뮤 패턴이 사라지는 것은 거울 뉴런 시스템과 일반적 신경계 시스템이 이따금 동기화에 문제가 있고, 그것이 방해를 일으킬 수 있기 때문이라고 가정한다.

이후 캘리포니아대학교 신경과학 연구팀은 통제 집단과 실험 집단의 실제 뮤 뇌파의 반응을 측정하고 움직임을 관찰해 위의 가설을 확인하였다. 그들은 자폐스펙트럼장애(ASD)로 확인된 열 명에게 뮤 뇌파의 활동을 측정하였다. (자폐스펙트럼장애는 따라하기, 실질적인 언어 능력, 마음 이론, 감정이입, 사회적 상호 작용에 대한 부정 반응 등 결핍이 있다.) 이러한 학생들(평균 나이 16.6세)과 성별이 동일한 10명의 통제 집단 학생들(평균 나이 16.5세)의 뇌전도 뇌파 형태를 손을 움직이는 영상, 공을 튀기는 영상, 시각적 깨짐 현상, 혹은 그들 자신의 손이 움직이는 비디오를 보게 한 뒤 기록하였다.

연구팀은 "통제 집단은 자신의 손이나 타인의 손에 움직임을 관찰할 때 모두 상당한 양의 뮤 뇌파의 억제를 보였다"라고 보고한다. 이전 연구 결과에서 예상한 것처럼 말이다. 반면에, 고기능 자폐스펙트럼장애 그룹은 그들 자신의 손에는 많은 뮤 억제를 보이지만, 타인의 움직이는 손을 관찰할 때는 반응을 보이지 않았다(Oberman et al., 2005, p.190). 이 연구팀은 다시 결론을 짓는다. "이러한 결과는 자폐증의 거울 뉴런 시스템 장애에 대한 가설을 입증한다"(Oberman et al., 2005, p.190). 하지만 거울 뉴런과 자폐증의 상관관계에 대한 질문에는 답을 할 수 없다(Hickok, 2014). 소리와 움직임을 하나로 묶었을 때, 자폐증을 가진 학생들이 학습을 향상시킬 수 있는지에 대해서는 아직 알려진 바가 없다.

많은 연구 결과에 따르면 학업 성취도가 신체 활동으로 향상될 수 있다. 지난 몇 년 동안 신경학자들은 뇌가 유연하다는 사실, '가소성'에 대해 연구해 오고 있다. 우리가 생각하거나 느끼는 모든 것을 통해 우리의 뇌 세포 연결을 형성하고 조각할 수 있다. 우리의 심리적 구성, 성격, 버릇, 특이한 행동들은 뉴런 연결의 생물학적 활동에 근거를 둔다. 레이티(Ratey, 2008, p.36)는 다음과 같이 설명한다. "행동 양식이 고정되는 것을 멀리하라. 과학자들에 의하면 뇌는 계속해서 재구성된다. …… 여러분이 스스로 뇌의 전기배선공이 될 수 있도록 알려주겠다. 여러분은 이제 자신의 뇌와 학생들의 뇌를 재구성할 수 있다."

학과목 수업에서의 움직임

모든 학과목 수업은 신체적 활동을 포함할 수 있다(대근육이 움직이는 운동과 손을 움직여 학습하는 촉각 활동). 만약 그렇지 않다면, 잘못된 것이다. 장시간 앉아 있는 것은 학습을 위한 뇌기능을 감퇴시킨다. 신경심리학자 칼라 한나포드의 《현명한 행동 Smart Moves》에 따르면 뇌와 신체의 정교한 상호 작용을 고려해 보면, 움직임은 학습을 위해 필수적이라는 것이다(Hannaford, 1995, p.96). 젠슨(2002)은 학교에서 대부분의 시간 동안 앉아 있는 학생들의 경우 다음과 같이 신체적으로 좋지 않다고 본다. 첫째, 학생들은 자세가 앞으로 굽어 있어 호흡에 문제가 있고, 폐에 공기를 적절하게 채우지 못한다. 둘째, 앞으로 굽은 자세는 척추와 척추 아래 신경에 무리를 준다. 셋째, 학생들이 책상에 앉아 책을 읽을 때, 눈과 목에 압박이 간다. 넷째, 딱딱한 자세로 오래 앉아 있으면 신체와 정신에 피로가 온다.

20분 이상 지속해서 오래 앉아 있으면 BDNF 생성을 감소시키고 뉴런의 상호 작용을 감퇴시킨다. 주의와 집중이 방해되어 무기력하고 졸린 상태는 새로운 학습을 받아들이는 데 방해가 된다. 움직임은 신체와 뇌를 깨우며 더 생산적인 학습 상태를 만든다. 스테파니 웰스Stefanie Wells는 다음과 같이 말한다. "책상에 오래 앉아 있는 것은 학습에 신체적으로 도움이 되지 않는다. 학교의 목적이 학습에 있고, 뉴런 활동에 자극을 주는 것이라면, 이런 신체적 정체는 역효과를 낳는다. 대안으로, 수업 시간 중간 중간에 적절하게 움직일 수 있도록 하는 것이, 교육자로서 학습의 부작용을 이겨 낼 수 있도록 하는 방법이다"(Wells, 2012, p.2).

웰스는 자신의 가정을 증명하기 위해, 교육 실습생 자격으로 8학년 학생들에게 읽기와 언어, 예술 과목을 가르치며 4주 동안 3개 수업에서 '움직임'의 개입을 활용해 보았다. 90분 수업 시간 동안 학생들 뇌에 휴식을 주기 위해 세 가지 방법을 실시했는데(일종의 훈련), 학생들이 "서서 하는 특별한 움직임이 있는 과제"를 소화하거나, 한 주에 두 번 정도, 10분 동안 조용히 책을 읽으면서 스트레스 공(작고 부드러운 공)을 만지작거리는 것, 그리고 학습 내용과 연관이 있는 신체 활동을 적어도 하나 이상 진행하는 것이었다. 학생을 통솔하는 데 자신감이 부족했던 웰스는 계획했던 움직임 활동들을 자주 중단했다. 이 책을 읽는 수많은 교사들 또한 교실에서의 신체 활동을 시도하는 데 일종의 불안을 느낄지도 모른다. 그렇기 때문에 웰스가 경험하고 깨달은 내용은 더욱 가치가 있다.

수업에 신체적 움직임을 추가하는 것은 간단한 일이 아니다. 오히려 오랜 시간이 걸리는 점진적인 절차다. 교사와 학생 모두, 신체 활동이 가져오는 변화에 적응해야 하고, 처음에는 교실이 통제하기 어렵다고 느낄 수도 있다. 신체 활동이 수업의 한 부분으로 자리를 잡게 되어도, 학생들의 행동과 태도가 바뀌는 데는 여전히 시간이 걸린다. 짧은 연구 기간 동안, 교사들이 신체 활동에 완전히 적응하고, 학생들의 행동과 태도, 성취도의 변화를 이끌기에는 시간이 충분하지 않다. 대부분의 효과는 학기의 3분기가 지나서야 확실히 나타났다. 많은 제약에도 불구하고, 교실 A와 B에서 책상을 떠나거나, 잡담하는 행동들이 확실히 줄어들었음을 확인할 수 있었다. 이러한 사실은 신체 활동이 학급 내 행동에 좋은 영향을 준다는 것을 뒷받침할 수 있다. 추가적으로, 신체 활동에 직접 참여한 교사의 말에 의하면, 움직임을 통한 두뇌 휴식과 스트레스 공의 사용 둘 다 학생들의 태도와 움직임에 긍정적인 효과를 일으켰다고 이야기할 수 있다(p.15).

여러 제약이 있었고, 학생들의 신체적 활동이 부족했음에도 불구하고, 웰스의 경험을 토대로 신체 활동을 통해 얻은 새로운 통찰에 대해 살펴보자. 먼저, 젊은 교육 실습생이 기존 정규 교사에 의해 짜여진 학급 규칙을 바꾸고 새로운 시도를 했다는 것은 주목할 만한 일이다. 학기 4분기 동안 8학년 교실에서 젊은 교육 실습생이 성공적으로 규칙을 변경하는 것은 쉬운 일이 아니다. 다음으로, 학업 과정에서 '움직임'을 사용해 본 경험이 있는 교사가 만든 교육 방법 없이 단순히 웰스 자신이 읽은 내용으로 구성한 '훈련'이라는 것에 주목해 보자. 가장 중요한 것은, 교사의 미적지근한 태도나 자신감 부족은 학생들이 자리에서 뜨는 행동을 유발시키고, 새로운 학급 규칙에 대해서 신뢰를 갖지 못하게 한다는 점이다. 웰스 스스로 더 많은 경험을 쌓고, 각오를 새롭게 하고, 의미 있는 멘토링을 하게 된다면, 다음에는 더욱 긍정적인 결과가 나타난 스테파니 웰스의 새로운 논문을 읽을 수 있을 것이다. 아마 연구 설계, 멘토링, 개입의 차이는 즉각적으로 나타날 것이다.

앤 그린 길버트Anne Green Gilbert(1997)는 시애틀에 있는 교사들에게 어떻게 하면 '춤'을 교육 과정에 활용할 수 있는지 가르쳤다. 20주 동안 그녀는 4개 초등학교에서 교사 250명과 함께 언어 예술(읽기, 쓰기, 말하기, 듣기, 언어의 전반적인 사용) 교육에 움직임과 춤을 활용하도록 지도했다. 20주가 지난 뒤, 이 수업에 참여한 3학년 학생들은 '학업 성취도 평가'에서 13%의 점수 향상을 보인 반면, 같은 학군 학생들의 평균은 2% 하락하였다. 유아부 학생 연구에서도 시험 점수의 놀라운 향상을 보여 주었는데, 길버트가 주목한 것은 교실에서 교사가 사용한 움직임의 양과 학생들의 시험 점수 향상도가 직접적인 관계가 있다는 것이다.

교육적 목적을 위해, 즉 새로운 기술을 가르치고 그것이 어떻게 사용되는지 탐구하기 위해, 우리는 움직임과 체험 학습의 활용, 그리고 새로운 신경 회로를 만들기 위한 다른 모든 활동들에 주목해야 한다. 어떤 학습법도 따로 떨어져 있지 않다. 신체 활동이 감정 반응을 만들어 내고, 다른 이들과 함께 일할 때 사회 정서적 반응을 생성해 낸다. 의미를 만들어 내기 위해, 뇌는 움직임을 만들어 내고, 이를 통해 인지적인 학습법에 도달하는데, 그 이유는 신체 활동을 통한 학습 시스템이 다른 모든 시스템과 함께 연결되어 있기 때문이다.

8장에서 뇌 구조를 학생들에게 가르치면서 관심을 끌어내기 위해 학생들로 하여금 뉴런이 되어 보도록 하였을 때, 우리는 신체적 입력을 설명하였다. 그 부분을 다시 읽어 보아도 좋다. 수업에 움직임을 포함시키는 것에 대해 가장 중요한 사실은 학습 과정을 추가한다는 점이다. 즉 신체 활동을 통해 혼란스럽게 하기보다, 학습 내용을 잘 이해하도록 뇌를 준비시키는 것이다. 스펀지 공을 다른 친구에게 던지는 것은 작은 목적을 가지고 있지만, 심각한 의미의 신체적 학습 활동을 만들어 내진 않는다. 운동 감각을 선호하는 학습자들도 목적 없는 움직임보다도 순차적인 신체적 학습 활동을 선호한다. 앞서 강조했던 것처럼, 퀀텀 러닝에서는 수많은 신경 회로를 만들어 내기 위해 각 학습 경로(시각, 청각, 촉각, 운동 감각)를 자극해 새로운 개념을 가르친다. 건축학자 갤런 크렌츠Galen Cranz는 《의자The Chair: Rethinking Culture, Body, and Design》(1998)에서 짧은 시간(10분 정도) 이상 앉아 있는 것은 신체에게 좋지 않은 영향을 주기 쉽고, 신체적, 감성적, 정신적으로 감각을 감소시킨다고 말한다.

스웨덴 룬드대학교의 세계적으로 유명한 소뇌 연구자 에르문드 헤슬로Germund Hesslow는 많은 강의에서 신체적 활동이 학습에 무슨 역할을 하는지 질문을 받곤 한다. 그는 이렇게 답한다. "모든 조건이 동등하다면, 신체적으로 활동적인 아이는 학습에 이점이 있고, 활동적이지 않은 아이들은 학습에 불리한 점이 있다"(Hesslow, n.d.).

10장 전달 요소

전달은 학생들을 참여시키고, 주의 집중하는 데 최상의 생리학적 상태를 유지하도록 학습을 지도하는 것과 연관된다.

생각하기, 연습하기, 내면화를 위한 반영하기 과정을 갖춘 계획되고 정제된 수업은 수업에 생명을 불어 넣을 수 있다. 학생들에게 내용을 전달할 때 그들의 관심과 이해 수준에 맞춰 변화를 줄 수 있는 유연성이 있어야 한다. 그러다 보면 학습 목표에 따른 결과를 만들어 내는 과정에서 예상하지 못한 효과를 얻을 수 있다.

교사 스스로 과목에 대한 열정이 있을 때, 자신감을 갖고 능숙하게 분석하고 가르칠 때, 학생이 스스로 학습에 책임질 수 있도록 지도할 때에야 비로소 학생들의 학습 성취가 실현된다. 이는 가르치고 학습을 촉진하는 과정에서 일어나는 인간적인 상호 작용인데, 배운 것이 삶으로 들어오도록 도와, 학생들의 참여를 유발시키고 재미와 열정을 갖고 배우도록 하는 것이다. 이 장에서는 석세스 시퀀스success sequence(성공으로 가는 절차)를 살펴보고, 높은 수준의 참여를 이끄는 방법, 학생들의 자신감 향상 전략, 효과적인 의사소통, 발표, 촉진을 일으키는 접근 등에 대해 알아볼 것이다.

석세스 시퀀스

퀀텀 러닝의 석세스 시퀀스는 학생들이 자신의 학습 능력에 대해 높은 자신감을 갖도록 도와주는 동시에 한정된 지식 토대에 교과 내용을 능숙하게 추가할 수 있도록 해 준다. 또한 이것은 퀀텀 러닝 티칭 사이클에 의해 조절되고 강화될 수 있다.

    교사는 수업할 때 학생들이 의도치 않은 이중 장애물을 만나지 않게 하기 위해 그들을 면밀하게 관찰한다. 이중 장애물이란 두 측면에서 좋지 않은 상황을 말한다. 예를 들어, 어떤 학생들은 6쪽 분량의 과제에 대해 수업 시간에 질문을 받는 것보다는, 집에서 숙제로 해 오길 원한다. 새로운 내용이거나 아직 익숙하지 않은 내용일 경우에는 더욱 그렇다. 이때 대답이 틀릴 수 있다는 걱정과 반 친구들 앞에서 대답해야 한다는 쑥스러움, 이 두 가지 모두 어려움으로 다가올 수 있다. 이러한 상황은 결과적으로 어려운 내용, 능숙하지 못함, 자신감 부족이라는 복합적인 어려움을 수반한 높은 수준의 위험이 된다. 새로운 것을 모르는 것과/또는 어려운 내용 때문에 쑥스러움으로 인해 참여하지 않으려는 것을 방지할 수 있는 방법 중 하나는 석세스 시퀀스를 사용하는 것이다.

    도표 19에서 보여 주는 삼각형은 퀀텀 러닝 티칭 사이클과 석세스 시퀀스를 함께 정리한 것이다. 여기서 알 수 있듯이, 새로운 내용을 접하는 시작점에서 학생들은 능력과 자신감 측면에서 모두 숙달 단계에 미치지 못한다. 이로 미루어 짐작할 수 있는 것은 (옳거나 그르거나) 학생들은 새로운 내용을 배우기 시작할 때 그 주제에 대한 한정된 지식과 자신감을 갖고 있다는 것이다. 이때 교사가 퀀텀 러닝 티칭 사이클(학습자 준비, 학습 촉진, 학습 다지기)을 이용하면 학생들의 능력이 향상될 수 있다. 먼저 수업을 진행할 때 소그룹 단위로 많은 시간을 배정하면, 학생들은 자신

도표 19. 퀀텀 러닝 티칭 사이클과 석세스 시퀀스의 관계

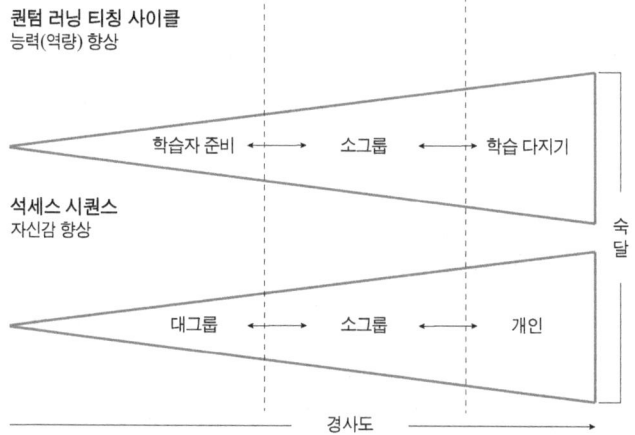

　의 결과물이 어떤 평가를 받을지 개의치 않을 만큼의 자신감과 능력이 향상됨을 느끼게 된다. 그 결과 위험을 감수하고 참여하려는 의지와 자신감이 증가할 수 있다. 결과물 발표, 보고서, 시험, 다른 개별 과제, 또는 협동 과제처럼 무엇이든지 그렇다.

　도표 19를 보면 능력 향상과 자신감이 목표로 가는 경로를 보면 처음부터 숙달 단계까지 3단계의 점선으로 나눠져 있는 것을 볼 수 있는데, 여기서는 실선이 필요하지 않다. 앞서 사이클이 어떻게 진행되는지 설명한 바와 같이 선의 투과성은 앞뒤를 자유롭게 이동하며 반복적으로 실행될 수 있음을 나타낸다. 이런 과정은 훌륭한 학습을 이루기 위해 기반이 되는, 이미 알고 있는 내용을 강화한다. 도표의 경사도는 학생들의 능력과 자신감이 학급 전체의 안전지대 안에서 키워진다는 것과, 점차적으로 필요한 지식과 기술을 스스로 채워 가며 자립한다는 것을 의미한다.

　석세스 시퀀스는 참여를 강화한다. 새로운 내용을 가르칠 때, 교사는

전체 학급을 대상으로 질문을 던져 일제히 답하게 하는 전략으로 시작할 수 있다. 이때 답에 대해 확신이 없거나 참여를 머뭇거리는 학생들도 분명하게 표현하고 대답하는 친구들과 동시에 답한다면 대답할 수 있다. 만약 이 학생들이 잘못된 답을 말하더라도 드러나지 않는다. 사실 누가 어떤 대답을 했는지 아무도 모른다. 그러나 그때 이 학생들은 정답을 들을 수 있고, 스스로 고칠 수 있다.

러시아의 교육심리학자 레프 비고츠키Lev Vygotsky가 창안한 근접 발달 지대zone of proximal development[23]는 학생에게 도전이 되는 학습 과제의 중심 부분에 존재한다(Chaiklin, 2003). 학생은 (1) 비판적으로 사고하는 기술을 이용해 확장하고, (2) 창의적인 문제 해결에 참여하며, (3) 다양한 글쓰기 유형의 새로운 기술을 적용해, (4) 주제가 되는 이야기, 시, 또는 노래 가사를 읽는 것에 흥미를 높이고, (5) 목적이 명확한 효과적인 연합 기술들을 시행해 효과적으로 소그룹, 또는 대그룹의 과제를 해 낸다.

학생들이 학습 과제에 대해 소그룹 단위로 대답할 때, 참여도와 주제에 대한 이해가 증가한다. 예를 들어, 학생들이 그림을 이용해 역사의 한 시대를 설명해야 하거나, 도표를 만들어 두세 가지 것의 관계를 증명해야 하는 등의 과제를 해야 한다고 하자. 이 경우 먼저 소그룹으로 학생들끼리 만나면, 대답을 비교해 보고, 어떤 대답이 정확한지, 질문하고 더 알아봐야 할 것은 무엇인지 등을 함께 정할 수 있다. 소그룹으로 과제를 수행하면 학생들끼리 논의하는 것은 물론 함께 계획하고, 문제를 해결할 수 있게 된다. 또 의견이 다를 경우 자료를 더 찾아볼 수 있고, 과제에 대한

---

23 아이가 스스로 문제를 해결할 수 있는 수준인 실제적 발달 수준과, 성인이나 유능한 또래로부터 도움을 받아 문제를 해결할 수 있는 수준인 잠재적 발달 수준 간의 영역을 의미한다. — 옮긴이

조언을 서로 주고받을 수도 있다.

자신감이 향상되면, 학생들은 소그룹 안에서 더욱 활발하게 의사 결정을 하고 문제 해결을 위한 노력과 역할을 해 낸다. 학습이 높은 수준으로 이동하게 되면, 그때는 학급 안에서 자신이 새롭게 배운 것, 생각 등을 친구들과 나누는 일을 더 이상 망설이지 않는다. 자신감이 향상되면, 안전지대를 떠나 학습지대로 들어가는 것에 대한 두려움도 감소한다. 자신감 있는 학생들은 겁먹지 않고 수업 때 대답할 수 있고, 질문할 때도 적합한 질문이라는 자기 확신을 갖고 할 수 있다. 더 나아가 8가지 성공의 습관을 배운 집단이라면 더욱 안전하게 위험을 감수할 수 있다. 그들은 자신이 틀린 답을 말하더라도 아무도 비웃지 않을 것을 알고 있기 때문이다.

퀀텀 러닝 티칭 사이클과 석세스 시퀀스의 목적은 학생들의 능숙함을 높이고, 학습 지식과 기술에 대한 자신감을 갖도록 돕는 것에 있다. 석세스 시퀀스의 중간과 마지막 부분을 진행할 때면 자신감과 능숙함이 향상되고, 새로운 내용의 숙달을 향해 학습 지대로 더 나아간다.

안전지대/학습 지대

석세스 시퀀스에서 새로운 단원을 시작할 때, 대부분의 학생들은 자신의 안전지대 안에 있고 밖으로 나오는 것에 대해 망설인다. 자신의 참여가 토론에 도움이 된다는 것을 확신함에도 불구하고 큰 소리로 발표하는 것에 대해 큰 위험을 느낄 수 있다. 내용에 대해 조금이라도 자기 확신이 부족한 경우에는 더욱 그렇다. 누군가에게는 조용히 있거나 지루한 듯 행동하는 것, 쑥스러운 듯 행동하는 것이 더 안전하게 여겨진다. 학생들, 심지어 교사들 중에도 안전지대에 사는 경험을 많이 갖고 있다. 안전지대 안에 있는 것들은 예측이 가능한 것들이다. 쉽고, 익숙하며, 잠재된 모험 상황을 피하기에 좋다. 공식적으로 실패할 위험이 없는 안전한 것이다. 이렇게 안전지대에 머무는 학생과 교사들은 타성에 빠질 수 있다. 그들은 지루하고 침체되어 있으나 안전하기 때문에 자꾸 그곳에 머문다. 하지만 대부분의 주저함은 시간이 지나고 주변에서 일어나는 일들을 보게 되면 위험을 무릅쓰고 안전지대를 나오게 되고, 이때 후퇴 또는 도전을 선택하며 학습 지대 안으로 들어갈 기회를 얻게 된다.

학습 지대로 가다

한 번 대답한 것을 칭찬해 주면 다음번에 대답하는 것은 훨씬 안전해진다. 어떤 대답이든, 생각해 볼 만한 가치가 있고, 다른 사람의 시각 또는 관점을 볼 기회를 제공한다. '모든 노력을 인정하라'는 퀀텀 러닝의 철학이다. 자신이 쓴 글로 인해 칭찬받으면 기분이 좋아지고, 더 좋은 글을 쓰기 위해 노력하는 과정에서 학습이 이뤄지며, 칭찬받은 부분에 집중하게 된다.

    학생들이 새로운 영역을 모험하는 것에 대해 위험을 느끼듯이, 교사 또한 위험을 느낄 수 있다. 특히 학생들의 성장 또는 그 부족이 교사 평가에 영향을 미친다면 더더욱 그럴 것이다. 그렇기 때문에 자신의 성장을 위해 새로운 교수법을 시도하는 것이 기대되면서도, 새로운 것을 시도하는 것에 망설임이 있을 수 있다. 교사가 새로운 교수법을 시도할 때 느끼는 감정은, 학생이 새로운 학습을 이룰 때 느끼는 감정과 많이 닮아 있다. 약간의 망설임, 불확신, 다른 사람들의 반응에 대한 두려움이 그렇다. 그렇기 때문에 교사 또한 학습 지대로 나아가는 시도와 칭찬이 필요하다.

학업에서의 위험 부담

교사와 학생들 간의 친밀한 관계가 잘 형성될수록, 학생들이 용기를 내고 교사와 함께 위험을 감수하려는 기회가 많아진다. 누군가 그런 시도를 할 때, 참여에 대해 반드시 칭찬하고 당신이 어떻게 느끼는지를 알려줘야 한다. 학생들에게 안전지대와 학습지대를 설명하고, 안전지대를 상징하는 그림을 벽에 붙여 그 개념을 강조하면 좋다.

예를 들어, 워 박수를 시도할 때 어색할 수 있다는 것과, 참여하려는 의지에 매우 고마워한다는 것을 알게 하라. 교사인 자신도 망설여질 때가 있지만 해내고 싶다는 것과, 그러기 위해 자신이 안전지대를 넘어서는 노력을 할 때 함께 지지해 주길 바란다는 것을 알려주라.

안전지대 밖으로 나오는 도전을 학생들과 나누는 것은 마치 올림픽에 참가한 운동선수들의 경기를 관람하는 것이 아니라 그들과 훈련을 함께하는 것과 같다. 관람하는 것은 매일 몇 시간을 연습하는 것보다 훨씬 쉽지만, 아무런 노력도 하지 않았기 때문에 올림픽 경기에서 한 팀이 될 수 없다. 교실에 수동적인 태도로 앉아 있다면 직접 손을 들고 참여할 때 얻을 수 있는 학습 효과를 얻을 수 없다.

학생들은 각자 다른 크기의 안전지대를 갖고 있다. 구두로만 강의하는 전달 방법은 어떤 학생에게는 안전지대에서 먼 방법이고, 어떤 학생들에게는 매우 안전한 방법이다. 학습을 위한 어떤 참여든지 간에 교사와 다른 학생들이 지지하고 있음을 확실하게 알려줘야 한다. 수업 중 위험 부담을 장려할 때는, 성장과 학습을 이끌어 줄 위험에 대해 명확하게 설명해야 하고, 난이도도 잘 맞춰줘야 한다. 부적절하거나 강도 높은 위험을 말하는 것은 아니다. 학습에 필요한 적절한 '교실 속 위험 부담'을 명확하게 설명해 주면, 학생들이 자신의 학업적, 개인적 목표를 성취하는 데 도움을 줄 것이다.

학생의 자신감 고취

능력 향상은 자신감을 만들어 낸다. 능숙함의 정도가 높을수록, 자신감도 높아진다. 자신감이 높을수록 자기효능감도 높다. 자신감은 자신에 대한, 그리고 자신의 능력에 대한 믿음이다. 자신이 학급 친구들만큼, 또는 그보다 더 지식이 있다는 것을 알고 있을 때, 이것은 단단한 자신감과 성취를 이끈다. '안다는 것'을 아는 한 가지 방법은 자신의 학습에 대해 스스로 책임을 지는 것이다. 어떻게 하면 학습에 대한 학생들의 주인 의식을 높여 줄 수 있을까?

블룸의 분류는 비판적으로 사고하는 기술을 발달시키기 위한 구조를 제공하지만, 솔로SOLO 분류는 학생들이 자신의 능력에 대한 자신감을 형성할 수 있고, 학습에 대한 책임감을 가르치는 접근법에 대해 구조화하고 있다. 블룸의 이론이 사고 기술을 설명하며 교사 중심으로 접근했다면, 솔로는 학습을 위해 학생 중심으로 접근했다(Hattie & Brown, 2004).

솔로는 교육심리학자 존 빅스John Biggs와 케빈 콜리스Kevin Collis (1982)가 개발했으며,《학습 질에 대한 평가: 솔로 분류Evaluating the Quality of learning: SOLO Taxonomy》에 그 내용이 실려 있다. 솔로 분류는 학습 결과 관찰을 위한 구조물이다. 다음은 빅스의 웹사이트에서 솔로에 대해 언급한 글이다.

복잡한 구조 속에서 학습 결과를 명확히 하는 것은, 학생들의 과제를 많은 조각들로, 또는 정답 여부에 따라서 평가하는 것과 달리, 질적 평가를 가능하게 한다. 솔로 분류의 첫 번째는 과제의 단면 또는 몇 개의 측면만 선택하는 단일 구조이고, 두 번째는 여러 개의 측면을 보지만 서로 연관성이 없는 복합 구조이며, 세 번째는 전체 안에서 어떻게 통합할지 배우는 단계인

도표 20. 솔로 분류학

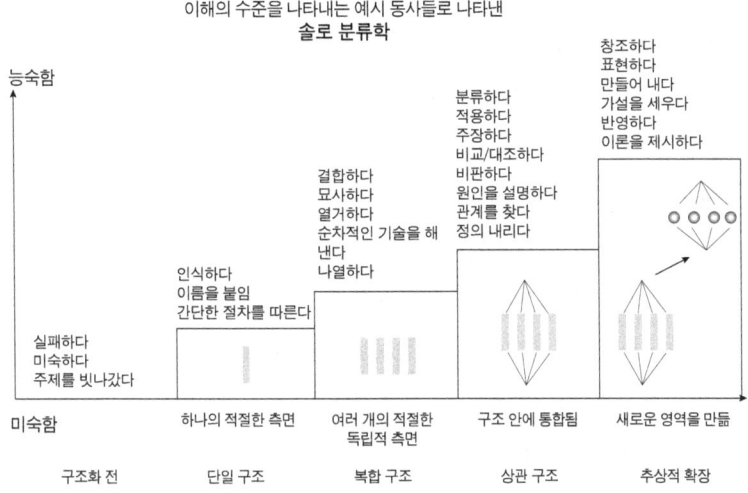

상관 구조이고, 마지막은 아직 배우지 않은 부분까지 적용을 이끌 수 있는 추상적 확장 단계다.

빅스와 콜리스는 각 단계를 명확하게 보여 주는 동사들과 함께 도표화하였다(도표 20). 다섯 단계는 학생들을 겉핥기식 학습에서 심화 학습으로 이끌며, 해티와 브라운(Hattie & Brown, 2004)이 말한 바와 같이 형성평가가 용이하게 이뤄질 수 있도록 해 준다.

해티와 브라운은 다음과 같이 설명한다. "블룸의 분류표는 6단계의 계층별 단순화와 부정확성이 가져온 주요 결함 때문에 그 중요성이 사라졌다. 이 결함은 솔로 모형을 통해서 가장 잘 해결될 수 있다"(Hattie & Brown, 2004, p.4). 그러나 블룸의 분류표를 모두 버리기보다는 높은 수준의 '사고하기' 기술을 가르칠 때 주는 유용성은 계속 간직하는 것이 좋다.

"이것은 수업을 계획하고 질문하고 학습을 확인하기 때문에 교사에게 도움이 된다. 하지만 학생들에게는 좋지 않다. 블룸의 이론에는 '발전'이 내포되지 않았다"(Didau, 2012a & slide #10). 언급한 바와 같이, 솔로는 학생들을 돕고 학습에 대한 주인 의식을 갖도록 돕는 최고의 관점이다.

고등학교 영어 교사인 데이비드 디다우David Didau(2012a & 2012b)는 솔로의 이점을 다음과 같이 말한다.

- 솔로는 진단 도구다. 유용한 피드백을 제공하고, 다음 단계를 명확하게 한다.
- 솔로는 유용한 평가 도구다. 항목과의 명확한 연관성을 갖고 있다.
- 목표와 성공의 기준을 계획할 수 있게 돕는다.
- 학습 결과를 서술해 준다.
- 형성 평가에 중요한 도구다. 유용한 피드백을 제공하고, 다음 단계를 명확하게 한다.
- 발전에 집중되어 있다.
- 학습 결과를 서술해 준다.

그런데 최근 디다우는 학생들을 명쾌하게 가르칠 수 있는지에 대한 솔로 분류의 유용성에 관해서 생각을 조금 바꿨다. "학생은 반드시 교과 주제에 대한 기반이 탄탄해야 한다는 것"이 그의 전제다. 학생들이 개념화와 상관적 사고와 같이 높은 수준에 도달하기 위해서는 기초 지식에 대한 단단한 기반이 필요하다. 퀀텀 러닝은 지식에 대한 디다우의 전제에 동의한다. 특히 퀀텀 러닝 티칭 사이클은 내용을 가르칠 때, 학생들이 이해 단계를 완전히 정복할 수 있도록 보장해야 한다는 것을 강조한다. 높은 인지 수준의 활성화는 숙달 정도에 입각한다.

디다우의 생각이 변화한 데에는 그의 새로운 신념, "이해의 단계"를 가르치는 것이 역효과를 낳을 수 있다는 것과 연관되어 있다. 여전히 교사의 준비와 실행 단계에 대해서는 동의하지만, 학생 스스로 어떤 단계가 적절한지 고를 수 있는 책임감을 주는 것에 대해서는 소극적이었다.

그럼에도 불구하고, 솔로의 학습 4단계를 묘사하기 위해, 해티와 브라운(2004)은 파블로 피카소의 〈게르니카Guernica〉에 대해 다음과 같은 질문과 과제를 제시하였다. 이 작품은 1937년 스페인 내전 당시 프랑코군을 지원하는 독일군 비행기의 폭격으로 2000여 명의 시민이 사망하고 폐허가 된 게르니카의 비보를 듣고 피카소가 벽화로 만든 것이다.

단일 구조 〈게르니카〉를 누가 그렸나?
복합 구조 피카소가 〈게르니카〉에서 사용한 구성 이론에 대해 적어도 두 가지 이상을 서술하시오.
상관 구조 〈게르니카〉의 주제와 현재 사건 간의 관계를 서술하시오.
추상적 확장 피카소가 〈게르니카〉라는 그림을 통해 말하고자 했던 것은 무엇일까?(p.4)

해티와 브라운(2004)은 단일 구조와 복합 구조의 단계에서는 표면적 학습이 이뤄지는 반면, 상관 구조와 추상적 확장 단계에서는 깊이 있는 사고가 요구된다고 말한다.

단일 구조 한 가지 측면의 과제를 선택하거나 또는 순차적 이해를 이끄는데, 여기에는 사건들 또는 생각들의 연관성이 없다.
복합 구조 두 가지 또는 그 이상 되는 측면의 과제를 선택하거나 또는 순차적 이해를 이끌지만 상관관계는 없다.
상관 구조 여러 측면이 통합되어, 전체가 논리적인 구조와 의미를 갖는다.
추상적 확장 전체의 논리성이 고차원적인 추상적 개념을 만든다(p.5).

솔로 분류는 퀀텀 러닝에서 강조하는 '학습에 대한 학생 스스로의 책임감'에 동의하고, 형성 평가의 사용과 학생 교정을 위한 적절한 피드백, 기억 확인에 대한 개념, 그리고 교사가 각 단계에서 무엇이 기대되는지 명확하게 제시했을 때 일어나는 자발적 학습을 사용한다. 《감독관은 신경 쓰지 마라: 신나는 학습이 여기 있다 Never Mind the Inspectors: Here's Punk Learning》(2011)를 쓴 교사 테이트 콜스Tait Coles는 솔로의 단계와 결합된 행동 항목을 개발했다. 학생은 과제를 시작할 때 단계를 고를 수 있다. 만약 너무 쉬울 경우, 자유롭게 높은 단계로 이동할 수 있고, 너무 어려울 경우 스스로 이전 단계로 이동할 수 있다. '힘'이라는 단원을 설명하기 위해, 콜스는 각 단계를 다음과 같이 준비했다.

구조화 전 학생들은 복습, 또는 힘에 대한 새로운 공부를 위해 교재와 노트북을 고른다.

단일 구조 학생들은 로켓에 대한 간단한 시력선도Force Diagram[24]에 대해 유리판과 마분지(미색, 판지)에 설명을 적고, 도표에 나온 것들의 이름을 정확히 안다.

복합 구조 학생들은 로켓에 대한 보다 복합적인 시력선도를 유리판과 마분지에 그려 로켓의 균형과 불균형 힘을 보여 주고 경로, 속도, 움직임에 대해 설명한다.

상관 구조 학생들은 종이비행기를 만들어 어떻게 힘이 비행기에 작용하는지 실험해 본다. 연습 문제지를 채워 가며 이전에 배웠던 것들과 연결한다.

---

24 그림상에서 연결하여 그 크기나 방향을 구할 때 화살표로 그 방향을, 화살의 길이로 그 크기를, 화살촉 또는 화살 끝으로 그 작용점을 나타내면서 그리는 도형을 말한다. — 옮긴이

학생들은 종이비행기와 일반 비행기가 힘의 작용에 의해서 어떤 차이를 보이는지 설명하기 위해 생각들을 연결시킬 수 있다. 이제 답을 확인하고 잘못된 답들을 고친다.

추상적 확장   학생들은 최종 속도 퍼즐을 맞추는 것에 도전한다. 만약 두바이의 최고층 건물에서 정확히 같은 시각에 볼링공과 골프공을 떨어트린다면 어떤 공이 먼저 땅에 떨어질까? 그 이유는? 이번 단계에서는 학생들이 배운 것을 다른 각도에서 볼 수 있도록 기회를 제공하고, 배운 것을 기초로 예측해 본다.

콜스는 다음과 같은 설명을 덧붙였다.

(1) 어느 단계에서 시작해야 하는지 솔로 단계에 대해 곰곰이 생각하라. 단원의 목적은 주제에 대해 깊은 이해를 갖는 것이고 성장하는 것이지, 빨리 끝내는 것이 아니다!

(2) 단계 안에서 움직여라(구조화 전, 단일 구조, 복합 구조, 상관 구조, 추상적 확장). 솔로의 어느 단계에서든 시작할 수 있다. 1번을 다시 읽어 보라.

(3) 각 단계별 성공 기준에 대해 주의 깊게 읽으라.

(4) 다음 솔로 단계로 이동해도 되겠다는 자신감이 생겼을 때는 바로 다음 단계로만 이동하라. (각 단계별 성공 기준을 참조하면 도움이 될 것이다.) 이해한 것에 대해 확신을 갖기 위해 전 단계로 이동 할 수 있다.

(5) 단원을 공부하는 동안 생각을 나누는 시간을 확실히 확보하고, 교사의 생각도 나누라.

수업 후, 학생들에게 무엇이 즐거웠는지를 물어보았고 그들과 피드백을 공유했다. 다음은 그러한 예다.

- 종이비행기를 만들고, 비행기를 던졌을 때 어떻게 추진력이 생기고 공기와 중력에

의해 저항을 받는지 알게 되었어요!
- 독립적으로 작업했고, 수업이 정말 재미있었어요!
- 생각해야 했기 때문에 혼자 남아 있었어요.
- 사람들이 더 책임감을 갖게 됐어요.
- 우리가 책에 답만 적은 것이 아니라 직접 활동했기 때문에 재미있었어요.

콜스의 솔로 단계가 진행되는 동안, 뇌는 이전 학습 중추에 있던 개념들을 가져와 사용하게 된다. 이런 과정들이 학생들을 스스로 학습할 수 있는 상태로 만들어 주고, 흥미를 갖게 한다. 결국, 학생들을 발전시켜, 진정한 학생 중심의 학습이 형성되도록 한다.

학생 중심 학습

퀀텀 러닝 전략은 상승 작용에 의한 능숙함과 자신감을 길러, 교사 중심에서 학생 중심 학습으로 전환할 수 있게 한다. 다리에(DaLie, 2001)가 성공의 방법으로 발견한 것은 학생 중심 학습은 "잘 정돈되거나 깔끔하지 않다. 만약 학생이 정말로 자신의 학습 과정에 대해 활동적으로 참여하려고 한다면, 그 학생은 기회를 가져야만 하고, 말할 자유와 도전, 실험, 그리고 공동 작업이 필요하다"는 것을 깨닫는 것이다. 즉 "진짜 학습은 약간은 정신이 없고, 당연히 시끄러우며, 가끔 놀랄 일도 있고, 그렇기 때문에 매 순간 관찰할 가치가 있다는 것"을 다리에는 깨달은 것이다(p.84).

학생 중심 학습으로 전환할 때, 우리가 할 수 있는 모든 방법을 동원해서라도 반드시 도와야 하는 것은 부정적인 태도를 가진 학생들을 학습에 도전할 수 있게 하는 것이다. 이런 학생들에게 극적인 변화를 만드는 것은, 자기 대화와 학습을 통해 어떻게 하면 뇌에게 부정적인 것이 아닌 긍정적인 메시지를 전달하느냐에 달려 있다. 학생들을 지지해 준다면 원래 부정적인 태도였던 그들이 학습에 대한 책임감을 갖는 것에 편안함을 느낄 수 있다. 이 부분을 해결하지 않으면, 그들은 힘들어하던 부분에서 계속 힘들어할 것이고, 계속된 시도가 좌절당하고 뒤로 물러서게 되고, 강력한 학습자가 될 기회를 박탈당하면서 학습적 성과를 못 보고, 반복하는 틀 안에 남게 될 것이다.

자기 조절과 인내

심리학자 앤절라 더크워스Angela Duckworth(2013)는 자기 조절을 "목표 성취를 방해할 만한 유혹에 저항하는 능력, 만족 지연 능력"이라고 묘사했다. 자기 조절은 인내, 지속력, 인내력, 결정에 대한 완강함, 끈기, 체력, 그리고 누군가는 완고함이라고도 표현하는 것들과 연결되어 있는데, 이는 원하는 결과에 도달하기 위해 필요한 것이다.

자기 조절에 관련해서 가장 자주 드는 예는, 1960년대 말부터 스탠포드대학교의 심리학자 월터 미셸Walter Mischel과 그의 아내, 그리고 연구원들이 수년에 걸쳐 실시한 실험이다(Mischel & Mischel, 1983). 이 실험은 "마시멜로 실험"이라고도 불린다. 취학 전 아동들이 한 명씩 책상과 의자, 마시멜로, 도넛이 있는 방에 들어간다. 아이들은 두 가지 달콤한 과자 중 어떤 것을 더 좋아하는지 질문을 받고, 아이들이 선택한 과자는 아이 앞에 있는 책상에 놓여진다. 실험 진행자는 방을 떠나면서 이렇게 이야기한다. "내가 지금 방을 떠나야 해. 만약 네가 마시멜로(또는 도넛)를 내가 올 때까지 먹지 않는다면 내가 두 개를 줄게." 두 번째 지시 사항은 이렇다. "만약 먹는 걸 참기 어려우면, 벨을 눌러. 그러면 내가 빨리 올 것이고, 그때 과자를 먹을 수 있는데 두 개를 먹지는 못해."

그 후에 실험 진행자는 방을 떠나고 아이가 벨을 누르거나, 과자를 먹거나, 또는 정해진 시간이 지나갈 때까지 관찰했다. 실험 후, 몇 년이 지난 인터뷰에서 한 10대 아이는 "특정 지점에서, 나는 내가 틀림없이 혼자 있다는 것을 알게 되었고, 그래서 과자들을 먹기 시작했어요"라고 대답했다. 나중에 과자 대신 장난감으로 실험했을 때도, 같은 남학생은 책상에 진입해 거기 있는 모든 장난감을 가져갔다고 기억했다. "할 수 있는 한 모든 장난감을 가져갔어요"라고 그는 말했다. 이와 대조적으로 그의 여동생은 가장 좋아하는 음식인 마시멜로를 먹기 위해 기다렸는데, 기다리는 동안 매우 산만했다. 기록에 의하면, 여동생을 비롯한 순간적인 만족감에 저항했던 아이들은 눈을 가리고, 의자 주변을 돌아다니거나, 책상을 발로 차고, 머리카락을 잡아당기고, 또는 마치 동물 인형을 대하듯 마시멜로를 쳤다고 한다(Lehrer, 2009).

미셸과 동료들(1989)은 참여했던 653명 아이들이 10대가 되었을 때, 부모와 보호자들에게 질문지를 보냈다. 그 결과, 미셸은 취학 전 만족 지연 결과와 고등학교 학업 성취도 사이에 연관성을 발견했다. 과자를 먹은 학생들과 대조적으로 유혹을 이겨 냈던 30%의 학생들은 과자를 먹기까지 30초도 참기 힘들어했던 학생들에 비해, SAT 시험에서 평균 210점으로 높은 점수를 받았다. 취학 전 학생 때처럼 유혹을 이겨내지 못한 학생들은 "스트레스가 높은 상황을 어려워했고, 주의와 집중하는 데 문제를 보였고, 친구 관계를 유지하는 것에 어려움을 보였다"(Lehrer, 2009, n.p.).

미셸(1981)은 메타인지와 만족 지연 사이에 관계를 연구하기 시작했다. 사실, 초기 실험의 참가 아이들에 대한 첫 번째 평가 후, 미셸과 그의 팀(1989)은 만족 지연을 이른 나이에 가르치는 것이 가능한지와, 교육에 적용될 수 있는지 궁금해졌다. 또한 성장하면서 경험하게 되는 '학교에서의 실패'와 같은 위험들을 줄일 수 있는지도 궁금했다. 물론 만족을 지연시키는 것보다 해야 할 때에 행동을 실행하는 것도 필요하다는 것을 인정하지만, 개인이 정말 무언가를 하고 싶을 때 만족 지연을 지속하기 위해 필요한 능숙함이 없다면, 선택 자체가 상실된다고 그들은 말한다(p.937).

같은 '아이들'이 40대가 되었을 때, 미셸 연구팀들은 그들을 대상으로 자기 절제의 요인들과 신경 회로에 대해 수년에 걸친 연구를 계속했다. 지금까지 발견된 것 중 가장 중요한 것은 '집중에 전략적인 분배'를 하는 것은 자기 절제에 대단히 중요하다는 것이다. 마시멜로 유혹에 저항했던 아이들은 마시멜로에 대한 생각을 떨쳐 버리기 위해 노래를 부르고, 책상 밑에서 숨바꼭질 놀이를 하는 등 스스로를 산만하게 해 유혹으로부터 멀어졌다. 유혹에 저항하지 못했던 아이들은 저항하기 원했던 바로 그것에 주의를 집중했다.

미셸이 만족 지연 과제를 브롱크스 지역(뉴욕의 북부 행정구)에 사는 저소득층 아이들을 대상으로 실시했을 때 그들의 만족 지연 능력이, 적어도 팔로알토(미국 서부 지역)의 아이들에 비교했을 때, 평균 이하라는 것을 발견했다. "가난하게 자랐을 때, 만족 지연을 충분히 연습하지 못한다"고 그는 말한다. 또 다른 경우는, 어떻게 자신이 산만해지는지 알아내려고 하지 않고, 연습하지 않았을 때도 그렇다. 최고의 지연 전략을 개발하지 않으면, 이 전략은 자연스럽게 만들어지지 않는다. 다시 말해, 사람들은 컴퓨터의 사용법을 배우듯이 생각을 사용하는 법을 끝없는 시도와 실패를 거쳐 배워야 한다(in Lehrer, 2009, n.p.).

미셸은 적어도 짧은 지속 기간 동안 아이들에게 정신적인 비법을 가르쳐 만족 지연을 가르칠 수 있음을 발견했는데, 진짜가 아닌 액자 속에 가짜 캔디를 이용하는 방법이 한 예다. 미셸이 말하기를, "집중과 생각을 조절하는 방법을 배우는 것의 중요성을 깨닫고 나면, 분명히 향상시킬 수 있다"(in Lehrer, 2009, n.p.). 주로 만족 지연은 목표를 이루는 것을 지원해 주는 작업 기억 능력과 직접적으로 함께 작동한다. 이런 능력은 유아 시절, 식사 전에 과자를 먹지 않거나, 원하는 것을 위해 용돈을 아끼거나, 크리스마스 아침까지 선물 열어보는 것을 기다리는 것과 같은 부모의 교육을 통해 배우게 된다. 미셸이 제시하는 방법은 아이들에게 이렇게 말하는 것이다. "여기 마시멜로 보이지? 이건 지금 먹을 필요가 없어. 너는 기다릴 수 있어. 자, 봐 이렇게 하는 거야."

영화 〈진정한 용기 True Grit〉(1969)는 열네 살 소녀를 통해 인내심과 투지를 훌륭하게 묘사했다. 매티 로스(킴 다비)는 연방보안관인 루스터 카그번(존 웨인)을 고용해 자신의 아버지를 죽인 남자를 찾아내고 체포한다. 매티는 아버지에게 잘못한 사람을 쫓는 과정에서 진정한 투혼을 이뤄낸다. 그녀는 수많은 역경과 고난 속에서도 포기하거나 집으로 돌아가기를 거부한다(Duckworth, 2009, Oct; Hanford, 2014).

앤절라 더크워스(2013)가 개발한 12개 질문으로 이뤄진 투지 척도 Grit scale는 목표에서 산만하게 벗어나지 않고 집중할 수 있게 해 주는 각 요소들을 측정했다. 더크워스는 군대 간부 후보생, 학생들, 그 외 사람들을 통해 투지 척도의 예측 가능성을 조사했는데, 이 연구에서 행동과 성공 사이에 상관관계를 발견했다. 8학년 학생들 가운데 내일 2달러를 받는 것을 기다리기보다는 오늘 1달러를 갖기를 선택했던 학생들은 투지 척도에서 하루를 기다린 학생에 비해 상당히 낮은 점수를 받았다. 성공적 삶의 조건에서 "지적 능력은 매우 중요한 요소이지만, 여전히 자기 조절만큼 중요하지는 않다"라고 그녀는 말한다. 그리고 그녀의 신념을 추가했는데, "학습은 재미있고, 아주 신나고 기쁜 일이지만 동시에 자주 주눅 들게 만들고 지치게 하며, 가끔은 낙담시키기도 한다"고 말한다. 그녀는 "만성적으로 성취도가 낮지만 똑똑한 학생들을 돕기 위해서는, 성격적 기질이 적어도 지적 능력만큼 중요하다는 사실을 교육자들과 부모들이 먼저 인식해야 한다"고 조언한다(Duckworth in Tough, 2011).

앞서 인성을 평가하는 킵Kipp 평가표와, 그 개념을 둘러싼 논란에 대해 논의 한 바 있다. 킵의 요청으로 더크워스는 인성 평가표를 개발하는 데 참여했고, 측정 요소 중 투지도 포함되었다(Tough, 2011). 이제 '투지'가 어떻게 포함되게 되었는지 알 것이다. 표준화된 시험의 성취도를 예측하는 데 IQ가 오랫동안 역할을 해 온 것은 사실이지만, 자기 조절 측정은 더욱 신뢰할 만한 예측 진단 단계다.

자기 조절에 대한 세 번째 열쇠를 갖고 있는 사람은 A. R. 루리아(1961)다. 앞서 2장 신념 부분에서 그의 연구《정상 및 비정상 행동 조절에서의 말하기 역할》에 대해 언급한 바 있다. 그는 자기 성찰 및 자기 대화의 중요성을 강조한 개척자다. 학생들이 헤매도록 내버려 두는 것이 아니라 자기 성찰과 자기 대화 기술을 기르도록 도와주고 그들이 목표 성취를 위해 학습 기억 능력을 직접적으로 더 잘 사용하는 법을 교육자들에게 제시한다.

알피 콘(2008)은 "자기 절제는 일반적으로 가치 있다고 여겨지는 것을 성취하기 위해 개인의 의지력을 조절하는 것으로 정의되기도 하고, 바라지 않는 것 또는 만족을 지연해야 하는 것을 하지 않기 위한 의지와 비슷하게 자제력으로 정의되기도 한다"고 말한다. 블록의 자제력에 대한 연구(Block, 2002)를 참조해서, 콘(2008)은 "자제력이 항상 좋은 것은 아니다. 자제력의 부족이 항상 나쁜 것도 아니다. 왜냐하면 그 부족이 자발성, 유연성, 내면에 있는 따뜻함의 표현, 경험에 대해 열린 상태, 그리고 창의적인 인식의 기초를 제공하기 때문이다"라고 설명한다. 자제력에 대한 개념은 "가끔은 부적응을 만들고, 경험하고 음미하는 것을 망치는 데도 불구하고 일반적으로 좋게 여겨지는데, 이것이 우리 사회에 던지는 시사하는 바는 무엇일까?"(n.p.).

우리는 콘의 관점에 대해 부분적으로 동의하지만, 친구와 함께하는 즐거움이 제공된다고 하더라도, 청소년기의 자발성과 목표 성취를 위해 의지적 지연을 자발적으로 해내는 것에 필요성을 느낀다. 그렇기 때문에 우리는 인내심과 자제력이 긍정적인 자기 대화법 장려와 자기 질문 기법 (하나의 행동이 대체되는 경우 성과가 무엇인지 생각할 수 있는)으로 나아가길 바란다. 퀀텀 러닝은, 인내심과 자기 조절의 기초가 되는 자기 질문 기법과 자기 대화법에 집중하고, 학생들이 자신의 긍정적인 선택을 강화하기 위해 이 기술들을 사용하기를 장려한다.

자기 대화법, 자기 질문 기법, 협동 작업의 활발한 참여는 뇌에게 '우린 성취할 능력이 있다'는 메시지를 보낸다. 협동 작업은 학교와 삶에 기초가 되는 기술이고, 학생들의 자신감을 향상시킨다.

협동 작업

우리의 목표는 학생들이 협동 작업의 전문가가 되는 것이지만, 그것이 항상 자연스럽게 이뤄지지는 않는다. 지도와 연습, 그리고 피드백이 필요하다. 우리는 학생들에게 어떻게 협동 작업을 하는지 가르치고 준비시켜야 한다. 예를 들어, 학급의 토대를 만들 때 학생들과 함께 어떻게 학급을 운영할지 결정하기 위해 소그룹으로 논의하며 질문을 던진다. 이때 이 과제에 대한 지도가 필요하다. 첫째, 소그룹 활동은 협동 작업을 위한 최적의 방법이다. 한 연구에 따르면, 세 명이 한 팀이 되면 뛰어난 한 사람이 혼자 문제를 해결하는 것보다 더 쉽게 어려운 문제를 해결할 수 있고, 세 명, 네 명, 또는 다섯 명이 이룬 팀은 문제 해결에서 개인보다 확실한 결과를 낸다고 말한다(Laughlin et al., 2006).

협동 작업은 토론과 생각과 의견의 교류가 필요하다. 학생들은 팀의 일원으로 협동해야 하며, 의견, 제안, 노력 등이 요구된다. 또한 학생들은 강압적이지 않게 자신의 의견을 나누는 방법, 다른 사람들과 잘 작업하는 방법, 창의적으로 사고하는 방법, 의사 결정을 하고 문제 해결하는 방법, 이유를 찾고, 다른 사람의 관점에서 보는 방법 등 배운 것들을 이용해 서로를 도울 것이 기대된다. 학생들은 개인적으로 노력하고 팀의 목표를 위해 기여할 책임이 주어진다고 생각한다(Secretary's Commission on Achieving Necessary Skills/SCANS report, 1993). 앞서 언급한 방법에 대한 설명들은 학생들이 학회의 일원이 된 것처럼 답에 대해 논의하고 결정해 볼 만한 흥미로운 질문이 되기도 한다. 예를 들어, 협동 작업을 효과적으로 하기 위해 어떻게 하면 모두가 동등하게 의견을 나눌 수 있을까? 이와 같은 질문에 대해 전체 학급과 나누기 편하게 큰 종이에 의견을 쓰면서 논의하고 모두에게 요구되는 태도는 무엇인지 정해 볼 수 있다.

다른 관점을 위한 질문: 만약 다른 팀원이 실행 불가능한 의견을 제안했을 때는 어떻게 말하거나 행동을 취할 수 있을까? 이 질문과 논의 과정은 학생들이 의견 일치와 절충의 차이점을 배우기 위해 중요하다. 이 때 질문에 들어간 용어들은 소그룹을 형성하기 전에 전체 학급을 대상으로 논의하고 설명하는 것이 좋다. 어떤 학생들은 여전히 어떻게 과제를 해결해야 하는지에 대해서 불투명할 수 있다. 학생들은 의견 일치가 일반적인 동의와 화합으로 정의된다는 것을 알아야 한다. 이것은 모든 구성원이 만족할 수 있는 해결책을 찾기 위한 시도들을 포함한다. 이 과정은 창의력, 혁신, 함께 일하는 것을 촉진한다. 절충은 상호 간의 양보를 통한 합의로 정의된다. 아마도 몇몇의 또는 모든 참가자들이 만족하거나 동의하지 않기 때문에 생긴 결과인데, 시간이 흐르면서 신뢰를 쌓는 데 방해가 될 수 있다. 주요 결과는 결정을 내리는 것이다. 자신감이 낮은 학생들은 주장하기보다는 절충하려는 경향이 있다. 최고의 결과를 이루기 위해 구성원 모두가 의견을 내는 것은 매우 중요하다.

효과적인 협동 작업은 (학생들에 의해 만들어진) 동의한 내용들을 최선을 다해 지키는 것과, 8가지 성공의 습관에서부터 시작된다. 각 습관은 효과적인 의사소통과 합의를 돕는 기준들이 된다. 그룹이 하나가 될 때(개개인이 단단히 연결되어 하나의 그룹이 되었을 때), 일원들은 그룹 안에서 순조롭게 의사소통하고 참여하고 싶은 마음이 생긴다. 이것이 바로, 분위기 요소에서 논의했듯이, 퀀텀 러닝이 정서적으로 따뜻한 분위기 속에서 긍정적인 관계를 형성하는 것에 강력하게 집중하는 이유다.

협동 작업을 위한 좋은 절차는 학생들이 소그룹으로 이동하기 전에 토론과 의사 결정을 위해 나눌 자신의 관점과 생각을 미리 정리하고 써 본 뒤에 이동하는 것이다. 학생들이 의견을 나누는 것과 비슷한 시간을 투자해 개인적으로 생각하고 써 보는 시간을 갖는 것의 목적은 소그룹 논의 전에 모든 학생이 자신의 생각을 명확하게 하고 스스로 표현할 것을 정리할 동등한 시간을 주기 위해서다. 교사는 4명이 한 그룹으로 작업하길 제안하고, 자신을 제외한 나머지 세 명의 학생들의 동의를 얻는 과제를 줄 수 있는데, 아래의 두 가지 이유 때문이다. 이 과정은 각자가 생각의 의견을 제공할 책임을 갖도록 돕고, 한 사람이 토론을 독점하지 않도록 돕는다. 그러므로 모든 학생들이 그룹 안에서 의견을 나누면서 모두가 함께 배울 수 있다.

버드와 구드니(Byrd & Goodney, 2008)는 학생들이 학습 과정에서 수동적이고 소극적인 것보다 직접 활동에 참여할 때 그 내용을 더 잘 기억한다고 말한다. 학생들은 자신이 듣고 본 것에 대해 50%만 기억하는 반면, 직접 말한 것에 대해서는 70%를 기억한다. 더 중요한 것은 학생들이 스스로 학습의 일원으로 참여해 의견과 생각을 나누고, 과제나 프로젝트를 완성하기 위해 직접 참여하는 등의 무언가를 하면 90%를 기억한다는 것이다. 버드와 구드니(2008)는 협동 작업의 성공은 각 학생이 논의되고 있는 내용에 대한 개인적인 통찰력이 발달할 때라고 말한다. 신시아

배리Cynthia Barry(2010)는 오랜 기간 학교 사서로 일하면서 중, 고등학교 학생들에게 논리와 비판적 사고, 그리고 토론 그룹에서 읽기 기술을 가르친 교사인데, 다음과 같이 썼다.

다른 사람과 생각을 교환하는 것은 공감 능력을 끌어 낸다. 학생들에게 다른 사람의 이야기를 듣는 것과 자신의 생각을 나누는 것을 가르치면 앞으로 어떤 일이 일어나든 회복력과 풍부한 지략을 갖게 할 수 있다.
사람들 사이에 대화는 새로운 길을 연다. 토론과 연관된 기술들, 예를 들어, 주의 깊게 읽기, 면밀히 듣기, 설득력 있게 말하기, 그리고 정중함을 유지하기는 우리를 자기인식이 가능하고, 자주성과 자부심이 있고, 또한 자립된 성인으로 만든다.

그룹으로 토론하는 동안, 교사는 학생들을 관찰하고 평가해, 나중에 피드백과 조언해 줄 때 사용할 성과 노트를 작성할 수 있다. 학생들은 자신이 무엇을 잘하고, 어떻게 하면 더 발전할 수 있는지 알아야 한다. 협동 작업의 기술들이 학습 현장에서 성공하기 위해 중요하다는 것을 알 때, 그것을 잘하고 싶어진다. 교사의 조언은 학생들에게 자신의 능률을 향상시키기 위해 다양한 생각, 실행, 토론 방법을 탐색하도록 돕는다. 하지만 효과적인 협동 작업 기술은 사람마다 다르기 때문에, 자신의 협동 능력이 효율적이기 위해서는 각자 찾기 위해 노력해야 한다.

촉진

촉진은 수업과 그 외에 많은 것들을 설계하고, 학생들이 학습에 대해 최상의 상태를 유지할 수 있도록 탁월하게 전달하는 방법에 대한 것이다. 산만해지고, 정신을 딴 데 팔거나, 또는 인지적으로 부주의한 상태일 때, 학생들이 다시 집중하도록 하고, 뭘 배우고 있었는지 생각하게 하는 것은 교사의 몫이다. 학생들이 최적의 학습 상태를 확보하려면 연습이 필요하지만, 집중을 유지하고 숙달에 도달하도록 보장하는 최선의 방법이기도 하다. 가치 있는 노력과 좌절, 그리고 자기 분석은 중요한 촉진 기술을 완성하기 위해 꼭 필요하다.

청중 읽기

새로운 정보를 제시했을 때 학생들의 반응 상태를 판단하기 위해서는, 보디랭귀지를 통한 이해를 파악할 수 있어야 한다. 만약 너무 편안해 보인다면, 학생들은 아마도 완전히 돌아서 자신만의 생각 속으로 빠져들었을 가능성이 크다. 초롱초롱하게 집중된 상태는 보통 앞으로 살짝 기울어진 자세와 어깨의 약간의 긴장감으로 나타난다. 정보를 열심히 듣고 처리할 때는, 자연스러운 표정과 비교했을 때, 약간 화난 듯한 모습일 수 있다. 학생들이 시각적 민첩함과 집중을 유지하는 동안은 깊은 생각에 빠졌을 때 일반적으로 나타나는 무표정이 나타난다. 동의를 뜻하는 약간의 미소는 아마도 입가에 살짝 보일 것이고, 대부분의 미세한 끄덕임은 학생들이 동의하고 있음을 뜻한다. 학생들이 헷갈려 하거나 무언가 말하고 싶어 하는지에 주목하라. 발표할 수 있도록 격려해 학습 과정에서 적극적인 역할을 할 수 있도록 하라.

교사의 말: 목적이 있어야 한다

해티는 보통 교사의 말이 너무 많으면, 학생들이 정말 말하고자 하는 것을 듣는 데 실패한다고 확신한다. 그를 포함한, 일반적인 교사들은, 수업 시간에 80% 동안 말한다. 이런 통계는 수년 동안 지속됐지만, 소그룹 활동이 발전한다면 이 통계도 바뀔 것이다(학생들이 혼자 활동하는 것을 포함해서). 물론 더 많은 연구가 필요하다는 것은 인정하지만, 그는 "교사가 말하기를 멈출 때 깊이 있는 학습이 찾아올 것이다"라고 주장했다(Stevenson, 2011).

교사가 말을 많이 하는 것에서 그 비율을 반전시켜, 학생들이 학습 과정에 참여할 수 있도록 교사는 카운슬러와 같이 듣는 자가 되고, 학생 간 토론을 만들어 내야 한다고 해티는 제안한다. 그는 교사들이 듣는 것을 매우 어렵게 여긴다고 본다. 하지만 청소년이 좋아하는 비디오 게임에서 교훈을 얻자면, (1) 각 학생들의 이전 성과에 대해 확실히 확인할 수 있고, (2) 목표는, 학생들이 계속 도전하고 참여할 수 있을 정도의 수준으로 꽤 높게 정하고, 마지막으로 (3) 목표에 대한 충분한 피드백을 제공하면 된다. 이것은 "극적으로 높은 성과"를 성취하기 위해, 학습이라는 게임에 학생들이 참여하도록 유도할 때 필요한 교사 전략과도 같다. 교사들을 위한 첫 번째 단계는, 수업을 잘 계획하고, 말을 적게 하고, 학생들을 더욱 참여시키는 것이다(Hattie in Stevenson, 2011). 이것이 퀀텀 러닝에서 교사들이 매일매일 최상의 학습 상태를 유지하기 위해 고군분투하는 기초 규칙이다.

IBA: 움직임을 통한 행동의 영향

코넬대학교의 심리학자 제임스 커팅James Cutting 연구팀(Cutting, DeLong & Nothelfer, 2010)은 집중력과 방송 미디어에 대해 연구했다. 그들은 인간이 집중하기 위한 자연적인 리듬은, 최대의 집중력을 유지하기 위해 몇 초에 한 번씩 매번 자극의 변화가 요구된다는 것을 발견했다. 이것이 바로 애니메이션에 그렇게 많은 움직임들이 있는 이유이고, 청각/시각적 자극이 자주 바뀌는 이유이며, 극적인 움직임을 갖는 이유다.

교사도 몇 가지 효과적인 전략들을 통해 학생의 집중력과 행동에 영향을 줄 수 있다. 퀀텀 러닝에서, 우리는 이런 전략들을 IBA(Influence Behavior Through Action 움직임을 통한 행동의 영향)라고 부른다. 교사는 학생의 집중력과 에너지, 그리고 끊임없이 집중에 설정과 재설정을 할 수 있도록 주의를 기울여야 한다. 목표는 학생들이 학습할 수 있는 충만한 상태를 유지하고, 집중된 상태로, 학습에 참여하는 것이다. 집중되고 참여한 상태가 될 때, 학생들이 주제에 벗어난 대화를 하거나 행동에 문제를 보이는 시간 또한 사라진다.

학생들이 교실에 들어왔을 때, 교사가 해야 할 일은 학교의 일상 규칙과 활동 속으로 들어올 수 있도록 '기어 변환'을 도와주는 것이고, 학습 상태가 될 수 있도록 하는 것이다. 퀀텀 러닝 티칭 사이클에 있는 학습자 준비 단계를 깊이 생각해 본 교사는 좋은 출발을 한 것이다.

학생들의 상태는 그들의 정신 상태(생각), 정서 상태(감정), 신체 상태(자세)를 포함한다. 우리는 이 세 가지 중 "하나를 바꾸면, 모두 바꿀 수 있다"라고 말한다. 예를 들어, 학생들의 생각과 감정은 몸의 언어를 통해 변화한다. 간단히, 학생들이 허리를 펴고 앉아, 앞을 바로 쳐다보고, 깊은 숨을 내쉬면 정신적, 정서적 상태가 변할 것이다. 학생들이 자기 대화와 확신을 통해 긍정적인 생각을 갖게 되면, 신체의 자세도 바뀌고, 감정도 바뀐다. 미소 짓고 웃으면서 행복한 감정을 느끼면, 정신과 신체 상태가 변한다. 하나를 바꾸면, 모두 바꿀 수 있다.

퀀텀 러닝에서는 의자에 앉아 있을 때, 자세와 마음이 어떻게 작용하는지 느껴 보는 실습을 한다. 학생들과 한번 해 보라.

의자에 구부정하게 앉아, 느리게 숨 쉬고, 고개를 숙여 아래를 내려다본다. 이 자세에서 "신나!"라고 말한다.

이번엔 바로 앉아, 앞으로 몸을 살짝 숙이고, 눈을 크게 뜨고, 깊은 숨을 내쉬며 미소를 띠고 말한다. "지루해."

무엇을 깨달았나?

아무런 열정이 없는 구부정한 자세에서 "신나!"라고 말하는 것은 거의 불가능하다. 왜냐하면 말하는 것과 신체적인 영향이 서로를 부인하며 어울리지 않기 때문이다. 비슷하게, 우리가 바로 앉아, 몸을 살짝 앞으로 숙이고, 초롱초롱한 눈으로 웃으면서 지루함을 느끼는 것 또한 거의 불가능한 일이다. 하나를 바꾸면, 모두 바꿀 수 있다.

대부분의 사람들에게 자세는 정신 상태로 향하는 플랫폼, 혹은 처형대의 역할을 한다. 허리를 펴고 서거나 앉았을 때, 이 자세는 긍정적이고 충만한 정신 상태를 촉발한다. 허리를 구부정하게 했을 때, 이 자세는 더 우울한 상태를 촉발한다.

학습은 과정이고, 정해진 때에 집중의 재설정이 필요하다. 학생의 상태를 변화시킬 전략들이 있는데, 학업에 대한 열정을 불러일으킬 때, 또는 차분하게 집중하고 전념하도록 유도할 때 모두 사용할 수 있다.

학생들의 상태를 변화시키고 주의를 끄는 전략 중에, 교사가 몸을 앞으로 기울이고 호기심을 자극하기 위해 말할 내용을 속삭이듯 이야기하는 전략이 있다. "이제부터 배울 내용은, (속삭이듯 목소리를 줄이고, 몸을 앞으로 기울이며) 지난해 학생들이 ＿＿＿에 대해 이해할 때 가장 도움이 되었다고 내용이야"라고 하는 것이다. 또 다른 전략은 콜백Callback이다. 콜백은 중요한 단어나 개념을 강조할 때 사용하는데, 목표 혹은 중심 내용에 계속 집중하기 위해 교사가 방금 말한 단어를 학생들이 따라 외치는 것이다. 예를 들어, "퀀텀 러닝의 8가지 성공의 습관 중 첫 번째는 '정직성'이야. 첫 번째 성공의 습관이 뭐라고? (학생들과 교사가 함께 대답) 정직성! (교사가 자연스럽게 수업을 이어가며) 맞아, 정직성이야"라고 하는 것이다. 학생들의 상태를 바꾸는 또 다른 전략에는 옆에 있는 사람에게 돌아앉아 파트너 대화하기와, 교사의 지시에 따라('자, 내가 출발이라고 말하면 30초 동안 교실 벽을 두 군데 치고 다시 자리로 돌아오는 거야, 출발!'), 학생들이 30초 동안 교실을 돌아다니며, 두 군데 벽을 치고 다시 자리로 돌아오기 (움직임을 통한 상태 변화) 등이 있다.

이런 전략들은 학생들이 수업 시간 동안 집중력을 유지할 수 있도록 도울 뿐만 아니라, 쉬는 시간 후에 다시 집중하도록 돕기도 한다. 우리는 우리의 경험들을 떠올려 볼 수 있다. 교사 연수 워크숍에서 짧은 쉬는 시간이 지나고 돌아왔을 때, 금방 다시 집중하지 못했던 경험이 한번쯤 있을 것이다. 쉬는 시간 동안 했던 활동들이 머릿속에 계속 맴돌아, 워크숍을 잘 이용하기 위해서는 다시 집중해야 한다. 퀀텀 러닝 교육 기간 동안, 우리는 특별한 방법을 통해 쉬는 시간 동안 떠나 있던 참가자들의 집중력을 가져온다. 첫 번째는 수업의 시작을 알리는 음악으로 특별한 노래를 트는 것이다. 앞서 학급 전통 목록에서 설명했던 것과 같이, 우리는 음악에 맞춰 박수를 치고, 수업 시작이 가까이 왔을 때 음악 소리를 높이면서 박수를 빨리, 더 빨리 치게 해 워 박수를 유도한다. 한 손을 위로 하고, 한 손은 아래로 한 뒤, 크게 박수를 한번 딱! 치면서 '워~'라고 소리를 낼 때 갑자기 음악이 멈추는 박수 방법이다.

박수와 음악이 멈추고 나면, 모든 시선이 교사에게 쏠려 있는 교사에게 가장 중요한 순간이 만들어진다. 학생들은 집중되었고, 교사가 어떤 말을 할지 기대한다. 교사는 호기심 있는 질문 또는 지난 수업에 대해 언급하며 개념을 연결시켜 주거나, 또는 다음에 할 것에 대한 호기심을 자극하는 문장을 말할 수 있다. 예를 들어, 워 박수 후, 모든 시선이 앞으로 집중되었을 때, 교사가 천으로 덮은 물건을 들고 나와, "이 안에 뭐가 들어 있을 것 같아? (학생들이 상상한 대답을 듣고) 정말 그럴까? (호기심 가득한 말투로) 사실, 이 안에는 말이야," 그런 뒤 "짠!" 하고 물체를 공개한다. 그 안에는 학생들을 수업으로 인도해 줄 수 있는 물건이 들어 있다. 예를 들어, 수업에 사용할 실험 도구 등이다. 또 다른 예로는, 학생들이 앉아 있는 자리를 바꾸는 것도 포함이 되는데, 이렇게 말하는 것이다. "잠깐 서 있는 상태로 들어줘. 내가 '새로움'이라고 이야기했을 때…… 내가 뭐라고 말했을 때라고? (새로움!) …… 그때 자신의 노트북을 들고 다른 책상으로 이동해 새로운 짝과 함께 앉는 거야. 새로움!" 모두가 자리에 앉았을 때, 교사는 계속해서, "깊은 숨을 들이쉬고, 천천히 내쉬어 보자"라고 말해 학생들의 상태를 정돈할 수 있다. 학생들은 다음에 무엇을 할지 집중된 상태와 호기심으로 다음 내용을 기다릴 것이다.

수업을 시작할 때, 또는 쉬는 시간이 끝나고 돌아왔을 때, 수업 시작을 알리는 음악을 켜는 것처럼, 수업이 끝났을 때도 이와 같은 전통을 사용할 수 있다. 앞에 전통 목록에서 언급한 바 있다. 수업을 마칠 때, 교사는 힘찬 목소리로 이렇게 말하는 것이다. "모두 일어나자. 한 손을 위로, 한 손을 아래로 하고, 옆에 있는 사람에게 이렇게 말해 볼까? '오늘 정말 잘했어.' 이제 다 같이 '워!'(박수)." 박수와 함께 쉬는 시간 음악이 나온다. 이처럼 수업을 깔끔하게 마무리한 뒤, 뇌에게 쉬는 시간임을 알리고 휴식을 주기 위해 워 박수를 사용할 수 있다. 뇌는 처음과 끝을 명확하게 맺는 것을 좋아하고, 워 박수는 하루 내내 뇌를 명확한 상태로 만들어 준다.

IBA 전략들은 학생들의 상태와 집중력을 관리하는 데 도움을 준다. 이제 또 다른 상황, 학생들이 협동 작업을 하는 중에 활동이 높은 수준에 다다라 마무리할 필요를 느꼈을 때를 상상해 보자. 학생들은 여전히 토론 중이다. 이때는 '내 목소리가 들리면' 전략을 사용할 수 있다. 이 전략은 "만약 내 목소리가 들리면 박수 한 번!"이라는 말로 시작한다. 그리고 박수를 한 번 친다. 앞에 말한 문장을 반복하되, 마지막을 "박수 두 번!"으로 바꾼다. 박수 두 번 후에 박수를 세 번까지 치고 나면, 대부분의 학생들이 함께 박수를 치고 있을 것이다. 그때 "만약 내 목소리가 들리면 돌아앉아 이쪽을 볼까"라고 마무리 짓는다.

'내 목소리가 들리면' 전략으로 원하는 결과를 계속 얻기 위해서는, 대체 박수(예를 들어, 손가락 박수), 살짝 혹은 세게 치기(예를 들어, 책상 위를 살짝, 혹은 세게 치기), 신기한 소리 내기(예를 들어, 휘파람 세 번) 등 이 외에도 전략의 효과를 유지할 수 있는 적절한 행동을 다양하게 할 수 있다. (예를 들어, "만약 내 목소리가 들리면 모두 천장을 쳐다볼까? 이제 내 목소리가 들리는 사람은 내 눈동자를 쳐다보는 거야." 자연스럽게 시선이 앞으로 향한다.) 또한, "돌아앉아 이쪽을 볼까"라고 말하는 것보다, 학생들이 자신의 파트너들을 칭찬할 수 있도록, "만약 내 목소리가 들리면 파트너에게 고마움을 표현해 줘," 또는 "팀원들과 하이파이브 하고 일어서자," 또는 "조용히 앉아 앞을 볼까"라고 할 수 있다. 다양한 움직임을 이용하면, 학생들은 새로운 지침을 실행하듯, 계속해서 이 전략에 대한 반응을 보일 것이다.

학생들이 팀으로 혹은 개인 작업으로 참여하고 있을 때를 이야기해 보자. 학생들을 갑자기 멈추게 하는 것보다는, "가능할 때 나를 따라해"라고 말할 수 있다. 그러고는 복습하거나 새롭게 배울 내용의 개념을 나타내는 움직임이나 몸동작을 시작한다. 그리고 다시 한 번 부드러운 목소리로, "가능할 때 나를 따라 해"라고 말하고 동작을 반복한다. 세 번째에는, "가능할 때 나를 따라 해"라고 말한 뒤에 처음부터 동작을 시작한다. 동작을 포함해 교사에게 집중이 유지되도록 한다. 그리고 즉각적으로 왜 작업을 멈추게 했는지 이유를 설명한다. 교사는 아마 각 팀의 팀원들이 다른 팀원

두 명을 만나 자기 팀의 진행 과정을 설명하게 하고 싶었을 수 있다. 이 활동은 모든 학생들이 자기 팀의 진행 과정을 명확하게 설명할 기회를 준다.

학생들이 소그룹 또는 파트너와 함께 작업할 수 있을 때는, 교사가 자연스럽게 학생들의 대화를 들음으로써 '움직임을 통한 행동의 영향'을 알 수 있을 것이다. 아마 학생들은 세 명이 한 팀을 이루고, 배우는 내용이 발생한 이유를 적어도 여덟 가지 이상 찾거나, 프로젝트를 위해 어떻게 할지 계획을 짜는 과제를 하고 있을 것이다. 먼저, 학생들은 조용한 대화로 시작하지만, 과제에 전적으로 참여하면 할수록 목소리는 커진다. 정점에 이른 후 얼마 지나지 않아, 학생들이 강한 열정으로 주제에 대해 이야기하고 있을 때, 만든 내용 또는 합의한 것들을 다시 살펴보고 결론을 내리라고 하라. 과제가 무엇이든 상관없다. 이것이 멋진 마무리를 만든다. 만약 교사가 그들의 대화가 잠잠해지고 목소리가 낮아질 때까지 기다리면, 대부분의 그룹은 이미 다른 주제에 대해 이야기하거나 학급에서 진행되는 내용에서 완전히 벗어났을 가능성이 있다.

상태를 촉진하는 전략들은 학생들의 집중력과 활동 참여를 만들어 내는 매우 강력한 방법이다. 하지만 이런 효과들은 집중과 확산이 이뤄지는 개념에 영향을 받는다. 앞에서 살펴본 예와 같이, 청소년기의 뇌는 집중을 돌리기 전까지 한정된 에너지에 집중력을 쏟을 수 있고, 뇌에게 방금 생각한 것들에 대한 처리 시간을 줄 수 있다. 기억 시스템은 처리와 정보 저장을 위한 시간이 필요하다(Wiley & Jarosz, 2012). 만약 뇌가 처리할 수 있는 적절한 시간을 갖지 못하고 너무 많은 정보를 받는다면, 나중에 기억해 내는 정보도 적을 것이다.

퀀텀 러닝의 뇌 기초는 "학습을 위해서는 집중이 필요하다"는 것이다. 학생들이 집중할 수 있는 시간, 그리고 그 시간은 나이와 직접적으로 연결되어 있다는 것을 기억하라. 경험에 의하면 학생들이 12세일 때 뇌가 집중할 수 있는 시간은 12분이다. 이 시간 후에는 어떤 것이든지 집중할 기회가 낮아지고, 가르친 것이 사라질 것이다. 하지만 내과 의사 데이비드 코니시David Cornish와 실험심리학자이자 인지신경과학자인 다이앤 듀케트Diane Dukette의 연구에 따르면, 가르치는 과정이 매우 흥미로울 경우, 두 살짜리 아기라도 5분 동안 집중할 수 있고, 큰 아이들과 어른들은 20분까지 집중할 수 있다고 한다(2009).

학생들이 주제에 대한 집중을 놓쳤을 때, 집중과 확산 활동이 필요하다. 먼저 빠른 복습을 하라. 주제로 데려오기 위한 또 다른 빠른 복습을 하기 전에 스트레칭을 하거나 또는 짧은 쉬는 시간을 가져라. '의도적인 전환'의 목적은 학생들의 집중이 주제와 완전히 다른 곳으로 갔다가 활동 후에 상쾌한 상태로 돌아와 다시 집중하게 하기 위함이다. 예를 들어, 일어나서 스트레칭을 하는 쉬는 시간을 가져라. 천장에 손닿기를 하며 자유롭게 움직일 수도 있고, 옆으로 가로지르는 동작 등을 따라 할 수 있게 해서 학생들의 몸을 좌우로 움직이게 할 수도 있다. 예를 들어, 왼쪽 발꿈치를 오른손을 이용해 등 쪽으로 들어올리기, 또는 오른쪽 무릎을 왼손으로 친 후 반대방향으로 반복하기가 있다. "머리, 어깨, 무릎, 발, 무릎, 발"과 같은 구호와 함께할 수 있다.

집중 전략

학생들은 생각이 많고, 수업 주제에 집중하기에는 너무 많은 문제들을 갖고 있을지도 모르겠다. 교실에서든, 또는 집에서 공부할 때든, 학생들에게 집중하는 방법을 가르쳐 주는 것은 강력한 힘을 갖는다. 일종의 시작 신호인 '큐 사인'이 힌트이자 안내자다. 영상 제작에서, 큐 사인은 특별한 진행 또는 연기자들의 움직임을 촉발한다. 퀀텀 러닝에서는, 집중된 상태로 전환시키는 방아쇠 역할로 큐 사인을 사용한다.

큐 사인 당기기와 그림 그리기 — 숨 들이쉬기와 내쉬기

당기기 마치 끈이 머리끝에 고정되어 위로 잡아당기는 듯한 상태를 상상하며 허리를 펴고 앉는다.

그림 그리기 스스로 원하는 모습을 머릿속으로 상상한다.

숨 들이쉬기 숨을 천천히, 그리고 깊이 들이마신다.

내쉬기 숨을 내쉬듯이 턱과 어깨를 편안하게 늘어뜨린다.

"학습은 우리가 습득한 정보를 간직하게 해 주는 과정이며, 효과적인 상태에서는, 깊은 인상이 행동에 영향을 미치기도 한다. 집중된 상태는 종종 정보를 기억에 새기기 위한 도구로 설명되기도 한다"(Bruno Dubuc, 2002). 학생들이 '큐 사인'을 사용하면 더 쉽게 주제에 집중할 수 있고, 마음속으로 의미 있는 연결 고리들을 만들어 낼 수 있다. 정신이 딴 데 팔렸을 때, 학생들은 빠르게 당기기와 그림 그리기, 숨 들이쉬기와 내쉬기 단계를 통해 집중된 상태로 돌아갈 수 있다. 교사들은 학생들이 읽고, 쓰고, 또는 그 외에 과제와 씨름하기 전에 시작 단계에서 '큐 사인'을 할 수 있도록 지도할 수 있다. 이러한 다양한 사용은 이 전략이 습관화되도록 돕는다.

학생의 상태를 관리하는 것은 지속적으로 진행되는 과정이다. 교사가 수업 내용에 빠져들다 보면 학생들의 상태를 파악하는 것을 놓치기 쉽다. 참여도는 학생들이 손을 높이 들어 질문에 대답할 준비가 되었음을 표시할 때, 똑바른 자세로 앉았을 때, 시선이 교사 또는 의견을 나누는 짝에게 고정된 것 등을 보면 알 수 있다. 우리는 학생들이 주제와 학습에 대해 흥미를 갖기를 원하고, 이 전략들은 학생들이 학습에 대해 충만한 상태를 유지할 수 있도록 지속적으로 도와준다.

설명

개념을 어떻게 설명하면, 학생들의 반응이 "이건 정말 내가 배우고 싶었던 내용이고 이 선생님은 정말 재미있게 가르쳐 줄 거야"에서 "이건 너무 어렵고 더 이상 배우고 싶지도 않아"까지 다른 반응을 유발할 수 있을까. 교사의 존재, 대화 기술, 성격, 그리고 "개방성"은, 학습 내용의 인지, 감정, 사회, 그리고 일반에 걸쳐 근접 발달 지대의 학습 지대 전반에 걸쳐 배우고자 하는 열정이 있는 학생들을 통해 반영된다(Chaiklin, 2003; Cole et al., 1978; Vygotsky, 1962, 1986). 이는 이 장에서 이미 이야기한 바 있다.

비고츠키는 근접 발달 지대를 "독립적으로 문제를 해결해 낼 수 있는 능력으로 표현되는 '실제 발달 수준'과 어른의 도움 또는 더 전문적인 파트너와의 협동 작업을 통해 문제를 해결할 수 있는 '잠재 발달 수준' 사이"라고 정의한다(Vygotsky, 1978, p.86). 그는 추가적으로, "학생들이 오늘 협동 작업으로 무언가를 해냈다는 것은, 내일은 혼자서도 해낼 수 있다는 것을 뜻한다"고 언급했다(Vygotsky, 1986, p.211).

효과적인 설명은 유창하고 매력적일 뿐만 아니라 간단명료하다. 이런 관점에서, 명료함은 좌우명처럼 다가오고, 간결함 속에 지루할 틈은 사라진다. 수업에 대해 고심했을 때, 간결함 속에 흥미, 매력, 그리고 의미를 담을 수 있다. 설명을 역동적이고, 인상적이게, 그리고 기억에 남게 해 주는 열쇠는 적절한 전략을 사용하고, 핵심을 명확하게 만드는 기술에 있다. 러시아 수학 교사인 빅토르 샤타로프Vitcor Shatalov는 한 인터뷰에서, "수학적 증명을 하는 동안은 말을 많이 할 수가 없다. 한마디조차도 몰두하기 힘들고, 아이들은 이해하는 데 어려움을 겪는다." 샤타로프는 자신의 성공이 치밀하게 계획된 단어가 정확하게 의도한 내용을 전달했기 때문이라고 이야기한다(Shatalov, n.d.).

샤타로프는 믿을 만하고 적절한 교사가 되고, 학습자가 된다는 것이 무엇을 의미하는지 좋은 본보기가 되어 주면, 학생들이 좋은 성과를 만들어 낸다는 것을 입증했다. 또한 특별한 언어 표현은 학생들을 집중시키고 명확하게 이해시킨다. 언어 표현은 전달 내용과 일치되었거나, 혹은 그 반대였다. 이런 관점에서, 교사들은 자신이 말하는 것과 비언어적 수단으로 전달되는 것의 일치도 고려해야 한다.

비언어적 언어

조용한 카리스마를 가진 사람에게, 사람들은 철이 자석에 끌리듯 매력을 느낀다는 것을 아는가? 자석 같은 이 사람은 주변에 목적을 향하는 긍정적인 감각, 삶에 대한 열정, 삶의 기쁨, 타인에 대한 진심 어린 관심, 그리고 어디든 가는 곳을 환하게 만드는 미소를 지속적으로 전달한다. 물리학자들은 이러한 자력을 인간 생활을 비롯한 생활 영역에 대한 생체 에너지장bioenergy field이라고 부른다. 개인의 생체 에너지 또는 전자기적 영역은 그들의 정신, 감정, 신체, 그리고 영적 상태에서 비롯된다(Jakovleva & Korotkov, 2013). 이런 상태는 비언어적 언어를 통해 타인에게 전달된다.

러시아의 물리학자 콘스탄틴 코로트코프Konstantic Korotkov(2012)는 인간의 전자기적 에너지에 대한 수많은 논문을 발표했다. '기aura'에 대해서는 1777년부터 연구가 되었는데, 키를리언 카메라를 이용해 수년 동안 촬영해 왔고, 현재는 전자 사진을 측정하는 기체 방전 투시법(Gas discharge visualization: GDV) 기술로 연구되고 있다. 비언어적 언어에 대해서, 코로트코프는 개인의 감정, 태도, 비언어적 언어, 그리고 그들이 무엇을 전달하는지 주의 깊게 인식하는 것이 중요하다고 강조한다.

어떤 사람들은 매우 강한 에너지 영역을 갖고 있는데, 만약 그들이 부정적인 정보를 보낸다면, 그 부정적인 정보는 다른 사람들에게 엄청난 영향을 미칠 것이다. 그렇기 때문에 우리의 의도, 우리의 분위기, 우리가 세상에 미치는 영향, 우리가 타인에게 미치는 영향, 그리고 우리 자신이 정말로 주변에 있는 사람들의 상태를 변화시킬 수 있다는 것을 이해하는 것이 매우 중요하다(n.p.).

우리는 얼굴 표현과 더불어 타인에게 에너지를 줄 수도, 빼앗을 수도 있는 버릇을 통해서 내적 자아를 연구했다. 매일 몇 시간 동안 학생들은 교사의 비언어적 언어에 영향을 받는다는 통찰의 관점에서 중요성을 생각해 보고, 다음의 질문들을 생각해 보라.

- 각 학생들과 눈을 마주칠 수 있을 정도로 시선을 확대하는 것에 대해 고려하는가?
- 어떤 학생과 대화를 하고 있는데, 학생이 당신을 가끔씩 힐끗 보고, 주로 다른 곳을 보고 있다면 기분이 어떻겠는가?
- 학생들과 정서적, 또는 사회적으로 연결되어 있다고 느끼는가?
- 학생들과 가능한 한 빠른 시일 내에 다시 대화 나누고 싶다는 열정이 있는가?

이를 고려하라. 어떤 학생들은 학교에 매일 오지만, 교사의 시선을 받는 시간도 없이, 긍정적인 대화도 없이 보내고 있다.

표정은 어떤가? 지난 며칠을 되돌아보며, 당신이 지었던 표정을 떠올려 보라. 누군가 눈썹을 올리고, 미소를 띠며, 이마에 주름이 잡힐 정도로 눈을 크게 뜨고, 입을 크게 벌렸다면, 이 표정을 통해 어떤 의미를 전달받겠는가? 아마 서 있는 자세, 목소리 톤, 동작에 따라서 해석이 달라질 것이다. 이제 각 요소의 세부 사항을 살펴보자.

눈 마주침   학생들은 교사의 눈 마주침을 원하고 필요로 한다. 학생들은 눈 마주침을 통해 (1) 교사가 자신이 교실에 있다는 것을 안다는 것, (2) 눈 마주침과 함께 오는 미소를 통해 자신을 좋아한다는 것, (3) 신뢰 받고 있다는 것을 알 수 있다. 하지만, 학생들과의 눈 마주침은 한번에 3~5초 이상 지속하지 않기를 추천한다. 대화하거나 무언가를 함께하는 동안, 계속 한곳만 쳐다보면 너무 응시하고 있다는 느낌을 받는다. 바라보고 있다는 것을 학생들이 느낄 수 있도록 노력하고, 그들에게 감사하며, 정말 멋진 학생이라고 생각하라. 바라보는 동안 좋은 생각을 하라.

표정 표정을 통해 많은 것들이 전달된다. 무표정은 자연스럽게 화난 표정으로 보인다는 것을 알아야 한다. 사실, 사람들이 자신이 하는 일에 집중하면, 자신의 경험 속에서 상상하고 생각하는 경향이 있고, 이 상태는 사람을 흥미가 없거나 뚱한 상태로 보이게 한다. 교사들은 가끔 수업 중에 의사 결정을 하기 위해 생각에 빠지는 경우가 있다. 이때가 무표정이 나올 수 있는 때다. 학생들은 아마도, "선생님이 왜 화났지?"라는 의문을 가질 것이다. 아무 감정이 없는 표정은 학생들을 헷갈리게 하기 때문에 이렇게 경고한다. 혼신의 노력만이 무표정을 미소 짓는 표정으로 바꿀 수 있다는 것을 기억하라. 이것을 현장에서 알아차리고 노력하는 것은 어려움이 있다. 매 순간 자신의 얼굴이 어떻게 보일지 생각하진 않기 때문이다. 하지만 연습을 통해, 화난 것만 같은 무표정 대신에 기쁘고 재미있는 듯한 표정을 짓는 것을 익힐 수 있다.

목소리 목소리와 표정의 일치 또한 중요하다. 만약 어떤 단어를 말하면서 모순된 표정을 지으면, 듣는 사람은 무엇을 믿어야 할지 의문이 남는다. 듣는 사람이 "이건 거짓말이야!"라고 생각할 만한 톤, 목소리 크기, 속도, 억양 그리고/또는 높고 낮음은 그 말이 칭찬일지언정 귀에 들어가지 않는다. 목소리의 상태는 의도치 않은 감정선을 전달할 수 있다.

가지각색의 속도를 선택해서 문단과 문장을 전달하면, 의미가 강화되고, 강조되며, 흥미가 유지된다. 지속되던 리듬을 주절과 종속절 사이

여기저기에서 갑자기 빠르게 하거나 멈추는 식으로 변화를 주는 것이다. 목소리의 다양화도 학생의 참여를 지속시킨다. 하지만 너무 많이 변화를 주면 참여보다는 산만함을 줄 수 있다. 지나친 변화는 교사가 하는 말보다는 어떻게 목소리를 사용할지에 집중하게 한다. 목표는 흥미를 더하고 기대심을 높이는 것이지 지나치게 연극적으로 하라는 것이 아니다. 스토리텔링 중이 아니라면 더 그렇다. 하지만 마치 배우가 실감나는 연기를 위해 다양한 목소리와 억양을 연습하는 것처럼, 교사도 이런 유형의 연습을 이용할 수 있다.

중요한 정보를 말할 때, 갑자기 목소리를 크게 하면 청중의 귀를 사로잡을 수 있다. 작은 목소리로 말하는 것도 중요한 정보를 말할 때 종종 사용되는데, 마치 비밀이나 중요 정보를 말하는 것처럼 하는 것이다. 이것도 어느 정도 극적인 효과를 얻을 수 있다. 큰 목소리는 신남, 지시 사항, 집중을 위해 사용한다. 얼굴 표정처럼, 말로 의사소통할 때 주는 다양한 소리는 다듬을 필요가 있는 재미없는 부분까지도 강화할 수 있다. 목소리의 다양화는 내용을 정말 흥미롭게 만들어 준다. 대단히 흥미로운 내용은 아니지만 중요한 내용이라는 것을 알려주고 싶을 때가 찾아온다면 이 내용을 기억하라.

몸동작 강의를 하는 동안 손, 팔을 비롯한 신체의 움직임은 듣는 사람의 집중을 끈다. 움직임은 핵심적인 내용, 실습할 개념, 그리고 청중을 더 가깝게 초대할 때 사용되곤 한다. 예를 들어, 핵심 내용에서 책상을 치기, 얼마나 큰지를 보여 주기 위해 팔을 쭉 뻗기, 헷갈리거나 생각하고 있다는 것을 표현하기 위해 손으로 턱을 잡거나 눈썹을 올리기, 특별한 과제와 관련된 손동작하기, 또는 가까이 다가올 수 있도록 손동작을 하면서 뒤로 이동하는 것 등이 있다. 운동 감각적인 학습자는 움직임이 있는 강의, 묘사적인 목소리와 얼굴 표현을 특별히 좋아한다.

자세　　자세를 통해 사람의 분위기를 파악하는 일은 상당히 쉽다. 학생들이 아침에 등교하는 장면을 생각해 보라. 어떤 학생들은 활기차게 문으로 걸어온다. 그들은 학교에서 보내는 시간에 대해 긍정적이고 열정적으로 보인다. 다른 학생들은 편안한 자세로, 친구와 함께 걸어온다. 좋은 분위기를 느낄 수 있다. 또 다른 학생들은 매우 느리게, 어깨를 축 늘어뜨리고 걸어온다. 그들은 슬퍼 보이고, 귀찮은 듯 보인다. 이제 교사의 자세가 학생들에게 어떻게 전달될지 생각해 보자. 학생들이 교실에 들어오는 순간, 교사의 자세를 통해 분위기를 파악한다.

　　비언어적 의사소통은 우리가 의도하든, 의도하지 않든 입력되고 개인이 모여 이뤄진 그룹에 대해서도 이해하고 판단할 근거를 제공한다. 그들이 어떤 사람들인지, 무엇을 하고 있는지, 몸의 언어로 무엇을 말하고 있는지 관심을 갖고, 더 많은 관심을 가질지 아니면 다른 사람, 혹은 다른 것으로 관심을 돌릴지도 정하게 한다. 몸의 언어는 학생들의 호기심, 흥미, 참여를 불러일으키는 방아쇠 역할을 하고, 효과적인 수업을 설계할 때 중요한 요소가 된다.

강력한 의사소통의 원칙

교사의 의사소통은 학생들을 참여시키고 영감을 불러일으킬 수 있는 강력한 힘을 가질 뿐만 아니라 혼란스럽게 하고 참여하고 싶지 않게 만들기도 한다. 수업을 시작 할 때, 아래 제시된 두 가지 상황을 비교해 보라.

　　(1) 오늘 수업은 어려울 것이기 때문에 더 많이 집중해야 해. 이 개념은 이해하기가 좀 어려워. 이 말은 곧, 우리가 오늘 정말 열심히 공부해야만 한다는 것을 의미하는데, 그럼에도 불구하고 이번 수업을 통과하지 못할 수도 있어. 이전에 수업했던 교실에서도 대부분의 학생들이 힘들어했고, 몇 사람은 통

과했지만 대부분은 실패했어. 팀별로 모여서 칠판에 적혀 있는 과제를 완성해 보자. 무엇을 할 수 있을지 확인해 봐.

(2) 얘들아, 오늘은 새로운 도전을 하게 될 텐데, 우린 이미 준비가 됐어, 해보자! 다른 반 친구들도 같은 도전을 했는데, 엄청난 깨달음을 얻었어. 우리 뇌는 학습에 대한 새로운 영역을 확장하게 될 것이고, 이미 집중하고 배울 준비가 됐어. 아마 질문도 많이 생길 것이고, 활동적으로 참여하게 될 거야. 과제는 칠판에 적혀 있어. 과제를 다 읽고 난 후에, 이쪽을 다시 봐 줘. 다 같이 읽어 보자. (모든 시선이 모아졌을 때, 진행하라.) 팀별로 과제를 완성하게 될 거야. 팀이 어디에서 모일지 장소를 확인해. 이제 내가 "시작하자"라고 하면, 각자 팀 자리로 가서 팀원들과 함께 과제를 완성하자. 20분 동안 할 거야. 다른 질문 있니? 이제 시작하자!

상상 끌어내기 위 두 가지 상황에서 학생들이 얼마나 다른 것을 상상하게 될지 생각해 보자. 첫 번째 상황에서, 학생들은 아마도 수업 내내 힘들어하는 자신의 모습을 떠올릴 것이다. 참여를 하든 안 하든, 여전히 실패한 상태다. 두 번째 상황에서는 팀별로 돌파구를 찾아내는 것, 새로운 지식, 그리고 수업 끝에 얻게 될 이해를 상상할 수 있다.

상상하는 것은 강력한 힘이 있고, 우리는 긍정적이든 부정적이든, 언제나 상상한다. 만약 어떤 사람이 "어제 어떤 여자가 학교 계단을 뛰어 올라가다가 발을 헛디뎠는데, 모두가 정말 놀랐어"라고 말했다면, 그 상황을 떠올렸는가? 만약 다른 사람이 "목에 빨간 스카프를 한 검은 개가 창 밖에서 얼룩무늬 고양이를 뒤쫓아 뛰어갔어"라고 말한다면, 이 장면이 떠올랐는가? 우리 뇌는 자연스럽게 이미지를 만들고, 편집하고, 저장하고, 또 기억한다. 이런 일은 특별한 노력 없이 일어나고, 우리가 들은 단어에서 직접적인 영향을 받는다. 뇌가 단어를 들었을 때, 이미 상상은 이뤄진다.

명확한 의사소통을 위해서, 학생들이 교사가 의도한 이미지를 상상하도록 하라. 우리는 우리 학생들에 대한 긍정적인 이미지를 원한다. 원하는 모습을 함께 상상하라. 의식적으로 단어를 선택해서 긍정적인 연관성을 만들고, 학습을 이끌어라.

집중하게 하기 이 말은 마치 불가능해 보이지만, 신경과학자들에 따르면, 우리 뇌가 깨어 있는 동안, 매 초마다 1000만 개 정보가 뇌에 들어가려고 시도한다. 즉 교사가 기대한 만큼 집중된 상태에서 수업을 명확하게 전달하려면 뇌에 전달되는 자극을 잘 조절해 무수한 정보 중 원하는 것에 집중하게 하는 것이 중요하다.

집중하도록 이끈다면 교사는 효율성을 더 높일 수 있고, 어떤 부분에 집중해야 하고, 어떤 부분은 아닌지 학생들이 명확하게 알 수 있도록 전달할 수 있다. 아래 제시된 두 문장을 비교해, 학급 운영에서 어떻게 집중을 유도하느냐에 따라 얼마나 다른 결과가 나올 수 있는지 보자.

각자 그룹으로 이동할 때, 깨지기 쉬운 모형이 올려져 있는 책상에 부딪치지 않게 조심하자.

이 문장은 학생들이 피해 가길 원하는 물건에 집중하게끔 하기 때문에, 모형이 놓여 있는 책상에 집중할 가능성을 높아진다. 이 대신에, 당신이 원하는 결과물에 학생들이 집중하도록 하라.

일어나기 전에, 팀 자리를 먼저 확인하자. 이제 책을 들고 그 장소로 조심해서 이동해.

모형이 놓여 있는 책상에 대해 언급하지 않기 때문에, 학생들이 그

곳에 집중할 기회도 줄어든다. 이 문장은 어디로 가야 하고, 무엇을 가져가야 하는지에 집중할 수 있게 한다.

다음 제시된 예들의 차이점을 비교해 보자.

(1) 조용히 해. 모두가 기다리고 있 vs 고개를 돌려 여기에 집중해 줘.
    잖아. 셋까지 셀 거야.
(2) 숙제 잊지 마.   vs 숙제 완성하는 것을 기억하자.
(3) 얘기하지 마.   vs 집중해 줘. 무슨 이야기인지 듣
                                         고 싶을 걸.

이 장(강력한 의사소통의 원칙) 첫 부분에 나왔던 예를 다시 보면서, 어떻게 긍정적인 방법으로 학생들의 집중을 명확하게 이끌었는지 살펴보자.

과제는 칠판에 적혀 있어. 과제를 다 읽고 난 후에, 이쪽을 다시 봐 줘. 다 같이 읽어 보자. (모든 시선이 모아졌을 때, 진행하라.) 팀별로 과제를 완성하게 될 거야. 팀이 어디에서 모일지 장소를 확인해. 이제 내가 "시작하자"라고 하면, 각자 팀 자리로 가서 팀원들과 함께 과제를 완성해. 우리에겐 20분이 있어. 다른 질문 있니? 이제 시작하자!

포괄적인 언어 사용 포괄적인 단어들은, '우리, 우리의, 우리 자신의, 하자, 또는 함께'와 같은 것들이다. 이 단어들은 교사와 학생이 함께 교육 과정을 정복해 나가는 관계임을 알려준다. '내가, 나는, 나의, 너희, 너희의, 그들, 그들에게, 또는 그들의'와 같은 대명사는 교사는 시키고, 학생들은 하는 사람이라는 관계를 나타내 준다. 물론 고조된 목소리로 정보의 중요성을 알릴 때, 이와 같은 단어들이 필요하기도 하다. 하지만 일반적으로는, 비포

괄적인 언어들, "나 또는 너"가 부정적인 어투를 만드는 반면, 포괄적인 대명사들이 긍정적인 어투를 만든다. 여기 몇 가지 예들이 있다. 이를 통해 어떤 단어들이 더 포괄적인 느낌을 주는지 판단할 수 있다.

(1) 나는 너희가 책을 꺼내서 9장을 펴길 원해. 너희는 새로운 장을 시작 할 건데, 내 생각에 너희가 재미있어 할 것 같아. vs 오늘 우리는 새로운 장을 시작 할 거야. 무엇에 관한 내용일 것 같아? 함께 책을 꺼내고 살펴보면 우리의 추측이 맞았는지 확인할 수 있어.

(2) 너희, 숙제를 모두 숙제 폴더에 넣었니? 그게 거기 있어야만 내가 채점을 할 수 있어. vs 모든 숙제가 숙제 폴더에 있을까? 좋아. 우리가 새로운 장을 배우면서 얼마나 성공했는지 함께 살펴보자.

(3) 이번 단계를 내가 너희에게 가르쳐 줄게. vs 이번 단계를 함께 배워 보자.

어떤 것들은 차이가 미묘해 보이지만, 실제로는 강력한 힘을 갖고 있다.
교사로서 공동 작업과 팀워크를 위해 긍정적이고 포괄적인 분위기 만들기를 진심으로 추천한다. 포괄적인 언어는 학생들에게 우리가 한 팀으로 공부하면서 이 교육 과정을 함께 해결해 나간다는 것에 대해 계속 상기시켜 준다. 포괄적인 언어는 팀의 일원으로 들어오길 원하지 않는 학생들에게까지도 승리를 가져다주는 중요한 요인이다.

"모든 것은 이야기한다." 이 문장을 기억하라. 우리가 사용하는 단어들을 의식하고 의도된 대로 사용하면 우리가 원하는 긍정적인 분위기를 만드는 것에 큰 진전을 보일 수 있다. 인생이 그렇듯이, 포괄적인 언어의 사용도 연습을 통해 자연스러워질 수 있는데, 그러고 나면 다른 교사가 "우리, 우리의, 우리"와 같은 언어 대신에 "나, 내가, 나의"라는 단어를 쓰는 것을 듣게 되면, 고쳐 주고 싶어질 것이다.

명확하게 하기. 특수한 규칙을 설명할 때는 "최소한의 단어들을 이용해 최대한 명료하게 말할 필요가 있다." 예를 들어, 점심시간이 됐을 때, 교사는, "좋아, 모두, 점심 먹을 준비를 하자"라고 말할 수 있다. 학생들은 빨리 먹고 싶은 마음에 책상 또는 가방에 있는 물건들을 쑤셔 넣고, 쓰레기는 바닥에 떨어뜨리고, 종잇조각들은 구석이나 의자 밑으로 밀어 넣고, 가장 먼저 점심을 먹으려고 문 앞에 무리를 이룰 것이다. 이것이 우리가 바란 모습일까? 아니다. 하지만 학생들은 명확성이 떨어진 일반적인 지시사항을 잘 따랐다. "자리를 치우자"라고 말하는 것은, "15초 동안 책을 정리하고, 숙제가 가방 속에 있는지 확인하고, 의자 뒤에 가서 서도록 하자. 시작!"이라고 말하는 것에 비해 덜 명확하다.

일반화된 것과 명료화된 문장 간의 차이점을 이해하는 것은 매우 중요하다. 학생들이 자신의 의견에 따라 일반적인 것을 해석하도록 내버려 두면, 잘못 이해하는 일이 발생할 수 있다.

일반적으로 규칙은 간결하다. 가령, 아래와 같이 말하는 것보다

각자 자신의 바인더에 지난 4주 동안 성과를 기록해 둔 것을 살펴보면 좋을 것 같아.

이렇게 말하는 것이 더 명확하다.

지난 4주에 대한 자기 기록 관리 표를 꺼내 보자.

장황한 설명을 피하고, "쓰다, 말하다, 읽다, 움직이다, 서다" 등 움직임을 나타내는 단어로 지시 사항을 전달하라. 움직임을 나타내는 단어는 즉각적으로 무엇을 해야 하는지 머릿속에 이미지를 만들어 낸다. 또 다른 도움이 될 만한 힌트로는 시작 신호를 주는 것이다.

내가 "그림"이라고 말했을 때, 우리의 역할에 대해 가장 잘 표현한 그림 앞에 가서 서는 거야. 그림!

"내가 ……라고 말했을 때"라는 표현은 학생들이 지시 사항을 들어야 한다는 신호가 되기 때문에 그 지시 사항이 완성될 때까지 기다리게 된다. 즉 과제가 설명되는 동안 움직이지 않는다는 것을 말한다. 신호 문장 후에는, 신호를 말하기 전까지 생각을 정리할 수 있는 시간을 주라. 긴 여백 같아 보이지만, 학생들에게는 상당히 짧은 시간이다. 정보를 더 주기보다는, 시간을 가져라. 다시 설명하는 것보다는 처음에 말할 때 잘 말하는 것이 훨씬 좋다.

회색 지대를 없애고 최대한 명확하게 해서, 무엇을 원하는지 묘사하고 기대하는 바를 현실적으로 제시하라. 또한 수행하거나 과제를 완성하는 데 소요되는 시간을 주고, 학생들이 다시 집중할 수 있도록 신호를 주라.

짝을 찾는 데까지 10초 남았어. (항상 문장에 시간을 제시한다.)

그리고 상기시키기 위해,

이제 6초 남았어.

앞서 제시한 기술로 연습된 교사의 지침을 들었을 때 학생들은 주어진 시간 안에 행동을 완성할 수 있지만, 같은 과제를 줄 때 시간 지침을 주지 않는다면, 더 오랜 시간이 걸릴 수 있다. 적당한 양의 시간을 제공하라. 시간이 다 되갈 때는 교사가 카운트다운을 할 수 있다. 만약 그렇게 하면, 학생들은 기대하기 시작한다. 사실, 이 방법에 계속해서 의지하다 보면, 이게 없는 어떤 과제도 완성하지 않으려는 학생이 생기기도 하기 때문에 목적을 명확히 하라.

다시, 처음 제시한 예를 보고 명확하기 원칙을 어떻게 적용할지 알아보자.

과제는 칠판에 적혀 있어. 과제를 다 읽고 난 후에, 이쪽을 다시 봐줘. (잠깐의 정지) 이제 다 같이 읽어 보자.

모든 시선이 모아졌을 때 계속하라.

우리는 팀별로 이 과제를 완성할 거야.
각 팀이 어디에서 만날지 장소를 확인하자.
내가 "팀!"이라고 말했을 때, 팀별 자리로 바로 가서 팀원들과 함께 과제를 완성해.
우리에게는 20분이 있어. 질문 있는 사람 있니?
팀!
이제 읽어. 끝마쳤을 때, 이쪽을 봐. 곧바로 각 장소로 가자.

위 문장들은 모두 명확하고 정확한 지침들이기 때문에 언제나 원하는 결과를 얻을 수 있다.

교수 양식

신경과학자 리처드 레스택Richard Restak(1994, p.119)은 다음과 같이 감각 자극을 표현했다. "운동 뉴런은 감각 자극에 반응하는데, 각 세포들은 빛, 또는 소리, 또는 다른 감각 자극에 기초를 두고 있다. (……) 감각과 운동 요소들은 오래된 감각의 균열과 더 이상 작동하지 않는 운동 뉴런들로 뒤얽혀 있다."

한 가지 감각 양식만을 고려해서 가르치거나 활성화시키는 것은 불가능한데, 하나의 자극이 다른 자극에 방아쇠 역할을 하기 때문에 그렇다. 다행히도 각 감각 양식에 의도적인 자극을 주면 추가적인 뉴런 정보망이 활성화되면서 강화된 학습을 할 수 있다. 그러므로 다양한 양식을 이용한 전략들을 사용하면 학생들의 집중을 얻고, 지속시킨다. 왜냐하면 같은 입력에도 더 많은 뉴런 정보망이 활성화되기 때문인데, 우리는 더 많은 뉴런들이 작동하면 더 많은 연결을 만든다는 것을 알고 있고, 그때 더 강력한 학습이 일어난다는 것도 알고 있다. 교사들은 퀀텀 러닝 티칭 사이클의 각 단계를 통해 모든 양식을 의도적으로 폭 넓게 사용할 수 있다.

학습은 뇌의 연합 영역에서 이뤄지기 때문에, 학생들은 의미 있는 해석, 즉 뇌가 이해하고 실재 삶의 상황에 적용할 수 있을 강력한 메시지를 받는 것이 필요하다. 하나의 양식을 통해 받은 메시지는 충분하지 않다. 뇌는 가능한 한 다양한 양식을 통해 같은 메시지를 받아야 한다. 각 양식은 감각 시스템 때문에 뉴런 축삭돌기의 수초 형성을 강화하고, 여러 감각의 사용은 메시지가 연합 영역으로 가는 것을 강화한다. 그러나 대부분의 학생들은 선호하는 감각 양식을 갖고 있고, 교사로부터 선호하는 양식으로 정보를 받는 것을 좋아한다. 학습 경로인 시각, 청각(체험), 촉각, 또는 운동 감각이 그것이다.

시각 교수 전략에는 아이콘, 그림, 표, 그래프와 같이 주 정보를 강화해 주는 것들이 포함된다. 이것은 모든 학생들을 도와주지만, 특히 시각적 학습자들은 즉 교사가 수업 내용이 적혀 있는 플립차트, 칠판, 또는 파워포인트 스크린 옆에 서 있는 것을 선호하는 학생들에게는 더욱 그렇다. 시각적 학습자들은 교사가 수업 내용을 교실 한쪽에 놓고, 반대쪽에 서서 설명을 할 때 혼란을 느끼는데, 교사가 말하는 것과 시각 자료를 동시에 보려면 고개를 앞뒤로 계속 돌려야 하기 때문이다. 이런 학습자들에게는 수업을 시작할 때 내용의 전체 개요를 설명해 주고, 필기할 수 있는 공간이 있는 유인물도 함께 주면 좋다.

청각 교수 전략은 앞으로 어떤 내용이 나올 것인지 수업을 시작할 때 간단한 설명을 해 주는 것, 그리고 수업을 마칠 때 요약을 해 주는 것이 포함된다. 목소리의 변화와 다양한 표현들을 사용하라. 학생들의 자신의 언어로 무엇을 배웠는지 말해 볼 기회를 주라. 파트너와 대화하기, 주제 단어에 대한 콜백, 소그룹 토론, 다양한 말하기 게임과 복습은 반복을 통해 새로운 정보의 기억을 강화시킨다. 청각적 학습자들은 8장에 나왔듯이 학생 질문 기법, 강력한 수행 보고를 통한 새로운 정보의 처리, 그리고 새로운 내용에 리듬과 라임을 바꿔 말하기 활동 등을 선호한다. 이 학생들은 언어를 읽는 것보다 듣는 것을 선호하기 때문에, 학급 토론은 이들을 수업에 참여시키기에 정말 좋은 방법이다.

운동 감각과 촉각 학습의 교수 전략은 전신 움직임과 도구를 직접 다뤄 보며 배울 기회를 갖는 것, 매일 연구를 통한 개념 이해의 구성, 그리고 새로운 학습에 대한 신체적 표현이 포함된다. 학생들은 소도구를 이용한 활동이나 연극하듯 행동하는 것, 또는 역사적 장면을 그려 보는 것을 즐긴다. 집중해서 새로운 자료를 듣고 처리할 것이 요구될 때, 작은 공 같은 것을 잡고 하면 더 잘 집중하는 경향이 있고, 노트 필기와 구성을 위해서는 손으로 쓰는 것보다 컴퓨터 사용을 선호한다. 특별한 강조 기법과 형광펜을 제공하고 수업을 진행하는 것은 이 학생들을 내용에 집중시키는 방법 중 하나다. 개별적으로 학생들을 도와줄 때는, 그들 앞에 서는 것보다는 옆쪽에 눈높이를 맞춰 서거나 무릎을 구부리는 것이 좋다. 어깨를 가볍게 두드리거나 하이파이브, 또는 적절한 때에 악수를 하면 좋다. 여전히 앉아 있기 힘들어하는 학생들은 구성, 또는 만들기를 하면 수업 전체 기간 동안 참여할 수 있고, 또는 자신들이 배운 것과 알고 있는 것을 신체를 사용해 보여 주도록 하면 효과적이다.

학생들의 상태를 계속해서 인식하고, 다시 집중할 수 있도록 스트레칭을 하는 쉬는 시간을 갖거나 다른 전략을 제공하라. 다양한 교수 전략을 사용하는 목적은 모든 학습자들이 효과적으로 접근하도록 하기 위함이다.

음악의 힘

음악에는 다양한 목적이 있다. 학습의 어투나 분위기를 설정하고, 긍정적인 분위기를 만들 수 있도록 도와주며, 학생의 참여를 촉진하고, 또한 학생들의 에너지를 높일 수도, 진정시킬 수도 있다. 교사는 원하는 분위기를 만들거나 보다 효과적인 학습을 위해 학생들의 정신 상태에 변화를 줄 특별한 음악을 고를 수 있다.

음악은 학습을 지원하며 학생들이 더 잘 기억하도록 돕고, 음악과 함께 학습을 즐기도록 해 준다. 음악은 의식하든 못하든, 학습을 자극하고 활기를 주며, 강화한다. 교육자이자 음악가이며 《학습을 위한 사운드트랙: 학급에서의 음악 사용 Soundtracks for Learning: Using Music in the Classroom》(2008)의 저자인 크리스 브루어 Chris Brewer는 다음과 같이 말한다.

아마도 여러분은 평상시에 자신의 분위기를 만끽하기 위해, 에너지 수준을 바꾸기 위해, 어떤 일을 하는 데 동기 부여를 위해, 그리고 다른 사람과의 의사소통을 위해 이미 삶에서 음악을 사용하고 있을 것이다. (중략) 분위기를 만들어 내는 마법, 그리고 음악을 통해 경험했던 활기를 돋워주는 효과들은 집중을 고조시키고, 집중력을 높이며, 기억을 강화하기 위해 교육적으로도 사용될 수 있다(Brewer, 2008, p.2).

브루어(1995, p.8)는 이렇게 말한다.

대부분의 사람들에게 삶, 그리고 출근길 혹은 등굣길에 음악을 듣는 것이 얼마나 강력하게 영향을 끼칠까? 교실에서 의도하에 음악을 사용하는 것은 상황을 설명해 주고, 우리의 교수법과 학습 활동을 향상시키는 학습 분위기를 만들어 준다. 거기에 더해서, 학습을 위한 음악 사용은 모든 과정을 더 재미있고 흥미롭게 만들어 준다!

여기 악기 연주법을 배우거나, 노래하기 위해 악보 읽는 법을 배우는 것과 같은 음악 교육이 가져다주는 영향에 대한 증거가 있다. 수학 능력 향상, 단어 능력 발달, 읽기, 그리고 다른 학습 기술의 발달(Campbell, 1997; Kraus & Chandrasekaran, 2010; Rauscher, Shaw & Ky, 1993) 같은 분야에 음악은 영향을 미친다.

음악을 듣는다고 해서 학습이 강화된다는 것은 다소 불분명하다. 다양한 음악에 대한 개인적 경험을 통해, 우리는 음악이 분위기를 바꾸고, 노래 부르고 싶게 만들고, 우울한 감정도 만들어 내며, 가끔은 환희에 찬 듯한 느낌을 만들어 내기도 한다는 것을 안다. 하지만 음악을 듣는 것이 뇌에 변화를 가져올까? 음악을 듣는 것이 학습을 쉽게 만들까?

음악과 뇌

맥길대학교의 심리학자이자 신경과학자인 대니얼 레비틴Daniel Levitin은 음악가이기도 하다. 음악의 지각과 인지를 전공한 그는 《뇌의 왈츠This Is Your Brain on Music》(2006)란 책을 쓰기도 했다. 이 책은 음악적 세부 사항에 따른 청각 기억과 장기 기억에 대한 과학자들의 관점 변화를 이끌어 낸 것으로 인정받았다. 그의 연구 결과에 따르면, 우리는 이제 다른 어떤 개별적 활동보다 음악을 듣는 것이 뇌 운동에 탁월하다는 것을 알 수 있다.

레비틴은 음악을 듣는 것은 학생들의 뇌 속에 일부 기능이 저하된 부분과 기능이 제대로 작동하지 않는 부분에 접근하도록 돕는다고 주장한다. 올리버 색스Oliver Sacks의 《뮤지코필리아: 음악과 뇌의 이야기 Musicophilia: Tales of music and the Brain》(2007)에 따르면, 뇌에 음악을 전달하는 경로는 많고, 마치 인류의 언어 발전보다 먼저 발달된 더 새로운 구조물처럼, 고대에서부터 기초한 다양한 구조로 되어 있다. 음악은 기억상실증, 실어증, 뇌졸중, 우울증, 그리고 다른 질병 환자들에게 암호화되어 나타나므로 음악을 사용하면 분위기를 향상시키고, 가사를 기억하고, 불안을 조절할 수 있다(in Foran, 2009, pp.56~57).

여기 결정적인 사실이 있다. 레비틴(2006)은 음악을 들을 때 신경 연결 통로의 변화에 대해 연구하면서 'fMRI'를 사용했다. 이 과정에서 그는 소리가 박자를 듣고, 익숙한 노래인지 아닌지를 구별해 주는 달팽이관핵 (와우핵), 뇌간, 소뇌를 거쳐 전도된다는 것을 발견했다. 그는 리듬을 따라 가볍게 두드리는 행동을 하면 소뇌 조절 회로가 활성화된다는 것을 확인했다. 소리는 대뇌 양쪽의 청각 피질들을 지나 해마를 따라 전두엽 피질 아랫부분으로 움직인다. 음악을 연주할 때, 전두엽은 마치 감각과 운동 피질처럼 언어 영역을 활성화시켜 노래의 가사를 기억하려고 노력한다. 동시에, 소리는 중격핵을 자극하는 변연계 속으로 이동해 뇌가 선호하여 기분이 좋아지는 물질인 도파민을 방출한다. 이제 우리는 왜 사람들이 전자 음악 기기를 귀에 꽂고 걷는지 그 이유를 알게 되었다.

브루어(2008, p.11)는 이렇게 말한다. "음악이 말로는 표현할 수 없는 방법으로 학생들과 학습, 그리고 교사를 연결시켜 주는 것을 발견할 수 있다. …… 교실에서 교사가 [교과 내용과] 통합하려는 의도로 어떤 음악을 선택하더라도, 그 음악이 학생들에게 동기를 부여하고 가르침에 강력한 협력 촉진제가 되어 있음을 발견할 수 있다."

음악은 강력해서 교사가 적절한 음악 사용법을 이해하는 것은 매우 중요하다. 바로크 음악은 조용한 분위기, 글짓기, 마인드 맵, 또는 도식 조직화와 같이 사색하는 작업을 할 때 탁월하다. 어떤 교사들은 바로크 음악의 효과에 대해 듣고 수업 시간 내내 틀기도 하지만, 교수법에서 가장 좋은 방법은 집중해야만 하는 제한된 시간에 겨우 들릴 정도의 배경 음악으로 트는 것이다. 목적에 맞게 사용했을 때, 바로크 음악은 편안하면서도 정신이 집중된 상태로 학생들을 인도한다. 핵심은 항상 목적에 맞게 사용하라는 것과, 학생들에게 바라는 상태와 음악을 맞추라는 것이다. 편안하거나 흥분되는 음악, 또는 음악을 사용하지 않는 것 모두 상관없다.

음악을 적절히 사용하면 대부분의 학생들에게 이롭다. 하지만 어떤 학생들은 어떤 음악에도 집중하지 못하는 경우가 있는데, 그 학생들을 이해하는 것도 중요하다. 일부 학생들이 처음에는 음악을 트는 것을 반대할 수도 있다. 하지만 그들도 얼마 지나지 않아 음악을 즐기고, 집중력이 향상된 모습을 발견할 수 있다. 음악의 이점에 대해 학생들에게 설명하고, 일정 기간 시도해 보고 효과에 대해 다시 평가하는 것이 어떤지 묻자.

퀀텀 러닝은 학급에서 다음과 같은 이유로 음악을 사용한다.

(1) 분위기를 이끌기 위해

(2) 원하는 학습 결과를 향상을 위해

(3) 학습 효과를 최대화하기 위해

(4) 특정 내용을 기억하기 위해

분위기 이끌기

음악은 학생들이 교실에 도착한 순간부터 분위기를 이끌 수 있다. 빠른 박자의 긍정적인 음악은 즐거운 감정을 만들고, 스트레스 감정을 줄인다. 《음악과 뇌Music and the Brain》(2008)를 쓴 로버트 버크Robert Berk는 학생들에게 익숙하거나 흥미로운 음악을 고르라고 말한다. 그는 "바로 그 안에 그들의 세계와 교사가 포함시켜야 할 내용 사이에 연결 고리가 있다"고 조언한다. 음악은 교사가 학생들의 언어로 이야기할 수 있도록 허락된 의사소통 시스템이기 때문에, 의심할 여지없이, 교사와 학생들 사이에 친밀한 관계 형성에 도움을 줄 수 있다.

로자노프(Smith, 1979)는 감정과 기억까지 환기시켜 주는 리듬, 박자, 화음은 뇌파와 심장 박동에 생리학적 영향을 준다고 말한다. 음악은 그것을 듣는 모든 사람에게 영향을 줄 수 있고, 정신 상태를 바꾸는 데 도움을 줄 수 있다는 것이다. 분위기를 이끌기 위해 음악을 제공하는 것은 많은 장점이 있다.

원하는 학습 결과로 끌어올리기

음악은 학습을 자극하고 강화하기 위해 사용할 수 있는데, 의도하든, 의도하지 않든 영향을 미치기 때문에, 수업에서 향상시키기를 원하는 결과에 맞춰 적절한 음악을 사용해야만 한다. 이것을 생각해 보자. 학생들이 소그룹 안에서 문제 해결을 시작할 때, 음악을 제공하면 말할 때 느낄 수 있는 주저함을 깰 수 있다. 음악을 시작할 때는 모든 학생들의 목소리를 합친 크기보다 커야 한다. 가사가 거의, 혹은 아예 없는 레게 음악, 뉴 에이지 음악, 또는 현대 재즈 음악은 타인의 시선을 집중하지 않은 채로 자유롭게 대화를 할 수 있도록 돕는다. 더 편안한 상태가 되고, 발표할 준비가 된다.

몇 분 뒤, 볼륨을 줄이면, 목소리가 음악 소리에 맞춰 줄어드는 것을 알 수 있다. 소그룹 활동이 끝날 때, 점차적으로 소리를 키웠다가 완전히 줄여서 정리하고 대화를 마무리해야 한다는 신호를 보낸다. 이런 방식으로 음악을 사용하면 학생들의 집중을 다시 얻고자 하는 교사의 목적을 달성할 수 있다. 왜냐하면 이 신호에 따라 학생들은 고개를 들고, 무슨 일이 생겼나 알아보는데, 이때 교사가 들어갈 수 있는 틈이 생기기 때문이다. 교사가 집중하라고 소리쳐 부를 필요가 없어진다. 한 활동에서 다른 활동으로 전환할 때, 빠른 음악을 틀면 앉을 자리를 이동하거나 위치 선정하는 것을 빨리하라는 의미를 전달할 수 있다.

일기 쓰기, 에세이 쓰기, 또는 다른 조용한 활동을 위해 학생들을 차분하게 해야 할 때는 특히 반복되는 리듬이 없는 뉴 에이지 음악, 명상 음악, 또는 클래식 음악을 틀면, 학생들의 뇌가 자유롭게 생각하고, 그것을 글로 표현해 낼 수 있다. 브루어(2008)는 그룹 활동과 같이 학생들 스스로 활동할 때, 글쓰기나 미술 작업을 할 때, 그리고 특정 정보나 기억을 불러일으킬 신호가 필요할 때 적절한 감정적 연결 고리를 만들어 활동의 특징을 나타내 줄 때 음악을 사용하기를 추천한다.

편안한 깨어 있음. 여러 연구에 따르면(Brewer, 2008; Campbell, 1997; Schuster & Gritton, 1986), 학습은 학습자들이 편안하고 수용적인 상태일 때 가장 쉽고, 빠르게 이뤄진다고 한다. 바로크 음악은 사람의 심장 박동수인 분당 60~80회에 근접하기 때문에 학습의 질을 높여 줄 수 있다. 바로크의 멜로디 코드 구성과 목관, 바이올린, 그리고 다른 악기의 사용은 차분하지만 깨어 있는 상태로 조심스럽게 학습을 조성해 주는 경향이 있다.

바흐, 코렐리, 타르티니, 비발디, 헨델, 파헬벨의 바로크 음악을 비롯해 모차르트(몇 차례 바로크 양식 음악을 작곡함), 사티, 라흐마니노프의 고전 음악은 최상의 학습 환경을 자극하고 유지시켜 준다. 캘리포니아대학교의 프랜시스 라우셔Frances Rauscher(2003)는 "연구에 따르면 음악은 다른 학과목에 인지 능력에 기폭제 역할을 하고, 특히 음악과 시공간적 추론 문제에 있어서는 더욱 주목할 만하다"고 말한다.

대학생들을 대상으로 공간 테스트에서 음악이 주는 효과를 연구한 윌슨과 브라운(Wilson & Brown, 1997)은 학급에서 음악을 사용하는 데 의문을 제기했다. "현재 연구로는 공간을 추론할 때 모차르트 음악의 효과가 매우 활발하거나 강력하지는 않다고 말한다. 공간 문제를 해결할 때 특정한 환경과 특정 지점에서는 향상될 수 있다. 즉 모차르트 음악 효과를 일반화하고 주장하기 전에 신중해야만 한다."

쉬는 시간. 쉬는 시간 음악은 개인적 선호에 따라 결정될 수 있다. 빠른 박자의 현대 음악, 또는 유명한 음악을 틀면 몸이 움직이도록 자극하고 정신의 속도가 바뀌도록 돕는다. 쉬는 시간 음악을 선택할 때는, 다양한 현대 음악가들의 음악 중에서, 긍정적인 메시지를 담은 음악을 고른다. 쉬는 시간이 끝났음을 알리는 신호로 그 목적에 맞게 설정된 음악을 틀 수 있다. 빠른 느낌의 같은 곡을 다시 집중할 시간임을 알릴 때 틀어서 이 곡에 대한 반복된 규칙을 만들 수 있다.

효과의 정점 찍기

효과음은 즐거운 분위기를 만들려고 할 때, 혹은 강조하려고 할 때 엄청난 도움을 준다. 예를 들어, 전화벨 소리는 중요한 부분에서 무대를 만들어 줄 수 있다. 교사는 "너희를 위해 준비했어"라고 말할 수 있다. 녹음된 박수 소리는 개별, 혹은 그룹 발표가 끝난 뒤 잘했다는 의미를 강조해 줄 수 있다. 폭풍우 소리는 학급 회의가 필요하다는 것을 알리는 소리가 되기도 한다. 달리는 경주마 소리는 짧은 시간 동안 해야 할 일이 많을 때, 빨리 집중하게 할 수 있다.

버크(Berk, 2008)는 "음악의 효과는 교사의 창의성, 상상력, 예술적 재능에 달려 있는데, 학급에서 예견된 큰 변화를 만든다. 게다가, 이 재능들은 체계적인 계획과 준비를 동반해야 하는데, 어떤 것은 시간이 많이 요구된다"라고 말한다(p.63). 사실, 수업에 음악을 정교하게 불어넣기 위해서는 시간과 심사숙고가 필요하지만 전념해서 교사가 의도적으로, 목적을 향해 조직적이고 끈질기게 접근하여 에너지와 시간을 들여 사려 깊게 사용하면 그 보상은 충분한 가치가 있을 것이다.

다음 목록을 위해 음악을 어떻게 사용할 수 있는지 한번 실험해 보는 것을 추천한다.

- 활기
- 경험 자극
- 움직임 지휘
- 휴식 유도
- 주의 집중
- 친밀한 관계 형성
- 그날의 주제와 분위기 조성
- 영감
- 재미

다음에 어떤 내용이 올지 알려주는 특정한 음악을 설정하는 것은 재미와 영향력을 모두 갖고 있다. 예를 들어, 유명한 TV 프로그램 음악이

나 학생들이 좋아하는 가수의 노래를 집중과 흥미를 갖게 하기 위한 복습 시간에 틀어주는 것이다.

　　음악을 통해 학생들에게 자신감을 줄 수 있다. 만약 음악을 트는 일을 즐기는 학생이 있다면, 어떻게 음악 목록을 만들고, 신호에 따라 음악을 틀고, 멈출 수 있는지 미리 만나서 연습시킬 수 있고, 교사는 더 쉽고 빠르게 수업을 진행할 수 있게 된다. 만약 흥미를 갖는 학생이 여러 명이라면, 교대로 DJ 역할을 줄 수 있다.

특정 내용 기억하기

"반짝반짝 작은 별"의 운율에 맞춰 알파벳 노래를 부르면, 노래의 운율 없이 알파벳 순서를 외우는 것보다 훨씬 쉽게 외울 수 있다는 것을 우리 모두 알고 있다. 브루어(2008)의 견해에 따르면, 규칙적인 가사, 리듬, 멜로디를 알고 있으면, 학습과 복습을 더욱 쉽고 재미있게 할 수 있다고 한다. 우리는 학습이 재미있고 생기 넘치기를 원하고, 학생들의 기억력이 높아지길 원하기 때문에, 학습 과정을 뒷받침하고 향상시킬 목적에 맞는 음악, 구호, 시, 랩 등을 사용한다.

　　호주의 교육자이자 트레이너인 글렌 카펠리Glenn Capelli는 참가자들에게 동요에 맞춰 연수회에서 기억하고 싶은 정보의 단어를 다시 써보거나, 반복되는 리듬 박자 또는 운율(치고, 치고, 박수; 치고, 치고, 박수)을 만들어 새로운 정보를 기억하고 유지해 볼 것을 권한다. 내용이 가사, 리듬, 랩, 또는 박자에 옷을 입는 시간 동안 정보는 매우 많이 반복되는데, 흥미 없는 태도로 학습했을 때와 비교해 보면 더욱 그렇다. 그리고 이 의미 있는 반복은 기억을 형성한다.

　　역사는 그 시대의 음악을 틀거나, 동요 가락에 새로운 가사를 입혀 음악을 통해 연대기적 사건을 나열하게끔 하면 향상될 수 있다. 미국에서 파이프와 드럼의 반복은 혁명과 시민 전쟁 동안 전투에서 군인들의 행진을 돕는 용도로 광범위하게 쓰였다. 박수-울림-울림-울림, 박수-울림-울림-울림 등의 드럼 박자는 학생들이 복습해야 하는 사실들을 통합시킬 때 아주 좋은 방법이고, 소그룹으로 이 정보를 연습할 수 있다.

다음은 다양한 음악들이 학생들의 태도와 학습적 성과를 만들어 낼 수 있다는 것에 대한 예다.

- 흥미롭지 못했던 수업 시간을 교실에서 보내고 난 뒤, 복도로 몰려나오는 학생들을 상상해 보라. 그들의 자세는 축 처져서 피곤하고 진이 빠져 보인다. 그 학생들이 다음 교실에 가까이 왔을 때, 문을 통해 빠른 박자의 음악이 흘러나온다는 것을 알아차렸다. 그들의 에너지와 태도는 마치 새로운 학습 환경에 들어가길 기대하는 사람들처럼 바뀐다.
- 수업이 시작될 예정이다. 음악이 교실을 가득 채웠고, 교사는 학생들에게 연설을 할 것처럼 서 있고, 음악은 알아차릴 만큼 크게 틀어져 있다. 이제 모든 시선이 교사에게 향해 있다. 학생들과 교사가 음악이 멈출 때까지 리듬에 맞춰 박수를 친다. 갑자기 음악이 멈추고, 모든 것은 교사와 교사가 할 이야기에 집중되어 있다. 정시에 수업이 시작되고, 매일 이 방법이 사용된다.

6부 반영적 학습과 심화 요소

11장 반영적 학습 시스템

반영적 학습 시스템은 예측, 사고력, 문제 해결, 지속적인 성장을 위한 결과 분석과 관련이 있다.

전두엽은 무슨 일이 일어날지 예상하고, 결과물을 생각할 수 있도록 일어난 일들을 반영하게 발달되었다. 전전두엽은 사고와 학습, 그리고 행동에 대한 사고력을 활짝 넓힐 수 있도록 도와준다. 어떻게 하면 최고의 능률로 학습할 수 있을까? 학습을 위해 내가 할 수 있는 최고의 방법은 무엇일까? 이런 질문을 던지는 것은 메타인지, 사고의 자각으로부터 나타난다. 전전두엽은 이런 생각을 집행하는 부위인데, 실행을 결정하는 것만을 위한 영역은 아니다(Alvarez, Emory & Emory, 2006). 소뇌도 다른 뇌 영역들에서 하는 것과 같은 역할을 한다. 하지만 전두엽과 전전두엽은 반영적 학습에 가장 중요한 역할을 지닌 부위다.

하버드대학교 교육대학원의 선임연구원인 데이비드 퍼킨스David Perkins(1995)는 반영 지식 또는 명상은 자신의 생각을 관찰하고, 효과적인 방법으로 사고를 다루기 위한 기교라고 본다. 학습에서 '지식'처럼 매우 중요한 부분인 '반영 사고'를 가르치는 것이 교육적 실행에서는 쉽게 무시된다는 것이다. 그러면 어떻게 교사들은 학생들이 스스로 반영적인 사고나 메타인지를 할 수 있도록 자극할 수 있을까? 다음 제안들을 알아 보기 전에, 메타인지에 대해서 알아보자.

메타인지

"거울을 통한 반영은 바로 앞에 놓여 있는 것을 똑같이 복제하는 것이다. 그러나 전문직(전문가 실무)에서의 반영은 실제로 있는 것이 아니라, 있을 수 있는 것, 원래의 것에서 향상된 것으로 우리에게 되돌아오는 것이다"(Biggs, 1999). 앞서 이야기했듯이, 있을 수 있는 것으로 되돌아가보는 생각은 반영적인 사고에 대한 것이고 자신의 생각에 질문하는 것이다.

아리스토텔레스 시대부터 메타인지의 원리에 대해 논하긴 했지만, "메타인지metacognition"란 용어는 1976년 미국의 발달심리학자 존 플라벨John Flavell이 만들었다. 대부분은 스스로의 지식, 인지적으로 사고하고 학습하고 문제를 해결해 나가는 방법을 관찰하고 생각하는 것으로 표현된다. 플라벨은 개개인들이 인지적인 사고에 들어가는 것을 다음 네 가지 현상으로 나타냈다. 다음의 예를 살펴보자.

- 지식: "다른 친구들과는 다르게 '한 아이'에게 습득된 믿음, 이 아이는 맞춤법보다는 산술 연산에 뛰어남"
- 경험: "갑작스러운 느낌으로, 다른 어떤 이가 방금 말한 어떤 것에 대해 이해하지 못함"
- 목표와 임무: "인지적 계획의 목적(대상)"
- 행동 혹은 전략: "목표와 임무를 달성하기 위한 인식 혹은 다른 행동들"(Flavell,

1979, pp.906~907).

플라벨에 따르면, 메타인지는 (1) 우리가 아는 것에 대해 어떻게 알고 있는지 생각하는 것, (2) 우리가 알아야만 하는데 알지 못하는 것을 의아해하는 것, (3) 우리의 지식을 향상시키기 위해 할 수 있는 것을 생각하는 것, (4) 더 좋은 학습과 기억을 할 수 있도록 문제 해결 접근 방법이나 전략을 생각해 보는 것을 포함한다.

학교에서 다른 국가, 생활 방식, 종교, 관습 등에 대해 배울 때, 교사들은 보통 학생들 자신과 다른 나라 사람들의 방식을 비교하도록 물어보면서 메타인지를 권장한다. 교사들은 학생들이 전에는 생각해 보지 않았던 관습과 종교에 대해 차이점과 유사성을 찾아보도록 질문할지도 모른다. 관계가 없는 것으로부터 관계가 있는 것을 분별하려면 여과기같이 사고하는 역할이 필요하다. 그들이 누구이고, 그들이 알고 있는 것은 무엇이며, 사실이라고 믿고 있는 것은 무엇인지와 연관된 학습 경험을 학생들이 이해할 수 있도록 도와준다.

반영은 인지를 구조화하는 과정인데, 추론, 비판적 사고, 현재의 지식뿐만 아니라 자아 인식과 직관적 질문하기를 통해 메타인지를 구성하는 것을 의미한다. 반영적인 사고를 가르치는 것은 — 주관적인 문제 혹은 자신에 대해 — 학생들이 자신들의 생각과 감정을 공유한다는 것이기 때문에 감정적으로나 사회적으로 안전하다고 느낄 수 있는 확고하게 합의된 기반과 주의 깊은 계획으로 접근해야 한다. 편안함과 동반한 '소프트 기술'은 메타인지와 비판적 사고 기술과 함께 안전감을 가져온다. 그것이 퀀텀 러닝이 8가지 성공의 습관을 강조하는 이유이며, 기초와 분위기에 관한 장(2장, 4장)에서 다룬 내용이다. 우리는 반영적 사고 훈련과 메타인지가 강력한 변화를 일으킬 수 있음을 알고 있다.

철학자이자 교육학자인 존 듀이John Dewey의 뛰어난 책인《사고의 방법How We Think》(1910)에서는 "학습은 반영의 과정에서 발생하는 정도까지 발전한다"라는 가설을 전개한다(Shermis, 1999). 셔미스는 수년 동안 듀이의 반영이라는 단어는 비판적 사고, 문제 해결, 높은 수준의 사고력 등으로 변형되었다고 지적한다. 이 장에서 우리는 몇 가지 분명한 차이점에 대해 접근해 뒤섞여 버린 것을 바로 볼 것이다.

우리는 반영적 사고를 보다 활발하게 하기 위해 비판적 사고를 사용해야 함을 알 수 있다. 듀이(1910)는 반영적 사고를 (1) 활동적, (2) 지속적, (3) 주의 깊은 사고, (4) 증거에 기초한 어떤 사람의 믿음 혹은 추정상의 지식으로 확장시켜 보았다. 듀이의 고찰을 토대로 보면, 위의 네 가지 기준이 충족될 때만이 지식이 입증되게 이끈다고 결론지을 수 있다(Shermis, 1992).

이러한 네 가지 의미로 제안된 반영적 사고는 많은 생각 없이 머릿속에 떠오르는 감정적, 즉흥적, 즉석에서의 생각, 그리고 문제 해결보다 더 많은 것을 요구한다. 감정적/즉흥적 생각은 대체적으로 이전에 유사한 상황을 경험한 데서 우러나온다. 반면에 반영적 사고는 주의 집중, 정교한 문제 해결, 높은 사고력을 요구한다. 이스라엘 출신의 미국 심리학자이자 경제학자이며 노벨상 수상자이기도 한 대니얼 카너먼Daniel Kahneman(2011)은 이러한 다양한 생각의 방법을 시스템 1과 시스템 2로 나타낸다. 그는 다음과 같이 설명한다.

> 시스템 1은 노력 없이 발생되는 감정과 느낌 같은 것으로, 시스템 2의 중요한 자원들이다. 시스템 1의 작동은 놀랍게도 복잡한 패턴의 생각들을 발생시키는데, 반면에 느린 시스템 2는 단계적으로 순차적인 생각들을 만들어 낼 수 있다(Kahneman, 2011, p.21).

카너먼은 다음과 같은 상황에 대해, 시스템 1은 자동적으로 작동하고 스스로 끌 수는 없다고 설명한다. 이러한 상황에서, "즉흥적인 사고의 오류들은 대부분 막기 힘들다"(p.28). 하나의 예로, 두 개의 동일한 선 중 두 선의 끝이 반대 방향을 가리킬 때 하나가 다른 하나보다 길어 보인다고 프란츠 뮐러 라이어Franz Muller-Lyer는 설명한다.[25] 문제없이 첫 번째 선은 안쪽으로 화살표가 가는 것처럼 끝이 표현되는데, 이것이 두 번째 선, 즉 바깥을 향하고 있는 선보다 짧아 보인다. 측정하면 정확히 일치하지만, 잘못된 선입견으로 하나가 다른 하나보다 길다는 생각을 들게 된다.

카너먼은 이러한 설명을 이용하여 다음 논제를 만든다. 항상 시스템 1처럼 되는 것은 아니기 때문에, 시스템 2의 통찰력을 개발하는 것이 중요하다. "생각의 오류가 생길 수 있지만, 그 오류는 시스템 2의 행동과 발전된 관찰로 예방될 수 있기 때문이다"(p.28). 하지만 지속적인 관찰과 질문하기는 불가능할 만큼 지루하고, 실용적이지 않으며, 느리고, 효과적이지도 않다. 결과적으로 카너먼은 다음의 타협점을 이야기한다. "치명적인 실수들을 피하기 위해 노력하고, 실수들을 범하기 쉬운 상황을 인지하는 것을 배워라"(p.28). 바로 그 안에 우리 자신과 우리의 학생들에게 반영적 사고를 가르치는 힘이 있는 것이다.

카너먼은 《생각에 관한 생각Thinking, Fast and Slow》(2011)에서 수년간 해 온 자신의 연구를 토대로 생각에 관해 알기 쉽게 전달한다. 시스템 1과 시스템 2에 관한 그의 설명은 교사들에게 폭 넓은 이해와 인지적 통제, 언어 사용, 사회적 교류, 문제 해결, 결론짓기, 자신감, 과신, 성공과 효과적인 생각으로서의 또 다른 주제들을 다루게끔 한다.

25　1800년대 후반, 독일의 심리학자이자 사회학자인 뮐러 라이어에 의해 고안된 착시 현상을 말한다. ― 옮긴이

반영적으로 사고하기를 가르치는 것은 대부분의 교육에서 학과목의 목표이지만, 그렇게 하는 것은 특정한 학습 자료를 가르치는 것뿐 아니라 교사들의 지식과 기술을 요구한다. 다음 제시된 통찰은 이 말이 사실인 것을 알려준다.

사춘기와 반영적 사고

반영적 사고 없이, 어떤 학생들은 그것이 무엇이든지 간에, 처음에 자신들을 곤경에 처하게 한 행동을 계속해서 반복하기도 한다. 어떤 시점에서 부모들은 아이들이 힘들게 할 때, 아이들과 진솔한 대화를 하려고 할 것이다. 하지만 만약 아이가 '도움'이라고 받은 것이 정작 방으로 들어가라는 것이나, TV 시청을 금지당하거나, 어떤 다른 처벌을 받는 것이라면, 아이들의 전전두엽은 반영적 사고를 만들어 내는 데 실패할 것이다. 반면 어른의 적절한 간섭 없이, 아이들 자신이 개발시키도록 둔다면, 그 전전두엽은 감성적 시스템에 의해 좌지우지될 수 있다. 리처드 레스택(1994)은 이러한 문제에 관해 학부모와 교사들에게 경고한다.

> 우리는 전두엽의 지식들이 중요하고 복잡한 사회의 역기능을 보는 새로운 시각을 제공한다는 것을 배우고 있다. 전두엽이 우리 인류의 영역 안에서 발달되지 않고, 성숙되지 않는다면, 우리 사회는 더 높은 범죄율, 가정 파괴, 약물 복용과 같은 범죄들이 심해질 것이라고 예측할 수 있다(pp.108~109).

E. R. 소웰E. R. Sowell과 동료들(2007, p.29)은 "뇌의 미성숙함이 모든 사춘기적 행동에 관여한다고 확신할 수는 없다"고 말한다. 하지만 우리는

청소년 중에는 "반응 억제, 감정 조절, 조직화"가 아직 발달하지 않은 것을 알 수 있다. 전두엽 피질들이 아직 다 성숙되지 않았기 때문이다(Berger, 2009, p.423). 사춘기의 뇌는 다음 세 가지 요소들 때문에 균등하지 않게 발달한다. (1) 성숙하기 위해 성적 변화를 준비 중인 사춘기의 호르몬 대변동, (2) 위험한 행동을 부추기는 감정적인 편도체, (3) 합리적인 사고와 전전두엽에서의 의사 결정에 필요한 적절한 수초 형성의 결핍이 바로 그것이다.

발달 중인 미성숙한 뇌와 행동, 그리고 인지적 학습 시스템을 이해하는 것은 우리들로 하여금 왜 의사 결정, 위험 감수, 감각 추구 등에 대한 판단이 중요한 문제로 남는지 알 수 있도록 한다(Sternberg, 2005).

첫째, 사춘기 동안 대부분의 뇌 발달은 행동과 감정의 조절, 위험에 대한 인식과 평가, 보상 등 중요한 부분이 특정한 뇌의 부위들과 시스템에서 이루어진다. 둘째로, 능숙한 통제력의 발달에 앞서 사춘기의 성숙, 즉 흥분 조절과 동기 부여를 보이는데, 이것은 청소년기의 정서적 경험과, 흥분을 조절하고 동기 부여하는 능력 사이에 괴리를 만든다(n.p.).

자극과 동기 부여의 변화가 규제의 능숙함으로 나아가기 때문에, "이른 사춘기 발달은 운전이 미숙한 채 시동을 거는 것 같은 상황들을 만들어 낸다"(Ronald Dahl in Sternberg, 2005, p.69).

앞서 발달이 중요한 기간인 아이의 첫 해 동안, 뉴런 수초화의 중요성에 대해 알아보았다. 제이 기드가 2년의 간격을 두고 쌍둥이 추적 조사로부터 얻은 수초화에 관한 점은 흥미롭다. 이로써 뉴런의 과잉 생산의 두 번째 기간이 확인되었다. 이 기간은 여자 아이의 경우 대략 11세, 남자 아이의 경우 대략 12세였다. 그 기간은 전두엽의 뉴런들이 20대 중반 정도로 수초 형성을 이룰 때까지 지속된다. 기드는 이러한 두 번째 과잉 생산 기간 동안, 뇌의 실제적인 발달은 전두엽 회백질이 두꺼워지는 과정에서 이루어지며, 성인이 되기 위한 개개인의 준비 과정이라고 말한다(Spinks, 2002). 그는 다음과 같이 설명한다.

그 시간에 엄청난 잠재력이 있다. 사람들은 다양한 삶의 방향성을 가질 수 있다. 하지만, 사춘기의 그 시간 동안, 사람들은 말하자면 특별해지기 시작한다. 다음과 같은 결정을 내리게 된다. "이것이 바로 내가 잘하려고 하는 거야. 스포츠이거나 공부, 예술, 혹은 음악일지라도." 모든 삶의 결정들은, 아직 그 시기를 겪고 있을지는 모르겠지만, 차츰 줄어들고, 우리는 우리가 특별해지고 또 유일해지는 것에 집중해야 한다(Spinks, 2002, n.p.).

첫 번째 뉴런의 성장처럼, 뉴런들은 집중과 수초 형성, 그리고 생존을 위해 경쟁한다. 사춘기의 뇌에서 엄청난 양의 활동들이 이루어지고, 뉴런의 정보는 다양한 대뇌 피질의 통로를 통해 흘러간다. 그것은 뉴런에 변화를 일으키는데, 사춘기를 겪는 학생들이 어린아이 또는 성인들과 다르게 행동하게끔 한다(Spear, 2000).

가지치기를 하는 시기에 수초화된 뉴런 정보망이 완전히 이루어지면, 앞으로 몇 년간의 진로를 결정한다. 결과적으로, 그 두 번째 중요한 시기 동안, 부모들과 교사들이 사춘기 학생들이 새로운 것을 보고 배우면서 흥미를 가질 수 있도록 도와주어야 한다. 평생의 취미, 생활, 그리고 여가 활동이 이 시기에 시작된다. 새로운 것에 대한 기회가 없으면, 자기 스스로를 인식하는 방향성과 흥미가 없이 바로 성인이 되는 과정으로 넘어갈 수 있다. 그것이 이 두 번째 시기가 중요한 이유다. 사춘기 아이들이 그들 자신의 열정을 찾으려면 성인의 도움이 필요하다. 메타인지적, 반영적 사고를 기르며 결정을 내릴 수 있도록 도와주는 것 말이다.

엄청난 기회이자 엄청난 위험의 시기다. 10대 아이들에게 이 시간은 굉장히 중요하다. 만약 "사용하거나, 잃어버리거나"의 원칙이 맞는다면, 10대 아이들의 행동들은 뇌 안에서 실제적인 연결과 그것이 단단하게 묶이는 것(배선)을 도와준다(Giedd in Spinks, 2002 인터뷰).

이 배선은 성인의 삶을 위한 뉴런의 통로들을 만든다. 만약 그들이 어떻게 뇌가 활동하고 어떻게 그것들을 최대한 사용할 수 있는지에 대해 실제적이고, 직시적이고, 명료한 정보가 있다면, 아마도 자신의 뇌 발달의 형태를 만들 수 있을 것이다. 신경생리학자 마이클 거션Michael Gershon(2014)은 자신이 우등 생물학반에 들어갈 기회를 얻기 전에 "고등학교에서 겪은 끔찍한 트라우마"에 대해 이야기했다. 학교 직원들은 그가 어려움을 겪고 있다는 것을 알고 있었다. 그럼에도 교실을 채우려면 학생이 한 명 더 필요했기 때문에 그에게 기회를 주었다. 그들에게 속아서 수업에 들어갔지만, 그곳에서 훌륭한 교사가 가르치는 생물학과 사랑에 빠졌고, 생물학을 그의 인생의 길로 결정했다. 그는 현재 세계적인 생물학자가 되었다.

윌리스(Willis, 2010)는 학생들에게 뇌에 대해 가르치는 것이 얼마나 중요한지 이야기한다.

나는 5학년과 7학년 교실에서, 뇌에 관련한 기초적인 방법들을 만들기 시작했다. 뇌의 활성화를 돕기 위한 간단한 활동을 가르쳤는데, 학생들은 자신감이 넘치고 학업에 충실해졌을 뿐만 아니라, 높은 성취도를 갖는 방향으로 학습 활동 또한 변화하기 시작했다.

"사춘기는 뇌가 변화하는 때다. 해부학적으로 다르고 신경화학적으로도 성인들과는 다르다"(Spear, 2000, p.446). 복잡한 뇌의 신경로는 광범위하고 다양한 자극과 연관된 정보를 잘 흐르게끔 하는 중요한 역할을 한다. 그래서 학습은 사춘기 아이들의 인지적인 능력을 위해 존중받아야 하며, 특히 교사로부터 영감을 받을 필요가 있는 학습자들의 경우 더욱 그렇다. 핵심은 청소년이 좋은 의사 결정을 내릴 수 있도록 가르치는 것이다.

개인적, 그리고 공동체적 반영

존 듀이 연구자인 캐럴 로저Carol Rodgers는 다음 네 가지 요점으로 듀이의 기준을 나누어 보았다.

- 반영은 의미를 만드는 과정이다. 학습자들이 어떤 하나의 경험을 다음 단계로 이동할 수 있도록 도와주는데, 다른 경험들을 생각들로 연결하는 연결 고리와 그것들의 관계적인 측면을 깊이 생각할 수 있게 해 준다. 그것은 하나의 줄기인데, 학습의 가능성을 지속시키고, 개인적인 발전을 확실히 하며, 궁극적으로는 사회를 위한다. 결국 도덕적 목표인 것이다.
- 반영은 시스템적이고, 엄격하며, 훈련된 생각 방법이다. 과학적 요구에 뿌리를 둔다.
- 반영은 사회에서 이루어져야 하며, 다른 것들과 교류를 이룬다.
- 반영은 개인적이고도 지적인 성장에 가치를 두는 태도를 요구한다(Rodgers, 2002, p.845).

엄격한 반영은 깊은 사고, 분석, 비판적 사고력, 인지적 명확성에 기초한 결정을 내리기를 요구한다. 우리는 반영적인 질문이 독특하게 탐구를 자극하고 다른 형태보다는 깊은 수준의 생각을 하게 한다고 믿는다.

개인적 반영

개인적인 반영은 교류, 행동, 사고, 그리고 다음 시간에는 무엇을 다르게 시도해 봐야 할지 다시 생각해 보는 과정이다. 예를 들어, 원하지 않는 상황을 만났을 때, 우리는 반영하고 생각할 것이다. "이렇게 이야기하게 돼서 좋네요. 제발 그만 소리쳐 주세요. 당신이 나에게 화가 났다는 걸 알아요. 하지만 화가 난 상태에서는 우리가 이 문제를 해결할 수가 없어요. 앞으로 어떻게 할지 얘기하기 위해 내일 다시 만나면 어떨까요?" 그리고 우리는 생각할 것이다. 일을 잘 해결하기 위해서, 이제 우리는 사과할 수 있고, 앞으로 나아갈 수 있다. 대조적으로, 반영적으로 생각하는 것은 어떻게 이 상황이나 일들을 다르게 처리해야 하는지 심사숙고해야 한다. 예를 들어, "제 말이 아마 무례하고 비판적으로 들렸을 수도 있을 것 같아요. 이 선을 넘으려는 의도는 없습니다. 그렇기 때문에 사과할 것이고, 이 일을 바로 잡기를 바래요." 우리 대부분은 반영하고 우리 행동에 책임을 지는 것을 배우기 위해 유사한 과정을 거칠 것이다.

학생들의 행동이나 말들이 문제를 일으킬 때, 비난하거나 한쪽의 편에 서지 않고 교사들이 능숙한 질문을 하는 것은 학생들이 차이점을 해결할 수 있도록 인도해 주고, 그러는 동안 반영적 사고와 자기 관리를 가르쳐 줄 수 있다. 예를 들면 다음과 같다.

크게 세 번 심호흡을 해 보자. 그런 다음에 무엇을 할지 알아낼 거야. (잠시 쉼)

조용히 지금 본인이 무엇을 느끼고 있는지 생각해 보자. (잠시 쉼)

조용히 다른 사람을 바라보고, 그 사람은 어떻게 느끼고 있을지 생각해 보자. (잠시 쉼)

조용히 스스로에게 물어보자. '나는 이 문제를 해결하기 위해서 무엇을 했지?' (문제의 원인이 된다는 표현은 삼간다)

이제 스스로에게 물어보자. '이 문제를 해결하기 위해 나는 무엇을 할 수 있을까?' (잠

시 쉼)

이 문제를 해결하기 위한 준비가 되어 있니? (잠시 쉼)

어떻게 해결하면 좋을까? (잠시 쉼)

이런 질문들은 오해와 갈등 문제에 어떻게 접근할지 학생들에게 가르치는 예다. 이것은 종종 메타인지를 위해 요구되는 학습 과정 중 하나로, 비판적 자기 반영 기술을 가르치는 첫 번째 단계다. 반영을 통해, 우리는 스스로의 사고와 교류들을 통제하고 점검하기 위해 사용되는 자신의 지식들과 인지적 전략을 알게 된다.

발판, 즉 학생들에게 도움을 주고, 학생들이 스스로의 기술을 터득할 때까지 교사의 비중을 점차적으로 줄여나가는 하나의 전략은 학생들이 반영하는 생각을 개발하기에 중요한 방법이다. 교사들은 마치 학생들이 반영적인 과정에 참여한 것처럼 그들의 생각을 말로 표현할 수 있도록 할 수 있다. '생각을 말하는' 단계는 학생들에게 어떤 패턴을 알려준다. 스스로에게 말하는 방법을 사용하여 반영하고 생각의 차이를 해결하고, 지지하거나 반대하거나 할 증거들을 생각하도록 한다. 스스로 말하는 것은 그 상황에서 다음과 같은 질문을 하는 기술을 포함한다. 왜, 어떻게, 그리고 무엇을. 스스로에게 질문하고 대답을 생각하면서, 문제 해결과 자기 관리 방법들을 개발한다. 이러한 개인적 반영 과정을 개발하기 위해서는, 공상적이거나 실제적인 문제를 어떻게 하면 해결해 나갈 수 있는지에 관해 토론하면서 배울 수 있다. 학생들은 책을 읽고 그것을 거울삼아 자신의 문제를 반영해 봄으로써, 또 교실에서의 토론을 통해, 개개인에 집중하지 않고도 개인적 반영에 대해 배울 수 있다.

이러한 과정은 독서 요법이라고 불리는데, 학생들이 반영을 통해 개인적인 문제를 접근하고 해결하도록 해 주는 훌륭한 방법이다. 전문적인 교사들은 학습 주제에 맞도록, 또 그 학습을 더 의미 있게 하기 위해 학생들의 현재 삶과 관련이 있는 이야기들을 만드는 데 능숙해야 한다.

공동체적 반영

공동체적 반영은 모든 항목에 적용된다. 예를 들어, 교과서 자료, 뉴스 사건, 지역과 학교 문제, 인터넷 자료, 유튜브 영상, 영화, 예술 작품, 음악, 이러한 목록은 끝이 없다. 어떤 주제에 대한 깊은 사고는 불가피하게 개인적인 반영을 포함한다. 하지만 개인적인 경험들이 공동체적 반영을 위한 기반을 형성하면서, 그것들은 단순한 담화의 일부분이 아니게 된다. 개인적인 것과 공동체적인 반영의 혼합이 이뤄지면서, 정확성, 진실성, 또는 옳음에 대해 다시 고려해 봐야 한다는 생각이 유발될 때도 말이다.

우리는 두 가지 기초적인 선택 사항이 있다. 정확성, 진실성, 또는 옳음에 대해 우리가 이미 알고 있는 것을 계속 믿는 것, 혹은 우리의 생각을 바꾸는 것이다. 장 피아제Jean Piaget(1985)는 이러한 선택 사항들을 "흡수 혹은 순응"이라고 표현했다. 현재의 지식이 새로운 정보와 맞아질 때, 피아제는 인지의 상태가 균형 혹은 인지적 균형 안에 있다고 한다. 새로운 정보는 완전히 이해되고, 오래된 정보/지식/개요들은 바뀌지 않는다. 피아제는 이렇게 설명한다.

일치(인지적 균형: 내가 믿는 것이 옳고, 참이고, 정확하다.) →
새로운 학습(흥미로움: 내가 이미 알고 있었던 것이 사실이라는 것을 보완해 준다.) →
흡수(이 새로운 통찰력은 내 생각을 깊게 하고 강하게 한다.) →
일치(훌륭하다. 나의 새로운 통찰력은 오래된 뉴런의 연결을 강하게 만들었다. 이것은 "뉴런들이 함께 불타고 함께 연결된다"고 말할 수 있다.)

새로운 학습에 관해서, 흡수는 존재하는 지식과 도식을 연결시켜 줌으로써 학생들에게 의미를 부여하면서 발생한다. 흡수는 이미 알고 있는 것과 연결됨으로 강화된다. 로셸은 중요한 점을 상기시킨다. "이전의 지식은 현재 자료에 부합하지 않을 수 있다. 결과적으로, 학습자들은 이 자료를 변형시킬 것이다." 이것은 자신들이 믿고 있는 것은 맞다고 증명하기 위해서다(Roschelle, 1995, p.1). 이것은 곤경에 처한 교사들이 반드시 직면하게 되는 부분인데, 로셸은 "만약 그들의 지식이 틀렸다면, 어떻게 학생들이 이미 알고 있는 개념[지식과 도식]들로부터 지식들을 만들어 갈 수 있을까?"라고 질문한다. 그리고 그 질문에 스스로 답한다. "이전의 지식들이 필요와 동시에 문제를 유발한다"(p.3).

　피아제의 연구를 토대로 르프랑수아(Lefrancois, 2000)는 새로운 학습(이미 존재하는 지식과 기술들을 강화시키는 것과 다르게)이 가능하려면 인지적인 불협화음이 있을 수밖에 없다고 말한다. 그러나 새로운 정보가 이미 알고 있는 것을 보완해 줄 때는 다르다. 무엇인가는 이전 지식과 함께 일어나야만 한다. 그것은 질문, 변형, 조정, 수정, 혹은 버려지거나 대체되어야 한다. 학습자들은 새로운 지식을 이미 알고 있는 것에 반영해야만 한다. 만약 이 불협화음 문제를 해결하지 않고 새로운 정보를 습득한다면, 의미 없이 기억하는 것일 뿐이다. 다시 말해 르프랑수아는 "학습은 새로운 지식이 기존 지식과 화합하여 얻어지는 것"이라고 한다.

　불협화음은 개개인이 반영적 사고에 빠질 때 종종 확인된다. 그들이 알고 있는 것에 대해 질문할 때 말이다. 이러한 절차를 통해, 새로운 정보는 현재의 지식과 충돌하고, 새로운 것과 이미 알고 있는 것은 말이 되지 않는다고 생각하면서 동기화의 절차에서 벗어나게 된다. 다시 일치라는 감각을 잡기 위해, 뇌는 새로운 정보를 이전의 생각에 부합시키며 조합을 이룬다. 알고 있는 것을 강화하거나 순응하는 것에 반대로, 피아제는 일치에서 불일치, 균형, 다시 일치로 움직인다고 표현한다. 우리의 사고는 다음에 우리가 새로운 생각에 순응하기 위한 조합이 필요할 때까지, 인지적 균형을 이룬다(McLeod, 2012).

순응의 예로, 《잭과 콩나무》에서 사랑받는 아들이 되기 위해 황금알을 낳는 거위를 어머니에게 가져다 준 잭을 생각해 보자. 그런데 지금 어머니는 더 이상 배고프지 않고 필요한 것도 없다. 이때 어떻게 다른 관점들이 ― 아마도 반영을 통해 새롭게 배운 것들 ― 대안적인 위치에 들어올 수 있게 될까? 셔미스(Shermis, 1999, pp.4~5)는 《잭과 콩나무》를 이용하여 유치원 아이들과 1학년 아이들에게 진지한 반영적인 사고와 순응을 보여 줄 수 있다고 말한다.

질문 잭이 거인의 성에 들어갔을 때, 무엇을 하였나요?

답 잭은 거인으로부터 숨었어요. 황금알을 낳는 거위를 찾았고, 거인에게 발견되었고, 도망쳤어요. 그리고 줄기의 끝에 도달했을 때, 그것을 잘라 버렸어요. 그 거인은 굴러 떨어졌고, 목이 부러졌어요. 잭은 부자로 엄마랑 행복하게 오래오래 살았어요.

질문 잭은 불법적으로 무단 침입을 한 건가요?

답 맞아요.

질문 잭은 황금알을 낳는 거위를 훔쳤나요?

답 맞아요.

질문 그렇다면 잭은 자신의 것이 아닌 것을 다시 돌려주지 않았나요?

답 맞아요.

질문 그렇다면, 잭은 줄기 밑으로 도망치고, 거인을 죽게 했나요?

답 맞아요.

질문 잭이 무단 침입하고, 훔치고, 거인을 죽게 했다면, 왜 이 이야기의 악당은 거인인 걸까요?

셔미스는 "끝을 꼬아서 질문을 하는 전략은 굉장히 오래된 이야기를 가지고 간단한 결론을 지어 그냥 모든 것이 옳다고 판단 내리는 것을 꼬집고 다시 생각하게 한다. 왜 잭이 저지른 범죄는 괜찮은가? 그는 나쁜 사람이 아닌가?"라고 설명한다(Shermis, 1999, p.5).

일치 (인지적 균형: 잭은 착한 아들이다.) →
새로운 학습 (잭은 범죄를 저질렀다.) →
습득 (잭은 나쁜 짓을 행했고, 그는 여전히 좋은 사람으로 여겨진다. 그는 엄마를 도와주었다.) →
불일치 (잠깐, 잭은 이 이야기에서 착하고 나쁘고 둘 다 할 수 없다.) →
순응 (아마 잭은 나쁜 사람이다. 그는 하지 말아야 할 짓을 했다.) →
균형 (생각해 보니, 잭이 한 행동은 옳지 않다.) →
일치 (이 이야기가 더 이상 좋지 않다. 잭은 거인을 죽였고, 거인은 나쁜 짓을 하지 않았다. 잭이 나빴다. 내 생각으로는 잭이 일을 해서 돈을 벌어 어머니한테 주었어야 했다.)

셔미스가 설명한 반영 이론을 따르면, 이러한 유형의 반영은 모든 세대, 과정, 학년을 아우를 수 있다. 이 방법은 학생들이 옳고 그르다고 여기는 것에 대해 생각할 수 있도록 만드는 것에 기술적으로 어려움이 있는 교사들에게 쓰인다. 이 질문들이 이루어지고, 대안적인 해석이 가능할 때, 교사들은 비판적 질문에 대답할 수 있도록 도와주어야 한다. 셔미스는 다음과 같이 결론을 짓는다.

교사들은 좋은 질문을 알아보는 시도를 해야 한다. 예를 들어, 동물과 물고기의 위장술에 대한 정보에 집중하고 있다면, 이렇게 질문해 보는 것이다. "왕나비가 적을 만났을 때, 색깔이 더 진해져서 알아보기 쉬워지면 어떻게 하죠?" 이와 비슷한 수많은 질문들이 있을 것이다. 이러한 질문들은 인간이 지금까지 발명해 낸 가장 좋은 종류의 학습 방법인 반영을 촉진한다(p.6).

불행히도, 셔미스는 "교사 준비 프로그램은 전통적이고, 글로 이루어진, 정보 위주의, 낮은 수준의 질문법에 사로잡혀서" 이러한 종류의 생각들은 무시한다고 말한다. 다시 《잭과 콩나무》로 돌아가 보면, 교사들은 학생들의 호기심을 자극할 만한 문제가 있음을 증명할 필요가 있다. 하나의 명백하고 문제없어 보였던 '진실'이, 난해하고 애매모호하진 않을지 질문해 보면서 다시 생각해 볼 수 있도록 학생들을 이끄는 것은 교사들에게 달려 있다. 이것은 역사가 다시 쓰여지는 것과 비슷하다. 학생들이 혼란스러워하고 문제를 해결해 나가지 못할 때, 교사도 같이 포기할 수 있고, 또는 해결책이 발견될 때까지 문제를 깊이 생각해 보도록 설득할 수 있다.

반영적이고 비판적인 사고

공동체적 문제 해결의 반영과의 또 다른 형태로, 아마 대부분의 학교에서 사용하는 것은 바로 간접 경험의 반영일 것이다. 배경이나 언급들을 더 잘 이해하기 위해 배우고 읽은 것을 생각하는 것이다. 예를 들어, 어떤 선택지를 읽고 난 후, 교사들은 끝이 열린 질문들을 한다. 이것은 학생들로 하여금 합성하고, 추론하고, 요약하고, 비교하고, 대조하고, 작가의 합리성을 생각하고 설명하게 한다. 혹은 다시 말하게 하고, 왜 그렇게 생각하는지 설명하게 한다. 이런 것들은 비판적 사고의 기술들이, 비판적이고 반영적 사고를 하는 것과 겹쳐 보이게끔 한다. 톰슨과 지울리(Tompson & Zeuli, 1999)는 "비판적 사고는 원하는 결과물을 이끌어 내기 위한 광범위한 생각의 기술을 포함한다"와 "반영적인 사고는 무엇이 일어나고 있는지에 대해 평가하는 절차에 초점을 맞춘다"라고 이야기하면서 그 두 가지를 구별했다(p.349).

이것은 명백한 구분이다. 톰슨과 지울리는 반영적 사고가 통찰력 유도를 위해 중요하고 비판적 사고와 복잡한 문제 해결을 위한 학습에 중요하다고 볼지라도, 현재의 목표에 맞게, 이전의 경험들을 토대로 어떤 전략이 적절한지 생각해 보는 기회를 주어야 한다고 강조한다.

보통 교사들을 K-W-L(Know, What, Learn) 방법을 사용한다. 그 주제에 대해 "넌 이미 무엇을 알고 있니? 다 읽고 나서 무엇을 알기를 원하니? 무엇을 배웠니?" 교사들이 자신의 질문들을 충분히 다듬지 않으면, 결과는 깊은 반영적 사고보다는 적당히 낮은 생각들의 유도에 머물게 된다. 그러므로 교사들은 명백함 이상으로 나아가야 한다. 예를 들어, 질문은 개인적인 반응들을 찾는 것이다. (전쟁은 불가피하다고 생각하니? 왜 그렇게 생각하니?)

"비판적 사고하기는 직접적인 생각하기라고 불릴 때가 있는데, 왜냐하면 바라는 결과에 집중하기 때문이다"(Halpern, 1996). 반영적 사고하기는 듀이에 따르면(Dewey, 1933), 무엇이 일어났는가에 대해 평가하는 비판적 사고를 하는 기술의 적용을 요구한다. 또한, 어떤 이가 내린 결정, 지식의 수준, 무엇이 일어났든지 간에 그것을 만들어 낸 행동과 지식을 지지하는 증거 등 주의 깊은 고려와 분석이 필요하다. 반영적 사고하기가 읽은 것, 혹은 연구된 것에 적용되는 반면, 교사들은 학습 내용과 학생들이 현재 실생활과 관련해서 이해하길 원하는 역사적인 문제들 간의 중간 다리 역할을 해야 한다. 어떻게 과거와 현재가 비슷하고 다른지에 관해 반영하려는 교사들의 시도는 개인적인 반영과 함께 공공의 반영을 가르치기에 아주 좋은 방법이다.

심지어 결과가 학생들과 전혀 연관이 없다고 하더라도, 의미를 만드는 행동 혹은 사건과 함께 개인적인 교류는 여전히 요구된다. 예를 들어, 왜 결정이 내려졌는지, 어떻게 그것이 달라질 수 있는지는 학생들이 그들 자신을 그 문제에 집어넣게끔 한다. 학생들이 진심으로 무엇이 일어났는지에 반응하고 이해하기 위해 시도한다면, 그들의 신념과 편견, 두려움, 개인적인 반응들이 작동하기 시작할 것이다. 그러므로 반영적 사고하기는 활동적이라고 할 수 있다. 그것은 지속성을 요구하고, 사회적인 상황들과 환경, 개인적인 다른 요소들에도 불구하고 결과가 한 방향으로 흘러가는 이유에 대해 직면하도록 한다.

주제에 관한 반영적 사고는 이 과정 없이는 일어날 수 없는 깊이 있는 이해를 가능하게 한다. 반영은 무슨 일이 일어났는지에 관한 인지적인 생각이라는 것을 명심해야 한다. 그것은 결단을 내리기 위한 문제 해결이 아니다. 반영적 사고는 이미 정해진 결정, 사건, 일들과 관련이 있는데, 이 모두는 재심사와 연구를 마친 상태다. 그러므로 학생들은 작가의 관점으로부터 통찰력을 얻어야 하는 것이다. 교사들은 "그 작가가 우리에게 말하고자 하는 것은 무엇인가? 왜 작가는 우리에게 그것에 대해 이야기하는가? 작가의 말이 명확한가? 어떻게 작가가 더 명확히 이야기할 수 있는가?"(Beck et al., 1997)라는 질문을 할 수 있다. 현재의 일들과 연관된 질문들은 반영적 사고의 절차들을 가르치기에 절호의 기회라고 볼 수 있다.

작가들이 학생들에게 흥미로운 이야기를 해 주는 이들이라는 이해가 될 때, 학생들은 작가들과 교류를 시작할 수 있다. 좋은 방향으로 말이다. 위의 질문들을 충분히 고려해 본 후, 반영적인 사고를 다음 7가지 단계들로 가르칠 수 있다.

(1) 무슨 일이 일어났는지에 대해 정확히 설명하라 — 작가가 이야기하는 결과물들.
(2) 결과를 이끌어 내는 충돌과 문제를 둘러싼 상황, 사실들을 확인하라.
(3) 어떤 결정들이 기초가 되었는지 가설을 분석하라.
(4) 합리적인 생각과 이유, 그리고 통합성을 위해 결과를 평가하라.
(5) 대안적인 해결책을 탐구하고, 그것을 뒷받침해 주는 증거를 제시하라.
(6) 초기의 결과를 지지해 주는 것을 결정하라. 혹은
(7) 그 생각을 뒷받침 해 주는 증거와 함께 대안을 제시하라.

이 반영적 사고 절차는 학생들이 각각의 단계별로 토론하고 다음 단계로 넘어가기 전에 그들의 생각과 대답을 비교하는 소그룹 활동에서 최고의 성과를 나타낸다. 교사들은 의미 있는 질문을 함으로써 반영적 사고를 이끌어 낼 수 있다. 이것은 학생들이 읽은 학습 자료에 대해서, 빠르고 깊게, 개인적 탐구를 이끌어 낸다. 다음은 유익하고 서술적인 학습 자료를 적용한 예다. 역사, 사회 활동, 모든 학습 자료 정보들은 실제 인간의 교류와 결정들에 기초하는데, 인간의 드라마는 소설과 같은 기초적인 요소들을 포함한다.

반영적 사고는 작가의 작품 스타일, 흥미로운 캐릭터, 줄거리, 갈등, 문제 해결, 추론뿐만 아니라, 글 뒤에 있는 또 다른 요소와 관계가 있다.

질문 만들기는 다음을 포함한다. 그 이야기 혹은 사건이 벌어진 곳은? 그 장소가 그 이야기에 중요한가? 언제 그 이야기가 일어났는가? 이 이야기는 오늘날 혹은 다른 날에도 일어날 수 있는가? 어떤 점이 당신에게 인상을 주었는가?

도표 21. 반영적 사고 절차

7. 대안 **제안하기**

6. 결과를 지지하는 것을 **결정하기**

5. 대안적인 해결책 **탐색하기**. 그 대안들을 지지하기 위한 증거는 무엇인가?

4. 결과를 **판단하기**. 합리적이고 타당한가? 정직한가? 그 결과를 지지하는 것은? 누가 이익인가? 누가 손해인가? 어떻게 그리고 왜 이득을 얻었는가?

3. 결단의 기초가 되는 **가정들을 분석하기**. 무슨 믿음, 편견, 두려움, 혹은 생각들이 그 결과에 영향을 주었는가? 무슨 애매모호한 언어가 사용되었는가? 어떤 말들이 그 결과를 지지하였는가?

2. 그 결과를 이끌어 낸 상황과 **사실들을 확인하기**. 누가 포함되었는가? 어떻게 포함되었는가? 어떤 원칙이 실행되었고 위반되었는가?

1. 그 결과 정확한 문장으로 **제공하기**. 무슨 일이 있었나?

　　등장인물 질문은 주인공에 초점이 맞추어져 있다. 그들은 누구인가? 그들은 일을 하거나, 학교에 가거나, 무슨 다른 일을 하는가? 주인공 각각의 믿음, 편견, 두려움은 무엇인가? 그 등장인물들이 8가지 성공의 습관을 알고 있다고 생각하는가? 그들이 위반한 것은 무엇인가? 어떻게 그들이 위반하였는가? 그들이 8가지 성공의 습관 중 숙련되어 있는 것은 무엇인가? 어떻게 등장인물들이 다른 이들과 교류하였는가? 어떻게 그 작가가 각각의 등장인물들을 묘사하여 당신이 정말 그를 아는 것처럼 느끼게 하였는가?

　　줄거리 질문하기는 보통 떠오르는 갈등, 그리고 해결책의 예상으로 구성된다. 질문들은 아무래도 다음과 같다. 어떻게 작가가 흥미와 호기심을 유발하였는가? 어떤 특정한 언어들이 꼭 닥칠 듯한 즐거움과 갈등을 수반하였나? 어떻게 그 갈등이 시작하였는가? 무엇이 갈등을 일으켰는가? 갈등을 만들어 내는 데 계기가 된 것은? 왜 그들이 언어와 행동으로 갈등을 만들어 냈다고 생각하는가? 어떻게 그 갈등이 해결되었는가? 놀랄 만한 결말이 있는가? 그렇다면 무엇이었는가? 무슨 정보를 작가가 알려주었고, 당신의 지식을 넓혔는가?

개인적 반영 질문하기는 다음을 포함한다. 당신이 만약 극중 인물 중에 하나라면 누가 되기를 원하는가? 이유는? 당신이 그 인물이라면, 어떻게 다르게 하였을 것인가? 어떻게 해낼 것인가? 어떤 인물이 가장 껄끄럽고, 놀랍게 여겨졌는가? 이유는? 어떻게 작가가 긴장감을 만들어 냈는가? 당신이 결말을 바꿀 수 있었다면, 할 것인가? 어떻게 하겠는가?

개인적인 의사 결정은 일어난 일을 이끌어 내거나 그 일이 역사적인가를 이끌어 낸다. 학생들은 단계를 거꾸로 돌아가면서 그 상황에 대해 알고 있는 것, 알아야 하는 것, 대안적인 결과를 제안하기 위해 무슨 비판적 사고하는 기술들을 사용할 수 있는지에 대해 생각할 필요가 있다.

교사의 반영 연습

하이넷(Hinett, 2002)은 반영에 대해 간결한 정의를 내린다. "간단하게 반영하라." "반영은 깊이를 깊게 하고, 면적을 좁게 하여 학습으로 다가가는 것이다." MIT의 도날드 숀(Donald Schon(1983)은 생각과 행동, 이론과 실습, 학교생활과 일상생활의 차이를 넓히는 것에 집중하면서, 행동 반영에 대하여 이야기한다. 이러한 것들은 우리의 시선을 다시 교사에게 돌리고, 어떻게 그들이 자신의 반영 연습에 참여할 수 있을지에 대해 생각하게 한다.

마야 안젤루Maya Angelou는 "당신이 한 번도 가본 적 없는 곳으로 당신은 돌아갈 수 없다"고 말한다. 이 장의 문맥에서 볼 때, 이 간결하고 함축적인 이야기는 "교사들은 어떻게 하는지 모르는 것들에 대해 가르칠 수 없다"는 말이다. 예를 들어, 초이와 오(Choy & Oo, 2012)는 교사 개발 워크숍에 참석한 지원자 60명에게 반영적인 실습에 대한 설문지를 주었다. 모든 응답자는 말레이시아 고등교육 기관의 교사들이었다. 응답자들은 그들 자신에 대해서 평가하였는데, 그들의 자기 평가, 자기의식 능력 — 한 사람이 평생의 학습 기술을 개발할 수 있는 방법과, 자기 자신과 자기효능감에 대한 신념의 영향력에 대한 — 기초, 중급, 고급 수준의 질문들로 이루어져 있었다.

그들의 연구에서 발견한 흥미로운 점은 질문 분석이었다. "교사들은 반영적 가르침을 훈련하는가?" 연구자들은 "교사들은 대부분 반영적인 가르침에 대한 연습보다는 자신의 수행에 더욱 관심이 있었다"고 말한다. 저자는 그들이 알아낸 것에 대해 다음과 같이 설명한다.

- 교사들은 특별히 반영적이지 않다. 그들은 학생들과 상사들이 어떻게 자신을 평가하는지에 더욱 관심이 있었다.
- 학생들의 평가에 관심이 있는 반면, 교사들은 학생들의 피드백을 받아들이는 데는 문제가 있었다. 학습 효과가 저조하다는 제안들에 대해 그렇다.
- 교사들은 스스로 느끼는 자기 가치, 자기효능감을 유지하는 데 더 관심이 있다. 발전을 위해 학생들의 조언을 듣는 것보다도 말이다.
- 교사의 응답은 그들 자신의 강점과 약점의 상호 인지적 인식의 낮은 수준을 가리킨다. 이것은 목표 달성을 위한 학습과 변화의 전략에 장벽을 이야기한다.

우리가 앞서 살펴보았듯이, 반영적 사고에 관한 이러한 결과들은 캘리포니아 고등교육기관의 사범 교육으로부터 얻어졌다. 초이와 오(Choi & Oo, 2012)는 교사들이 상호 인지적 인식이 낮은 수준을 가리킨다는 것은 놀랄 만한 일이 아니라고 이야기한다. 그것이 불편하다고 느끼는 만큼, 우리는 우리가 할 수 없는 것을 가르칠 수 없다는 것이다. 심리학자 앨버트 밴듀라 Albert Bandura는 반영 실습의 중요성을 명확하게 이야기한다. "만약 사람이라고 구별 지을 수 있는 어떤 특성이 있다면, 그것은 반영적인 자기 인식 능력이다. 사람들은 반영을 통해 이해하는 것뿐 아니라, 평가하고 그들의 생각을 그것에 기초하여 바꾸기도 한다"(Bandura, 1997, p.21).

존 듀이의 말로 이 장을 맺는다. "반영은 어떤 것을 깊이 생각하는 것, 고려할 가치가 있는 것, 그 이상이다. 그것은 계획적인 주목과 효과적인 연습을 포함해야만 한다."

12장 심화 요소

잘 구성된 평가는 의미 있는 피드백을 주어, 학생들이 학습의 주인이 되고, 책임감을 느끼게 한다.

퀀텀 러닝의 교육 단계 중 세 번째는 학습 다지기다. 새로운 지식과 기술을 심도 깊게 하는 것이다. 새로운 학습이 장기간 기억되지 않는 이상, 학습은 표면적인 단계에 불과하다. 학습을 이해하지 못하고 사용하는 데 깊이가 없으면, 지식과 기술을 넓히는 교육과 학습의 절차는 교육자에 의한 연출일 뿐이다. 학생들은 연기를 하고 부모들은 그것을 감시할 뿐이다.

퀀텀 러닝의 인지적 목표는 모든 학생들이 '자기효능감'의 감각을 개발시키는 데 있다. 그래서 자신감을 얻고, 자신의 학습에 책임을 느끼는 경쟁력이 있는 학습자로 세우려는 것이다. 이 장에서는 자기효능감을 발전시키기 위한 방법들을 나눌 것이고 학습의 책임감과 주인 의식을 통해 학습적 경쟁력을 유발시킬 것이다.

자기효능감

학습자로서 학생, 자신에 대한 생각은 성취도에 있어서 중요한 영향력을 가지고 있다. 캐럴 드웩Carol Dewek(2006)은 자기 자신에 대한 마음가짐이 학습에 있어서 친구들이나 교사들보다도 더 큰 역할을 한다고 설명한다. 그녀는 학생들 중 40%에 해당하는 학생들이 성장하는 마음가짐이 있는 반면, 다른 40%는 고착된 마음가짐이 있다고 한다. 성장하는 마음가짐의 학생들은 도전 과제를 대할 때 피드백을 즐기고, 더 열심히 해 봄으로써 실패를 극복해 나가면서 할 수 있다고 생각한다.

연구 결과는 실패하는 것이 강한 자기효능감 — '나는 할 수 있다'라는 태도 — 과 함께 자기 자신을 억제하지 않는 것이라고 명확히 보여 준다. 그들은 성공은 고된 일들을 통해서 오고, 의미 있는 반영과, 재편성의 의지, 인내심, 그리고 보존력을 통해 이루어진다고 공식화한다. 노력을 통해 성장하고, 문제를 극복해 나감으로써 힘을 얻는다(Kasdin, 2000). 문제가 너무 힘들 때에는 도움을 구하지만, 그 문제가 자신들이 다룰 수 있는 능력 안에 있다면 쉽게 포기하지 않는다. 심지어 다시 그 문제에 직면해 해결하거나, 자신이 할 수 있는 한 최선을 다했음을 알고 자기 자신을 칭찬한다.

높은 자기효능감을 가진 학생들과는 달리, 자기효능감의 수준이 낮은 학생들은 학습이 너무 힘든 일이고 노력할 가치가 없다고 믿는다. 이런 학생들은 만약 어떤 과제가 힘들다면, 그것을 배울 수 있는 능력이 없다고 느끼게 된다. 노력이 요구될 때에도 자신의 지식 수준이 낮기 때문이라고 생각한다. 실패를 두려워하고, 위험을 감수하지 않으며 도전을 피한다(Glenn, 2010). 그들은 그저 간단한 일들을 수행하고 칭찬받기를 원한다. 친구들과의 그룹에서는 낮은 수준의 열정을 갖고 최소의 노력을 할 때 편안함을 느낀다.

퀀텀 러닝 시스템은 다음의 강조점을 통해 자기 주도 학습과 강화에 집중한다.

- 8가지 성공의 습관을 충분히 이해하고 삶에 활용하는 것
- 학생들이 학급을 위해 사용될 준비가 되는 절차와 동의를 만들 것
- 자기 반영과 주인 의식
- 협동하는 단체 작업을 통한 높은 수준의 참여도

이러한 활동들을 통해서 학생들은 자기 자신을 위한, 또 학급 친구들과 수업을 위한 책임감에 대해 배운다. 다른 이들의 학습을 도와주고, 학급 안에서 활동적인 구성원으로 있는 것에 대해 말이다.

자기 강화와 동료 강화는 교사 강화와 차이가 있다. 행동을 교정하는 데에 긍정적이고 부정적인 보상과 연관 있다. 지난 몇 년 동안, 외부적인 보상은 자기효능감을 세우기 위해 도움이 되지 않는다는 것이 밝혀졌다. 해티와 팀펄리(Hattie & Timperley, 2007)의 연구 결과에 따르면, 외부적인 보상은 학생들이 배우고 싶은 열망을 도와주기보다는 감소시킨다. 예를 들어, 지속적이고 긍정적인 외부 도움이 예전부터 있어 왔음에도 불구하고, 어떤 학생들은 자신을 성공 가능한 학습자로 받아들이는 데 문제를 겪는다(Koehler, 2007). ESL(English as a second language)에서 영어를 배우는 학생들이 숙제를 잘 끝마쳤음에도, 자신들의 능력에 자신감이 없을 때가 많다(Koehler, 2007, p.67). 놀랍게도, 두려움은 자기효능감이 낮은 학생들에게 많이 나타나는데, 그들은 그 활동이 불가능하다고 생각하면서 두려움을 느낀다. 하지만 사실 이것은 영어가 모국어인 많은 사람들이 갖는 어려움과 같다.

행동은 학생들이 주어진 과제를 수행하는 데 자기 자신의 능력을 어떻게 생각하느냐에 영향을 받는다. 학습을 어려워하는 것은 과제를 성취

도표 22. 자기효능감에 따른 학생들의 특징

낮은 자기효능감 고정된 마음가짐의 특징	높은 자기효능감 성장하는 마음가짐의 특징
똑똑하게 보이는 것에 높은 가치를 둔다.	도전 과제는 학습과 성장의 기회다.
자신을 멍청하거나 부족해 보이게 만드는 것이라면, 새로운 학습을 하지 않기로 결정한다.	어려운 문제는 어려운 학습과 맞붙을 기회다. 열정적으로 도전한다.
지능은 정해져 있고, 더 똑똑해지게 할 방법은 없다. 태어날 때 가진 능력만큼 똑똑하다.	이렇게 말한다. 난 도전을 좋아해. 실수는 내 친구야. 그건 분명히 나에게 유익할 거야.
무엇을 하기 위해 이해하는 과정이 필요한 학생은 똑똑하지 않다. 배우기 위해 열심히 하는 것은 나를 멍청한 사람처럼 느끼게 한다.	천재일지라도 자신의 능력을 개발하고, 기여하기 위해 열심히 일한다고 믿는다.
걸림돌을 다루는 것은 어렵다. 내가 모른다는 것을 보여 주는 것보다는 컨닝을 통해서라도 부족함을 가리는 것이 낫다.	학습의 장애물을 만났을 때, 성장하는 마음가짐을 가진 학생은 계속 참여하고, 새로운 전략을 시도하며, 사용 가능한 모든 자원을 활용한다.
성공이 바로 오지 않으면, 좌절이 되고, 방어적으로 변한다.	노력을 즐기고, 회복력이 있으며, 개인의 성장에 가치를 둔다.
이해가 바로 되지 않으면, 노력을 멈추고, 다른 사람들을 비난하고, 혹은 점수를 거짓으로 말할 수 있다.	걸림돌에도 빠르게 회복하고, 문제 해결을 위한 다른 방법을 시도한다. 문제 해결을 위한 노력 수위를 높이고 지속한다.
자신이 추구하는 목표에 대해 낮은 열정과 약한 몰입도를 갖고 있다.	성공에 대해, 자신의 능력에 대한 자신감이 있다.
비본질적인 것에 자극을 받는다. 만약 내가 못 배웠다면, 그것은 선생님이 나를 잘 가르치지 못했기 때문이다.	활동에 대해 내재된 흥미가 있고, 깊이 몰두한다.
어려운 과제에 직면했을 때, 개인의 부족과 부정적인 결과가 예상되는 장애물들을 계속 생각한다.	스스로 도전이 될 만한 목표를 설정하고, 강한 몰입을 유지한다.
스트레스와 우울이 쉽게 찾아온다.	자기 확신이 있다. 상황을 다룰 만한 조절 능력이 있다.
적성에 안 맞을 때 불충분한 성과를 보인다. 작은 실수로 인해 자신의 능력에 대한 믿음을 잃는다.	실패는 노력, 지식, 그리고 습득할 수 있는 기술의 부족에 기인한다.

할 능력과 그 과제의 어려움을 인식한 데에서 나타나는 부산물이다. 만약 학생들이 그 과제를 도전할 만하다고 인지한다면 참여하겠지만, 그 과제가 너무 어렵다고 여긴다면, 그들은 돌아서기 마련이다. (실제로나 상상으로서나) 자신의 강점과 약점을 자각하는 것은 개개인의 자기효능감이라고 할 수 있다. 반면, 통제성은 우리에게 닥치는 내적 외적 상황에 대한 책임감을 갖는 것이다(Wise, 2014).

앨버트 밴듀라(1977)는 자기효능감 운동의 선구자다. 그는 효능감이 정말 우리가 할 수 있다고 믿는 것보다, 실제 할 수 있는 것에 대해서만 반영된다면, 사람들은 절대 학습적인 위험 혹은 보기에 너무 어려운 과제에 뛰어들지 않을지 모른다고 주장한다. 밴듀라와 동시대 인물인 교육심리학자 데일 션크Dale Schunk(1991)는 강한 학습적 자기효능감은 행동 변화에 주축이 된다고 강조한다.

어떻게 자기효능감이 낮은 학생들, 혹은 고정된 마음가짐의 학생들에게 강한 자기 효능 행동들을 개발시켜 줄 수 있을까? 도표 22는 학습 과제들을 받아들일 수 있도록 학생들과 공유할 수 있는 표다. 모든 이가 학습을 할 수 있는 능력이 있기 때문에 모두 도전 과제를 직면할 것이다.

더 나아가서, 형성 평가, 의미 있는 피드백, 복습, 반복 연습, 자료 저장, 목표 설정은 학생들이 성장하는 마음가짐과 자기효능감을 개발하는 데 본질적으로 공헌한다. 각각은 학생들의 심화 학습을 돕고, 학습의 성장에 책임감을 느끼게끔 한다.

학생의 책임감 고취시키기

전통적으로, 시험은 학생들의 학습의 정도를 결정하고, 몇몇 학생은 그 결과에 후속 조치를 하기도 한다. 결과적으로, 학생들은 학기말이나 학년 말 표준 평가가 주는 실제적인 혜택을 좀처럼 만들어 내지 못한다. 우리는 학습을 정의 내리기 위해 학생 평가의 세 가지 종류를 이야기할 수 있다. 표준화 검사, 관찰, 형성 평가가 그것이다. 학생 성취도와 자기효능감, 책임감을 높이기 위해 다음 내용을 제안한다.

표준화된 평가

학자들은 형성 평가와 비교하여 교육적인 평가의 특성에 관해 의견이 다르다. 둘 다 지식과 기술 개발을 측정하지만 차이점은 (1) 어떻게 그 도구가 개발되는지, (2) 어떻게 점수를 매기는지, (3) 그 결과가 어떻게 되었는지 나열한다. 표준화 평가로 측정된 데이터는 학생, 학교, 학군, 지역을 각각의 상대와 비교하여 볼 수 있게 한다. 어떤 표준화 평가들은, 가령 아이큐 테스트나 개개인의 읽기 능력 시험들은, 개인의 결과와 비교가 되는 상대 그룹에 비교하여 표준화된다. 이런 유형의 평가는 잠재적인 문제를 분석할 수 있는 전문적인 사람들에 의해 평가된, '진단 평가'다. 표준화 평가가 이루어질 때, 어떤 특정한 결과들은 드문 경우로, 학생들과 공유된다. 그것은 영재 교육 혹은 특수 교육 배치를 위해 강점과 약점을 알아내기 위한 진단 평가로 사용된다. 단체 표준화 평가들은 아주 드물게 진단 평가로 사용되는데, 비교의 목적으로만 쓰인다.

형성 평가는 교사들에게 어떤 부분에 보강이 필요한지를 알게 해 준다. 하지만, 교사들은 학생들이 무엇을 잘했는지, 또 무엇이 더 필요한지에 관한 피드백을 주어야 한다. 형성 평가는 개별 학생들이 어느 부분에서 어려워하는지를 알려주고, 강점을 알려주기도 한다. 틀린 것 혹은 맞은 것으로 채점된 점수는 이미 배운 개념을 위해 특별히 만들어 낸 질문을 기초로 평가된 점수다. 성적은 단원 마지막에 퀴즈 혹은 질문 같은 다양한 문제를 푸는 것으로 평가된다.

관찰과 형성 평가

교사들은 학생들의 이해를 평가하고, 어떤 부분이 부족한지 파악하기 위해 수업 중 몇 가지 비형식적인 관찰 기술들을 사용한다. 예를 들어, 메릴랜드 락빌에 있는 몽고메리카운티공립학교(1995~2014)에서는 교사들이 학생 관찰의 중요성과 학생들이 알고 있는 것을 증명하기를 강조한다. 학생들이 무엇을 배우고 있는지, 어떤 부분이 보충되어야 하는지 실습을 통해서 교사들이 확인한다. 그 후 교사들은 모든 학생들이 목표를 성취하도록 적절한 행동을 취하는 것에 집중한다.

관찰은 단순히 교실을 돌거나 학생들이 무엇을 하는지 보는 것이 아니다. 캐슬린 코튼Kathleen Cotton(1988)은 23가지 관찰 학습을 분석했고, 여섯 가지 공통점을 발견하여 효과적인 관찰법을 나타내었다.

(1) 높은 기준을 세운다. 숙제, 교실 안에서의 질문, 단체 활동 등 높은 수준의 성취 기준을 깨닫게 하고, 계속해서 새롭고 더 도전적인 수업 자료를 제공한다.
(2) 성장을 위해 교사 피드백에 대응하는 책임감을 갖게 한다.
(3) 교사들이 학생들의 학습에 관심을 갖고 있음을 지속적으로 나타낸다.
(4) 교사들의 예상치, 형식, 방향성을 확실히 한다.
(5) 교사들의 학생 점수 관리하고 공유함으로써 학생들의 노력과 숙제, 학습에 관심이 많음을 알린다.
(6) 학생들이 어떻게 잘못된 것을 수정할 수 있는지를 알게 하고, 성취에 힘을 실어 주

고, 지지해 주는 피드백을 준다.

이러한 속성뿐 아니라, 코튼은 학생들에게 성공적인 윤리관으로 대화하는 특정한 교사 행동 방침들을 이야기한다. 유능한 교사들은 (1) 교실을 돌거나 돌아보면서 메모를 한다. (2) 학생들이 올바르게 따라오고 있는지 확인한다. (3) 학생들의 학업 활동과 행동에 관해 현명한 피드백을 준다. (4) 지속적으로 과제를 검사한다. (5) 거의 매일 과제를 내주고, 피드백과 검사를 위해 과제물을 교환한다. 코튼은 유능한 교사들은 확인된 과제물에 학생들이 서명을 하게끔 한다고 이야기한다. 물론, 학생들이 서명을 할 때에는 그만큼 책임이 뒤따른다. 흥미롭게도 코튼의 이러한 상호 인지적 관찰법은 나중에 이야기할 빅토르 샤타로프의 실습과 유사하다. 코튼에 따르면 다음과 같다.

> 교실에서 매일 숙제 검사할 때, 보다 유능한 수학과 영어 교사들은 학생들에게 개념과 절차의 더 심화된 설명과 리뷰를 함께 피드백한다. 제출하고, 검사하고, 다시 숙제를 되돌려 주므로, 교사들은 직접 쓴 비평이나 언급, 학생들의 성적에 대한 추가적인 피드백을 제공한다(p.7).

과제, 퀴즈를 관찰하는 것은 매일 학생들의 학습을 평가하는 비공식적 방법이다. 이러한 관찰의 종류는 다음과 같은 이유로 중요하다.

- 관찰은 교사들로 하여금 학생들에게 새로운 주제에 대한 기본적인 이해가 언제 형성되지, 혹은 장기 기억에 있는 정보와 연관되어 개념화하였는지를 알게 한다.
- 매일 하는 관찰은 지식이 더해지는 새로운 학습을 하기에 학생들이 준비가 되어 있는지를 알려준다.

- 관찰은 편안하고 효과적인 공식적인 평가 방법이다. 학생들의 피드백을 위해 매일 하는 퀴즈가 포함된다고 하더라도, 전통적인 평가 방법은 포함되지 않는다.
- 교사들은 학생들에게 예술, 연기, 인체 구성, 작문 혹은 음악을 통해 그들이 무엇을 아는지를 보여 달라고 요청할 수 있다. 그것은 아마 자신의 생각이 학습에 중요하다는 첫 번째 인식일 것이다.

학생들이 자기 자신의 언어를 사용해 스스로 무엇을 알고 있는지 증명할 기회가 많을수록, 학생들은 더욱 그 개념에 대해서 이해할 수 있을 것이다. 관찰의 절차는 교사들이 습관적으로 할 때, 비교적 쉽다. 또한, 학생들은 자신들이 어떻게 하고 있는지 알기 위해 관찰 피드백에 의존할 수 있다. 교육의 모든 측면으로, 계획과 노력을 일치시키는 것은 학생들이 교육 과정의 요구에 상응하는 성취를 돕는 데 필요한 부분이다.

어떤 측면에서는 형성 평가와 관찰이 비슷하다고 볼 수 있다. 두 가지 모두 학생들이 얼마나 잘, 그리고 새로운 개념을 학습하고 있는지 평가하는 비공식적 방법이다. 학생들의 성취도는 비교보다 교사의 재량으로 평가된다. 관찰은 학생들이 주어진 과제를 어떻게 해 나가는지를 보는 반면에, 형성 평가는 패턴이 있고, 학생들의 이해 수준을 결정하기 위해 일정한 퀴즈를 보게 한다. 대조적으로, 교사의 관찰은 이해 확인의 비공식적인 척도다. 학생들은 방향성을 다시 잡을지도 모른다. 하지만 학생의 오류 수정을 위한 피드백은 형성 평가의 기능에 더 가깝다.

블랙과 윌리엄은 형성 평가를 "교사들 그리고/혹은 학생들로 인해 행해지는 모든 활동들, 그들이 참여하고 있는 학습과 교육을 수정하기 위해 사용되는 정보를 제공하는 활동"이라고 설명한다(Wiliam, 2011, p.37). 관찰과 형성 평가는 교사들이 계획한 방침이 어떻게 그 방침대로 계속해 나갈 수 있는지, 혹은 모든 학생들의 학습을 확실히 하기 위해 다시 생각해 봐야 하는지를 결정하는 과정 중 하나다(Scriven, 1967). 계획된 형성 평가는 학생들과 교사들이 예상된 개발 범위 안에서 지속적으로 활동할 수 있도록 해준다(Vygotsky, 1962). 그것은 교사들이 원인을 모으고, 분석하고, 다시 올바른 학습이 되도록 하는 지속적인 과정이다. 그래서 학습이 점진적일 수 있고, 학생들이 너무 어렵지도 너무 쉽지도 않은 알맞은 수준에서 학습할 수 있도록 하는 것이다(Heldsinger, 2014).

교사들이 학생들의 이해와 책임에 대해 뚜렷해지면, 교사들은 단계적인 요소들이나 과정들로 각 단계의 끝맺음의 기준을 세워야 한다. 그리고 효과적인 방법으로 학생들이 논의할 수 있는지, 또 글을 쓸 수 있을 정도로 이해가 되었는지 확인해야 한다. 선행 지식과 기술이 약할 때는, 더 복잡한 개념을 이해하는 것은 좋지 않다. 그러므로 거쳐 온 학습 단계를 확인하고, 학생들이 이미 알고 있는 선행 지식이 무엇인지를 알아야 하고, 무엇을 복습해야 하는지, 또 무엇을 모르는지 확인해야 한다.

학생의 학습을 평가하는 데는 항상 여러 가지 방법이 있다. 교사들은 각 단계별로 몇 가지의 질문으로 구성된 사전 조사 평가지를 사용할 수 있다. 혹은 형성 평가의 결과로 알게 된 필요한 보충 학습과 학급과 주제에 맞는 학습 내용을 적절하게 사용할 수도 있다. 만약 사전 조사 평가를 사용한다면, 그 결과는 교육 계획을 알려줄 것이다. 같은 평가지는 학기말에 학생들의 학습을 평가하기 위해 사용된다. 형성 평가는 시험은 아니지만, 계속되는 계획 과정이다(Popham, 2008). 성적을 내기 위한 학기말 평가도 있지만 말이다.

관찰과 형성 평가의 전반적인 목표는 얼마나 학생들이 잘 따라오는지, 얼마나 깊이 있게 이해하고 있는지, 어느 부분에 도움이 필요한지를 지속적으로 살피는 것이다. 형성 평가는 윌리엄에 의한 다음 다섯 가지 전략으로 심도 있게 관찰할 수 있다(William, 2011, p.2).

- 명확하게 하라, 학습 의도와 성공적인 학습을 위한 기준을 이해하고 공유하라. (이것은 교사/학생 대화다.)
- 효과적인 학급 토론, 활동, 학습 과제 등 학습의 이유를 끌어내라.
- 앞으로 나아가는 피드백을 주라.
- 활동적인 학습자는 마치 다른 이를 위한 교육 자료와 같다.
- 활동적인 학습자는 자기 자신의 학습의 주인이다.

이러한 전략은 모든 학생들이 높은 단계에 도달하도록 필요한 교육용 접근법을 변화시키고, 교사들이 학생들의 이해를 분석함으로써 학습을 유발시킨다. 이러한 절차는 교사들이 효과적인지 아닌지를 확인하게 해 준다.

관찰과 형성 평가 모두 성적에 포함되지 않는 퀴즈를 낸다. 윌리엄은 이 "퀴즈 기술"은 대단히 쉽다고 설명한다. 교사는 모든 학생에게 퀴즈를 주고, 시험지를 돌려받는다. 다음 날, 다시 학생들에게 점수를 매기지 않은 시험지를 돌려주고, 네 명씩 앉아서 퀴즈에 빈칸을 채우라고 한다. 학생 그룹은 각각의 질문에 답변을 하며, 최상의 답변으로 퀴즈를 채운다. 작은 그룹일수록, 다양한 대답에 대해 정답을 논의하며, 학습지를 눈여겨 확인한다. 윌리엄은 이야기한다. "학기말로 가면서, 교사들은 학급 전체와 함께 활동을 복습하고, 각각의 그룹에게 나머지 학생들이 모두 동의하도록 내용을 공유하게 한다"(p.38). 이것은 학생들에게 새로운 학습 방법을 익히는 데 최상의 방법인 것 같다. 여기엔 빈칸 채우기 문제, 다지선다형 문제, 열린 문제, 또 심지어는 에세이 문제도 포함된다.

관찰과 형성 평가의 가장 다른 차이점은 "핵심 결합 질문법hinge-point questions"이라고 불리는 교육적인 접근법일 것이다. 그것은 비능률적인 교사로부터 유능한 교사들을 구별해 내는 방법이다. 딜런 윌리엄Dylan Wiliam의 《내장된 형성 평가Embedded Formative Assessment》(2011)는 핵심 결합과 학생들의 이해 정도를 알아내기 위해 어떻게 해야 하는지 설명한다. 핵심 결합 질문법은 비교적 엄격하지 않은 질문법으로 다음과 같이 교사들에게 요구한다.

- 교사들은 학습 과정의 각 단계에서 선행 지식과 기술의 정도를 확인할 때 학습 교재의 내용을 깊이 이해할 필요가 있다.
- 교사들은 선행 학습을 완벽히 숙지하여, 결정적인 핵심으로 이끌어 나가면서 학생들이 어떤 부분에서 이해가 잘되지 않았는지를 분석한다.
- 교사들은 학생들이 정확하지 않게 문제를 푸는 것을 깊이 있게 이해해야 한다.

핵심 결합 질문법을 생각해 보자. 학생들이 읽고 답하는 데 대략 1분이 걸리고, 교사들이 훑어보고 계산하는 데 추가적으로 30초가 걸린다. 각각의 학생들은 문제의 답을 휴대용 화이트보드나 낱말 카드에 보기 좋게 적는다. 교사들은 적은 것을 확인하며 얼마나 많은 학생들이 정답을 맞혔는지(80%) 혹은 틀렸는지(20~60%, 핵심 질문의 중요도에 따라) 마음속으로 계산해 본다.

서호주대학교의 샌드라 헬드싱어Sandra Heldsinger(2014)는 한 워크숍에서 윌리엄의 예를 인용했다.

어느 분수가 가장 작은가?

(1) 1/6   (2) 2/3   (3) 1/3   (4) 1/2   정답률 88%

어느 분수가 가장 큰가?

(1) 4/5   (2) 3/4   (3) 5/8   (4) 7/10   정답률 46%
(39%가 2번을 선택)

헬드싱어는 윌리엄의 설명을 다음과 같이 말한다. 확실히 첫 번째 문제보다는 두 번째 문제에 설명이 더 요구된다. 그런데 윌리엄은 왜 39%의 학생들이 두 번째 문제에서 2번을 선택했는지 생각해 보게 한다. 윌리엄은 2번을 선택한 학생들이 분모가 작을수록 큰 수라고 여긴다고 가정하였다. 학생들은 분자와 분모가 모두 분수의 크기를 나타낸다는 것을 이해하지 못했다. 두 번째 문제는 굉장한 핵심 결합 질문이다. 개념을 개발시킬 수 있도록 하고 학생들의 이해가 어디서 끊어졌는지 정보를 얻을 수 있기 때문이다.

다음은 데이비드 디다우(2012b)의 학습 스파이The Learning Spy 블로그에서 차용한 두 가지 핵심 결합 질문의 예다.

다음 문장에서 동사는 무엇인가?   다음 중 두음 법칙이 필요한 것은?

사자가 나에게 사납게 으르렁거렸다   A. 리본
  ↑   ↑   ↑   ↑   B. 니스
  A   B   C   D   C. 노인
                                                  D. 녀자

이러한 예처럼, 학생들은 동사가 무엇을 하는지, 어떻게 두음 법칙이 적용되는지 구분할 수 있도록 하는 것이 필요하다. 그러므로 학생의 대답은 교사들이 어떻게 도와주어야 할지 알게 해 준다. 그들이 대답에 확신이 없다면 말이다.

교사가 보는 것은 화이트보드나 (학생들이 답을 적는) 작은 메모지가 전부다. 하지만 교사가 질문을 할 때 정답을 적고 싶어 하는 학생들은 어떨까? 학생들은 틀리기보다는 잘 모르겠다고 말하고 싶어 한다. 윌리엄은 그것도 의미가 있다고 한다. 그럴 때 윌리엄은 "나는 다시 돌아가 다른 학생들에게 대답을 계속해서 듣겠다"고 이야기한다. 학생들과 대답을 공유

하고 또 합리성에 대해 이야기한 후, 잘 모르겠다고 대답한 학생에게 돌아가 다시 묻는다. "이 중 어떤 대답이 너에게 가장 합리적이니?" "왜 그렇게 생각하니?" 이 과정은 재잘거리던 교실이 깊이 생각하고 대답하게 하면서 학생들이 설명할 수 있게 한다.

피드백이 있는 형성 평가를 지지하는 인상적인 연구 결과들이 있는데, 그 사실은 여기서 매우 중요하다. 블랙과 윌리엄(2003)은 240여 건의 평가서, 질문, 자기 평가를 요약하였다. 그리고 피드백을 통해 로버트 마르자노Robert Marzano는 다음과 같이 결론지었다. "성취로 얻은 것들은 교육적 성과에서 가장 큰 업적 중 하나다"(Marzano, 2007, p.13). 쿠룩(Crooks, 1988), 해티(Hattie 2009, 2012), 해티와 예이츠(Hattie & Yates, 2014), 클뤼거와 드니시(Kluger & DeNisi, 1996), 나트리엘로(Natriello, 1987), 니퀴스트(Nyquist, 2003)의 연구 결과는 이를 뒷받침하며, 지금도 실시하고 있는 피드백이 있는 평가들의 긍정적인 증거와 결과는 믿기 어려울 정도다. 교사들은 그 결과를 결코 무시하지 못할 것이다.

수업 중 적절한 순간에 묻는 중요한 질문은 누가 완전히 이해했는지, 혹은 못했는지 알게 하고, 다음 수업을 진행시킬 수 있게 한다. 다지선다형 질문은 수업의 전반을 훑어보는 데 유용하게 사용된다. 그리고 나서 잘못 이해된 부분을 고칠 수 있다. 헬드싱어(Heldsinger, 2014)는 형성 평가의 중요성을 다음과 같이 이야기한다.

> 교사들은 개별적으로 학생들에게 반응하지 못한다면, 이끄는 학습에 대해 배워야 한다. 형성 평가를 통해 새롭게 배울 것을 면밀히 관찰함으로써, 학생들이 어느 부분까지 도달했는지 확인하고, 그들의 학습을 지지하고 학습 정도를 확장하는 경험을 하게 할 수 있다. 이러한 경험들이 형성되는 학습의 윤곽 안에서 학생들을 새로운 학습에 빠져들게 할 것이다(n.p.).

이것은 형성 평가의 진짜 가치가 무엇인지 보여 준다. 개인적인 학습의 윤곽과 형성되는 지식의 기반에 새롭게 배운 학습 효과가 스며드는 것이다.

학생의 학습 과정과 형성 평가를 관찰한 것을 토대로, 학생들은 그들이 잘한 것은 무엇인지에 관한 명쾌한 해답을 받고 틀린 부분을 고칠 수 있는 피드백을 받게 된다. 두 가지 모두 학생들의 학업 성취도를 위해 아주 효과적인 방법이다(Hattie, 2009). 수업에 압도됨을 느끼며, 흥미를 잃어 가는 학습 과정에서 학생들의 흥미와 재미 사이에 차이점을 알아낼 수 있다. 또한, 효과적인 학습을 사용하는 교사들과 아닌 교사들을 구분할 수도 있을 것이다.

시험 효과

시험 효과의 개념은 새로운 것은 아니다. 1620년 프랜시스 베이컨Francis Bacon은 다음과 같이 말했다. "만약 당신이 책의 일부를 20번 읽는다고 해도, 매번 암송하려고 하면서 기억나지 않을 때 10번을 읽는 것만큼 기억해 내기 힘들 것이다"(McMullen, 2011). 제임스(James, 1890)는 반복적인 암기와 시험은 학습하면서 학생들에게 스스로 테스트하게 하는 방법이라고 주장한다.

이후 아서 게이츠Arthur Gates(1917)는 학생들을 각 학년별로, 또 학습 시간을 다양한 비율로 나누어(1, 20, 40, 60, 80, 90) 그들이 배운 것들(무의미한 철자, 위인 전기, 산문 구절)을 정확하게 확인하도록 암기해 보게 하면서 그 효과를 증명해 보았다. 학생들에게 남은 시간에는 학습 자료를 읽도록 하였다. 실험 기간 후, 학생들은 시험을 보았고, 서너 시간 후에 다시 시험을 보게 하였다. 반복해서 읽게 하는 것보다, 이전에 잊은 부분을 다시 암기하는 것이 더 좋은 효과를 보였다고 증명하였다.

그보다 앞선 다른 연구에서는 아이오와주의 91개 초등학교에 다니는

6학년 학생 3605명을 대상으로 실험을 실시했다(Spitzer, 1939). 이 실험에서 학생들은 땅콩 혹은 대나무에 관련된 600단어가 들어 있는 내용을 공부했다. 그다음 63일 동안 다양한 간격으로, 학생들은 25문항의 다지선다형 문제를 풀어보았다. 예를 들어, "어떤 것이 대나무의 모식물이 될까? (A) 나무들, (B) 양치식물, (C) 잔디, (D) 이끼, (E) 곰팡이." 어떤 학생들은 이를 공부하고 63일 후 첫 시험을 보았다. 첫 시험으로부터 다음 시험까지의 기간이 오래될수록, 학생들의 점수가 좋지 않았다. 한편, 이를 공부하고 21일 후 첫 시험을 본 학생들이 그 후 다시 시험을 보았을 때, 그 결과는 잘 유지되었거나 증가했다. 학습 기간 바로 후 시험을 보고, 또 일주일 후에 보고, 또 그 후 56일, 63일에 본 결과가 가장 높았다. 반면에, 학습 21일 후에 시험을 본 학생들의 평가 결과는 같았다. 스피처의 이 연구 결과를 통해 첫 시험(피드백 없이)은 초기의 수업 직후 보아야 한다는 것을 알 수 있었다. 이 시험 일정은 긍정적인 효과가 있다.

시험의 간격을 얼마나 두어야 하는지, 질문의 유형은 어때야 하는지, 효과적인 피드백은 무엇인지, 새롭게 배울 학습 내용의 분량은 어느 정도여야 하는지에 관한 내용들은 아직 연구해야 할 것이 많다. 로디거와 카피크(Roediger & Karpicke, 2006, n.p.)는 다음과 같이 설명한다. "데이터베이스는 현재 견고하다. 시험의 효과(향상)는 새로운 것을 배우는 것, 혹은 더 많이 배우는 것 때문이 아니라, 시험을 보는 그 자체만으로도 존재한다." 이들은 또한 "시험의 효과는 직관적으로 해석할 수 없기 때문에 왜 그것이 교육에서 아직 확인되지 않은 것으로 남겨져 있는지 설명할 수 있게 한다"고 주장한다.

퀀텀 러닝은 10-24-7 일정으로 시험, 피드백, 그리고 다른 연구 결과를 가진 새로운 학습 자료를 통해 복습하는 것을 추천한다. 복습은 수업 후 10분 안에 이뤄지고, 이것은 학생들이 학습 자료를 잘 이해하였는지, 다른

도표 23. 기억 효과 — 시험, 피드백, 복습

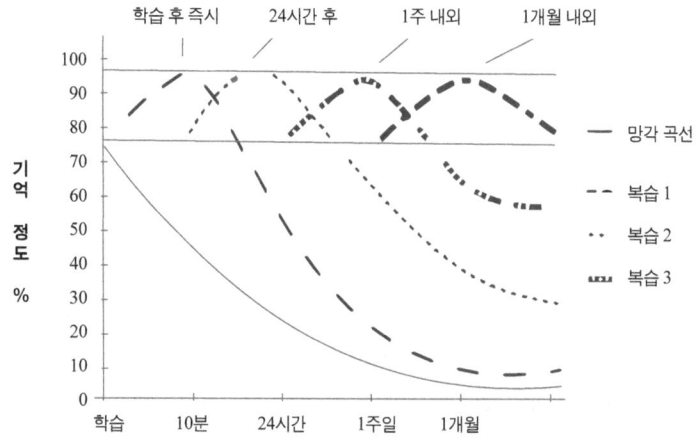

학생들과 토론을 할 수 있는지 확인할 수 있게 한다. 시험과 피드백, 복습은 다음날인 24시 후에 시행되는데, 대안적인 학습 자료를 사용하거나 혹은 같은 내용의 교육 자료를 사용한다. 그 자료를 7일 후에 다시 복습한다. 후속 시험, 피드백, 복습은 대부분 내용이 끝날 즈음, 한 달 혹은 몇 주 후에 실시된다. 도표 23은 10-24-7 일정의 효과를 알려준다(Thio, 2012).

학생의 책임감 개발하기

우리의 목표는 학생들이 자신의 교육에 책임감을 갖게 하는 것이다. 학생들이 "나는 나 자신에 대해 주도권이 있어"라고 인식하는 데 도달하면, 그들의 결과를 위해 더 이상의 설명이나 비난이 필요 없다. 학습에 대한 주인 의식은 본능적으로 학생들을 행동하게 하고 최선을 다하게 한다. 우리는 학습 목표를 세우는 데 도움을 주거나, 연습과 복습의 기회를 주고, 더 좋은 피드백을 주어, 학생들이 책임감을 갖도록 돕는다.

피드백

피드백은 어떤 이의 능력이나 활동 등이 더 향상될 수 있도록 정보나 비판을 주는 것이라고 정의된다. "피드백은 향상을 위한 정보다"라고 이야기할 수 있을 것이다. 우리는 학생들의 향상을 위해 어떤 종류의 정보가 좋은 피드백이 될 수 있을 것인지 생각해 본다.

    이 질문에 대답하기 위해, 존 해티(2009)의 주목할 만한 연구 결과를 다시 한 번 생각해 보자. 그는 2억 4000만 명이 넘는 학생들이 포함된 52,600건의 연구보다 더 많은 800개 이상의 세분화된 메타분석을 마쳤다. 해티의 관심은 학생의 성취도를 확인하기 위해 교사들이 무엇을 할 수 있는가에 있었다. 호주 멜버른대학교의 교육 이사인 해티는 새로운 메타분석 자료를 데이터베이스에 계속해서 저장하며 자신의 열정을 쏟아냈다. 지속적으로 발견된 것은 의미 있는 피드백의 힘이라고 할 수 있다.

    해티 등은 다음과 같이 말한다.

> 교사나 학부모는 옳은 정보를 줄 수 있다. 친구들은 대안적인 전략을 줄 수 있고, 책은 그 생각들을 명확하게 하도록 정보를 준다. 학부모는 격려를 주고, 학습자들은 대답의 옳고 그름을 평가하기 위해 그 대답을 다시 볼 수 있다. 피드백은 말하자면, 학습 활동의 결과다(Hattie & Temperley, 2007, p.81).

    어떤 연구자들은 평균적으로 이러한 피드백은 이익이 되지만, 다른 종류의 피드백들은 사실상 좋은 이익을 만들어 내는 것에서부터 해로운 것까지에 다양하다고 본다. 그것이 어떤, 아니 모든 종류의 피드백이 중요하다는 경고와 상응하는 이유다.

피드백은 이해하고 있는 것과 이해하려고 목표를 둔 것 사이의 차이를 채우고, 학습 절차와 단계에 연관된 정보를 요구한다(Hattie & Timperley, 2007, p.82).

결과적으로 이로운 피드백의 종류에 대해 질문하는 것은 1980년대부터 1996년까지 시행된 12가지 메타분석부터 사소한 문제가 아님을 알 수 있다. 12가지 메타분석은 학생의 성취도와 피드백의 영향에 관계성을 평가한 총 196건의 연구를 포함한다. 피드백의 종류들은 신호, 고침, 강화, 감정적인 영향, 보상, 벌, 진단, 시험, 지연에 즉각적인 대응, 교사의 칭찬들이 있었다(Hattie & Timperley, 2007, p.83).

결과들은 '효과 크기'로 보고된다. 따라서 어떤 종류의 피드백이 가장 효과적이었는지를 드러내기 전에, 우리는 어떤 피드백이 학습적 성취를 얻게 하였는지, 또 그 효과는 얼마나 컸는지 생각해 보기 위해 잠시 주제에서 벗어나 보자. 이해를 돕기 위해, 1.0이라는 효과의 크기는 평균적인 교육 효과의 크기인 0.4와 비교가 된다. 0.4보다 큰 어떤 것은 노력과 시간과 돈을 투자할 가치가 있다는 것이다. 도표 24를 보면 0.4는 중심에서 약간 왼쪽으로 치우쳐 있음을 볼 수 있다.

이것은 열두 가지 메타분석의 결과로 가장 비효율적인 피드백은 교사의 칭찬이었고(효과의 크기=0.12), 다음으로는 보상과 처벌(효과의 크기=0.14)이었다. 특수 교육에 있는 학생들을 포함하는 연구 외에도 많은 연구 분야에서, '단서와 바로잡는 피드백'은 1.13의 가장 큰 학업 성취도를 받았고, 다음으로 '단서와의 연결, 동기적 영향과 강화'가 0.81의 크기를 나타내었다. 이 분석 결과에서 '강화'(효과의 크기=0.07)를 생략하면, '단서'와 '동기

도표 24. 학생 성취 효과 크기

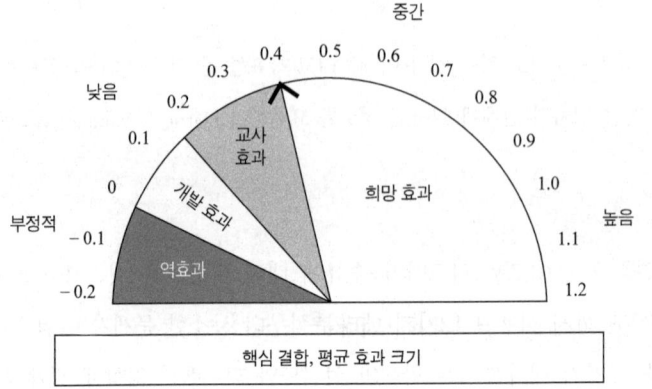

John Hattie

적 영향'의 조합은 0.74의 크기를 나타낸다. 이러한 결과들에 대해서 잠깐만 생각할 시간을 갖자. 이 '단서와 바로 잡는 피드백'의 효과 크기는 1.13이다. 단서는 힌트, 시도들, 다시 기억나도록 돕는 것들인데, 배우들이 대사를 잊었을 때 쓰는 방법과 동일한 방법으로 학생들에게 다시 기억나게 하고 지식 혹은 기술에 적용시키게 도와준다.

이러한 발견의 중요성에 대해 생각해 보고, 이 효과의 크기를 다시 보자. 이 연구자들은 적절한 피드백과 다음 네 가지의 요소들의 관계의 중요성을 이야기한다. (1) 가르친 것 (2) 어떻게 그리고 무엇이 측정되었는지 (3) 제공된 피드백의 종류 (4) 그룹의 성취도 크기. 이 각각은 효과의 크기에 영향을 미친다. 예를 들어, 학습 지침서와 학생 평가가 직접적으로 연관되어 있다면(교사가 낸 퀴즈와 표준화 평가 대조), 그 효과의 크기는 높다고 볼 수 있을 것이다. 만약 피드백이 더 높은 성취도를 이끌어 내고, 그 범위가 상당히 집약적이라면, 효과의 크기 또한 높다고 생각할 수 있다. 더 깊이 있는 논의를 원한다면 다음을 읽어 보길 바란다. 블랙과 윌리엄(Black & Wiliam, 1998), 디다우(Didau, 2014), 퍼츠와 퍼츠(Fuchs & Fuchs, 1986), 클뤼거와 드니시(Kluger & DeNisi, 1996), 폽햄(Popham, 2008), 윌리엄 (Wiliam, 2007a, 2007b, 2010), 윌리엄과 톰슨(Wiliam & Thompson, 2007).

학습의 관여도와 효과 크기의 유효성에 차이점은 개선을 위한 정보의 피드백을 정의내리는 곳으로 다시 돌아가게 한다. 10대 학생들에게 칭찬, 보상, 처벌은 효과 크기의 수치가 좋지 않을 것이다. 사실, 해티의 메타분석에서 외부적인 보상은 학습 효과에 부정적인 영향을 준다고 밝힌다. 메타분석 연구에 의하면 외부적인 보상은 흥미로운 과제의 본질적인 동기를 알아가는 데 악영향을 준다(Deci & Ryan, 1985).

해티(2003)는 가장 중요한 교사의 능력으로 단서가 있는 피드백의 중요성을 꼽았다. 우리는 1.13 크기의 효과가 매일 있을 법한 일이라고 생각하지만 그렇지 않다. 0.40라는 숫자와 비교해 보았을 때, 1.13은 대단히 큰 수치다. 그 큰 차이점은 학생의 성취도에 좋은 영향을 주기 위해 교사가 무엇을 해야 하는지 생각하게 만든다. 그 대답은 다음 세 가지 피드백에 있다. 교정의 피드백, 절차의 피드백, 그리고 단서와 함께하는 피드백이다.

(1) 비공식적인 가설을 세우기 위해 인지적 수준에서 학생들에게 방향성을 가르쳐 주고, 학습 목표의 정확한 수치와 단서가 있는 피드백을 교사들은 제공해야 한다 (Hattie & Timperley, 2007, p.91).
(2) 교사들은 또한 절차 피드백을 줄 수 있다. 이 절차 피드백은 주제에 대해서 더 깊이 생각하게 하고 그들이 얼마나 잘하고 있는지 알게 한다. 과제와 성과 수준에서, 교사의 피드백과 단서는 학생들이 먼저 경험해 본 것보다는 어렵고 아직 시도하지 못해 본 과제들로 전진하게 하며, 인지적 과정과 각 단계의 요소들 사이의 관계성 있는 의미를 찾는 데 도움을 준다(Hattie & Timeperley, 2007, p.92).
(3) 교사들은 단서가 있는 피드백을 줄 수 있다. 그것은 학생들이 새로운 정보를 자

신만의 방법으로 어떻게 이해할지 결정할 수 있게 한다. 교사들은 학생들의 자기 방향과 자기 성찰을 포함해서 자율 통제권 안에서 자기 관리의 피드백을 준다. "스스로 하는 생각, 감정 및 행동은 스스로 계획된 것이고, 개인적인 목표 달성에 따라 주기적으로 조정된다"(Zimmerman in Hattie & Timperly, 2007, p.94; Csikszentmihalyi, 2012).

훌륭해!, 완벽해!, 너는 참 영리하구나! 같은 개인적인 칭찬 피드백은 과제, 결과, 목표와 아무 관계가 없고 학습 도움, 활동 참여 행동, 목표에 몰입도, 과제의 이해, 자기효능감 등에도 이익이 되지 않는다. 개인적인 피드백은 아마 효과적인 영향을 가질 수도 있다. "만약 학생들이 노력하고 참여하고, 과제를 이해하려고 할 때 그들이 사용하는 전략이나 학습 안에서 변화된다면 말이다"(Hattie & Timperly, 2007, p.96). 즉 칭찬이 노력, 참여, 절차 혹은 자기 관리에 바로 연결되어 있다면, 그것은 "자기효능감을 높이는 데 도움을 줄 것이고, 그런 후 과제에 영향을 주는 쪽으로 바뀔 것이다. 또한, 그 효과는 더욱 클 것이다"(p.96). 다음은 예다.

- 잘했어! 너는 우리 과제에 새로운 전략을 적용했고, 해냈어.
- 넌 이 과제에 어떻게 전략을 짜야 하는지 알아냈어. 훌륭해!
- 아주 좋아. 이것은 어려운 과제였어. 넌 신중하게 전략을 분석했고, 임무를 완수하기 위해 사용했어.

학생들(초등 혹은 중등 교육)은 적절한 행동 혹은 뛰어난 능력이나 똑똑하다는 칭찬보다는 어려운 과제, 꾸준함, 성취에 대한 칭찬을 즐긴다. 학교에서의 학업 성취도는 학생들 사이에서 낮은 가치로 취급되고, 친구들 앞에서 개인적으로 칭찬받는 것은 부끄러운 일이라고 인식하기도 한다. 해티는 학생들이 칭찬에 대해 나타내는 예측 불가능한 행동들은 복잡한 문제라고 설명한다.

4157명의 개개인이 포함된 74가지 메타분석으로부터 온 결과에서 가장 효과적이고 능력 있는 피드백의 종류는 단서(효과 크기=1.10), 보강(효과 크기=0.94), 비디오나 오디오 피드백(효과 크기=0.64), 컴퓨터로 도와줄 수 있는 교육 피드백(효과 크기=0.52), 목표 설정에 대한 피드백(효과 크기=0.46)이었다. 성취도를 높이기 위한 가장 비효율적인 피드백의 종류로는 짜여진 교육틀(행동 교정 접근법: 읽기, 질문에 답하기, 정답 보기)(효과 크기=-0.04), 칭찬(효과 크기=0.14), 그리고 외부적인 보상으로 스티커나 과제 수행 평가에서의 일시적인 보상(효과 크기=-0.34)이었다.

사실상, 실질적인 보상과 내부적인 동기 사이에서는 부정적인 상관관계가 존재한다. 그것은 특별히 과제가 흥미로울 때 분명히 나타나고(효과 크기=-0.69), 흥미롭지 않은 과제일 때는 조금 덜하다(효과 크기=0.18). 부정적인 상관관계는 교사들이 통제하려는 피드백을 줄 때, 커다란 수치를 나타냈다(효과 크기=-0.78)("네가 해야 할 일을 해"). 데시, 코스트너와 라이언(Deci, Koestner, & Ryan, 1999)은 외부적인 보상이 위협적이라고 결론짓는다. "외부적인 보상은 학습자들 중에 자기 자신들을 동기화하고 규칙화하며 책임지는 시도를 한 사람들에게는 오히려 악영향을 준다"(p.659). 그리고 "교사들은 보상으로 학생들을 통제하면서 더 큰 감시, 평가, 대결 등 참여와 규제를 악화시킬 수 있다"고 주장한다(Hattie & Timperley, 2007, p.84).

가장 좋은 피드백을 주는 방법을 배우려면 연습이 필수적이다. 팀펄리는 뉴질랜드의 어떤 교사 단체에 대해 이야기한다. 그들은 학생들의 쓰기 능력을 향상시키는 데 무엇이 필요한지를 불충분한 설명으로 피드백을 준다. 교사를 지도하는 사람들은 학생들의 이해하는 능력을 위해 설명이 있는 피드백을 주는 방법부터 배워야 한다. 그들이 교사들에게 효과적인 피드백을 주면, 곧 자신이 개인적인 칭찬과 얕은 수준의 피드백을 학생들에게 주고 있다는 것을 알아차리게 된다고 밝힌다. "만약 그들이 학습 지도자로서의 역할을 제대로 받아들인다면, 쓰기와 효과적인 피드백의 교육적인 지식 내용을 더 심화할 필요가 있다는 것을 받아들일 것이다"(Timberley, 2011, p.27).

해티는 다음과 같이 설명한다.

> 피드백은 학생들이 아직 숙련되지 않고 전문적이지 않을 때 가장 효과적이다. 그러므로 오류나 완전하지 않은 이해나 지식이 있을 때 더욱 빛을 발하게 된다. 오류들은 기회를 가져온다. 그들은 당황하지 않고, 실패했다고 느끼지 않으며, 피할 필요가 없다고 생각한다. 그들은 그냥 즐기면 된다. 지금 무엇을 알고 있는지와 무엇을 알 수 있었는지 사이에는 어떤 끌어당기는 힘이 있기 때문이다. 그것들은 학습할 기회를 알려주는 것이고, 이는 항상 환영할 일이다(Hattie, 2012, p.124).

퀀텀 러닝에서 우리는 피드백의 중요성을 다루었고, 학생들의 이해와 기술 개발의 수준에서 효과적인 피드백 전략만을 생각해 보았다. 8가지 성공의 습관 중 하나인 '실패에서 성공으로'(2장 도표 4)를 다시 생각해 보자.

기억 확인(뇌 속에 있는 정보를 끄집어내기)

흥미롭게도, 학생의 학습 활동을 증진시키기 위해서 기억을 확인하는 것 (Karpicke & Roediger, 2010; Roediger & Karpicke, 2006)과 퀴즈(Shatalove, n.d.; Soloveychick, 1979)에 관련된 연구는 에드워드 손다이크Edward Throndike의 양식, 영역 활동의 법칙(Dave, 2007)과 퀀텀 러닝의 10-24-7(10분, 24시간, 7일) 복습 간격법을 근거로 한다. 앞서 제시되었듯이, 새로운 정보를 다시 읽어 보게 하는 것을 학습에 가장 주된 방법으로 사용한다면 그것은 굉장히 비효과적인 방법이다. 반면에, 피드백이 있는 기억 확인과 퀴즈는 새로운 정보를 장기간 기억하게 해 준다. 심지어 더 흥미로운 것은, 학생들이 기억하는 것을 확인하고, 그러고 나서 학습 자료를 다시 공부할 때 그들의 능력은 놀랍도록 높은 수준에 위치하게 된다는 것이다.

기억 확인은 1885년 독일의 심리학자 헤르만 에빙하우스(Ebbinghaus, 1885/1913)가 기억의 연구를 처음 발견하고, 지금까지 유용하게 쓰이는 세 가지 개념을 증명하였을 때로 거슬러 올라간다. 망각 곡선, 효과의 간격, 그리고 최고와 최신 개념들. 그들에 대해 조금이나마 아는 것은 왜 그들이 그 시간의 시험을 견뎌왔는지 이해할 수 있게 한다.

간단히 말해서, 에빙하우스는 암기했던 의미 없는 철자들이 얼마나 오랫동안 기억될까를 알기 원했다. 그는 오랜 시간에 걸쳐서 연습을 한 후, 세 글자로 된 무의미한 철자 한 줄을 두 번 정확하게 외울 수 있었다. 그의 발견 중 하나는, 그가 정확히 두 번 외울 때까지 1만 5000번 계속해서 연습을 했다고 밝힌다. 20분 후, 58.2%가 기억되었고, 한 시간 후에는 44.2%, 9시간 후에는 35.8%, 하루가 지난 후에는 단지 33.7%만을 기억했다. 그는 자신을 시험해 보았는데, 이틀째 되는 날 27.8%, 6일째 25.4%, 그리고 31일째 되는 날 21.1%를 기억했다. 그래프로 그려본 것은 망각 곡선으로 알려져 있다.

에빙하우스는 기억하는 구간마다 다양한 간격의 관계성이 있는지를 연구하기 시작했다. 그의 주된 발견은 무의미한 철자를 간격을 두고 공부하였을 때, 한꺼번에 한번 공부하였을 때보다(집중 학습) 더 높은 수준으로 남아 있는 것이었다. 같은 양의 시간을 두고 공부를 하였음에도 말이다. 다시 한 번 퀀텀의 10분, 24시간, 7일의 효과를 생각해 보자.

세 번째로, 에빙하우스는 가운데에 위치하고 있는 정보보다는 처음과 끝에 위치한 학습 자료가 더 높은 비율로 기억된다는 것을 확인했다. 그러므로 많은 교사들은 처음과 끝에 많은 양을, 그리고 중간에는 적은 양을 가르치는 학습 방법을 개발할 필요가 있다. 앞서 살펴본 것처럼, 이것은 최근과 최신 효과라고 볼 수 있다.

최근 연구 결과에 따르면, 학생들이 새로운 자료를 공부하고 기억할 수 있는 모든 것을 써보는 연습을 할 때, 같은 시간 동안 자료를 다시 읽어 본 학생들보다 퀴즈에서 높은 수준을 보였다(Karpicke, 2012). 퍼듀대학교의 심리학자 제프리 카피케Jeffery Karpicke(2012)는 헨리 로디거Henry Roediger(2007; 2010)와 함께 대학생들을 대상으로 실험을 했다. 읽기-기억 확인-그리고 다시 읽기의 효과를 나타내기 위한 이 실험에서, 그들은 대학생들을 세 그룹으로 나누었다. (1) 한 기간에 하나의 과학 서술지를 한 번 읽은 그룹, (2) 서술지를 읽고, 두 번째 기간에는 암기해 보고, 다시 서술지를 읽은 그룹, (3) 하나의 서술지를 읽고 암기하는 것을 네 번 반복한 그룹(2010). 일주일 후, 장기 기억에 무엇이 남아 있는지를 보려고 세 그룹이 모두 암기를 해 보았다. 두 번째 그룹이 첫 번째 그룹에 두 배 가까이 점수가 높았다(34% 대 15%). 일주일 동안 30분 읽고 기억 확인하는 시간을 네 번 가진 후 평가한 세 번째 그룹은 80% 대 34%로, 다른 그룹들보다 훨씬 높은 수준을 나타냈다.

다른 연구 결과로는, 대학생들로 구성된 한 그룹은 과학 에세이를 읽고 개념 지도를 그려 보았고, 두 번째 그룹은 기억 확인하는 연습을 해 보았다. 두 그룹 중 하나는 자료를 한 번만 읽어 보았고, 다른 그룹은 계속해서 읽어 보았다. 일주일 후, 직문과 추론 질문을 주어서 학생들의 암기 능력과 개념을 어떻게 이해하고 있는지 확인해 보았다. 기억 확인을 한 그룹은 개념 지도를 그려 본 그룹보다 두 가지 질문에서 월등했다. 개념 지도 그룹과 읽고 기억 확인 그룹을 비교해 보았다. 일주일 후, 장기간 기억을 평가해 보기 위해서, 두 그룹의 학생들에게 기억하고 있는 것에 대한 개념 지도를 다시 그리게 해 보았다. 연구원들은 그 테스트는 먼저 지도를 그려 본 학생들이 어느 정도 잘할 거라고 생각했지만, 여전히 기억 확인을 한 그룹이 월등했다.

카피크는 수많은 기억 확인 연구를 통해 다음과 같이 결론짓는다.

기억 확인을 기초로 하는 학습은 모든 지식의 표현들의 기억을 확인하고 주어진 내용 안에서 기억 가능한 단서에 의존하는 사실에 입각한다. 더 나아가, 사람은 지식을 이끌어 낼 때마다, 그 지식이 바뀐다. 그 이끌어 낸 지식은 미래에 다시 같은 지식을 이끌어 내기 위한 기억 능력을 향상시키기 때문이다(Karpicke, 2012, p.157).

기억을 확인하는 행동에 대해 카피크는 다음과 같이 이야기한다. "그것은 학습을 강화하기 위한 강력한 도구다. 게다가, 능동적인 기억 확인은 단순한 암기뿐 아니라 의미 있는 장기간의 학습을 만들어 낸다." 그는 또 다음과 같이 덧붙인다. "능동적으로 기억을 확인하는 것은 효과적일 뿐 아니라, 의미 있는 학습을 촉진하기 위한 전략이다." 그런데 왜 이 기억 확인 학습이 다시 읽어 보는 것보다 나을까? 카피크는 우리가 감각적인 마음을 가지고 있다고 설명한다. 만약 우리가 어느 때에 어떤 정보를 다시 기억할 필요가 있다면, 그 후에 그것을 기억하려는 노력의 가능성은 커진다. 기억을 확인하는 과정은 미래에 요구될 것 같다는 예상 안에서 지식을 변화시킨다"(p.159). 결과적으로 기억 확인은 학습을 파악하게 할 뿐 아니라, 효과를 높이기도 한다.

두 가지 중요한 결과가 기억 확인 실험에서 증명되었다. (1) 기억을 확인함과 더불어 읽기 활동은 반복적인 읽기와 개념 정리보다 더 큰 성과를 나타낸다. (2) 높은 수준의 복잡한 사고는 개념을 정리하는 것보다는 읽기와 기억 확인으로부터 얻어진다. 그러므로 카피크는 다음과 같이 결론짓는다. "활동적인 기억 확인은 의미 있는 교육적 소재의 학습을 돕는다. 또한, 이러한 효과들은 짧게 끝나 버리는 것이 아니라, 오래 지속된다"(p.161).

또한, 유명한 우크라이나 수학 교사인 빅토르 샤타로프는 대수학, 기하학, 추가적인 수학 과목들, 지리학, 역사, 그리고 다른 학습 교재 내용을 계획된 것보다 적은 시간으로 넓은 범위의 학생들에게 가르치기 위한 교육 과정을 개발했다(Soloveychik, 1979, n.d). 그의 학생들은 주어진 시간보다 2년 일찍 숙달된 수준에 도달한다. 21세기가 다가오면서, 샤타로프의 방법은 확연히 혁명적이었기 때문에, 수천 명의 교사들이 그의 워크숍에 참석했다. 그와 그의 팀원들은 러시아와 우크라이나를 돌아다니며 어떻게 다른 과목들을 가르쳐야 하는지 알렸다.

교육의 반복과 퀴즈를 매일 아침 반복하는 것은 생각해 볼 만한 가치가 있다. 매일 퀴즈를 보고 피드백을 주어 학생들은 무엇을 놓쳤는지 알게 되고 완벽하게 이해하게 된다. 샤타로프는 다음과 같이 이야기한다. "우리가 생각하는 것과는 반대로, 학생들이 안전하다는 느낌과 충분한 환경 안에서 학습의 재미를 느끼면, 그들은 12분짜리 복습 퀴즈를 기대하고, 무엇을 놓쳤는지 배울 기회라는 것을 안다"(인터뷰 날짜는 표기되지 않았음). 샤타로프의 방법을 사용한 한 교사는, 학생들은 두 달 후에 10개에서 15개의 과제를 매일 해낼 수 있었다고 이야기한다. 그 교사는 학생들에게 이렇게 물었다. "얘들아, 왜 너희들은 내가 이전에 하나의 과제를 주었을 때는 풀지도 않고, 끝내지도 않았니? 그런데 지금은 그 반대구나." 한 여학생이 일어나서 대답했다. "이전에 한 것은 선생님을 위해서 한 것이고, 지금은 우리를 위해서예요." 이 대답은 그들 스스로 학습에 대해, 감정적인 통제 안에서 굉장한 힘을 가졌다는 것을 증명한다.

인터뷰 중, 샤타로프의 성공적인 연구 결과에 대해 질문하였을 때, 다음과 같이 대답했다.

학생들의 성공 조건은 굉장히 간단하다. 당신은 당신의 아이를 믿어야 한다. 그 아이에게 자기 자신의 의견을 이야기할 기회를 주어야 한다. 채점에 대한 두려움, 사이가 멀어지는 것에 대한 두려움과 비난은 그들을 방해하지 못한다. 두 번째로는, 교사들은 모든 것을 명확히 설명해야 한다. 이것은 개인마다 다르다. 각각의 교사들은 이 일에 대해 모두 같을 수 없다. 그것이 문제다. 많은 수학 교사들은 세미나에 와서 그 문제가 자기 자신에게 있다는 것을 모른다.

샤타로프는 그의 학습 절차에 따른 인상적인 비밀들을 공유한다. 그는 매우 압축된 지식을 제공한다고 한다. 그 지식은 학생들이 한 학기 혹은 1년에 걸쳐 배울 수 있는 모든 정보들을 포함한다. 그의 수업에서는 자세한 내용이 포함되는 개념에 대해서 설명하는데, 오직 몇 가지 단어를 사용하여 가르칠 수 있고, 개념을 명확히 할 수 있다고 설명한다.

저널리스트 솔로베이쉬크(Soloveychick, 1979)는 샤타로프가 12시간짜리 수학 주제를 가르치는 데 20분이 걸린다는 농담으로 끝을 맺으며, 학생들은 그 내용을 기억하는 데 전혀 어려움이 없었다고 썼다. 학생들은 그 압축된 정보를 집에 가져가서 다시 생각해 보고 개요를 써보기 전에, 다음 날 아침까지 자신들의 기억을 이용해 배운 내용들을 공부해 본다. 정보에 대한 기억을 확인하고, 다시 뇌에서 끄집어내는 활동을 샤타로프는 "퀴즈"라고 부른다. 개념이 학생들의 마음에 남을 때까지 서너 번 반복적인 주기가 필요하다고 샤타로프는 이야기한다. 그는 "학생들은 다른 사람들처럼 반복의 어리석음을 갖진 않는다. 결과가 따라오는 것을 즐기는 것뿐이다. 학생들은 두렵지 않다. 두세 번째 설명에 첫 번째 했던 설명이 더 명확해지면서 그들이 무엇을 이해하지 못하고 있었는지를 알아차린다"(Solaveychik, 1979, p.20).

복습

복습은 학생들은 물론이거니와, 교사들로 인해 시작되기도 한다. 복습의 중요성을 학생들에게 이해시키는 것, 그리고 효과적인 복습 기술을 사용하여 학습의 주인 의식을 느끼는 것에 그 목적이 있다. 복습은 포괄적인 단어이다. 장기간의 기억에 남기기 위해 새로운 정보를 다양한 유형으로 연습한다. 외국어, 논술, 음악 악보, 운동 과제, 혹은 시 등을 공부할 때, 연습이라는 단어는 새로운 학습이 반복적으로 정확하게 수행될 때까지 반복하는 것을 의미한다. 외워질 때까지 반복한다. 질문과 생각 없이 외운 정보들은 표면적 혹은 얕은 생각이라고 불린다. 의미 있는 정보를 기억하려고 할 때, 반복뿐인 학습은 효과적이지 않다. 하지만 연상해서 기억하는 전략은 새로운 정보와 이미 알고 있는 것 사이에 연관성을 만들어 내서 기억하게 한다(Mastropieri & Scruggs, 2006). 연상 학습은 외국어, 새로운 단어, 과학 용어, 40개 주의 주도를 배우는 것, 연상해서 반복적으로 외우는 정보들에 효과적이다. "사실 정보를 기억하는 것은 학교에서 매우 필수적이다. 특히 중등교육에서 말이다"(Mastropieri & Scruggs, 1998). 어떤 정보를 기억해야 할 때, 퀀텀 러닝은 학습 도표, 첫 글자 연상법, 글과 사진 연관법 같은 기억하는 전략을 적용한다.

저명한 심리학자 손다이크는 다음 세 가지 중요한 법칙을 만들었다. 준비 법칙, 연습 법칙, 그리고 효과 법칙이다(Dave, 2007). 그의 개념들이 조금은 낡아 보이지만, 오늘날 여전히 유효하다. 퀀텀 러닝 학습 주기는 사실 이 손다이크의 법칙과 유사하다.

먼저 준비 법칙을 살펴보자. 아주 흥미로운 경험들을 하게 하고, 호기심을 자극함으로써 학습자들을 준비시킨다. 둘째로, 복습, 기억 확인, 자기 질문 같은 연습 법칙은 알고 있는 것과 새로운 정보와의 관계를 형성시킨다. 손다이크는 빈번한 퀴즈와 복습 방법을 사용하여, 반복적인 습관의 행동으로부터 새로운 학습 자료를 이미 알고 있는 것과 연결시키도록 한다. 이 연습은 퀀텀 러닝 교육 주기의 단계 중, 학습 촉진에 해당한다. 학생들은 자기 자신이 배우고 있음을 알고 학습을 스스로 컨트롤할 때, 읽는 것, 공부하는 것, 심지어 퀴즈를 보는 것까지 신이 나서 열광한다(Shatalov, n.d.). 이것은 손다이크의 세 번째 법칙을 이끌어 낸다. 바로 효과 법칙이다. 이 법칙은 "만약 연관성이 '만족스러운 상태'에 도달한다면 더욱 학습 효과가 강화될 것이고, 만약 '불만족스러운 상태'에서 따라오는 것이라면, 약화될 것이다(Thorndike, 1911/1999). 학생들의 학습에 대한 갈망과 그들의 학습을 위한 책임감은 퀀텀 러닝의 학습 다지기 단계다. 더 나아가서, 퀀텀 러닝의 철학인 '모든 노력을 인정하라'와 연결된다. 학습을 향한 비참여적인 행동에 반대해서 전략 사용, 열심히 일하는 것에 대한 인정받음은 학생들에게 높은 성취도를 위한 갈망을 높일 것이다.

교사들은 잠깐 동안, 학습 내용 공유를 위한 추가적인 시간을 줌으로써, 학급 안에서의 복습을 보다 더 활발하게 만들 수 있다. 예를 들어, 교사가 10분 동안 강의에서 기억나는 것을 모두 적게 해 짝을 지어 질문하도록 할 수 있다. 그리고 들었던 것에 대해 심도 있는 정보나 명확함을 구하기 위한 질문을 적을 수도 있다. 수업을 통한 복습 활동은 학습자에게 그들이 들었던 것으로부터 무엇을 이해하고 있는지 자기 자신의 언어로 설명할 기회를 준다. 이러한 연습은 교사의 설명을 짧게 하고 학생들의 참여도를 강하게 한다.

퀀텀 러닝이 말로 하는 복습에 대한 가치를 지지하는 입증된 연구 결과를 가지고 있지는 않지만, 실생활적인 증거들은 그 내용을 강력히 지지한다. 들은 것으로부터 이해한 것을 스스로의 언어로 표현하는 것은 과학 공부에서 가치 있는 형태다. 이제 우리가 왜 말로 하는 복습이 중요하다고 이야기하는지를 살펴보자. 아주 오래된 표현이 하나 있다. "내가 무슨 말을 해야 하는지 말해 보기 전에는 내가 무슨 생각을 하는지 모르겠어." 연구 결과는 우리는 우리가 들은 것에 20%만을 기억하고, 말한 것에서는 70%를 기억한다고 밝힌다(National Institue for Staff and Organizational Development/NISOD, 1983). 새로운 정보를 말로 표현할 때 (1) 듣는 동안, 몇몇의 부분들은 상상하는 것만큼 명확하지 않다. (2) 듣는 동안, 잘 알아듣지 못한 것에 대한 질문 거리가 있다. (3) 그것이 흥미로웠고, 명확했음에도, 우리가 들은 것에 대해 이미 많은 부분을 잊어버렸다. 새로운 정보에 대해 자기 자신의 언어를 사용하여 표현하게끔 한다. 자기 자신의 언어로 새로운 정보를 말해 보는 것은 학습하면서 만들어지지 못했던 지식의 연관성을 만드는 데 도움을 준다. 이해한 것을 말하려는 노력 후에, 학생들은 그 내용을 명확하게 하기 위해 질문을 할지 모른다. 짝을 지어서, 혹은 소그룹으로 새로운 학습을 복습하기 위해 학생들끼리 질문할 때 오는 효과는 24시간 후 새로운 짝을 만나 반복할 수 있다. 의미 있는 부분에 대한 퀴즈를 내주고 수업 자료를 다시 읽어 보게끔 하는 숙제는 학생들이 수업 자료를 깊이 있게 이해하기 위한 아주 좋은 방법이다. 다시 읽어 보게 하는 것의 목적은 뇌가 더 깊이 있고 의미 있게 읽게 하는 것이다. 학생들은 학급 친구들에게 깊이 있는 질문들로 자랑을 하고 싶기 때문이다.

    7일 후에 열린 팀 대회(카드와 보드 게임, 짤막한 문제 등)는 학생들에게 말로 복습하게 하고 학급 친구들과 경쟁하여 알고 있는 것에 대해 확인할 수 있는 흥미로운 방법이다. 질문 개발을 위한 다시 읽기에 대한 연구 결과는 없었지만, 대부분의 연구 결과는 다시 읽어 보는 것은 퀴즈나 써보는 것보다 덜 효과적이라고 이야기한다. 복습 게임의 가치는 아직 연구되지 않았지만, "나 이거 알아!"라고 외치며 게임을 하면서 새로운 학습을 즐기는 학생은 가치가 있어 보인다. 학생이 질문을 개발해야 한다는 것이 핵심이다. 만약 교사가 질문을 한다면, 교사가 게임을 하는 동안 학생들에게 질문을 통한 중요한 정보를 주었다고 하더라도 학생들은 그 효과를 잃어버릴 것이다. 목표는 학생들이 그들의 학습에 주인 의식을 느끼는 것이다.

과제에 대한 자세한 질문은 원하던 결과를 성취하기 위해 무슨 노력을 해야 하는지에 관한 내용이고, 그것은 기본적으로 목표가 무언인가에 대한 것이다. 중요한 것은 학생들이 무엇을 해야 하는지 아는 것이다. 그래서 애매모호한 부분이 없고, 잘못 이해한 부분이 없어야 한다. 질문은 더 도전적인 세 가지 단계에서 목표 성과를 위한 기준을 나열하기 때문에, 학생들이 현실적인 감각을 개발시키도록 돕는다. 실제로 무엇을 할 수 있는지에 관한 관점을 아는 것은 학생들을 더욱 성장시킨다. 그 목적은 그들의 안전지대에서 벗어난 개발의 범위 내에서, 가장 높은 수준으로 가게끔 하는 것이다. 학습의 도전 과제로 생긴 흥분은 학생들의 능력 안에서 뻗어 나가고, 더욱 매력적인 목표를 만들어 낸다.

교사가 만든 과제에 대한 질문들은 기술 개발을 위한 지침서(학생들이 기억할 수 있는 것)와 정보의 획득(학생들이 배우길 예상하는 것 — 의미 있는 기억과 삽화적 구성)으로서 활용된다. 로버트 마르자노(2006)는 종합적이고 잘 연구된 질문이야말로, 형성 평가를 위한 도구라고 서술한다. 그는 지시문 형식의 상세한 논의를 제안한다.

간단히 말해서, 다양한 방법으로 이해 정도를 측정하는 것은 간단하게 사용되는 표준화된 질문보다 발전된 측면을 보인다. 그러나 완벽히 이해하고 개발하기 위해서는, 교사들의 시간과 노력이 필요하다. 다음 세 가지는 어떻게 그 정도를 재는지에 관한 개념들이다.

(1) 항목의 유형: (a) 사실, 자세함, 절차, 그리고 기술에 관한 기본적인 정보, (b) 더 복잡한 생각과 절차, (c) 생각한 것 이상의 적용과 추론

(2) 인지적인 범주: (a) 정보/서술형 지식, (b) 마음의 절차, (c) 정신 운동의 절차

(3) 평가 형식: (a) 선택을 강요, (b) 짧게 쓰여진 대답, (c) 에세이, (d) 말로 하는 보고와 대답, (e) 증명과 수행

또한 그들이 행동적, 학습적, 혹은 사회적인 목표에 얼마나 도달하였는지를 0~4점 척도로 평가한다. 성취도의 네 가지 수준 사이마다 선택 사항이 있다. 가장 작은 수준은 지식과 기술의 한계에 있다. 학생들을 돕는 목적에서, 그들이 원하는 목표의 최고치로 올라갈 수 있도록, 생각했던 것 이상으로 깊은 수준의 추론과 적용을 해내는 능력까지를 중점적으로 평가한다. 마르자노는 이렇게 이야기한다. "학습자의 목표가 형식이 있는 숫자로 표현될 때, 교사와 학생들은 명백한 방향성, 교육적인 목표뿐 아니라 그들의 목표를 위한 이해와 수행의 수준을 설명할 수 있게 된다"(Marzano, 2007, p.23).

마르자노와 동료들은 4점으로 된 학생 자기 평가가 노력과 성취의 연관성을 이해하는 데 도움을 준다고 강조한다. 그들은 그 평가가 고정된 마음가짐의 학생들, 노력과 성취도의 관계성을 기피하려는 학생들에게 특히 좋다고 이야기한다. 마르자노의 평가는 학생의 노력을 촉구하는 질문을 자기 평가에서 가장 낮은 단계에서부터 다음 단계로 올라간다.

(1) 나는 이 과제를 위해 아주 적은 노력을 했다.
(2) 나는 이 과제에 어느 정도 노력했다. 하지만 어려움이 닥쳤을 때, 멈추었다.

(3) 나는 이 과제를 끝마칠 때까지 노력했다. 어려움이 닥치고, 해결책이 쉽게 보이지 않을 때도, 나는 계속해서 과제를 하도록 마음을 다잡았다.

(4) 위의 세 단계에 더하여 나는 어려움을 나의 이해를 향상시키는 기회라고 생각한다(p.52).

마르자노 연구팀은 성취 질문을 다음과 같은 노력을 통한 성취 단계와 비교해 보았다.

(1) 나는 이 수업과 과제의 목적을 모르겠다.
(2) 나는 이 수업과 과제의 목적을 어느 정도 알겠지만, 모르는 부분도 있다.
(3) 나는 이 수업과 과제의 목적을 알았다.
(4) 나는 이 수업과 과제의 목적을 뛰어넘는 데 도달했다.

마르자노는 '진척 사항 따라가기' 형식을 사용하여 학생들의 성취도를 기록하였다. 진척 사항 따라가기는 "교사들이 피드백을 줄 수 있고, 학습에 흥미를 느끼도록 하는 가장 강력하고 간단한 방법 중 하나다"라고 설명한다(p.89). "눈에 보이는 기록들은 목표를 만들어 내기 위한 수단이고, 학급 안에서 다른 친구들과 비교해서 나 자신의 학습에 대한 성공을 정의내릴 때 사용 가능한 수단이다"라고 말한다(p.89).

목표 설정

모스, 브룩하트, 롱은 질문과 평가의 이유를 다음과 같이 설명한다.

학습에 대한 설명은 학생들이 무엇을 배우는지, 어떻게 심화 학습하는지, 새로운 학습을 어떻게 증명해야 하는지를 알게 하여 학생들이 그 수업의 목적지로 가게끔 한다. 수업의 의도는 학생들이 배워야 할 가장 중요한 것 중에 하나다. 어디로 향하는지에 관한 정확한 설명 없이, 너무 많은 학생들이 "눈 감은 채 날고 있다"(Moss, Brookhart, & Long, 2011, p.67).

질문과 평가의 지속적인 사용은 목표가 무엇이고 어떻게 도달해야 하는지를 학생들에게 가르쳐 준다. 높은 성취에 도달하기 위한 의미 있는 피드백을 주기 전에, 학습은 학생들과 교사들에게 명확한 목표 설정을 요구한다(Hattie, 2009). 학생들이 어떤 지식과 기술을 배우고 싶어 하는지 교사가 아는 반면에, 학생들은 교사의 목표에 연결된 자기 자신의 목표를 만들어 내게 된다. 여기에는 적은 양의 이해가 들어갈 뿐이다. 해티는 특화된 목표는 기준을 명확히 하는 학습 방향성을 만들어 내기 때문에, 일반적이고 특정하지 않은 목표보다 훨씬 유용하다고 이야기한다. 나아가서, 목표가 뚜렷할 때 학생들은 학습 내용을 더 잘 다룰 수 있게 되고, 그것은 교사들이 학습 분위기를 만들어 낼 때 도움을 준다. 학생들은 자기효능감을 증진시키고, 오류 검증 능력을 개발시키게 된다.

호주의 연구자인 앤드루 마틴Andrew Marin(2012)은 목표를 설정하는 데 학생이 참여하는 것은 굉장히 중요하다며, 학생들이 개인적인 최고점을 향해 목표 설정을 하도록 해야 한다고 주장한다. 새로운 목표마다 도전 과제를 더 주고, 학급 친구들과 비교하기보다는 개인적인 성취와 중대점에 맞서도록 진척된 사항을 측정하는 것이 좋다. 마틴은 고등학교 2~3학년 학생 3347명의 개인적인 목표를 모았다. 이 학생들 중 13%는 영어를 하지 못한다. 이 연구에 참여한 87명은 영어를 사용하며 주의력 결핍 장애(ADHD)를 겪는 학생들이었다. 주의력 결핍 장애를 겪고 있지 않은 학생 87명을 임의로 뽑아 앞의 집단과 비교하는 연구를 했다. 이때 평가는 호주에서 매해 실시되는 국가 학력 검사와, 행동 참여도 측정, 그리고

퀀텀 러닝의 학습자 습관

- **스스로 내 공간을 준비한다**   나는 필요한 도구가 있고 공부할 수 있는 조용한 공간을 선택한다. 집중을 할 때, 가사가 없는 조용한 바로크 음악을 튼다.

- **내 감정에 집중한다**   내가 가지고 있는 시간 안에서 내가 성취해야 할 목표를 적는다. 내 능력에 관해 태도와 신념들을 긍정적으로 확실히 한다. Q-Up을 사용하여 내 임무에 집중한다(10장 참조).

- **나는 내 학습 기술을 사용한다**   나는 활동적인 리더. 그것이 무슨 의미인지에 대해 나 자신에게 질문하면서, 내 학습 자료들을 훑어본다. 나는 그래픽적인 혹은 눈으로 볼 수 있도록 읽으면서 메모하는 기술을 사용한다. 나는 그동안 내게 축적된 지식을 담은 영화를 머릿속에 만들어 틀며, 내가 이미 알고 있는 것과 연결 고리를 짓는다. 주요 생각과 세부 내용이 포함되는 메모를 적는다. 나는 주제의 핵심과 나 자신이 어떻게 연관되어 있는지 집중해서 관찰한다.

- **나는 내 지식을 돌이켜 본다**   나는 학습 자료와 복습을 종종 한다. 소리 내어 말하고, 중요한 내용에는 몸동작을 만들어 본다. 내 메모를 보고 나서, 안 보고 다시 써보고, 맞았는지 확인한다.

- **나의 진척 사항에 대해 축하한다**   성취한 것을 메모한다. 내 목표에 도달했다 해도, 다음 과제에 어떻게 향상시킬 수 있는지 반영해 본다. 자신에 대해 좋은 생각을 하면서 내 진척 사항에 대해 축하한다. 비트가 있는 음악을 틀고, 휴식을 취한다. 혹은 학습을 위해 긍정적인 느낌이 연결된 무언가를 한다.

개인적 성향 평가를 포함했다.

이 마틴의 연구에서 행동 참여도 항목은 7가지 항목으로 나누어 그룹을 지었다. 성취도, 숙제, 계획과 관찰, 과제 관리, 지속성, 핑계 만들기, 그리고 비참여. 7점으로 나누어진 평가의 응답은 "강력히 동의한다"에서부터 "강력히 반대한다"까지였다. 항목의 예는 계획하기("내가 숙제를 시작하기 전에 어떻게 해야 할지 계획을 짜야겠어"), 과제 관리("내가 공부를 할 때, 나는 집중이 잘되는 곳에서 공부를 하곤 한다"), 지속성("내 숙제가 처음에 이해가 안 된다면, 내가 할 수 있을 때까지 반복할 거야"). 부적응의 단계에서 핑계 만들기("나는 시험 전에 때때로 공부를 열심히 하지 않아. 그래서 나는 내가 잘못하는 것에 대한 변명 거리가 있지")과 비참여("나는 지독히도 참여하지 않아 왔어")와 같은 것이었다. 학교에서의 참여를 위한 개인적 최고 목표의 예는 다음과 같을지 모른다.

이번 주 개인적인 최고 목표는 과학 시간에 생기는 어려움을 줄이는 거야. "못 알아듣겠어"라고 이야기하는 것보다는 질문할 거야. 먼저 교실 앞쪽에 앉을 거고, 선생님의 말에 집중할 거야. 그리고 손을 들어 질문할 거야. 기타 등등(Udabage, 2012).

개인적인 최고의 목표 설정은 효과적인 학습 습관을 만들어 내기 위한 도구로 학생들이 사용할 수 있다. 퀀텀 러닝의 훌륭한 학습자의 습관은 박스의 내용과 같은 목표로 적용된다.

마틴은 다음과 같이 결론을 짓는다.

- 개인적인 최고의 목표는 교육적인 영감들, 학교 생활의 즐거움, 학급의 참여, 과제의 지속성에 긍정적인 관계를 갖는 것이다.

- 도전을 주는 것과 현실적인 목표들은 개인의 목표를 설정하는 것에 포함되어 성취도에 영향을 준다.
- 만약 그들에게 적절하게 도전 과제를 준다면, 자기 스스로 에너지를 만들어 내는 효과를 갖게 될 것이다. 목표의 요구 사항 혹은 겪는 어려움에서 학생들이 노력을 하기 위해 자신들을 스스로 동기화시키면서 그 효과를 갖게 된다.
- 필수적이지는 않지만, 목표에 몰입하는 것은 도움이 되고, '몰입'을 힘들어하는 학생들을 제외하고는 결정적 차이를 만들어 낸다.
- 많은 경우에, 개인적인 최고의 목표를 세운 데서 오는 효과는 주의력 결핍 장애 학생들이 아닌 학생들보다 더 훌륭하다.
- 교육적으로 위험한 상황에 있는 학생들 또한 목표 설정으로 혜택을 얻을 수 있다.
- 학생들이 전에 했던 노력에 비교해서 경쟁심을 느낄 때, '성공'은 개인적으로 정의되고 이는 모두에게 적용된다.

목표는 성취하기 위한 것이 무엇인지를 명확하게 하고, 그 결과를 향해서 행동과 지속성을 이끌어 낸다. 쉽게 지속되지만, 재미있고 도전적인 목표들은 더 높은 수준의 참여도와 몰입, 궁극적인 성취도까지 만들어 낸다. 그것은 시험에 통과하는 것처럼 목표가 과제 집중적인가, 학교 연극에서 하나의 역할을 맡는 것처럼 사회의 섭리 중 하나인가, 비디오를 만드는 것처럼, 참여에 연관되어 있는 것인가, 혹은 더 도전적인 학습 기회를 원하거나 과제에 충실하고자 하는 열정같이 목표에 대한 구체적인 생각 없이 자동적으로 만들어진 것에서는 한계가 있다(Hattie & Timperley, 2007).

목표 설정의 일반적인 두 가지 면은 도전과 몰입이다. 먼저, 목표는 성공을 이루기 위해 필요한 활동의 정도와 종류에 관한 정확한 기준을 가지고 도전적이어야 한다. 이는 피드백을 통해 "현재의 이해와 목표 사이에 불일치"를 줄이려는 것이다(Hattie, 2007, p.89). 다른 말로 표현하면,

"학생은 자신의 현재 상태를 서술해 차이를 줄이려 하고, 노력과 참여의 여러 대안을 모색한다"(p.89). 둘째로, 학생이 목표에 도달할 때, 그것에 대한 책임감을 갖게 되고, 자신의 진척에 관한 피드백을 받으려는 경향이 생기고, 목표 성취를 향해 더 많은 노력을 하려고 한다. 학생이 그 목표를 '소유'할 때, 자기 자신의 진척 상황과 오류 검증을 더 평가하려는 경향이 생긴다. 단순히 학생들을 위한 교사들의 목표에 따르는 것보다 말이다. 해티는 이러한 상황을 다음과 같이 명확하게 이야기한다. "교사들과 학부모들은 학생들이 학습적 목표의 몰입을 공유한다고 생각하지만, 오히려 현실은 이 몰입도는 육성되고 개발되어야 한다"(p.89).

호주 연구자들(해티와 마틴)의 연구 결과와 미국에서 이루어진 목표 설정에 관한 수많은 연구 조사에 따르면(예를 들어, Burton & Weiss, 2008; Locke & Latham, 1990; Mento, 1987; Tubbs, 1986), 몇몇 결론들은 학계에 널리 알려져 있다. (1) 특정적이고 어려운 목표는 활동의 높은 수준을 만들어 내고, 애매모호한 목표, '내가 할 수 있는 최대한의 목표' 혹은 '목표 없음'보다 더 학습적이다. (2) "목표 설정은 굉장히 지속적이고 활발한 활동 증가 전략이다. 그것은 과제와 설정의 다양성을 넘어 구성원들에게 다방면으로 좋은 효과를 준다"(Burton & Weiss, 2008, p.344).

이러한 다양한 데이터의 분석을 통해서, 해티는 "목표에 의한 도전"(효과 크기=0.52)을 재발견한다. 숙련 학습(효과 크기=0.58), 교사/학생 관계(효과 크기=0.72), 피드백(효과 크기=0.73) 후에 오는 네 번째 혹은 다섯 번째로 크게 학생 성취도에 영향을 주는 것이었다. 기억하라. 이전에 언급된 데이터는 피드백의 종류에 적용되는 데이터 중 일부일 뿐이었다. 효과 크기 0.40은 평균이었던 것을 기억하자. 0.50 효과 크기를 가진 목표 도전은 아주 중요하다. 해티는 또한 높은 확률로 학생들은 교사들이 만들어 놓은 목표를 놓고 도전하는데, 규칙적인 피드백이 필요하다고 이야기한다.

아마도 학생들에게 그들 개인의 최고 목표를 세우고, 피드백을 찾게 하기 위한 가장 좋은 방법들 중 하나는 자기 평가를 위해 지속적으로 성적에 표기되지 않은 질문을 사용하는 것이다. 이를 통해 학생들은 목표는 어떤 것인지, 어떻게 이뤄가는 것인지를 배운다. 앞서 이야기한 것처럼, 만약 학생들이 피드백을 받고 향상된다면, 그들의 노력으로 성적표에 표시되는 것보다 더 많은 것을 배울 수 있다. 왜냐하면 성적은 향상시키기 위해 필요한 것이 무엇인지를 보여 주는 데는 적합하지 않기 때문이다. 물론, 다 끝내기까지 일주일이 넘는 시간이 걸리는 질문들은 성적으로 표기될 수 있다. 하지만 학생들이 자신들이 어떻게 하고 있는지, 지속적인 성장을 위해 필요한 피드백을 받는 한, 그럴 필요는 없다. 성적에 표기되거나 혹은 그렇지 않거나, 질문들은 다음 질문에 상응한다. 나는 어디로 가고 있을까?(목표), 어떻게 가야 할까?(기준), 내가 도달했음을 어떻게 알 수 있을까?(피드백)(Mager, 1984).

# IV

교수법과 학습법에서
탁월한 성취를 이루기 위해

탁월한 교수법과 학습법을 진심으로 설명하기 위해, 우리는 탁월한 연구들에 기초한 책을 집필하기 시작했다. 이를 위해, 우리는 뇌의 신경 생물학적 학습 시스템(사회적, 감정적, 암시적, 인지적, 신체적, 반영적)에 집중했고, 특별한 교수법과 학습법(퀀텀 러닝 시스템)을 기록했다. 그 방법이란 뇌에서 자연스럽게 학습이 이뤄지도록 구성 요소들을 새롭게 엮는 것인데, 지식과 기술이 풍부한 교사, 그리고 참여도와 열정이 가득한 학생을 만들어 낼 수 있는 방법이다. 퀀텀 러닝의 교수법과 학습법은 30년 이상 조화를 이루며 발전되었고, 새롭게 발견된 연구 결과들 또한 그 조화 속에 계속해서 추가되고 있다.

    탁월함을 이루는 것은 계속 진행되는 과정이다. 성공을 위한 가장 좋은 시작점은 교수법과 학습법을 즐겁게 이어나갈 수 있을 만큼 강력한 긍정적인 문화의 기초를 형성하는 것이다. 학습자들과의 조율을 통해, 협동, 창작, 비판적 사고, 활발한 의사소통을 할 수 있다. 이 과정을 통해 사회적인 학습 공동체와 차분하며 생산적인 분위기를 이룰 수 있다. 이때 내재된 학습은 환경과 함께 자연스럽게 흡수된다. 결과적으로, 퀀텀 러닝의 기초, 분위기, 환경 요소들은 고효율의 교수법과 학습법을 만들어 내기 위해 뇌의 자연적인 사회적, 감정적, 그리고 내재된 러닝 시스템을 효과적으로 합쳐 준다.

- 교사의 관심은 명확하다. 학생들의 참여, 성과, 상호 작용하는 공동 작업이다.
- 학생들은 안전한 소속감과, 각 학생이 그 그룹에 중요한 사람이라고 서로 지지해 주는 환경을 경험한다.
- 학생들은 자신들의 학습 공동체를 만들기 위한 책임을 나눠 갖는다. 상호 작용과 성과의 성취 기준은 모든 사람에게 동의되고 수용되는 지점이다.

위의 사항들을 달성하면서, 학생들을 학습 내용에 참여시키기 위해, 교사는 퀀텀 러닝 티칭 사이클이라고 불리는 권위 있는 교수법을 따르는데, 이것은 수업 설계, 교육적 전달, 복습을 통한 심화 학습, 연습, 그리고 형성 평가에 따른 변화를 포함한다. 흥미로운 학습 경험을 설계하는 것은 학생들이 어떻게 학습하고, 어떻게 새로운 내용이 진정한 학습으로 이어질지에 대한 심사숙고가 요구된다. 교사는 호기심, 흥미, 그리고 참여를 형성해 학생들의 인지적 학습을 불러일으키는 'How-to' 기술을 개발할 수 있다. 학생들에게 신체 활동을 통해 내용을 전달할 때는, 움직임을 통한 인지적이고, 깊이 있는 학습, 자기 개선을 위한 통찰적 반영의 시도가 포함된다.

퀀텀 러닝 티칭 사이클의 3단계는 학습자 준비, 학습 촉진, 그리고 학습 다지기 단계다. 가장 자연스러운 교수법과 학습법은 수업 또는 학기 동안 3단계 중 한 단계 이상을 사용하는 것이다. 예를 들어, 교사가 학생의 이해와 호기심, 그리고 흥미를 자극해 주제를 다루는 동안, 다른 측면에서는 복습과 실습의 촉진을 요구한다.

새로운 지식과 기술은 가르치는 것에서 끝나는 것이 아니라, 창의적인 적용까지 이끌 필요가 있다. 주제의 새로운 면을 소개하기 위해 교사가 호기심을 자극하는 동안(1단계, 학습자 준비), 주제에 대해 더 배우고 싶다는 마음을 자극하고(2단계, 학습 촉진), 새로운 지식을 어떻게 적용할 것인지(3단계, 학습 다지기) 생각해야 한다. 이와 같이, 퀀텀 러닝 티칭 사이클의 단계들은 증가와, 반복, 순환을 반복하며 인지적 물결을 만들어 내고, 그 결과로 명확한 학습, 깊이 있는 학습, 그리고 '내가 안다는 것'을 깨닫게 해 준다.

　많은 교사들이 각 구성 요소들(기초, 분위기, 환경, 설계, 전달, 심화) 중 한 가지 전략에 집중해서 퀀텀 러닝 시스템을 도입하기 시작하고, 그것에 기반을 삼아 전체를 설계하기 시작할 것이다. 퀀텀 러닝 전략들을 개발하고 시행할 때, 교사들은 무엇이 효과적이고, 더 효과적이기 위해 어떤 추가적인 연습, 지식, 기술들이 필요한지에 대해 토론할 수 있는 파트너, 스터디 그룹을 만들어서 수업을 함께 설계하고, 형성 평가를 개발하면 좋다. 그러면 퀀텀 러닝에 대한 교사들의 이해도 높아지고, 이것을 반복적으로 사용해 보며 다양한 각도에서 자기 평가를 완성하고, 진행 과정을 살펴볼 수 있다.

　어떤 학교들은 퀀텀 러닝의 모델 학교가 되는 과정에 있기도 하다. 학생들이 충분한 안정감과 지지를 느끼고, 성취와 즐거움을 모두 경험할 수 있는 활기찬 학교, 학생들이 원하는 결과물을 얻도록 돕기 위해 교사가 무엇을 해야 하는지 아는 학교, 그리고 학습 과정의 협력과 심화가 매일 일어나는 학교가 바로 그것이다. 이를 위해서는 집중과 몰입, 그리고 모든 학생들은 배울 능력이 있고, 성공할 수 있다는 믿음, 또 모든 교사들도 효과적으로 학생들을 가르칠 수 있다는 믿음을 포함한 인지적 고찰이 필요하다. 모델 학교가 한번 설립되고 나면, 연방과 국가의 기준, 교과 과정 권한이 바뀌어도 그것과 상관없이 퀀텀 러닝 공동체는 강력하고 적절하게 유지되었다.

교수법과 학습법에서 탁월한 성취를 이루기 위해서는, 우리가 원하는 것이 무엇인지 명확한 그림을 그릴 수 있어야 하고, 바로 그것이 시작점이 된다. 아래 라이너 마리아 릴케의 시 한 구절이 있는데, 교사들이 자기 분야에서 탁월함을 추구할 때 참고할 만한 내용이다.

당신이 당신의 머릿속 그림들을 세상으로 나오게 해야 합니다.
그것은 태어나길 기다리는 미래입니다.
두려움은 당신이 느끼는 것만큼 강력한 것이 아닙니다.
미래가 펼쳐지기 전에 당신에게 먼저 들어가야 합니다.
— 라이너 마리아 릴케, 《젊은 시인에게 보내는 편지》

우리는 각자 상상하고 있는 탁월한 교수법과 학습법에 대해 간절한 마음으로 소원하며, 실현될 수 있도록 확장해 나가야 한다.

참고 문헌

Acheson, A., Conover, J. C., Fandl, J. P, DeChiara, T. M., Russell, M., Thadani, A., Lindsay, R.M. (1995). A BDNF autocrine loop in adult sensory neurons prevents cell death. *Nature*,374(6521),450-3.

Ackerman, D. (1990/1995). *A natural history of the senses*.NewYork:VintageBooks.

Alvarez, J. A., Emory, J. A., & Emory, E. (2006). Executive function and the frontal lobes: A meta-analytic review. *Neuropsychology Review*, 6(1), 17-42.

Anderson, J.R. (2004). *Cognitive psychology and its implications*(6th edition).New York: Worth Publishers.

Anderson, L.W, & Krathwohl, D.R. (Eds.). (2001). *A taxonomy for learning, teaching and assessing: A revision of Bloom's taxonomy of educational objectives: Complete edition.* New York: Longman.

Avery, N. (April 12,2011). *Education Space 360: Health benefits of plants in the classroom.* Accessed Oct 26,2014: http://www.educationspace360.com/index.php/h.ealth-benefits-of-plants-in-the-classroom-4716/.

Baddeley, A. (1992). Working Memory. *Science: New Series*,255(5044),556-9.

Baddeley, A. (2008-2014). Working memory: The evolution of the model. *GoCognitive: Educational tools for cognitive neuroscience.* [Video series]. Accessed May, 19,2014. http:// www.gocognitive.net/interviews/evolution-model.

Baddeley, A. (2010). Working memory. *Current Biology: Science Digest*, 20(4), R136-R140.

Baddeley, A., Allen, R.J., & Hitch, G. (2011). Binding in visual working memory: The role of the episodic buffer. *Neuropsychologia*,49(6),1393-414_

Baddeley, A., & Hitch, G. (1974). Working memory. In G.H. Bower (Ed.), *The psychology of learning and motivation: Advances in research and theory* 8, 47-89. New York: Academic Press.

Bandura, A. (1997). *Self-efficacy: The exercise of control.* New York: W. H. Freeman and Company.

Bar-On, R. (2004). The Bar-On emotional quotient inventory (EQ-0: Rationale, description and psychometric properties. In Glenn Geher (Ed.), *Measuring emotional intelligence: Common ground and controversy.* Hauppauge, NY: Nova Science.

Barry, C. (2010). From great texts to great thinking. *Educational Leadership* 67(6), 42-46.

Bass, K. M., Yumol, D., & Hazer, J. (2011). *"Ilearnedhowallthemathwehavebeen doing works." The effect of RAFT hands-on activities on student learning, engagement, and 21st century skills.* RAFT Student Impact Study. Accessed July 3, 2014: http://www.raft.net/publicipdfs/ Rockman-RAFT-Report.pdf.

Battistich, V., Solomon, D., Kim, D., Watson, M., & Schaps, E. (1995). Schools as communities, poverty levels of student populations, and students' attitudes, motives, and performance: A multilevel analysis. *American Educational Research Journal,* 32, 627-658.

Beck, I. L., McKeown, M. G., Hamilton, R. L., & Kucan, L. (1997). *Questioning the author: An approach for enhancing student engagement with text.* Newark, DE: International Reading Association.

Bekinschtein, P, Cammarota, M., Katche, C., Slipczuk, L., Rossato, J.I., Goldin, A., . Medina, J.H. (2008). BDNF is essential to promote persistence of long-term memory storage. *Proceedings of the National Academy of Sciences,* 105(7), 2711-2716.

Bengtsson, S. L., Nagy, Z., Skare, S., Forsman, L., Forsberg, H., & Ullen F. (2005). Extensive piano practicing has regionally specific effects on white matter development. *National Neuroscience,* 8(9), 1148-50.

Berchtold, N. C., Chinn, G., Chou, M., Kesslak, J. P., & Cotman, C. W. (2005). Exercise primes a molecular memory for brain-derived neurotrophic factor protein induction in the rat hippocampus. *Neuroscience,* 133(3), 853-61.

Bergen, B. K. (2012). Metaphors are in the mind. In John Brockman (Ed.). *This Explains Everything: Deep, Beautiful, and Elegant Theories of How the World Works.* Edge.org: Edge Publishing.

Berger, K.S. (2009). *The developing person through childhood and adolescence(8th Edition)* .New York: Worth Publishers.

Berger, W. (2014). *A more beautiful question: The power of inquiry to spark breakthrough ideas.* Irvine, CA: Entrepreneur Press.

Berk, R.A. (2008). Music and music technology in college teaching: Classical to hip hop across the curriculum. *International Journal of Technology in Teaching and Learning* 4(1), 45-67.

Bernstein, J. (2013, May 10). The analogue world. New York: Dow Jones Company. *The*

Wall Street Journal.

Biggs, J. (1999). *Teaching for quality learning at university.*Buckingham,UK:Open University Press.

Biggs, J., &. Collis, K. (1982). *Evaluating the Quality of Learning: The SOLO Taxonomy.* New York: Academic Press.

Binder, D. K., & Scharfman, H. E. (2004). Brain-derived neurotrophic factor. *Growth Factors* 22 (3), 123-31.

Black, P. & Wiliam, D. (1998). Assessment and classroom learning. *Assessment in Education: Principles, Policy and Practice* 5(1),7-74.

Black, P. & Wiliam, D. (2003). In praise of educational research: Formative assessment. *British Educational Research Journal* 29(5),623-37.

Block, J. (2002). *Personality as an affect-processing system: Toward an integrative theory.* Mahwah, NJ: Lawrence Erlbaum Associates.

Bloom, B. S., Engelhart, M. D., Furst, E. J., Hill, W. H., & Krathwohl, D. R. (1956). Taxonomy of educational objectives: The classification of educational goals. *Handbook I: Cognitive domain.* New York: David McKay Company.

Boyd, D. (1976). *Rolling thunder.* New York: Dell Publishers.

Bradsford, J. D., Brown, & Cocking, R. R. (Eds.) (1999). *How people learn: Brain, mind, experience, and school.* Washington, DC: National Academy Press.

Brewer, C. (1995). *Music and learning: Seven ways to use music in the classroom.* Tequesta, FL: LifeSounds.

Brewer, C. (2008). *Soundtracks for learning: Using music in the classroom.* Bellingham, WA: LifeSounds Educational Services.

Brophy, J. E. (1979/2010). Classroom management as socializing students into clearly articulated roles. *Journal of Classroom Interaction*, 45(1), 17-24.

Bruner, J. (1990). *Acts of meaning.* Cambridge, MA: Harvard University Press.

Buckley, C. (2012, Nov). *Dopamine not about pleasure(anymore).* Hartford, CT College of Liberal Arts and Sciences. UConn Today.

Burton, D., & Weiss, C. (2008). The fundamental goal concept: The path to process and performance success. In T.S. Horn (Ed.) *Advances in sport psychology* (3rd Edition).Champaign,IL:HumanKinetics.

Byrd, J., Jr., & Goodney, L. S. (Ed.). (2008). *Guidebook for student-centered classroom discussions (1st edition)* .Parkersburg, WV: Interactivity Foundation.

Callahan, R. (2009, Feb 2). Purdue study: Hands-on learning better. *Indianapolis: Journal and Courier*. The Associated Press.

Campbell, D. (1997).*The Mozart effect: Tapping the power of music to healthe body, strengthen the mind, and unlock the creative spirit*. New York: Avon Books.

Canadian Institutes of Health Research (2012 Mar 20). The cerebellum. Neuroanatomy. BrainFacts.org: Society of Neuroscience. Accessed Oct 27, 2014: http://www. brainfacts. org/brain-basics/neuroanatorny/articles/2012/the-cerebellum.

Caramenico, G. (2014 Oct 17). What Is the Nucleus Accumbens? *wiseGeek*.Accessed Oct 27, 2014: http://www.wisegeek.com/what-is-the-nucleus-accumbens.html.

Carlson, N. R. (2013). *Physiology of behavior (11th edition)*. Harlow, Essex, UK: Pearson Education Limited.

Carter, S. C. (2011). *On purpose: How great school cultures form strong character*. Thousand Oaks, CA: Corwin.

Center for the Study of Social Policy staff (2007). Engaging youth in community decision making. Washington, DC: Center for the Study of Social Policy.

Chaiklin, S. (2003). The zone of proximal development in Vygotsky's analysis of learning and instruction. In A. Kozulin, B. Bindis, VS Ageyev & S.M. Miller. *Vygotsky's educational theory in cultural context*. New York: Cambridge University Press.

Changeux, J. P. (2002/2004). *The physiology of truth*. Cambridge, MA: Harvard University Press.

Chen, Z., & Cowan, N. (2005). Chunk limits and length limits in immediate recall: A reconciliation. *Journal of Experimental Psychology Learning, Memory and Cognition*, 31(6): 1235-49.

Chorost, M. (2014, Sept 1).Your brain on metaphors: Neuroscientists test the theory that your body shapes your ideas. *The Chronicle of Higher Education*.

Choy, S. C., & Oo, P. S. (2012). Reflective thinking and teaching practices: A precursor for incorporating critical thinking into the classroom? *International Journal of Instruction* 5(1), 1308-1470.

Churchland, P (2014). Editorial Review for Gregory Hickok's (2014) *The myth of mirror neurons: The real neuroscience of communication and cognition*. Accessed Dec 1, 2013: http:// www.amazon.com/product-reviews/.

Chuska, K.R. (1995/2003).*Improving classroom questions* (2nd ed.) Bloomington, IN: Phi Delta Kappa Educational Foundation.

Coe, L., Bell, C., & Little, O. (2008). *Approaches to evaluating teacher effectiveness: A research synthesis*. Washington, DC: National Comprehensive Center for Teacher

Quality.

Cole, M., John-Steiner, V., Souberman, E., & Scribner, S. (Eds.) (1978). L. S. Vygotsky. Mind in society: The development of higher psychological processes. Cambridge, MA: Harvard University Press.

Coles, T. (2011 Oct 7). SOLO Taxonomy. Totally wired77—Punk Learning Accessed Oct 27, 2014: https://taitcoles.wordpress.com/2011/10/07/solo-taxonomy/.

Conway, C. M., & Pisoni, D. B. (2008). Neurocognitive basis of implicit learning of sequential structure and its relation to language procession. *Annual New York Academy of Sciences*, 1145, 113-31.

Cornish, D., & Dukette, D. (2009). *The essential 20: Twenty components of an excellent health care team.* Pittsburg, PA: RoseDog Books.

Cotton, K. (1988, May). Monitoring Student Learning in the Classroom: Close-Up #4. *School Improvement Research Series.* Denver, CO: Northwest Regional Education Research Laboratory: Education Commission of the States.

Cowan N. (2001). The magical number 4 in short-term memory: A reconsideration of storage capacity. *Behavioral and Brain Sciences*, 24, 87-185.

Cowan, N. (2005). *Working memory capacity.* New York: Psychology Press.

Cranz, G. (1998). *The chair: Rethinking culture, body and design.* New York: WW Norton & Company.

Crooks, T. J. (1988). The impact of classroom evaluation on students. *Review of Educational Research*, 5, 438-81.

Csikszentmihalyi, M. (1990). *Flow: The psychology of optimal experience.* New York: Harper and Row.

Csikszentmihalyi, M. (1993). *The evolving self: A psychology for the third millennium.* New York: HarperCollins.

Csikszentmihalyi, M. (2012). The importance of challenge for the enjoyment of intrinsically motivated, goal-directed activities. *Personality and Social Psychology Bulletin*, 38.

Cutting, J., DeLong, J.E., & Nothelfer, C.E. (2010). Attention and the evolution of Hollywood film. *Psychological Science.*AccessedJune17,2014:http://pss.sagepub.com/contentiearly/2010/02/04/0956797610361679.

DaLie, S.O. (2001). Students becoming real readers: Literature circles in high school English classes. In Bonnie 0. Ericson (Ed.) *Teaching reading in high school English classes.* The National Council of Teachers of English, 84-100.

Daly, J., Burchett, M., & Torpy, F. (2010). Plants in the classroom can improve student performance. Accessed Oct 27, 2014: http://www.interiorplantscape.asn.au.

Darling-Hammond, L. (2000). Teacher quality and student achievement: A review of state policy evidence. *Education Policy Analysis Archives*, 8(1).

Dave, T. (2007). *Thorndike's laws of learning.* YahooVoices.AccessedJune30,2014: http://voices.yahoo.com/thorndikes-laws-learning-426185.html.

Davidson, R. with Begley, S. (2012). *The emotional life of your brain: How its unique patterns affect the way you think, feel and live—and how you can change them.* New York: Penguin Publishing Group.

Dawkins, R. (1976/1989). *The selfish gene.*New York: Oxford University Press.

Dawkins, R. (2003). *A devil's chaplain.*Boston:HoughtonMifflin.

Deci, E. L., & Ryan, R. M. (1985). *Intrinsic motivation and self-determination in human behavior.* New York: Plenum.

Deci, E.L., Koestner, R., & Ryan, R.M. (1999). A meta-analytic review of experiments examining the effects of extrinsic rewards on intrinsic motivation. *Psychological Bulletin*, 125(6), 627-68.

DeGarmo, C. (1911). *Interest and education.* New York: Macmillan.

Dehaene, S. (2009) . *Reading in the brain: The science and evolution of a human invention.* New York: Penguin Viking.

DePorter, B. (1979). Notes summarized from Lozanov training held in Orinda, CA.

DePorter, B. (1992). *Quantum learning: Unleashing the genius in you.* New York: Dell Publishing.

DePorter, B. (1997). *Quantum business: Achieving success through quantum learning.* New York: Dell Publishing.

DePorter, B. (2000). *The 8keys of excellence: Principles to live by.* Oceanside, CA: Learning Forum Publications.

DePorter, B. (2001). *Accelerated learning.* Seattle, WA: New Horizons for Learning. Accessed June 25, 2014: http://ipkorg:8080/modul/kpispm/sumber/KB/NewHorizon/www.newhorizons.org/strategies/accelerated/deporter.html.

DePorter, B. (2006). *The seven biggest teen problems and how to turn them into strengths.* Oceanside, CA: Learning Forum Publications.

DePorter, B. (2006). *Quantum success.* Oceanside, CA: Learning Forum Publications.

DePorter, B., Reardon, M., & Singer-Nourie, S. (1999). *Quantum teaching: Orchestrating student success.* Boston, MA: Allyn and Bacon.

DeRoche, E. (2013, Jan 22). *The otherside of the report card.* University of San Diego Character Development Center. [Blog Post]. Accessed June 30, 2014: https://sites. sandiego.edu/character/blog/2013/01/22/other-side-of-the-report-card/.

Dewey, J. (1909/1910/1996). The influence of Darwin on philosophy. PopularScience Monthly (1909); New York: Henry Holt and Company (1910); In Max Fisch (Ed.),*Classic American Philosophers* (secondedition), Bronx, NY: Fordham U. P. (1996), pp.336-44. Accessed Oct 15, 2014: http://www.cspeirce.com/mentillibrary/ aboutcsp/dewey/darwin.htm.

Dewey, J. (1910). *How we think. A restatement of the relation of reflective thinking to the educative process* (Revised edition.), Boston, MA: D.C. Heath.

Diamond, M. C., & Hopson, J. L. (1998). *Magic trees of the mind: How to nurture your child's intelligence, creativity, and healthy emotions from birth through adolescence.* New York: Dutton.

Didau, D. (2012a, Jun 7). Solo 101—SlideShare. www.slideshare.net/didau/solo-101.

Didau, D. (2012b, Feb 4). How effective learning hinges on good questioning. *The Learning Spy*: http://www.le arningspy. co . uk/asse ssment/how- effective -learning-hinges on- good-questioning/#more-94.

Didau, D. (2014, Jan 24). Old Hat(tie)? Some things you ought to know about effect sizes. *The Learning Spy: Brain food for thinking teachers.* [Blog].Accessed July 2, 2014: http://www.learningspy.co.uk/myths/things-know-effect-sizes/#more-4972.

Dilts, R. (1983). *Roots of neuro-linguistic programming.* Cupertino, CA: Meta Publications.

Di Ranna, K. (2006, Nov). *Questioning strategies: A good question is worth a thousand thoughts.* Huntington Beach, CA: K-12 Alliance/WestEd.

Dolen, G., Darvishzadeh, A., Huang, K. W., & Malenka, R. C. (2013). Social reward requires coordinated activity of nucleus accumbens oxytocin and serotonin. *Nature*, 501, 179-84,

Dubuc, B. (2002) *The brain from top to bottom.* Accessed July 2, 2014: http://thebrain. mcgill. ca/.

Duckworth, A. L. (2009, Oct 18). True grit: Can perseverance be taught? TEDx Talks. hap:// www.youtube.com/watch?v=qaeFnxSfSC4.

Duckworth, A. L. (2013, Aug 1). Research statement for Angela L. Duckworth. University of Pennsylvania: School of Arts and Sciences. The Duckworth Lab. Accessed June 25, 2014: https://sites.sas.upenn.edukluckworthipages/research-statement.

Dunn, R., & Dunn, K. (1992a).*Teaching elementary students through their individual learning styles.* Boston, MA: Allyn & Bacon.

Dunn, R., & Dunn, K. (1992b). *Teaching secondary students through their individual learning styles.* Boston, MA: Allyn & Bacon.

Dweck, C.S. (2006). *Mindset: The new psychology of success.* New York: Random House.

Ebbinghaus, H. (1885/1913). *Memory: A contribution to experimental psychology.* Translated by Henry A. Ruger & Clara E. Bussenius. Originally published in New York by Teachers College, Columbia University. Reprinted in Classics in the history of psychology: An Internet resource developed by Christopher D. Green. York University, Toronto, Ontario. Accessed July 3, 2014: http://psychclassics.yorku.ca/.

Edelman, G. (1992). *Bright air, brilliant fire: On the matter of the mind.* New York: Basic Books.

Elias, M.J., Zins, J.E., Weissberg, R.P, Frey, K.S., Greenberg, M.T., Haynes, N.M., . Shriver, T.P. (1997). *Promoting social and emotional learning: Guidelines for educators.* Alexandria, VA: Association for Supervision and Curriculum Development.

Ellis, K. (1993). *Teacher questioning behavior and students learning: What research says to teachers.* Albuquerque, NM: Paper presented at the 64th Annual Meeting of the Western States Communication Association. Accessed June 25, 2014: http://files.eric.ed.gov/fulltext/ ED359572.pdf.

Esch, S. (2013, Aug 24). Notes on reading: Introducing Analogy and Comparison /Contrast. Accessed Dec 2, 2014: http://notearama.blogspot.com/2013/08/introducing-analogy-and-companson.html.

Farrington, C. A., Roderick, M., Allensworth, E., Nagaoka, J., Keyes, T. S., Johnson, D. W, & Beechum, N. O. (2012). *Teaching adolescents to become learners: The role of noncognitive factors in shaping school performance.* Chicago, IL: University of Chicago. Accessed June 25, 2014: https://ccsr.uchicago.eduipublications/teaching-adolescents-become-learners-role-noncognitiVe-factors-shaping-school.

Ferlazzo, L. (2011, Oct 20). Why schools should not grade character traits [Guest Column]. *The Answer Sheet: Washington Post.* Accessed July 2, 2014: http://www.washingtonpost.com/blogsianswer-sheet/post/why-schools-should-not-grade-character-traits/2011/10/20/gIQAjuoUOLblog.html.

Fields, R. D. (2008, Mar). White matter matters. *Scientific American* 298(3) Accessed July 2, 2014: http://www.scientificamerican.com/article/white-matter-matters!

Fiske, E. (1991). *Smart schools, smart kids: Why do some schools work?* New York:

Touchstone.

Flanagan, J. R., Vetter, P., Johansson, R. S., & Wolpert, D. M. (2003). Prediction precedes control in motor learning. *Current Biology*, 13(2), 146-50.

Flavell, J. H. (1979). Metacognition and cognitive monitoring: A new area of cognitive-developmental inquiry. *American Psychologist*, 34(10), 906-911.

Flay, B. (2014 Jan). Measurement of Social-Emotional and Character Development (SECD) in young children, and the mediating effects of SECD on outcomes of the *Positive Action* program. Presentation: University of Birmingham, Oriel College, Oxford University: Can Virtue Be Measured? The Second Annual Conference of The Jubilee Centre for Character and Values, https://www.positiveaction.net/downloads/flay-oxford-paper.pdf.

Foerde, K., & Knowlton, B. (2006, Jul 25). Multi-tasking adversely affects the brain's learning systems. UCLA Department of Psychology, Proceedings of the National Academy of Sciences. Accessed July 15, 2014: http://www.psych.ucla.eduinews/russell-poldrack-multi-tasking-adversely-affects-the-brains-learning-systems.

Foran, L. (2009). Listening to music: Helping children regulate their emotions and improve learning in the classroom. *Educational Horizons*, 88(1), 51-8.

Ford, D. (1987). *Humans as self-constructing living systems: A developmental perspective on behavior and personality.* Hillsdale, NJ: Lawrence Erlbaum Associates.

Forman, E. A. (2003). A sociocultural approach to mathematics reform: Speaking, inscribing, and doing mathematics within communities of practice. In J. Kilpatrick, G.W. Martin & D. Schifter (Eds.), *A research companion to principles and standards for school mathematics* (pp.333-52). Reston, VA: National Council of Teachers of Mathematics.

Fredricks, J., McColskey, W., Meli, J., Montrose, B., Mordica, J., & Mooney, K. (2011). Measuring student engagement in upper elementary through high school: A description of 21 instruments. Washington, DC: *Issues & Answers* 98.US Department of Education Institute of Education Sciences, National Center for Education Evaluation and Regional Assistance, Regional Education Laboratory Southeast. Accessed July 2, 2014: http://ies.ed.gov/ncee/edlabs/regions/southeast/pdfirel_2011098.pdf.

Fries, J. (2011). *Questioning in the classroom: The effects of engaging questions on attitude.* A capstone project submitted in partial fulfillment of the requirements for the degree of Master of Arts in Teaching: Mathematics. Minot, ND: Minot

State University.

Fuchs, L., & Fuchs, D. (1986, Nov). Effects of systematic formative evaluation: A meta-analysis. *Exceptional Children*, 53(3), 199-208.

Fuller, B. (1981). *Critical Path*. New York: St. Martin's Press.

Gagne, R. M. (1977). *The conditions of learning*. New York: Holt, Rinehart and Winston.

Gardner, H. (1983) . Frames of mind. TheTheoryofMultipleIntelligences.NewYork: Basic Book Inc.

Gates, A. I. (1917). Recitation as a factor in memorizing. *Archives of Psychology*, 6 (40).

Gershon, M. (1998, Spring). *The second brain: The scientific basis of gutinstinct and a ground breaking new understanding of nervous disorders of the stomach and intestine. The Journal of the College of Physicians and Surgeons of Columbia University: The P&S Journal*, Vol. 19 No. 2.

Gershon, M. (2014). *Michael Gershon CV*. Bethesda, MD: American Association of Anatomists. Accessed June 19, 2014: http://www.anatorny.org/contentimichael-gershon.

Giedd, J. (2009, Feb 26). The teen brain: Primed to learn, primed to take risks. *Cerebrum*. New York: The Dana Foundation. http://www.dana.org/Cerebrum/2009/The Teen Brain Primed to jearn,Primed_w_Take_Risks.

Gigerenzer, G. (2007). *Gut feelings: The intelligence of the unconscious*. London, UK: Viking Penguin.

Gilbert, A. G. (1997). Movement is the Key to Learning. *New Horizons for Learning*. Baltimore, MD: Johns Hopkins School of Education.

Given, B. K. (1975). *Alphabet cuecards*. Oakland, IL: Ideal School Supply Co.

Given, B. K., & Reid, G. (1999). *Learning styles: A guide for teachers and parents*. Lancashire, England: Red Rose Publications.

Given, B. K. (2000). *Learning styles: A guide for teachers and parents, Revised*. Oceanside, CA: Learning Forum Publications.

Given, B. K. (2002). *Teaching to the brain's natural learning systems*. Alexandria,VA: Association for Supervision and Curriculum Development.

Glaser, E. (1941). *An experiment in the development of critical thinking*. New York: Teacher's College, Columbia University.

Glenn, D. (2010, May 9). Carol Dweck's attitude: It's not about how smart you are. *The Chronicle of Higher Education: The Chronicle Review*. Accessed June 30, 2014: http:// chronicle.comiarticle/Carol-Dwecks-Attitude/65405/.

Goleman, D. (1995/2005). *Emotional intelligence: Why it can matter more than IQ*. New York: Bantam Dell Books.

Goleman, D. (2006). *Social intelligence: The new science of human relationships*. New York: Bantam Books.

Goleman, D. (2011). *The brain and emotional intelligence: New insights*. Northampton, MA: More Than Sound.

Goleman, D., Boyatzis, R., & McKee, A., (2002/2013). *Primal leadership: Unleashing the power of emotional intelligence*. Boston, MA: Harvard Business School Publishing.

Goodenow, C. (1993). Classroom belonging among early adolescent students: Relationships to motivation and achievement. *Journal of Early Adolescence*, 13, 21-43.

Greenspan, S. I., & Benderly, B. L. (1997). *The growth of the mind and the end angered origins of intelligence*. Cambridge, MA: Perseus Books.

Guenther, R. K. (1998). *Human cognition*. Upper Saddle River, NJ: Prentice Hall.

Hadhazy, A. (2010, Feb 12). Think twice: How the gut's "second brain" influences mood and well-being. *Scientific American*. Accessed July 2, 2014: http://www.scientificamerican.corn/article/gut-second-brain/.

Hall, C. R., (St Dickson, M.W. (2011). Economic, environmental, and health/well-being benefits associated with green industry products and services. A review. *Journal of Environmental Horticulture*, 29, 96-103.

Halpern, D. F. (1996). *Thought and knowledge: An introduction to critical thinking* (3rd edition). Mahwah, NJ: L. Erlbaum Associates.

Hamilton, J. (2008, Oct 2). *Think you're multitasking? Think again*. National Public Radio (NPR). Accessed June 28, 2014: http://www.npr.org/templates/story/story.php?storyid = 95256794.

Hanford, E. (2014). Angela Duckworth and the research on 'grit.' American RadioWorks. http://americanradioworks.publicradio.orggeatures/tomorrows-college/grit/angela-duckworth-grit.html.

Hannaford, C. (1995). *Smart moves: Why learning is not all in your head*. Arlington, VA: Great Ocean Publishers, Inc.

Hannaford, C. (2005). *Smart moves: Why learning is not all in your head* (2nd Edition). Salt Lake City, UT: Great River Books.

Hannaford, C. (2010). *Playing in the unified field: Raising & becoming conscious, creative human beings*. Salt Lake City, UT: Great River Books.

Harris, D. N., & Rutledge, S. A. (2010). Models and predictors of teacher effectiveness: A comparison of research about teaching and other occupations. *Teachers College Record*, 112(3), 914-60.

Hastings, N., & Schwieso, J. (1995). Tasks and tables: The effects of seating arrangements on task engagement in primary classrooms. *Educational Research* 37(3), 279-91.

Hattie, 1. (2003, Oct). *Teachers make a difference: What is the research evidence?* Paper presented at the Australian Council for Educational Research Annual Conference on Building Teacher Quality, Melbourne. Accessed July 14, 2014: https://cdn.auckland.ac.nz/assets/ education/hattie/docs/teachers -make -a- difference -ACER- (2003) .pdf.

Hattie, J. (2009). *Visible learning: A synthesis of over 800 meta-analyses relating to achievement.* New York: Routledge.

Hattie, J. (2012). *Visible learning for teachers: Maximizing impact on learning.* New York: Routledge.

Hattie, J. & Brown, G. (2004, Sept). *Cognitive processes in asTTle: The SOLO taxonomy.* Assessment Tools for Teaching and Learning Technical Report #43, University of Auckland/Ministry Education.

Hattie, J., & Timperley, H. (2007). The power of feedback. *Review of Educational Research* 77 (1), 81-112.

Hattie, J., & Yates, G. R. (2014). *Visible learning and the science of how we learn.* New York: Routledge.

Hebb, D. O. (1949/1964). *The organization of behavior.* New York: Wiley.

Heckman, J. J. (2012, Dec 6). Noncognitive skills and socioemotional learning. Research Symposium on Learning: Center for Universal Education. Washington, DC: Brookings Institution.

Heckman, J.J., & Kautz, T. (2012). Hard evidence on soft skills. *Journal of Labor Economics* 19 (4), 451-64.

Heldsinger, S. (2014). *When might hinge questions be come unhinged?* Assessment Community. Online. Accessed June 25, 2014: http://assessmentcommunity.com.au/index.phpiarticlesi post/when-might-hinge-questions-become-unhinged.

Hesslow, G. (n.d.). In Jean Blaydes, Advocacy: A Case for Daily Quality Physical Education. *How does Physical Education help your child's academic performance?* Overland Park, KS: Timber Creek Elementary. Accessed Oct 27, 2014: http://www.bluevalleyk12.orgieducation/components/whatsnew/default.

php?sectiondetailid=49714.

Hickok, G. (2014). *The myth of mirror neurons: The real neuro science of communication and cognition.* New York: W W Norton & Company, Inc.

Hill, N. (1937) *Think and growrich.* A Publication of the Napoleon Hill Foundation. Meriden, CT The Ralston Society.

Hinett, K. (2002). *Improving learning through reflection — part one.* Heslington, York, UK: The Higher Education Academy. Accessed July 3, 2014: http://www.heacademy.ac.uk/assets/ documents/resources/database/id485_improving jearning_part_one.pdf.

Hofstadter, D., & Sander, E. (2013). *Surfaces and essences: Analogy as fuel and fire of thinking.* New York: Basic Books.

Houghton, A. (2013). *Designing green schools that advance public health: Part 2.* A Texas Fitness Study. Stephenville, TX: American Clearinghouse on Educational Facilities, Tarleton State University. Accessed June 29, 2014: http://online.tarleton.edu/ACEF/ DesigningGreenSchoolsThatAdvancePublicHealthPart2/DesigningGreenSch.00lPart212. html

Huang, E. J., & Reichardt, L. F. Neurotrophins: roles in neuronal development and function. *Annual Review of Neuroscience.* 2001: 24, 677-736.

Huene, J. (2010). Personal communication with Bobbi DePorter.

Hume, K. (2011, May 3). Unexpected Connections: Teaching through Metaphor and Analogy. Teach Magazine. Accessed Dec 2, 2014: http://teachmag.com/archives/3432.

Hyman, I. E., Jr., Matthew, S., Boss, S. M., Wise, B. M., McKenzie, K. E., & Caggiano, J. M. (2010). Did you see the unicycling clown? Inattentional blindness while walking and talking on a cell phone. *Applied Cognitive Psychology,* 34(5), 597-607.

Jakovleva, E., & Korotkov, K. (2013). *Electrophotonic analysis in medicine.* GDV Bioelectrography research. DrK's eBooks. Accessed June 29, 2014: http://korotkov.org/ store/#!/—/category/id=5752170&offset=0(Stsort=normal.

James, W. (1890). Principles of psychology. In Christopher D. Green, *Classics in the History of Psychology: An Internet resource.* Toronto, Ontario: York University.

Jarrett, C. (2013, Dec 13). A calm look at the most hyped concept in neuroscience — Mirror neurons. Wired the Online Brain Watch blog. Accessed Dec 1, 2014: http://www.wired. com12013/12/a-calm-look-at-the-most-hyped-concept-in-neuroscience-mirror-neuronsi.

Jensen, E. (1988). *Super teaching: Masters trategies for building student success.* Del Mar, CA: Turning Point for Teachers.

Jensen, E. (1995). *Super teaching.* Del Mar, CA: Turning Point for Teachers.

Jensen, E. (2000). *Learning with the body in mind: The scientific basis for energizers, movement, play, games, and physical education.* Thousand Oaks, CA: Corwin.

Journey North Staff (2014). Reading strategies for the Journey North teacher. Compare and contrast ideas. Accessed Dec 1, 2014: http://www.learner.orgijnorthitm/ReadStrat5.html.

Johnson, B. (2012, June 26). Student engagement: Three steps for improving teacher questions. *Edutopia: What Works in Education.* Accessed June 30, 2014: http://www.edutopia.org/blog/improving-teacher-questions-ben-johnson.

Kahneman, D. (2011). *Thinking, fast and slow.* New York: Farrar, Strauss, and Giroux.

Kalat, J. W. (2001). *Biological psychology* (7th edition). Belmont, CA: Wadsworth.

Karpicke, J. (2012). Retrieval-based learning: Active retrieval promotes meaningful l learning. *Current Directions in Psychological Science,* 21(3), 157-63.

Karpicke, J., & Roediger, H. L., III. (2007). Repeated retrieval during learning is the key to long-term retention. *Journal of Memory & Language,* 57(2), 151-62.

Karpicke, J., & Roediger, H. L., III. (2010). Is expanding retrieval a superior method for learning text materials? *Memory and Cognition,* 38(1), 116-24.

Kasdin, A.E. (2000). *Psychotherapy for children and adolescents: Directions for research and practice.* New York: Oxford University Press.

Kaufeldt, M. (2005). *Teachers, change your bait! Brain-compatible differentiated instruction.* Carmarthen Wales, UK: Crown House Publishing.

Kaufman, E. K., Robinson, J. S., Bellah, K. A., Akers, C., Haase-Wittler, P., & Martindale, L. (2008, Sept). *Engaging students with brain-based learning: Research report.* Alexandria, VA: Association for Career & Technical Education. www.acteonline.org.

Kilner, J., & Lemon, R. (2013, Dec 2). What we currently know about mirror neurons. *Current Biology,* 23 (23) R1057—R1062.

Kluger, A. N., & DeNisi, A. (1996). The effects of feedback interventions on performance: A historical review, a meta-analysis, and a preliminary feedback intervention theory. *Psychological Bulletin,* 119(2), 254-84.

Knierim, J. (2014). Cerebellum. In *Neuroscience Online: An electronic textbook for the neurosciences* (Section 3, Chapter 5). Houston, TX: The Department of

Neurobiology and Anatomy, University of Texas Medical School.

Koehler, A. (2007). *Raising awareness of self-efficacy through self-regulated learning strategies for reading in a secondary ESL classroom.* A Capstone Project; Master of Arts in English as a Second Language. St. Paul, MN: Hamline University.

Kohn, A. (1996). *Beyond discipline: From compliance to community.* Alexandria, VA: Association for Supervision and Curriculum Development.

Kohn, A. (2008). Why self-discipline is overrated: The (troubling) theory and practice of control from within. *Phi Delta Kappan Online.* Accessed June 28, 2014: http:// www.alfiekohn.org/teaching/selfdiscipline.htm.

Korotkov, K. (2012, Feb 20). *Energy fields electrophotonic analysis in humans and nature.* Sudbury, MA: eBookIt.com.

Korotkov, K. (n.d.). Seeing the unseen with electrophotonics. Master Television Science and Spirituality [An interiew series on Russian television]. Accessed July 15, 2014: http:// suprememastertv.comiss/?wr_id=127&url=link1_0&goto_url=m2.

Korotkov, K., & Bordes, C. (2013, Sep 21). Ecuador energies. Accessed July 15, 2014: hap:// korotkov.org/ecuador-energies/.

Kotulak, R. (1996). *Inside the brain: Revolutionary discoveries of how the mind works.* Riverside, NJ: Andrews McMeel Publishing.

Krathwohl, D.R. (2002). A revision of Bloom's taxonomy: An overview. *Theory into Practice,* 41(4), 212-48.

Kraus, N., & Chandrasekaran, B. (2010). Music training for the development of auditory skills. *Nature Reviews Neuroscience,* 11, 599-605.

Krech, D., Rosenzweig, M. R., & Bennett, E. L. (1962). Relations between brain chemistry and problem-solving among rats raised in enriched and impoverished environments. *Journal of Comparative and Physiological Psychology,* Vol 55(5), Oct 1962, 801-7.

Lackney, J., & Jacobs, P. (2002, Jan 1). *Teachers as placemakers: Investigating teachers' use of the physical learning environment in instructional design.* Report No. EF006078. ERIC Document Reproduction Service No. ED463645.

Lahav, A., Saltzman, E., & Schlaug, G. (2007). Action representation of sound: audiomotor recognition network while listening to newly acquired actions. *The Journal of Neuroscience,* 27(2), 308-14.

Lakoff, G., & Johnson, M. (1980/Afterword 2003). *Metaphors we live by.* Chicago, IL: The University of Chicago Press.

Laughlin, P. R., Hatch, E. C., Silver, J. S., & Boh, L. (2006). Groups perform better than the best individuals on letters-to-numbers problems: Effects of group size. *Journal of Personality and Social Psychology* 90(4), 644-51.

LeDoux, J. (2002). *Synaptic self: How our brains become who weare.* New York: Viking.

Lefrancois, G.R. (2000). *Psychology of teaching* (10th edition). Belmont, CA: Wadsworth.

Lehrer, J. (2009, May 18) . DON'T! The secret of self-control. *New Yorker*, Department of Science. Accessed June 2 2014: http://www.newyorker.corn!reporting/2009/05/18/0905 1 8fa Jactiehrer? currentPage = all.

Le Tellier, J. P. (2007). *Quantum learning instructional leadership in practice.* Thousand Oaks, CA: Corwin Press.

Levitin, D. J. (2006). *This is your brain on music: The science of human obsession.* New York: Penguin Group.

Lickona, T. (1991). *Educating for character: How schools can teach respect and responsibility.* New York: Bantam Books.

Locke, E., & Latham, G. P. (1990). *A theory of goal setting & task performance.* Englewood Cliffs, NJ: Prentice-Hall, Inc.

Love to Know Corp staff (1996-2014), Analogy Examples. *Your Dictionary, the Dictionary You Can Understand.* http://examples.yourdictionary.com/analogy-ex.html.

Lozanov, G. (2009). *Suggestopedia/reservopedia: Theory and practice of the liberating-stimulating pedagogy on the level of the hidden reserves of the human mind.* Sofia, Bulgaria: St. Kliment Ohridski University Press.

Ludwig, J., & Phillips, D. (2008). Long-term effects of head start on low-income children. *Annals of New York Academy of Sciences*, 1136, 257-68.

Luria, A. R. (1961). *The role of speech in the regulation of normal and abnormal behavior.* New York: Pergamon.

Mager, R. F. (1984). *Preparing in structional objectives.* (2nd ed.). Belmont, CA: David S. Lake.

Mandal, A. (2013, Oct 28). Dopamine functions. *News Medical.* Accessed June 29, 2014: http://www.news-medical.net/health/Dopamine-Functions.aspx.

Martin, A. J. (2012). The role of personal best (PB) goals in the achievement and behavioral engagement of students with ADHD and students without ADHD. *Contemporary Educational Psychology*, 37(2), 91-105.

Marzano, R. J. (2006). *Classroom instruction and grading that work.* Alexandria, VA: Association for Supervision and Curriculum Development.

Marzano, R. J. (2007). *The art and science of teaching: A comprehensive framework for effective instruction.* Alexandria, VA: Association for Supervision and Curriculum Development.

Marzano, R. J., Brandt, R. S., Hughes, C. S., Jones, B. F., Presseisen, B. Z., Rankin, S., & Suhor, C. (1988). *Dimensions of thinking: A framework for curriculum and instruction.* Alexandria, VA: Association for Supervision and Curriculum Development.

Marzano, R. J., Pickering, D. J., & Pollock, J. E. (2001). *Classroom instruction that works: Research-based strategies for increasing student achievement.* Alexandria, VA: Association for Supervision and Curriculum Development.

Mastropieri, M. A., & Scruggs, T. E. (1998). Constructing more meaningful relationships in the classroom: Mnemonic research into practice. *Educational Psychology Review,* 1(2), 83-111.

Mastropieri, M. A., & Scruggs, T. E. (2006). Mnemonics. In Robert Reid and Toni Ortiz Lienemann (Eds.). *Strategy instruction for students with learning disabilities* (Chapter 12). New York: Guilford Publication.

McCandliss, B. D., Cohen, L., & Dehaene, S. (2003). The visual word form area: Expertise for reading in the fusiform gyrus.*Trends in Cognitive Sciences,* 7(7), 293-99.

McCarthy, B. (1987).*4Matsystem: Teaching to learning styles with right/left mode techniques.* Barrington, IL: Excel, Inc.

McKenzie, J., & Davis, H. B. (1986). Filling the tool box: Classroom strategies to engender student questioning. *From Now On: The Educational Technology Journal.* Accessed April 17, 2014: http://www.fno.org/toolbox.html#Part.

McLeod, S. (2009/2012). Jean Piaget. *Simply Psychology.* Accessed June 29, 2014: http://www.simpiypsychology.org/piaget.html.

McMullen, B. (2011). Testing the testing effect: Repetitive quizzing as a teaching tool in PA pharmacology courses. *2011 PAEA Annual Education Forum.* Kirksville, MO: Arizona School of Health Sciences.

McWhirter, J. J., McWhirter, B. T., McWhirter, A. M., & McWhirter, E. H. (1998). *At-risk youth: A comprehensive response for counselors, teachers, psychologists, and human service professionals.* Albany, NY: Brooks/Cole Publishing Company.

Mento, A. J. (1987). A meta-analytic study of the effects of goal setting on task performance: 1966-1984. *Organizational Behavior and Human Decision Processes,* 39(1), 52-83.

Messier, S. (2014, Feb 8). Analogy vs metaphor vs simile: What's the difference? *Westman Editorial*. Clockwise Press. http://www.westmaneditorial.com/analogy-vs-metaphor-vs-simile-whats-the-difference/.

Metzler, D. (n.d.). Young citizens: Partners in classroom management. *National Council for the Social Studies*. Accessed July 2, 2014: http://www.learner.org/workshops/socialstudies/pdf/ session8/8.YoungCitizens.pdf.

Miller, K. (2013, June 21). Creating meaningful objectives. *Synergis Education: Academic Services*. [Blog]. Accessed July 9, 2014: http://synergiseducation.com/blog/creating-meaningful-objectives/. Mischel, H.N., &

Mischel, W. (1983). The development of children's knowledge of self-control strategies. *Child Development*, 54(3), 603-19.

Mischel, W. (1981). Metacognition and the rules of delay. In J. Flavell & L. Ross (Eds.), *Cognitive social development: Frontiers and possible futures* (pp.240-71). New York: Cambridge University Press.

Mischel, W, Shoda, Y., St. Rodriguez, L. (1989). Delay of gratification in children. *Science, New Series*, 244 (4907), 933-38. Accessed June 30, 2014: http://pages.uoregon.edu/harbaugh/ ReadingsfUGBE/Mischel%201989%20Science,%20Delay%20of%20Gratification.pdf.

Montgomery County Public Schools (1995-2014). Monitoring your child's performance. Rockville, MD: Montgomery County Public Schools. Accessed July 10, 2014: http://www.montgomeryschoolsmd.org/parents/fourlevels/monitoringprogress/.

Moss, C.M., Brookhart, S.M., & Long, B.A. (2011). Knowing your learning target. *Educational Leadership*, 68 (6), 66-9.

Murdock, B. B., jr. (1962). The serial position effect of free recall. *Journal of Experimental Psychology*, 64 (5), 482.

Natriello, G. (1987). The impact of evaluation processes on students. *Educational Psychologist*, 22 (2), 155-75.

National Center for Learning Disabilities (NCLD) (2014). What is working memory and why does it matter? http://www.ncld.org/types-learning-disabilities/executive-function-disorders/what-is-working-memory-why-does-matter.

National Institute for Staff and Organizational Development (NISOD) Staff (1983). A review of findings from learning and memory retention studies. *Innovation Abstracts*, 5(25).

Nyquist, J. B. (2003). *The benefits of reconstruing feedback as a larger system of formative assessment: A meta-analysis.* [Master's thesis]. Vanderbilt University.

Oberman, L. M., Hubbard, E. M., McCleery, J. P., Altschuler, E. L., Ramachandran, V. S., & Pineda, J.A. (2005). EEG evidence for mirror neuron dysfunction in autism spectrum disorders. *Cognitive Brain Research*, 24(2), 190-98.

Oberman, L. M., McCleery, I. P., Hubbard, E. M., Bernier, R., Wiersema, J. R., Raymaekers, R., & Pineda, J. A. (2012). Developmental changes in mu suppression to observed and executed actions in autism spectrum disorders. *Social Cognitive and Affective Neuroscience*, 8(3), 300-4.

Pajares, F. (1996). Self-efficacy beliefs in academic settings. *Review of Educational Research* 66 (4), 543-78.

Pascolo, P. B. (Ed.) (2013). Mirror neurons: Still an open question. *Progressin Neuroscience*, 1 (1-4), 25-82.

Paul, R., & Elder, L. (2002). *Critical thinking: Tools for taking charge of your professional and personal life.* Upper Saddle River, NJ: FT Press.

Paul, R., Elder, L., & Bartell, T. (1997). *California teacher preparation for instruction in critical thinking: Research findings and policy recommendations.* Dillon Beach, CA: The Foundation for Critical Thinking.

Perkins, D. (1995). *Outsmarting IQ: The emerging science of learnable intelligence.* Florence, MA. Free Press.

Perondi, L. (2011). Personal communication with Bobbi DePorter.

Pert, C. B. (1993). The chemical communicators. In Bill Moyers (Author), B. S. Flowers & D. Grubin (Eds.). *Healing and the mind.* New York: Doubleday & Co.

Piaget, J. (1985). *The equilibration of cognitive structures.* Chicago, IL: University of Chicago Press.

Pineda, J. A. (2005). The functional significance of mu rhythms: translating "seeing" and "hearing" into "doing." Brain Research. *Brain Research Review*, 50, 57-68.

Pinker, S. (2014). Editorial Review for Gregory Hickok's (2014) The myth of mirror neurons: The real neuroscience of communication and cognition. Accessed Dec 1, 2014: http:// www.amazon.com/product-reviews/.

Popham, J. W. (2008). *Transformative assessment.* Alexandria, VA: Association for Supervision and Curriculum Development (ASCD).

Porges, S. W. (2004) . Neuroception: A subconscious system for detecting threat and safety. *Zero to Three: Bulletin of the National Center for Clinical Infant Programs*, 24(5), 9-24.

Porges, S. W. (2009, Apr). The polyvagal theory: New insights into adaptive reactions of the autonomic nervous system. *Cleveland Clinical Journal of Medicine*, 76 (Suppl 2), 886-90.

Porges, S. W. (2011). *The polyvagal theory: Neurophysiological foundations of emotions, attachment, communication, and self-regulation.* New York: Norton.

Powley, T. L., & Phillips, R. J. (2002). Musings on the wanderer: What's new in our understanding of vago-vagal reflexes? I. Morphology and topography of vagal afferents innervating the GI tract. *American Journal of Physiology. Gastrointestinal and Liver Physiology*, 283, G1217-01225.

Pribram, K, H., Miller, G. A., & Galanter, E. (1960). *Plans and the structure of behavior.* New York: Holt, Rinehart and Winston.

Ratey, J. J. (2001). *Auser's guide to the brain: Perception, attention, and the four theaters of the brain.* New York: Pantheon Books, a division of Random House, Inc.

Ratey, J. J. (2008). *Spark: The revolutionary new science of exercise and the brain.* New York: Little, Brown and Company.

Rauscher, F. H. (2003). Can music instruction affect children's cognitive development? Champaign, IL: ERIC Clearinghouse on Elementary and Early Childhood Education.

Rauscher, F. H., Shaw, G. L., & Ky, K. N. (1993). Music and spatial task performance. *Nature*, 365, 611.

Rehm, D. (2012, Mar 14). *The emotional life of your brain.* S. Pinkard (Managing Producer), The Diane Rehm Show. [Radio broadcast]. Washington, DC: National Public Radio, NPR Worldwide, and SIRIUS satellite radio.

Resnick, L. B. (1983, Apr). Mathematics and science learning: A new conception. *Science*, 220 (4596), 477-8.

Resource Area for Teaching (RAFT) Staff (2013, Feb). *Bridging the engagement gap with hands-on teaching.* Accessed July 15, 2014: http://www.raft.net/public/pdfs/case-for-hands-on-learning.pdf.

Restak, R. M. (1994). *The modular brain.* New York: Charles Scribner's Sons.

Revlin, R. (2013). Chapter 5: Short Term Memory and Working Memory. In Cognition: *Theory and Practice* (pp. 118-49). New York: Worth Publishers. Accessed June 9, 2014: http:// www.worthpublishers.com/Catalog/uploadedFiles/Content/Worth/ Product/About/Look_ Inside/Revlin,Sognition_le/Revlinle_Chapter%205.pdf.

Richards, J. (2006, Winter). Setting the stage for student engagement. *Kappa Delta Pi*

Record, 42 (2), 92-4.

Richetti, C., & Sheerin, J. (1999, Nov). Helping students ask the right questions. *Educational Leadership*, 57 (3), 58-62.

Richtel, M. (2010, Nov 21). Growing up digital, wired for distraction. *The New York Times*. Accessed June 30, 2014: http://www.nytimes.com/2010/11/21/technology/21brain.litnaPpagewanted=all&r=0.

Riddling, Z. (1994, Apr 1). *The effects of three seating arrangements on teachers' use of selective interactive verbal behaviors (Report No. SP035202)*. New Orleans, LA: American Educational Research Association.

Rizzolatti, G., Fadiga, L., Gallese, V., & Fogassi, L. (1996). Premotor cortex and the recognition of motor actions. *Cognitive Brain Research*, 3(2), 131-41.

Rodgers, C. (2002). Defining reflection: Another look at John Dewey and reflective thinking. *Teachers College Record*, 4(4), 845.

Roediger, H. L., III, & Karpicke, J. D. (2006). Test-enhanced learning: Taking memory tests improves long-term retention. *Psychological Science*, 17 (3). Accessed June 30, 2014: hap:// learninglab.psych.purdue.edu/downloads/2006_Roediger_Karpicke_PsychSci.pdf

Roschelle, J. (1995). Learning in interactive environments: Prior knowledge and new experience. In J. Falk and L. Dierking (Eds.), *Public institutions for personal learning: establishing are search agenda* (pp.37-51). Washington, D. C.: American Association of Museums. Now American Alliance of Museums. Reprinted: SanFrancisco, CA: Institute for Inquiry. Accessed June 30, 2014: http://www.exploratorium.edu/ifi/resources/museumeducation/priorknowledge.html.

Rosen, L. D. (2010). *Rewired: Understanding the iGeneration and the way they learn*. New York: Paigrave Macmillan.

Rothstein, D., & Santana, L. (2011a). *Make Just One Change: Teach Students to Ask Their Own Questions*. Cambridge, MA: Harvard Education Press.

Rothstein, D., & Santana, L. (2011b, Sep/Oct). Teaching students to ask their own questions. *Harvard Education Letter*, 27(5), 1.

Rothstein-Fisch, C., & Trumbull, E. (2008). *Managing diverse classrooms: How to build on students' cultural strengths*. Alexandria, VA: Association for Supervision & Curriculum Development.

Rubenstein, R. (1988, Mar 18). Invest in brains. *Electronics Weekly*, p.17.

Sacks, O. (2007). *Musicophilia: Tales of music and the brain*. New York: Alfred A. Knopf.

Sadoski, M. (1998). Mental imagery in reading: A sampler of some significant studies. *Reading Online*. International Reading Association. Accessed June 30, 2014: http://www.readingonline.orgiresearch/sadoski.html.

Sadoski, M., Goetz, E. T., & Fritz, J. B. (1993). Impact of concreteness on comprehensibility, interest, and memory for text: Implications for dual coding theory and text design. *Journal of Educational Psychology*, 85, 291-304.

Sagor, R. (2002, Sep). Do students care about learning? Lessons from skateboarders. *Educational Leadership*, 60 (1), 34-8. Alexandria, VA: Association for Supervision and Curriculum Development (ASCD).

Sanders, W. L., & Rivers, J. C. (1996, Nov). *Research progress report: Cumulativeand residual effects of teachers on future student academic achievement*. Knoxville, TN: University of Tennessee Value-Added and Assessment Center. Accessed June 30, 2014: http://www.cgp.upenn.edu ipdf/Sanders_Rivers-TVASS teacher%20 effects.pdf.

Sanguinetti, J. F., Allen, J. J. B., & Peterson, M. A. (2013, Nov 12). The ground side of an object: Perceived as shapeless yet processed for semantics. *Psychological Science*, 25 (1) 256-64. Accessed March 12,2014: http://pss.sagepub.com/contenti ear ly/2013/11/08/0956797613502814.abstract.

Sawyer, K. (2011). The cognitive neuroscience of creativity: A critical review. *Creativity Research Journal*, 23 (2), 137-54.

Scaer, R.C. (2001). The Neurophysiology of Dissociation and Chronic Disease. *Applied Psychophysiology and Biofeedback*, Vol. 25, No. 1 (73). Accessed Oct 26, 2014: http://link.springer.com/article/10.1023/A:1009571806136#page-1.

Schlegel, A.A., Rudelson, J.J., & Tse, P.U. (2012, Aug). White matter structure changes as adults learn a second language. *Journal of Cognitive Neuroscience*, 24(8), 1664-70.

Schnall, S. (2012). The mind thinks in embodied metaphors. In John Brockman (Ed.). *This explains everything: Deep, beautiful, and elegant theories of how the world works*. Edge Publishing and Edge.org.

Scholz, J., Klein, M. C., Behrens, T. E. J., & Johansen-Berg, H. (2009, Nov). Training induces changes in white-matter architecture. *Nature Neuroscience*, 12(11), 1370-1.

Schon, D. (1983). *The reflective practitioner: How Professionals think in action*. London, UK: Temple Smith.

Schunk, D. H. (1991). Self-efficacy and academic motivation. *Educational Psychologist*,

26, 207-31.

Schuster, D. H., & Gritton, C. E. (1986). *Suggestiveaccelerativelearningtechniques*. New York: Gordon & Breach.

Scriven, M. (1967). The methodology of evaluation. In R.W. Tyler, R.M. Gagne, & M. Scriven (Eds.), *Perspectives of curriculum evaluation*, 39-83. Chicago, IL: Rand McNally.

Secretary's Commission on Achieving Necessary Skills (SCANS) (1993). *The secretary's commission on achieving necessary skills* (SCANS) report. Washington, DC: US Department of Labor.

Shatalov, V. (n.d.). *National teacher of the USSR Victor Shatalov*. [Report of an interview] A Russian News Organ. Accessed June 25, 2014: http://www.shatalovschools.ru/articlesfiid= 1325099544.

Shermis, S. S. (1992). Critical thinking: Helping students learn reflectively. Bloomington, IN: ERIC Clearinghouse on Reading and Communication Skills. EDINFO Press.

Shermis, S. S. (1999). Reflective thought, critical thinking. Bloomington, IN: ERIC Clearinghouse on Reading, English, an Communication. Accessed June 28, 2014.: uttp:// learn2study.org/teachers/reflective.htm.

Siegel, D. J. (1999). *The developing mind: Toward a neurobiology of interpersonal experience*. New York: Guilford Press. Accessed June 30, 2014: http://parentingforeveryone.comiodd_w to-teach-but-it-works/.

Small, G., & Vorgan, G. (2008). *Ibrain: Surviving the technological alteration of the modern mind*. New York: HarperCollins e-books.

Smith, L. (1979, Jun). Highlights of Lozanov Methodology, a summary of Orinda, CA, three-week training.

Soloveychik, S. (1979 May). Odd way to teach but it works. *Soviet Life Magazine*. Accessed June 30, 2014: http://parentingforeveryone.com/odd-way-to-teach.

Sowell, E. R., Peterson, B. S., Kan, E., Woods, R. P., Yoshii, J., Bansal, R., . . . Toga, A. W. (2007, July 17). Sex differences in cortical thickness mapped in 176 healthy individuals between 7 and 87 years of age. *Cerebral Cortex*, 17, 1550-60.

Sparks, S. D. (2010, Oct 21). Character education found to fall short in federal study. *Education Week*. Accessed June 28, 2014: http://www.edweek.orgiew/articles/2010/10/21/09character. h30.html.

Spear, L. P. (2000). The adolescent brain and age-related behavioral manifestations. *Neuroscience and Biobehavioral Reviews*, 24 (4), 417-63.

Spinks, S. (Writer, Director). (2002, Jan). Interview: Jay Giedd. In S. Spinks (Producer), *Frontline Program: Inside the teenage brain*. Spin Free Productions. [transcript]. Accessed June 30, 2014: www.pbs.org/wgbh/pages/frontline/shows/teenbrainAnterview/giedd.html.

Spitzer, H. F. (1939). Studies in retention. *Journal of Educational Psychology*, 30, 641-56.

Spry, D. (2012, Aug 12). *Reuven Bar-On Interview*. [Video file]. Accessed July 3, 2014: www.youtube.com/watch?v=hSjGibf4wyE.

Stanley, T (2001). *The millionaire mind*. Riverside, NJ: Andrews McMeel Publishing.

Sternberg, L. (2005, Feb 2). Cognitive and affective development in adolescence. *Trends in Cognitive Sciences*, 9 (2), 69-74.

Stevenson, A. (2011, Jun 10). Just shut up and listen, expert tells teachers. *The Sydney Herald, National*. Accessed July 13, 2014: http://www.smh.corn.au/nationalieducation/just-shut-up-and-listen-expert-tel1s-teachers-2011.0609-1fv9y.html.

Strong-Wilson, T., & Ellis, J. (2007). Children and place: Reggio Emilia's environment as third teacher. *Theory into Practice*, 46(1), 40-7.

Stuart, A. (2014). What is working memory and why does it matter? *National Center for Learning Disabilities*. Accessed July 10, 2014: http://www.ncld.org/types-learning-disabilities/executive-function-disorders/what-is-working-memory-why-does-matter.

Sullo, R. (2007). *Activating the desire to learn*. Alexandria,VA:Association for Supervision and Curriculum Development.

Sylwester, R. (1995). *A celebration of neurons: An educator's guide to the human brain*. Alexandria, VA: Association for Supervision and Curriculum Development.

Tableman, B. (2004). School climate and learning. *Best Practice Briefs*. East Lansing, MI: University-Community Partnerships, University of Michigan. Accessed July 15, 2014: http://outreach.msu.edu/bpbriefsAssues/brieBl.pdf.

Taylor, T. D., Noguchi, H., Totoki, Y., Toyoda, A., Kuroki, Y., Dewar, K., . . . Sakaki, Y. (2006). Human chromosome 11 DNA sequence and analysis including novel gene identification. *Nature*, 440(7083), 497-500.

Thio, B. (2012, Oct 10). *Study smart: The power of space drepetition*. Accessed July 2, 2014: http://www.koobits.com/2012/10/08/study-smart-the-power-of-spaced-repetition.

Thompson, C. L., & Zeuli, J. S. (1999). The frame and the tapestry: Standards-based reform and professional development. In Linda Darling-Hammond & G. Sykes (Eds.), *Teaching as the learning profession: Handbook of policy and practice* (341-75). San Francisco: Jossey Bass.

Thorndike, E.L. (1911/1999) Introduction to animal intelligence. Reprinted in Christopher Green (Ed.) (1997 to present.). *Classics in the history of psychology.* York University, Toronto, Ontario, Canada: An Internet resource. Accessed July 3, 2014: http://psychclassics.yorku.ca/Thorndike/Animal/wozniak.htm.

Timperley, H. (2011). *Realizing the power of professional learning.* New York Open University Press. Accessed July 2, 2014: http://hdl.handle.net/2292/19070.

Tompkins, G. (1997). *Language arts: Content and teaching strategies.* Upper Saddle River, NJ: Prentice Hall.

Tough, P. (2011, Sep 14) .What if the secret to success is failure? *New York Times: The Education Issue.* Accessed June 30, 2014: http://www.nytimes.com/2011/09/18/magazine/ what-if-the-secret-to-success-is-failure.html?pagewanted=all& r=0.

Tough, P. (2012). *How children succeed: Grit, curiosity, and the hidden power of character.* Boston: Houghton Mifflin Harcourt.

Tubbs, M .E. (1986, Aug). Goal setting: A meta-analytic examination orthe empirical evidence. *Journal of Applied Psychology,* 71(3), 474-83.

Udabage, M. (2012 Apr 4) . Personal bests in the classroom — A lesson from sport. Happy Child.corn.au. http://www.happychild.corn.au/articles/personal-bests-in-the-classroom-a-lesson-from-sport.

Vaynman, S., & Gomez-Pinilla, F. (2006). Revenge of the "sit": how lifestyle impacts neuronal and cognitive health through molecular systems that interface energy metabolism with neuronal plasticity. *Journal of Neuroscience Research,* 84(4), 699-715.

Vygotsky, L. S. (1934/1986). *Thought and language.* Translated by E. Haufmannand G. Vakar. (revisededition). Cambridge, MA: The MIT Press.

Vygotsky, L. S. (1962). *The psychology of art.* Cambridge, MA: The MIT Press.

Vygotsky, L. S. (1978). *Mindin society: The development of higher psychological processes.* Cambridge, MA: Harvard University Press.

Walsh, J. A., & Sattes, B. D. (2005). *Quality questioning: Research-based practice to engage every learner.* Thousand Oaks, CA: Corwin Press.

Wannarka, R., & Ruhl, K. (2008). Seating arrangements that promote positive academic and behavioural outcomes: A review of empirical research. *Support for Learning,*

23, 89-93.

Ward, R. B., Sadler, P. M., & Shapiro, I. I. (2008). Learning physical science through astronomy activities: A comparison between constructivist and traditional approaches in grades 3-6. *Astronomy Education Review*, 6(2), 1-19.

Weinberger, M. D., Elvevag, B., & Giedd, J.N. (2005). *The adolescent brain: A workin progress*. Washington, DC: The National Campaign to Prevent Teen Pregnancy. Accessed June 30, 2014: http://www.michigan.gov/documents/mdch/The Adolescent Brain A Work in Progress 292729 7.pdf.

Weinstein, C. S. (1979). The physical environment of the school: A review of the research. *Review of Educational Research*, 49, 577-610.

Wells, G. (1986). *Meaning makers: Children learning language and using language to learn*. Portsmouth, NH: Heinemann.

Wells, S. (2012). Moving through the curriculum: The effects of movement on student learning, behavior and attitude. St. Mary's City, MD: St. Mary's College of Maryland.

Wilen, W. (1991). *What research says to the teacher: Questioning skills, for teachers*. Third Ed. Washington, DC: National Education Association. http://files.eric.ed.gov/ fulltext/ ED332983.pdf.

Wiley, J., & Jarosz, A. F. (2012). Working memory capacity, attentional focus, and problem solving. *Current Directions in Psychological Science*, 21(4), 258-62.

Wiliam, D. (2007a). What Does Research Say the Benefits of Formative Assessment Are? National Council of Teachers of Mathematics. Assessment Research Brief.

Wiliam, D. (2007b Dec/2008 Jan). Informative assessment: Changing classroom practice. *Educational Leadership*, 65(4), 36-42.

Wiliam, D. (2010). An integrative summary of the research literature and implications for a new theory of formative assessment. In H.L. Andrade & G.J. Cizek (Eds.), *Handbook of formative assessment* (pp. 18-40). New York: Taylor & Francis.

Wiliam, D. (2011). *Embedded formative assessment*. Bloomington, IN: Solution Tree Press.

Wiliam, D., & Thompson, M. (2007). Integrating assessment with instruction: What will it take to make it work? In C. A. Dwyer (Ed.), *The future of assessment: shaping teaching learning* (pp.53-82). Mahwah, NJ: Lawrence Erlbaum Associates.

Willhoft, J. (2013 Feb 21). https://www.youtube.com/watch?v------Q5g9U160Gc4.

Willis, J. (2006). *Research-based strategies to ignite student learning: Insights from a neurologist and classroom teacher*. Alexandria, VA: Association for Supervision

& Curriculum Development.

Willis, J. (2008). *How your child learns best: Brain-friendly strategies you can use to ignite your child's learning and increase school success.* Naperville, IL: Sourcebooks.

Willis, J. (2010). *Learning to love math: Teaching strategies that change student attitudes and get results.* Alexandria, VA: Association for Supervision & Curriculum Development.

Wilson, T. L., & Brown, T. L. (1997). Reexamination of the effect of Mozart's music on spatial-task performance. *The Journal of Psychology,* 131(4), 365-70.

Wise, M. (2014, June 24). Locus of control in our daily lives: How the concept of control impacts the social world. *A tutorial for Psy 324, Advanced Social Psychology, Spring 1999.* Oxford, OH: Miami University. Accessed June 30, 2014: http://www.units.miamioh.edu/psybersite/controloverview.shtml.

Wohlschlager, A., & Bekkering, H. (2002). Is human imitation based on a mirror-neuron system? Some behavioural evidence. *Experimental Brain Research,* 143, 335-41.

Wolverton, B. C., Johnson, A., & Bounds, K. (1989). *Interior landscape plants for indoor air pollution abatement: Final report.* Stennis Space Center, MS: National Aeronautics and Space Administration.

Wright, S. P., Horn, S. P., & Sanders, W. L. (1997). Teacher and classroom context effects on student achievement: Implications for teacher evaluation. *Journal of Personnel Evaluation in Education,* 11.

Yadav, V. K., Ryu, J. H., Suda, N., Tanaka, K. F., Gingrich, J. A., Schutz, G., . . . Karsenty, G. (2008). Lrp5 controls bone formation by inhibiting serotonin synthesis in the duodenum. *Cell,* 135 (5), 825-37.

Yamada, K., & Nabeshima, T. (2003). Brain-derived neurotrophic factor/TrkB signaling in memory processes. *Journal of Pharmacological Sciences,* 91(4), 267-70.

Your Dictionary: The Dictionary You Can Understand (1996-2014). Burlingame, CA: LoveToKnow, Corp. Accessed Dec 1, 2014: http://www.yourdictionary.com.

Yang, J., & Li, P. (2012, Aug 31). *Brain networks of explicit and implicit learning. PLoS ONE,* 7 (8), e42993.